Urbanes Wohnen

Urban Housing

best of DETAIL

Edition **DETAIL**

Impressum • *Credits*

Diese Veröffentlichung basiert auf Beiträgen, die in den Jahren 2012 bis 2017 in der Fachzeitschrift **DETAIL** erschienen sind.
This publication is based on articles published in the journal **DETAIL** *between 2012 and 2017.*

Herausgeber • *Editor*:
Christian Schittich

Redaktion • *Editorial team*:
Steffi Lenzen (Projektleitung • *Project Manager*), Eva Schönbrunner

Lektorat deutsch • *Proofreading (German)*:
Stephanie Syring, München

Lektorat englisch • *Proofreading (English)*:
Stefan Widdess, Berlin

Zeichnungen • *Drawings*:
Institut für internationale Architektur-Dokumentation GmbH & Co. KG, München

Herstellung/DTP • *Production/layout*:
Simone Soesters

Druck und Bindung • *Printing and binding*:
Grafisches Centrum Cuno GmbH & Co. KG, Calbe

Bibliografische Information der Deutschen Nationalbibliothek
Die Deutsche Nationalbibliothek verzeichnet diese Publikation in der Deutschen Nationalbibliografie; detaillierte bibliografische Daten sind im Internet über <http://dnb.d-nb.de> abrufbar.

Bibliographic information published by the German National Library
The German National Library lists this publication in the Deutsche Nationalbibliografie; detailed bibliographic data is available on the Internet at <http://dnb.d-nb.de>.

© 2017, 1. Auflage • *1st Edition*
Institut für internationale Architektur-Dokumentation GmbH & Co. KG, München
www.detail.de

Dieses Werk ist urheberrechtlich geschützt. Die dadurch begründeten Rechte, insbesondere die der Übersetzung, des Nachdrucks, des Vortrags, der Entnahme von Abbildungen und Tabellen, der Funksendung, der Mikroverfilmung oder der Vervielfältigung auf anderen Wegen und der Speicherung in Datenverarbeitungsanlagen, bleiben, auch bei nur auszugsweiser Verwertung, vorbehalten. Eine Vervielfältigung dieses Werks ist auch im Einzelfall nur in den Grenzen der gesetzlichen Bestimmungen des Urheberrechtsgesetzes in der jeweils geltenden Fassung zulässig. Sie ist grundsätzlich vergütungspflichtig. Zuwiderhandlungen unterliegen den Strafbestimmungen des Urheberrechts.

This work is subject to copyright. All rights reserved, whether the whole or part of the material is concerned, specifically the rights of translation, reprinting, citation, reuse of illustrations and tables, broadcasting, reproduction on microfilm or in other ways and storage in data processing systems. Reproduction of any part of this work in individual cases, too, is only permitted within the limits of the provisions of the valid edition of the copyright law. A charge will be levied. Infringements will be subject to the penalty clauses of the copyright law.

ISBN 978-3-95553-359-5 (Print)
ISBN 978-3-95553-360-1 (E-Book)
ISBN 978-3-95553-361-8 (Bundle)

Inhalt • *Contents*

theorie + wissen • *theory + knowledge*

- 8 — Glücklich, der wohnt • *Lucky Dwelling*
- 14 — Besser statt billiger bauen: Interview mit Thomas Jocher
  Building Better, Not Cheaper: Interview with Thomas Jocher
- 18 — Kosten sparen, Qualität halten – Strategien im Wohnungsbau
  Saving Costs, Maintaining Quality – Strategies for Housing
- 24 — Raumkonzeptionen als Ausdruck sozialer Verhältnisse • *Spatial Concepts as an Expression of Social Conditions*
- 30 — Sozialer Wohnungsbau in Wien • *Social Housing in Vienna*
- 32 — Sozial und auf der Suche nach neuen Wegen – der Wiener Wohnungsbau
  Housing in Vienna – Socially Minded and Searching für New Ways
- 36 — Bezahlbarer Wohnraum für Europa • *Affordable Housing in Europe*
- 44 — Das Erdgeschoss als Schlüsselzone im verdichteten Wohnungsbau
  The Ground Floor as the Key Zone in Housing of Higher Density
- 50 — Genossenschaftliches Wohnquartier in Zürich • *Cooperative Housing in Zurich*
- 58 — Minimum als Experiment – Ein Gespräch mit pool Architekten aus Zürich
  Minimisation as an Experiment? – In Conversation with pool Architects from Zurich
- 63 — Der neue Holzbau • *New Timber Construction*
- 68 — Wohnen im Alter – zwischen Wunsch und Wirklichkeit • *A Domicile in Old Age – Aspirations and Reality*
- 75 — Nischen für alternative Lebensformen – Aktueller Wohnungsbau in Berlin
  Enclaves for Alternative Forms of Living – Current Housing Construction in Berlin
- 78 — Der Nutzer – das unbekannte Wesen? • *User – the Unknown Entity?*

in der Praxis • *in practice*

- 88 — Wohn- und Gewerbebau Kalkbreite in Zürich • *Kalkbreite Housing and Commercial Development in Zurich*
- 100 — Wohnprojekt Wien • *Housing Project in Vienna*

projektbeispiele • *case studies*

- 116 — Wohnhaus in Santiago de Chile • *Housing Development in Santiago*
- 120 — Wohnhaus in Berlin • *Housing Block in Berlin*
- 124 — Wohnhaus in Paris • *Housing Block in Paris*
- 128 — Wohnungsumbau in Madrid • *Apartment Conversion in Madrid*
- 132 — Wohnungsbau in München • *Apartment Building in Munich*
- 137 — Wohnhaus in Tokio • *House in Tokyo*
- 141 — Wohnungsbau in New York • *Residential Building in New York*
- 146 — Mikro-Apartment-Haus in Seoul • *Micro-Apartment Block in Seoul*
- 150 — Umbau eines barocken Häuserblocks in Ljubljana • *Renovation of a Baroque Ensemble in Ljubljana*
- 154 — Wohnungsbau in Paris • *Apartment Building in Paris*
- 158 — Seniorenwohnhaus in Frankfurt am Main • *Retirement Home in Frankfurt am Main*
- 162 — Wohnheim in Paris • *Residence in Paris*
- 166 — Wohn- und Geschäftshaus mit Seniorenresidenz in Basel
  Housing and Business Development with Senior Residence in Basel
- 171 — Sozialer Wohnungsbau in Ceuta • *Public Housing in Ceuta*
- 176 — Wohnungsbau in Bègles • *Residential Complex in Bègles*
- 180 — Studentenwohnheim in Ulm • *Student Hostel in Ulm*
- 185 — Löwenbräu-Areal in Zürich • *Löwenbräu Complex in Zurich*
- 191 — Altenwohnheim in Paris • *Retirement Home in Paris*

anhang • *appendices*

- 194 — Projektbeteiligte und Hersteller • *Design and Construction Teams*
- 199 — Bildnachweis • *Picture Credits*

Vorwort • *Preface*

Altbauvierteln eilt der Ruf lebendiger Urbanität voraus, sie sind daher bei den Bewohnern äußerst beliebt. Aber auch Neubauten können diesen Charme entwickeln, wie die Vielzahl an gelungenen Projekten in diesem Band der »best of DETAIL« Reihe zeigt.
Am Ende ist es eine Frage der Nutzungsmischung aus Wohnen und Gewerbe, aus Freiflächen und Angeboten für ältere und jüngere Bewohner verschiedener Nationalitäten und unterschiedlicher Sozialstrukturen.
Selbst in Zeiten einer zunehmend digital vernetzten Gesellschaft drückt sich Urbanität nicht zuletzt durch Vielfältigkeit aus. Neben überraschenden Thesen über das verdichtete Wohnen präsentiert diese Publikation erfrischend einladende Projektbeispiele aus aller Welt, die Lust machen auf das Leben in der Stadt.

Older neighbourhoods tend to have a reputation for urban liveliness, which is why they are very popular with inhabitants. But new buildings can also develop this kind of charm, as the many successful projects in this volume of the "best of DETAIL" series show.
In the end it is a question of how living and working are mixed, of open spaces and offers for elderly and younger residents of different nationalities and different social structures.
Even in times of an increasingly digitally networked society, urbanity finds its expression not least through diversity. In addition to surprising theses on densified living, this publication presents refreshingly inviting project examples from all over the world that will make you want to live in the city.

Die Redaktion / *The Editors*

theorie + wissen
theory + knowledge

8 Glücklich, der wohnt
Lucky Dwelling

14 Besser statt billiger bauen: Interview mit Thomas Jocher
Building Better, Not Cheaper: Interview with Thomas Jocher

18 Kosten sparen, Qualität halten – Strategien im Wohnungsbau
Saving Costs, Maintaining Quality – Strategies for Housing

24 Raumkonzeptionen als Ausdruck sozialer Verhältnisse
Spatial Concepts as an Expression of Social Conditions

30 Sozialer Wohnungsbau in Wien
Social Housing in Vienna

32 Sozial und auf der Suche nach neuen Wegen – der Wiener Wohnungsbau
Housing in Vienna – Socially Minded and Searching for New Ways

36 Bezahlbarer Wohnraum für Europa
Affordable Housing in Europe

44 Das Erdgeschoss als Schlüsselzone im verdichteten Wohnungsbau
The Ground Floor as the Key Zone in Housing of Higher Density

50 Genossenschaftliches Wohnquartier in Zürich
Cooperative Housing in Zurich

58 Minimum als Experiment – Ein Gespräch mit pool Architekten aus Zürich
Minimisation as an Experiment? – In Conversation with pool Architects from Zurich

63 Der neue Holzbau
New Timber Construction

68 Wohnen im Alter – zwischen Wunsch und Wirklichkeit
A Domicile in Old Age – Aspirations and Reality

75 Nischen für alternative Lebensformen – Aktueller Wohnungsbau in Berlin
Enclaves for Alternative Forms of Living – Current Housing Construction in Berlin

78 Der Nutzer – das unbekannte Wesen?
User – the Unknown Entity?

Glücklich, der wohnt

Lucky Dwelling

Heide Wessely

Wohnen ist teuer geworden in Deutschland. Vor allem in Großstädten und Ballungszentren sind die Preise für Mietwohnungen und Eigenheime in den letzten Jahren in die Höhe geschnellt. Niedrige Zinsen, Börsencrashs und Finanzkrisen lassen Anleger ihr Vermögen in Werte aus Beton und Ziegel investieren. Wohnungen sind zum Spekulationsobjekt geworden. Der freie Markt reguliert den Preis.
Verschärft wird diese Entwicklung durch die über Jahrzehnte ungenügende staatliche Förderung für bezahlbares Wohnen. Sozialer Wohnungsbau kam fast völlig zum Erliegen, seit der Bund 2006 die Zuständigkeit dafür den Ländern übertrug. Aber auch Städte und Kommunen investierten lieber in Infrastrukturprojekte als in Wohnhäuser. Zudem ist Bauen so teuer wie nie zuvor. Kostete im Jahr 2000 ein Quadratmeter in einem Mehrfamilienhaus im Durchschnitt noch 2210 Euro, waren es 2014 bereits 3080 Euro. Kein Wunder also, dass die Lücke zwischen angebotenem und nachgefragtem günstigen Wohnraum zu einem tiefen Graben aufgerissen ist.
Dann kam die Flüchtlingskrise. Spätestens seit Sommer letzten Jahres, als täglich Tausende Schutzsuchende Deutschland erreichten, wurde klar, dass auf die solange verdrängte Wohnungsfrage Antworten gefunden werden müssen – und zwar schnell. Natürlich floss zunächst ein Großteil der Kräfte in zeitnah zu errichtende Notunterkünfte und Erstaufnahmelager, brauchten die Menschen doch ein Dach über dem Kopf. Doch seit dem Zustrom an Flüchtlingen ist endlich auch wieder das Thema »bezahlbares Wohnen für alle« in den Fokus gerückt – mit dem großen Unterschied, dass es diesmal nicht bei Studien und Diskussionen bleiben wird, sondern gehandelt werden muss. Das lange von Wohlstand und der oft damit einhergehenden Behäbigkeit getragene Deutschland wird kräftig geschüttelt. Das kann eine Chance sein: für das Land, für seine Bewohner und für seine Baukultur.
Städte, Hochschulen, Bund, Länder und Gemeinden, Architektenkammern, Investoren und andere kleine und große Institutionen sind aktiv geworden und entwickeln Pläne, wie das Thema günstiger Wohnraum angegangen werden kann. Diskussionen finden auf zahlreichen Ebenen statt: in der Politik, in der Soziologie, in der Architektur. Die Anzahl von Vorschlägen, Ansätzen und Forderungen ist so groß, dass hier nur ein Bruchteil erwähnt werden kann und einige Themenbereiche nur gestreift werden.
Eine der zentralen Fragen, zu der alle Diskussionen irgendwann führen, ist jedoch: Was macht Wohnen so teuer?

Auf die Region kommt es an
Die Schere geht beim Thema Wohnen extrem auseinander. In München, Berlin und Hamburg müssen Mieter rund die Hälfte ihres Einkommens dafür ausgeben. In Sachsen und Sachsen-Anhalt liegt der durchschnittliche Prozentsatz noch ein gutes Stück unter der als verträglich geltenden Marke von 30 %. Bei Neuvermietungen liegt München ganz vorne: Der aktuelle Wert vom April 2016 liegt laut immowelt bei 20,48 Euro pro Quadratmeter. Nach Angabe der Statistikwebsite Statista betrug der Anstieg in München in den letzten fünf Jahren 30 %, in Stuttgart 24 % und 32 % in Berlin. Stellt man diesen Zahlen die Lohnentwicklung gegenüber, fragt man sich, wer sich diese Preise noch leisten kann, wie ein Durchschnittspaar, das im Schnitt 2700 Euro netto zur Verfügung hat, solche Mieten zahlen soll. Zwar versucht der Gesetzgeber, überzogenen Preisen über die Mietpreisbremse Einhalt zu gebieten, nur führen zahlreiche Schlupflöcher und die Zurückhaltung der Mieter, gegen die Wohnungseigentümer vorzugehen, bislang nicht zum gewünschten Ergebnis.
Für viele ist die Lösung daher der Umzug in die Peripherie, mit all seinen Nachteilen: lange Anfahrtswege, Verkehrsstaus, Zeitaufwand, Benzinkosten, CO_2-Ausstoß und nicht zuletzt Zersiedelung. Durch die Abwanderung einkommensschwächerer Menschen in die Randgebiete verändern sich auch die Innenstädte, indem sie sich zum Zentrum für Wohlhabende verwandeln. Die Wohnungsnot in den attraktiven Städten betrifft nicht mehr nur Geringverdiener und Zuwanderer, sie ist in die Mitte der Gesellschaft gerückt. Denn Vermieter haben keine Schwierigkeiten, ihren teuren Wohnraum an den Mann zu bringen. Ihnen kommt auch das Ungleichgewicht zugute, das in der Einkommens- und Vermögensstruktur herrscht, die Tatsache, dass es genug Menschen gibt, für die Geld keine Rolle spielt.

Höher, größer, schöner versus sozialer Wohnungsbau
So verwundert es auch nicht, dass der Flächenbedarf pro Person stetig ansteigt. Kam der Durchschnittsdeutsche in der Nachkriegszeit noch mit 20 Quadratmetern aus, brauchte er 1991 schon 35 und mittlerweile ist er bei fast 47 angelangt. Die wachsende Zahl von Single-Haushalten und höhere Ansprüche der Nutzer erklären diese Entwicklung zum Teil. Ein Aspekt aber ist auch, dass die Anzahl solventer Bauherren, die sich luxuriöse Zweitwohnungen in zentralen Lagen leisten können, gestiegen ist. Meist stammen sie nicht mehr aus der Nachbarschaft; die Globalisierung hat auch den Immobilienmarkt internationalisiert.
Angebot und Nachfrage regulieren nun einmal den Preis, und die Nachfrage ist hoch. Umso schlimmer ist es, dass sich der Bund aus dem Wohnungsbau fast vollständig zurückgezogen hat. Auch der Beschluss, sämtliche (es sind sowieso nur noch 38 600) staatseigene Wohnungen sukzessive zu verkaufen, passt in dieses Schema. Heute gibt es in Deutschland noch lediglich 1,5 Millionen Sozialwohnungen.
Noch dazu sind laut einer Analyse des IW Köln 54 % davon falsch belegt, weil die Bewohner nicht mehr sozialwohnungsberechtigt sind. Auch aus diesem Grund hat der Bund in den letzten Jahrzehnten die Strategie verfolgt, Bedürftige mit Wohngeld zu fördern statt in Sozialwohnungen zu investieren. Dies erscheint zunächst sinnvoll, weil Haushalte, die nicht mehr unterstützt werden müssen, in ihren Wohnungen bleiben können. Sie zum Auszug zu bewegen, ist menschlich und rechtlich problematisch. Allerdings wächst durch die Methode, Men-

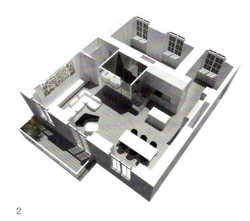
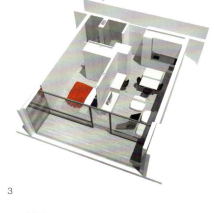

1–3 Paragon Apartments in Berlin, 2016
   Architekten: Graft
4 Wohnungsbau in Lenzburg, 2014
   Architekten: Boltshauser Architekten

1–3 Paragon Apartments in Berlin, 2016,
   architects: Graft
4 Housing complex in Lenzburg, 2014,
   architects: Boltshauser Architekten

schen statt Bauten zu fördern, wiederum die Macht der Immobilieneigentümer, die, solange das Angebot knapp ist, die Mietpreise nach eigenen Vorstellungen gestalten können.

Der Bund greift ein
Daher war es ein großer und wichtiger Schritt des Bundesbauministeriums, den Etat für geförderten Wohnungsbau für 2016 auf eine Milliarde Euro zu verdoppeln. Allerdings tritt der Staat nach wie vor nicht als Bauherr bzw. Wohnungseigner auf, sondern vergibt die Fördergelder weiter an private Bauherren oder Genossenschaften, die sich zu einer Mietpreisbindung von 6,50 Euro/m² verpflichten müssen. Wie trotz eines geringen Mietzinses wirtschaftlich Wohnraum geschaffen werden kann, führt zur zweiten zentralen Frage: Was treibt die Baukosten in die Höhe und was kann man dagegen tun?

Teures Land
Eine zentrale Rolle spielen die hohen Grundstückskosten. In den letzten fünf Jahren hat sich Bauland in Berlin um 92 % verteuert, Stuttgart und München erreichen ähnliche Werte. Immerhin haben Länder und Kommunen nun bekannt gegeben, ihre eigenen Grundstücke zukünftig nicht mehr dem Höchstbietenden zu überlassen. Ganz anders stellt sich die Situation in weiten Teilen der neuen Bundesländer dar. Hier fallen die Preise durch Abwanderung und die Leerstandsquote ist hoch. Einen interessanten Vorschlag, diese Regionen wiederzubeleben, hat Kilian Kleinschmidt, langjähriger Leiter von Zaatari in Jordanien, dem zweitgrößten Flüchtlingslager der Welt. Seine Idee ist es, in den verwaisten deutschen Städten Flüchtlinge anzusiedeln und eine Freihandelszone zu eröffnen. Von dem wirtschaftlichen Impuls, der von solch einer Maßnahme ausginge, würde ganz Deutschland profitieren. Nun wird diese Idee wohl nicht in naher Zukunft zur Realisierung kommen und so muss weiter überlegt werden, wie in bereits florierenden Gegenden Grundstückskosten nicht allzu sehr zu Buche schlagen. Ein Weg, wenn auch kein Königsweg ist es, unattrakti-

ve Bauplätze zu finden und diese durch clevere architektonische Konzepte aufzuwerten. Beispielsweise können Lagen mit hoher Lärmbelastung durch Laubengangerschließung und Orientierung zur lärmabgewandten Seite für Wohnungsbauten genutzt werden. Diesem Prinzip folgt das Wohngebäude in Lenzburg von Boltshauser Architekten (Abb. 4). Zudem wurde für dieses Projekt zusammen mit dem Ziegelhersteller eine neuartige, auf Standardakustiksteinen basierende Kompaktfassade entwickelt.
Ein anderes Beispiel ist die geförderte Wohnanlage von bogevischs buero in München. Die Architekten machten aus der Not eine Tugend und erweiterten den oft negativ belegten Laubengang zum öffentlichen Treffpunkt. Hier läuft man sich über den Weg, hält ein Schwätzchen und blickt hinab auf die Straße, wo der Verkehr tobt. Durch die extra breiten Laubengänge sind die Privatwohnungen nochmals ein Stück weiter von der Lärmquelle abgerückt. Bogevischs buero hat mittlerweile eine Reihe kostengünsti-

ger Wohnungsbauten realisiert und weiß, an welchen Stellen gespart werden kann, ohne dabei an Qualität einzubüßen (s. a. Kosten sparen, Qualität halten – Strategien im Wohnungsbau, S. 18 ff.).

Zusammenrücken
In den Städten, in denen nur noch wenige Grundstücke zur Verfügung stehen, lautet das Zauberwort »Verdichtung«. Allerlei Vorschläge gibt es zu diesem Thema. Sie reichen von der Überbauung von Parkplätzen, zur Nutzungserweiterung von Schrebergärten bis hin zur Umwidmung von Industriegebieten. Hierin liegt ein enormes Potenzial, weil Industriegebiete meist sehr gut angebunden und die Bauten nur zweigeschossig sind. Ein Vorschlag der Bauministerkonferenz in diese Richtung liegt bereits vor: Er beinhaltet einen neuen Baugebietstyp, das sogenannte »urbane Quartier«, das zwischen der Wohnnutzung im Mischgebiet (nicht störendes Gewerbe und Wohnen) und dem Gewerbegebiet (Wohnen nur in Verbin-

dung mit einem Betrieb) angesiedelt ist. In Innenstadtlagen sind seit geraumer Zeit Dachausbauten und -aufstockungen beliebt und zahlreiche positive Beispiele zeigen deren Erfolg. Eines sind die kürzlich fertig gestellten Paragon Apartments in Berlin des Architekturbüros Graft (Abb. 1–3): Das Dach eines ehemaliges Krankenhauses wurde hier durch zwei Wohngeschosse ersetzt. Insgesamt umfasst das Projekt vier Bestandsgebäude, die durch Ergänzungsbauten zu einer Einheit gefügt wurden. Die rund 200 neuen Wohnungen reichen vom 37,5 m² Zweizimmerapartment zur 250 m² großen zweigeschossigen Loftwohnung.

Vorfabrikation und serielles Bauen
Mit dem Zustrom von Flüchtlingen war der Markt für vorfabrizierte Wohncontainer binnen Kurzem leergefegt. Fraglich ist jedoch, ob diese Art des schnellen, günstigen Wohnraums wirklich sinnvoll ist. Allein der Transport eines großen Moduls und der darin enthaltenen Luft wirft Fragen auf.
Elementierte und serielle Bauweisen erscheinen effizienter. Die Projektierung von Flüchtlingsunterkünften hat in den Bereichen schnelle Herstellung, einfacher Aufbau und eventueller Standortwechsel wertvolle Entwicklungen angestoßen. Das von Peter Görgen entworfene Erstaufnahmelager besteht aus Betonfertigteilen für Wände und Dach, die wie bei einem Kartenhaus zusammengesetzt werden (Abb. 5, 6). Aber auch die Themen Nutzungsänderung und Nutzungsmischung fließen mit ein. Beispielsweise teilen sich in den Schwarzen Häusern in Ostfildern der Architekten u3ba Flüchtlinge und Obdachlose ihr Zuhause. Auch diese Gebäude aus Sperrholz und Stahl weisen einen hohen Vorfertigungsgrad auf (Abb. 7, 8).

Selber bauen
Ebenso ist das Ausbauhaus Neukölln der Architekten Praeger Richter zu einem großen Teil vorgefertigt (Abb. 9, 10). Das Mehrgenerationenhaus für eine Baugruppe bietet eine großzügige räumliche Grundstruktur. Über zehn Meter stützenfreie Grundrisse lassen viel Spielraum beim Ausbau. Die Bewohner haben die Wahl zwischen unterschiedlichen Ausbaustandards oder sie übernehmen den Rohbau und bauen selbst. Das Haus zum Selbstausbau ist nicht jedermanns Sache. Doch wer handwerklich geschickt ist und auch die Zeit hat, kann viel Geld sparen.

Hoher Standard
Standard ist ein Schlüsselwort beim Bauen in Deutschland: verordnet wie mechanische Belüftung, Stellplätze oder Mindestflurbreiten ebenso wie selbst gewählt bei Innen- und technischer Ausstattung. In Deutschland baut man hochwertig, man baut für die Ewigkeit – und teuer.
Zum Vergleich ein Blick nach Japan. Die Grundstückspreise sind dort extrem hoch, die Baukosten aber sehr gering. Dort steht ein Haus im Schnitt auch nur 27 Jahre. Dann ist es abgewohnt, wird abgerissen und durch ein neues (günstiges) ersetzt. Zwar kann man argumentieren, dass kurze Standzeiten nicht nachhaltig sind. Auch werden Sicherheitsaspekte wie Absturzsicherung oder Brandschutz dort lockerer gehandhabt und der technische Standard liegt weit unter dem deutschen. Trotzdem: Vielleicht wäre die goldene Mitte ein gangbarer Weg? Hier sei ein weiterer Blick in ein anderes Land gewagt: Rumänien. Auch dort liegt der Baustandard ein gutes Stück unter dem deutschen. Viel wird in Eigenleistung gebaut und man sieht über den ein oder anderen kleineren Bauschaden gerne hinweg. Allerdings liegt in Rumänien die Wohneigentumsquote bei enormen 96 %. Schlusslichter dieser Skala sind Deutschland mit 53 % und die Schweiz mit nur 44 % – beides Länder, in denen besonders hochwertig und teuer gebaut wird. Auch leistet sich Deutschland neben hohen Baustandards Tier-, Natur- und Artenschutz. Dieses Erste-Welt-Privileg treibt manchmal seltsame Blüten, wie die Umsiedelung einer Spatzenkolonie, die einen Augsburger Bauträger 40 000 kostete.

Beteiligung des Einzelnen
Deutschland ist ein demokratisches Land. Hier hat die Stimme des Bürgers Gewicht. Für Bauprojekte bedeutet das häufig lange Überzeugungsarbeit von Seiten der Bauwilligen, Auseinandersetzungen und juristische Streitereien – eine Tatsache, die insbesondre beim Thema Nachverdichtung schwer wiegt. Kaum jemand möchte, dass der Nachbar ihm näher auf die Pelle rückt. Hier ist ein gesellschaftliches Umdenken nötig, die Einsicht, dass die Nähe der anderen nicht bedrohlich ist.
Im privaten Bereich gelingt das bei Baugruppen oft schon sehr gut. Können die späteren Bewohner selbst entscheiden, dass sie lieber die Dachterrasse teilen, dafür aber mehr Wohnraum haben, und kennen sie ihre späteren Nachbarn, ist Teilen und Nähe oft gar kein Problem. Selbstbestimmung und Eigenverantwortung sind zwei Triebfedern für das Funktionieren solcher Gemeinschaften. Entscheide ich selbst, dass ich lieber Fahrrad fahre statt Auto und daher keine Garage brauche, ist das etwas ganz anderes als wenn ich in eine Wohnanlage ziehe, in der einfach keine Garage angeboten wird.
Gute Baugruppenprojekte gibt es viele. Eines ist die Wohnanlage Dennewitzstraße in Berlin der Architektengemeinschaft Roedig Schop, sieglundalbert und dmsw. Auf einem günstigen, weil an der Bahntrasse gelegenen Grundstück haben sie einen Low-Budget-Bau errichtet, der in keiner Weise danach aussieht. Stolz und kraftvoll präsentiert sich das Gebäude in seiner schillernden Metallhülle, hinter der sich individuell für die einzelnen Bewohner gestaltete und teilweise sehr extravagante Wohnungen befinden.

Zum Schluss ein paar Zahlen
Das Verhältnis von Roh- zu Ausbaukosten hat sich in den letzten 15 Jahren genau umgedreht: von 54 zu 46 auf 46 zu 54 %. Das liegt zum Teil an den heute höheren technischen Standards, am Anspruch des Nutzers, aber auch an strengeren Forderungen des Gesetzgebers.
Laut einer Studie des GdW (Bundesverband deutscher Wohnungs- und Immobilienunternehmen) sind die Kosten für einen Neubau seit dem Jahr 2000 um 40 % gestiegen. Da-

5, 6 modulares Erstaufnahmelager in
Bad Neuenahr-Ahrweiler, 2016
Entwurf und Umsetzung: Peter Görgen mit dem
Betonfertigteilhersteller Hachmeister
7, 8 gemischtes Wohnprojekt für Flüchtlinge und
Obdachlose in Ostfildern, 2015
Architekten: u3ba

5, 6 Modular reception camp in Bad
Neuenahr-Ahrweiler, 2016
design und realisation: Peter Görgen with
Hachmeister, maker of prefab concrete units
7, 8 Housing for refugees
and homeless persons in Ostfildern, 2015,
architects: u3ba

von fallen auf die reinen Baukosten rund 27 %. Als Grund ermittelt die Studie Vorgaben zu Brand- und Schallschutz, zu Schnee-, Sturm- und Erdbebensicherheit, Barrierefreiheit sowie zur Energieeinsparung. Allein auf die Einhaltung der EnEV fallen hierbei 6,5 %. Dabei bringt die letzte Novellierung (EnEV 2016) kaum messbare Verbesserungen. Hier stehen Aufwand und Nutzen in keinem sinnvollen Verhältnis mehr zueinander. Man wundert sich oft, warum solche Verordnungen in Kraft treten. Nun ist die EnEV Teil des deutschen Wirtschaftsverwaltungsrechts. Doch auch EU, Bund, Länder und Kommunen sind für unterschiedliche Bereiche des Ordnungsrecht zuständig. Dass es bei vier Instanzen zu widersprüchlichen Forderungen kommt, ist naheliegend, und regulative Irrwege gibt es damit auch.

Eine Lösung
Die Aufgabe also ist eindeutig und wird von vielen Architekten schon lange gefordert: klare Zuständigkeiten und Deregulierung. Es muss wieder Platz entstehen dürfen für neue, andere Ideen, und das geht viel leichter, wenn das Korsett von Vorgaben nicht so eng sitzt.
Hier ist auch die Politik gefragt und die genaue Prüfung derer, die Verordnungen auf den Weg bringen. So ist beispielsweise der deutsche Normenausschuss ein privatwirtschaftlich getragener Verein, zu dem auch viele Vertreter aus der Wirtschaft zählen. Die Annahme liegt nahe, dass die ein oder andere Norm im Hinblick auf die Befeuerung des eigenen Wirtschaftszweigs entsteht und nicht zum Wohl von Bauherren und Bewohnern. Zum Glück hat das auch der Bund erkannt und ist derzeit dabei, einen von der Wirtschaft unabhängigen Normungsausschuss aufzubauen.
Der Wille, die Dinge zu vereinfachen, um einfacher und günstiger bauen zu können, ist vorhanden: bei Bauherren, Gesetzgeber und Architekten. Allerdings gehört auch der Mut dazu, diesen Willen umzusetzen.
DETAIL 7–8/2016

9, 11 Ausbauhaus Neukölln, Berlin, 2014
Architekten: Praeger Richter
10 geförderter Wohnungsbau mit Straßen-
reinigungsstützpunkt in München, 2013
Architekten: bogevischs buero
12 Wohnhaus für eine Baugruppe in Berlin, 2013
Architekten:
Roedig Schop, sieglundalbert, dmsw

9, 11 House optional fitting-out, Neukölln, Berlin, 2014,
architects: Praeger Richter
10 Subsidised housing with street-cleaners'
support point in Munich, 2013, architects:
bogevischs buero
12 Apartment house for a private group
of clients in Berlin, 2013,
architects: Roedig Schop, sieglundalbert, dmsw

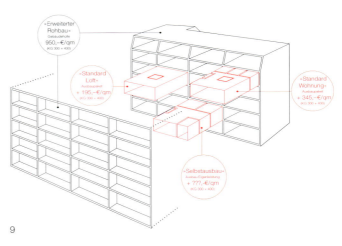

9

Housing costs have increased in Germany. Especially in major cities and metropolitan areas, prices for purchasing homes and renting apartments have gone through the ceiling. Exacerbating matters, in 2006 the federal government turned over the housing agenda to the states: this brought construction to a nearly complete standstill. But cities and communes also prefer to invest in infrastructure projects. And construction is more expensive than ever before. In the year 2000, the cost per m² for an apartment in a multi-unit dwelling was €2210. In 2014 it had risen to €3,080. So it's no wonder that a chasm has opened up between supply and demand of affordable housing. And then along came the refugee crisis. Last summer it became clear that answers had to be found – and quickly! At first a concerted effort was necessary just to get roofs over the refugees' heads. But the new situation has finally forced us to focus on affordable housing – and this time we have to get past studies and discussions and act. It is rousing Germany from the stolidity associated with affluence. This can be seen as a chance for Germany, for its residents, and for its building culture. Cities, universities, local and federal governments, architects' organisations, investors, etc. are developing ideas to reduce the cost of housing. We report here on a fraction of these initiatives. The first question that must be addressed is: What makes housing so expensive? The price of housing – and the percentage of income it consumes – varies from city to city. As of April 2016, for new rental contracts, Munich heads the list with €20.48 per m². Over the last 5 years, prices have increased markedly – but incomes are not keeping pace. So who can afford the available housing? Lawmakers' attempts to legislate affordable rents haven't yet had the desired impact. For many, the solution is to move to the periphery, with all of the associated problems: the commute, the accompanying CO_2 emissions and sprawl. And there is a shift in demographics. The lack of affordable housing in attractive cities affects not only those with low incomes: it now also affects the middle class. Nonetheless, the apartment owners have no trouble finding takers. And so it comes as no surprise that the average floor area per person continues to rise. This development is only partially explained by the growing number of 1-person households and users' increased expectations. Another aspect is that the number of clients who can afford luxurious second residences in central locations has grown. Supply and demand now regulate the price, and demand is high. This is compounded by the fact that Germany's federal government has almost completely withdrawn from housing. Its decision to sell all government-owned apartments (a total of 38,600 units) fits in this pattern. There are now just 1.5 million social housing units in Germany. One recent study found that 54% of these units are occupied by persons who are not entitled to them. For this reason, in recent decades, instead of providing social housing to those in need of it, the federal government has made housing allowances available. This initially seems to make sense, because households that no longer

10

11

require the subsidy can remain in the same apartment. To try to convince them to leave is problematic. But by subsidising people instead of buildings, the government plays into the hand of the property owners: as long as supply is short, they determine the rent prices. Therefore, it was a major step in the right direction when in 2016 the federal housing agency's budget was doubled. But the government has continued to give subsidies to private clients who must pledge to make apartments available at €6.50 per m². So the second question is: Why are construction costs so high and what can be done about them? As mentioned, property costs play an important role. In just the last 5 years the cost of land zoned for construction in Berlin has increased by 92%; in Stuttgart and Munich the statistics are comparable. One countermeasure: states and communes will no longer sell property to the highest bidders.

Kilian Kleinschmidt, who for years has headed Zaatari, the world's second largest refugee camp, proposes that housing should be provided to refugees in Germany's shrinking cities and a free trade zone should be created. But it is unlikely that his idea will be realised any time soon, so others are needed, e.g., for how to keep property costs down in flourishing areas. One way is to find property zoned for housing in unattractive locations and then to respond with a clever architectural solution, such as a circulation layer as buffer to a loud street combined with living areas facing the quiet side. A project by Boltshausen Architekten does just that. Another example is a subsidised housing project in Munich by bogevischs buero: by dimensioning the outdoor circulation spaces generously, they upgraded them to communication spaces. In cities in which there is a shortage of land, the magic formula is "higher density". There are diverse proposals specifying how to achieve it; one with high potential is to rezone industrial land for use as housing, because these sites usually have good traffic infrastructure. The government has made such a proposal: a new category of zoning would allow both housing and industry. Another way to increase density is to add storeys to existing buildings.

When refugees arrived in large numbers, containers equipped for living purposes were quickly sold out. But do such solutions make sense? Standardised and modular construction is probably a more efficient response. A reception camp designed by Peter Görgen consists of precast concrete units for the walls and ceilings: they are put together like a house of cards. But the themes "future conversion" and "functional mix" also enter in: e.g. the black structures by u3ba – which are also prefabricated to a high degree – accommodate both refugees and homeless persons. Another option to reduce costs is to allow residents to fit out the apartment themselves. By way of comparison, let's look to Japan. Property costs there are extremely high, but construction costs quite low. The average life span of a house is only 27 years. Then it is torn down and replaced by a new (inexpensive) one. Of course it could be argued that this isn't sustainable practice. And in Japan, safety codes and technical requirements are less stringent than in Germany. Still, perhaps there is practicable middle ground. Which takes us to Romania, where construction standards are also lower than in Germany. DIY plays an important role. The percentage of home- and apartment-owners is what's noteworthy: it's 96%! In Germany and Switzerland, where construction costs are high, the percentage is about half that. Over the last 15 years, the cost ratio of the building carcass to the fitting out has gone from 54:46% to 46:54%. This is attributable to today's higher technical standards and user demands, but also to more rigorous government regulations. According to a study by the federal real-estate association, since 2000 the cost for erecting a new building has increased by 40%. The reasons: requirements for fire protection; noise abatement; accessibility; snow, storm and earthquake protection; energy efficiency. But the costs for increasing the latter are not being offset by subsequent savings. And there are inconsistencies between the different agencies enforcing the requirements. It's high time to simplify these requirements.

12

**Besser statt billiger bauen:
Interview mit Thomas Jocher**

*Building Better, Not Cheaper:
Interview with Thomas Jocher*

Der Wohnungsbau in Deutschland ist zum Politikum geworden. Zu wenig, zu teuer, zu kompliziert lautet eine verbreitete Klage. Zu Recht? Ein Interview mit Thomas Jocher, Direktor des Instituts für Wohnen und Entwerfen an der Universität Stuttgart.

Offiziellen Schätzungen zufolge müssen in Deutschland mindestens 350 000 neue Wohnungen pro Jahr entstehen. Welchen Prinzipien sollte man dabei folgen?
Die Zahl 350 000 sollte uns nicht erschrecken. In den 60er-Jahren wurden in Deutschland über eine halbe Million Wohnungen jährlich fertiggestellt.
Allerdings ist die Lage heute eine andere, da der Bedarf viel konzentrierter in einigen Metropolregionen auftritt. Dennoch bin ich überzeugt, dass wir ihn decken können – und zwar auch ohne neue Großsiedlungen wie in den 1970er-Jahren, allein durch Ergänzungsbauten und Nachverdichtungen im Bestand. Die Kapazitäten der Planer und der Bauunternehmen reichen dafür aus, zumal in anderen Bereichen – etwa im Bürobau – eine gewisse Sättigung absehbar ist.

Wird diese Verlagerung vom Büro- zum Wohnungsbau von Dauer sein?
Wohl kaum. Der Wohnungsbau-Hype wird auch wieder abebben. Trotzdem werden wir auch künftig Ersatzneubauten benötigen. Denn es zeigt sich immer deutlicher, dass viele Nachkriegsbauten kaum mit vertretbarem Aufwand an die heutigen Anforderungen anzupassen sind.

Auch der Zustrom von Flüchtlingen hat den Wohnungsbedarf enorm gesteigert. Sie rieten unlängst in einem Zeitungsartikel: »Baut mehr Olympische Dörfer!«. Was meinen Sie damit?
Für die Neuankömmlinge brauchen wir keine billigen Sonderbauten in schlechter Bauweise, sondern ganz normale Wohnhäuser, die vielleicht zu Beginn etwas überbelegt werden. Ich wohne selbst im Olympischen Dorf in München. Während der Spiele waren dort zwei Wochen lang 10 000 Menschen untergebracht. Jetzt hat das Quartier etwa 6000 Einwohner und zählt zu den begehrtesten Wohngebieten in München.
Natürlich funktioniert dieses Modell nur dort, wo langfristiger Bedarf besteht. Ländliche Regionen könnten sich eher an den Olympischen Winterspielen 1994 in Lillehammer orientieren. Dort hat man für die Sportler temporäre Holzbauten errichtet, die später eine dauerhafte Nutzung an anderen Orten in Norwegen fanden.

Ist es also ein Fehler, wie jetzt in Deutschland geschehen, die energetischen Anforderungen an temporäre Flüchtlingswohnungen zu senken?
Ich halte es für höchst problematisch, Substandard-Provisorien zu errichten. Ehe man sichs versieht, sind daraus Dauerprovisorien geworden – und in 30 Jahren haben wir dann die gleichen Probleme bei ihrer Sanierung wie jetzt mit den Nachkriegsbauten.

Eine neue Studie schätzt, dass man in Deutschland 1,1 Millionen Wohnungen allein durch Dachaufstockungen schaffen könnte [1]. In der Realität wird freilich deutlich weniger aufgestockt. Wo liegen die Hindernisse?
Dachaufstockungen sind nur eine Möglichkeit, im Gebäudebestand neuen Wohnraum zu schaffen, und noch dazu eine recht komplizierte. Die Schwierigkeiten reichen von städtebaulichen Abstandsregelungen über eine oft unzureichende Statik bis zur EnEV, die bei Aufstockungen in der Regel verlangt, die Bestandsgeschosse energetisch zu sanieren.
Zudem machen kommunale Stellplatzschlüssel für die zusätzlichen Wohnungen womöglich eine Tiefgarage erforderlich. Ich war unlängst Jurymitglied eines Architektenwettbewerbs in Erlangen, bei dem es um die Aufstockung einer überwiegend dreigeschossigen Siedlung aus den 1960er-Jahren ging. Die Aufstockung hätte jedoch neue Feuerwehrzufahrten in die Innenhöfe bedingt, und man hätte viele Bäume fällen müssen. Gewonnen hat letztlich ein Entwurf,

1 Stadtquartier auf innerstädtischer Konversionsfläche: Wohnungsbau am Ackermannbogen in München, Fink + Jocher 2004
2 Ein Modell für den Wohnungsbau 2016? Olympisches Dorf in München, Heinle, Wischer und Partner 1972

1 New urban district on inner-city brownfield site: Residential complex Ackermannbogen in Munich, 2004, architects: Fink + Jocher 2004
2 A model for today's housing needs? Olympic Village in Munich, 1972, architects: Heinle, Wischer und Partner 1972

der stattdessen Neubauten am Rande des bestehenden Quartiers vorgesehen hat.

Sie waren Mitglied der vom Bundesbauministerium eingesetzten Baukostensenkungskommission. Worum ging es dabei?
Die Kommission bestand vorwiegend aus Vertretern der Wohnungswirtschaft und einigen wenigen Architekten. Sie hat untersucht, wie sich der Anstieg der Wohnkosten in Deutschland unter Mitwirkung aller Beteiligten dämpfen ließe. Allerdings denke ich nicht, dass wir Architekten maßgeblich für die hohen Verkaufs- und Mietkosten verantwortlich sind. Das Bauen ist in München nicht wesentlich teurer als in Cottbus. Dennoch liegen die Mieten in den beiden Städten himmelweit auseinander. Das zeigt doch, dass für die Miethöhe ganz andere Faktoren als die Bauwerkskosten maßgeblich sind.

Was heißt das für die viel diskutierte Frage, ob man zur Kostenreduzierung bauliche Standards senken sollte?
Die meisten Standards, die wir uns im Laufe der Jahrzehnte erkämpft haben, bestehen vollauf zu Recht. Weder bei der Energieeffizienz noch bezüglich der Barrierefreiheit würde ich hier etwas ändern. Allenfalls sollte man die Anforderungen eindeutiger definieren, etwa beim Schallschutz. Dort hat die DIN 4109 zwar verschiedene Schallschutzniveaus definiert – aber es jahrelang den Architekten und in der Folge den Gerichten überlassen, zu definieren, welches Niveau in welchem Fall einzuhalten war.
Ähnlich unsinnig ist die föderale Vielfalt der 16 Landesbauordnungen in Deutschland. Ich hielte es für vertretbar, wenn in einem Dorf eine andere Bauordnung gelten würde als in der Großstadt. Aber dass das Bauen am linken Donauufer anders geregelt sein soll als am rechten, ist meines Erachtens nicht zu begründen.

Auch das Bundesbauministerium drängt derzeit auf eine Vereinheitlichung der Bauordnungen. Sehen Sie Chancen, dass es dazu kommen wird?
Nicht die geringste. Alle politisch Verantwortlichen auf Länderebene, mit denen ich gesprochen habe, halten die Fahne der Kleinstaaterei nach wie vor ganz hoch.

Gerade die Energieeinsparverordnung wird immer wieder als Kostentreiber dargestellt. Wie stehen Sie zu ihrer weiteren Verschärfung in den kommenden Jahren?
Wir müssen Häuser bauen, die wir auch in 50 Jahren noch guten Gewissens bewohnen können. Diese Häuser brauchen Gebäudehüllen mit hoher energetischer Qualität. Solche Gebäudehüllen sind jedoch teuer, und das setzt einen Anreiz, immer kompaktere Baukörper zu errichten. Innen liegende Räume lassen sich dann oft nur noch mit hohem technischem Aufwand belichten und belüften. Ich bezweifle sehr, dass diese Vorgehensweise sinnvoll und zukunftsträchtig ist. Oder können Sie mir mit Sicherheit sagen, dass für ein Lüftungsgerät, das Sie heute einbauen, auch in 20 Jahren noch Filter erhältlich sind?

Auch das barrierefreie Bauen steht wegen hoher Kosten wiederholt am Pranger. Andererseits hören wir, dass Deutschland 2 Millionen altersgerechte Wohnungen benötigt. Ein Zielkonflikt?
Viele Angaben zu Kostensteigerungen, die zu diesem Thema kursieren, erscheinen mir weit überhöht. Denn barrierefrei ist nicht gleich rollstuhlgerecht. Nur eine kleine Minderheit aller Menschen ist im Alter tatsächlich auf einen Rollstuhl angewiesen. Viel wichtiger ist es, Wohnungen so vorzubereiten, dass sie im Bedarfsfall barrierefrei umgebaut werden können.[2] Das bedeutet zum Beispiel, dass man die Lichtschalter niedriger anordnet und nichttragende Wände reversibel ausführt, um im Bedarfsfall etwa das Bad vergrößern zu können. Viele dieser Maßnahmen kosten nichts oder kaum etwas, sparen später aber enorm hohe Umbaukosten ein.

Unsere Wohnungen sind auch deswegen teuer, weil jeder Bundesbürger rund 45 m² Wohnfläche beansprucht. Wie lassen sich den Menschen auch kleinere Wohnungen »schmackhaft« machen?
Machen wir uns keine Illusionen: Freiwillig werden nur die wenigsten auf Wohnfläche verzichten, solange sie sich diese leisten können. Doch zumindest in den Metropolen werden uns steigende Wohnungspreise ein Stück weit an asiatische Verhältnisse heranführen. Darauf lässt sich auf zweierlei Weise reagieren: Einerseits, indem man Wohnungen flexibler gestaltet, wie dies schon Le Corbusier getan hat, mit Schiebewänden und ausklappbaren Betten. Auch in Japan ist es ja seit jeher üblich, Räume tagsüber anders zu nutzen und zu möblieren als nachts.
Der zweite Weg führt über das gemeinschaftliche Wohnen. Die gute alte WG erlebt derzeit eine Renaissance als sogenannte Clusterwohnung, bei der sich mehrere Kleinstappartements mit Schlafzimmer und Bad um einen großzügigen Gemeinschaftsbereich gruppieren. Solche Modelle eignen sich nicht nur für Singles und Paare, son-

2

dern durchaus auch für Familien. Ältere Kinder könnten so länger zu Hause wohnen bleiben und hätten dennoch ihre Privatsphäre. Gerade in den teuren Metropolen können es sich viele Eltern oft gar nicht mehr leisten, ihren Kindern zum Studium eine eigene Wohnung zu finanzieren.

Die Politik und die Wohnungsbauunternehmen setzen große Hoffnungen in das serielle Bauen. Was sind die Chancen und Risiken, wenn das Bauen in Großserien wiederentdeckt wird?
Ich denke nicht, dass sich der industrielle Großsiedlungsbau der 1960er- und 70er-Jahre heute wiederholen lässt. Denn anders als damals agieren wir heute zumeist im dicht bebauten Bestand. Die Stückzahlen sind geringer, die Einschränkungen größer als vor 40 oder 50 Jahren. Dennoch finde ich es begrüßenswert, wenn sich die Wohnungsbauindustrie diesem Thema wieder widmet. Die Automobilindustrie zeigt uns, dass serielles Bauen keineswegs in gestalterische Eintönigkeit münden muss. Das ist wichtig, denn in der Bevölkerung existiert nach wie vor eine große Sehnsucht nach individueller Gestaltung – viel mehr als bei uns Architekten, die wir meist kein Problem damit haben, 20 gleiche Fenster in einer Fassade zu planen.

Wo sehen Sie die Grenzen des seriellen Bauens?
Zum einen in der Kleinstaaterei bei der Gesetzgebung. Spätestens in der Gebäudeklasse 5 sind die Vorschriften so unterschiedlich, dass kein einzelnes Baukastensystem die Anforderungen aller 16 Landesbauordnungen erfüllen kann. Zum anderen resultieren die Einschränkungen aus dem Bauplatz selbst. Gerade in innerstädtischen Lagen wollen Bauherren meist jeden Quadratzentimeter ausnützen. Da stößt das serielle Bauen mit seinen vordefinierten Maßsystemen schnell an seine Grenzen.

Serielles Bauen gelingt immer dann, wenn die Planer über die Möglichkeiten und Grenzen der Systeme Bescheid wissen, die sie verwenden. Haben wir hier noch Nachholbedarf?
Auf jeden Fall – und nicht nur im seriellen Bauen. Bei der getrennten Vergabe der Leistungsphasen an unterschiedliche Planer geht Know-how verloren. Wie soll ein Entwurfsarchitekt kostengünstig planen können, wenn er nicht weiß, welche Punkte in der Ausführung zu Problemen und Mehrkosten führen können? Wir benötigen die Kommunikation zwischen Architekten und ausführenden Betrieben von Anfang an. Aber das widerspricht dem Prinzip der produktneutralen Ausschreibung und im Grunde auch unserem Berufsethos als unabhängiger Sachwalter des Bauherrn.

Kostengünstiges Bauen stößt an seine Grenzen, wo Grund und Boden knapp und teuer ist. Wie sollten die Gemeinden bei der Baugrundvergabe vorgehen, zumal viele von ihnen vorrangig ihre Haushalte sanieren müssen?
Natürlich ist der Anreiz groß, den Baugrund meistbietend zu verkaufen – nur erhält man dann eben keinen kostengünstigen Wohnungsbau. Viele Städte haben das inzwischen erkannt, aber nicht alle können es sich leisten, ihren Grund und Boden vergünstigt abzugeben. Alle Kommunen können jedoch Einfluss nehmen durch die bauliche Dichte, die sie in einem Quartier erlauben. Je höher sie ist, desto mehr Geld sind Investoren bereit zu zahlen und desto eher sind sie gewillt, auch kostengünstigen Wohnraum zu schaffen.
Alles in allem haben hohe Baulandpreise durchaus auch ihr Gutes: Sie zwingen uns, noch näher zusammenzurücken. Bedenkt man, dass wir in Deutschland nach wie vor 70 Hektar Fläche pro Tag für Siedlungs- und Verkehrsflächen in Anspruch nehmen, ist das nicht das Verkehrteste.
DETAIL green 2/2016

[1] Technische Universität Darmstadt/ISP Eduard Pestel Institut für Systemforschung: Deutschland-Studie 2015. Wohnraumpotentiale durch Aufstockungen. Darmstadt/Hannover 2015. http://bit.ly/dachaufstockung
[2] vgl. hierzu Thomas Jocher, Erika Mühltaler, Pia Gerhards: ready – vorbereitet für altengerechtes Wohnen. Bonn 2013. www.readyhome.de

In Germany housing construction has become a political issue: "Too little, too expensive and too complicated," say critics, but are they right? To discuss this, DETAIL green interviewed Thomas Jocher, architect and professor for housing at the University of Stuttgart.

According to official estimates, 350,000 new residential units are needed in Germany every year. In this scenario which principles should one prioritise?
*This figure shouldn't come as a shock to us. In the 1960s over half a million residential units were created every year in Germany. Today however, we have a different situation, as the demand is mainly concentrated in a small number of metropolitan areas.
I am confident nevertheless that we can achieve this – and without creating large new housing estates like in the 1970s – solely through the construction of additional buildings and further densification of the existing building stock. Designers and builders have sufficient capacity to take on this workload, especially since construction in other sectors – like office buildings – seems to be reaching its saturation point.*

Do you believe this shift from office to apartment buildings will be a lasting phenomenon?
I don't think so. The apartment building boom will also ease off eventually. Nonetheless, in the future we will still need new residential buildings, as it is becoming increasingly obvious that many post-war buildings can hardly be upgraded to meet todays requirements within a reasonable budget.

The recent stream of refugees has significantly increased demand for accommodation. In a recent newspaper article you advised: "Build more Olympic Villages!". What did you mean by that?
Our new arrivals shouldn't be accommodated in cheap, poorly constructed prefabs, but rather in normal standard housing, which maybe needs to be a bit overcrowded in the beginning. I myself live in the Olympic Village

4

in Munich. During the Olympic Games this place accommodated 10,000 people over a two week period. Now the district has 6,000 residents and is one of the most sought-after residential areas in Munich.
Of course this model only works in an area where there is a long-term demand. Rural areas would do better to look to the Winter Olympics of 1994 in Lillehammer, where temporary timber structures erected to accommodate the athletes during the games were later relocated for permanent uses in other parts of Norway.

Is it then a mistake, as is now the case in Germany, to lower the energy requirements for temporary refugee accommodation?
I believe that it is very problematic to build substandard accommodation. Before you know it, these will have become long-term makeshift solutions, and after thirty years we'll have the same problem with their refurbishment as we do now with post-war buildings.

What do you think about the increasingly stringent energy requirements for new buildings in the coming years?
We must, in good conscience, build homes that will still be habitable fifty years from now. These homes need to have building envelopes with high-energy standards and such building envelopes are expensive. This creates the incentive to design increasingly compact building forms, with inner rooms which can often only be lit and ventilated with great technical difficulty. I wonder if this approach is sensible or sustainable, and if twenty years from now it will still be possible to find replacement filters for a ventilation unit installed today?

Barrier-free design has once again been the focus of criticism due to supposed higher costs. Is this justified?
To me, many reports of cost increases around this topic seem to be grossly exaggerated. However, barrier-free does not automatically mean wheelchair-accessible. Only a small minority of elderly people actually depend on wheelchairs. It is much more important to design apartments so that, if required, they can easily be retrofitted to suit a wheelchair user. This means for example that light switches would be placed at a lower level and that non-load-bearing walls would be demountable, so that, if required, the bathroom could be made larger at a later date. Many of these measures cost very little and can help avoid significant renovation costs at a later date.

Another reason why our apartments are expensive is because every German citizen now occupies 45 m^2 of living space. How can smaller apartments be made more attractive to people?
Only a very few will voluntarily give up their living space if they can afford to. Particularly in the larger cities rising residential property prices are in some ways bringing us closer to Asian space standards. There are two ways we can respond to this: on the one hand, by making apartments more flexible, like Le Corbusier did, with sliding walls and fold-out beds. In Japan, for example, rooms have always been used differently and had a different furniture layout in the daytime and nighttime. The second approach is communal living, which is presently enjoying a renaissance in the form of so called 'cluster apartments'. A typical arrangement consists of several tiny apartments with bedrooms and bathrooms grouped around a generous communal area. This model is not only suitable for singles and couples, but also for families. It also allows older children to remain at home for longer, while still having their own private space, which is ideal for many parents – particularly in the more expensive, larger cities – who can no longer afford to pay for their children to have their own apartments during college.

Politicians and the housing industry in Germany have high hopes for mass housing production. What are the opportunities and risks when mass produced housing is revisited?
I don't think that we will see the large industrial housing developments of the 1960s and 1970s repeated. In contrast to that era, we now operate predominantly in a more densely built-up environment. Fewer individual buildings are being built, and the constraints are greater than fifty years ago. It is a welcome development however, that the housing industry is now reassessing this approach. The automotive industry has shown us that mass production must not necessarily lead to monotonous design. This is important, for as always people have a great desire for individual expression – far more so than us architects, who in most cases have no issue in designing, for example, a facade with twenty of the same windows.

Mass building is most successful when designers understand the possibilities and limitations of the systems they are using. Do you think we still have some catching up to do?
We certainly do – and not only when it comes to mass housing. Technical know-how gets lost in the delegation of work phases between different designers. How can an architect plan cost effectively when he doesn't know which aspects of the design can be problematic during construction? We need better communication from the very beginning of the process between architects and construction professionals. This however contradicts the principle of product-neutral specification as well as our professional code of conduct as independent client representatives.

3   Räumliche Vielfalt trotz modularer Konstruktion: Wohnkomplex »Am Lokdepot« in Berlin, Robertneun 2016
4   Containerbau de luxe: Studentenwohnheim in Berlin, Holzer Kobler Architekturen 2016

3   Spatial diversity within a modular construction: Am Lokdepot residential complex, 2016, architects: Robertneun 2016
4   High-standard container dwellings: Student housing in Berlin, 2016, architects: Holzer Kobler Architekturen 2016

Kosten sparen, Qualität halten – Strategien im Wohnungsbau

Saving Costs, Maintaining Quality – Strategies for Housing

Rainer Hofmann

Das Thema »Kostengünstiges Bauen« hat in letzter Zeit stark an Aktualität gewonnen, denn Wohnen ist in Deutschland zu teuer geworden. Die breite Masse kann sich in Ballungsräumen kein Eigentum mehr leisten, oft nicht einmal mehr eine zentral gelegene Mietwohnung. Dabei stellt sich in Großstädten wie München, Stuttgart oder auch Berlin die Frage, wie groß der Einfluss der Baukosten auf Mieten und Wohnungspreise überhaupt noch ist. Wenn der durchschnittliche Verkaufspreis pro Quadratmeter Wohnfläche in München bei 7000 € liegt, Höchstwerte weit über 10 000 € erreicht und selbst im S-Bahn-Bereich die 5000-Euro-Marke bereits übersteigt, machen die Erstellungskosten eines Wohngebäudes nur noch einen geringen Teil aus.

Ganz anders im ländlichen Raum: Bei Verkaufspreisen von knapp über 3000 € pro Quadratmeter muss der Architekt einen Baukostenanteil von mehr als 2000 € rechtfertigen. Allerdings, auch dies ist kein Geheimnis, wird dort viel weniger gebaut, weil wir immer noch in einer Zentralisierungsphase stecken, die durch eine Renaissance der Städte noch verstärkt wird.

Wir kommen also nicht umhin, über das Bauen in Ballungsräumen zu sprechen; dort ist der Wohnraum knapp und teuer.

Wie gelingt es, günstiger zu bauen?
Dass Wohnraum so teuer geworden ist, liegt offensichtlich am knappen Angebot. Das heißt, wir müssen schlicht und einfach mehr Wohnungen bauen. Parallel müsste es gelingen, das Interesse an ländlichen Regionen zu erhöhen. Mithilfe von stadt- und regionalplanerischen Maßnahmen könnte man die Attraktivität des Umlands steigern, z. B. durch einen Ausbau der Infrastruktur und eine Planungskultur mit Bürgerbeteiligung. Hier liegt ungenutztes Potenzial.

Auch wenn die Baukosten – wie oben dargestellt – häufig nur einen geringen Einfluss auf den Endpreis haben, birgt der Hochbau grundsätzlich Möglichkeiten der Kosteneinsparung. Wenn man sich die Geschichte des Wohnungsbaus vergegenwärtigt, stellt man fest, dass sich das Bauen seit Ende des Zweiten Weltkriegs komplett verändert hat. Jahrzehnt für Jahrzehnt haben sich die Standards hinsichtlich Komfort und Sicherheit erhöht; Konstruktionen sind vielschichtiger und ausgeklügelter, die Haustechnik umfangreicher geworden. Allerdings hat das dazu geführt, dass die Regeln des Bauens heute in einem so komplexen und undurchsichtigen Normengestrick festgesetzt sind, dass es zunehmend schwierig wird, alle Rahmenbedingungen zu erfüllen. In unserem Büro kommt es nicht selten vor, dass Mitarbeiter nach einer Schulung noch verwirrter sind als zuvor, weil sich nicht alle sogenannten »Regeln der Technik« miteinander in Einklang bringen lassen. Aus diesem Grund ist es heute eher die Regel als die Ausnahme, dass wir unsere Bauherren im Laufe eines Projekts mit Normenfreizeichnungsblättern behelligen müssen.

Neue Standards
Um die geltenden Regeln der Technik ins Visier zu nehmen, hat der BDA Bayern die Arbeitsgruppe »Standards im Wohnungsbau« ins Leben gerufen, an der verschiedene große und kleine Wohnungsplanungsbüros mitwirken, darunter unseres. Daraus ist eine Broschüre [1] entstanden mit dezidierten Vorschlägen, wie die wesentlichen Bauregeln neu gefasst werden könnten, mit dem Ziel pragmatischer und kostengünstiger zu bauen, aber auch – und das sollte vielleicht am Anfang stehen – mit hoher gestalterischer und sozialer Qualität.

Kostengünstiges Bauen bleibt nur kostengünstig, wenn das entstandene Gebäude im Laufe der Jahre nicht Unsummen an Unterhaltskosten produziert. Dies ist eigentlich keine besondere Weisheit, wird aber vor allem bei kommerziell entwickelten Projekten wie dem Eigentumswohnungsbau immer wieder vernachlässigt.

Entscheidend für dauerhaft kostengünstiges Wohnen sind in jedem Fall auch die gestalterische Identitätsstiftung und die soziale Verwurzelung. Das wird leider oft vergessen. Nur durch die Berücksichtigung dieser beiden Faktoren lässt sich eine lange Nutzungsdauer erreichen. Spätestens nachdem die ersten Wohnblocks aus der Nachkriegszeit wieder abgerissen wurden – nach weniger als 30 Jahren –, sollten wir diesen Gesichtspunkten eine erheblich höhere Bedeutung beimessen.

Strategien
Nachhaltig (und ich finde, an dieser Stelle trifft der Begriff tatsächlich zu) kostengünstiger Wohnungsbau muss also strategisch sein und weit über die Erstellung hinaus betrachtet werden. Das bedeutet auch, dass nicht allein die Baukosten pro Quadratmeter Wohnfläche maßgeblich sind, sondern auch der qualitative Mehrwert, den man einem Projekt im Rahmen des vorhandenen Budgets mitgeben kann. Dazu sind auch kostensparende Mittel notwendig – aber eher, um andere Elemente mitzufinanzieren, die das Gebäude nachhaltiger (sozial, gestalterisch, physisch) machen.

Ich habe vier aktuelle Wohnungsbauten unseres Büros ausgewählt und werde die dort angewendeten Strategien im Folgenden erläutern. Alle Projekte unterschreiten die gültige Energieeinsparverordnung (EnEV) zum Teil deutlich – nicht etwa weil die Budgets

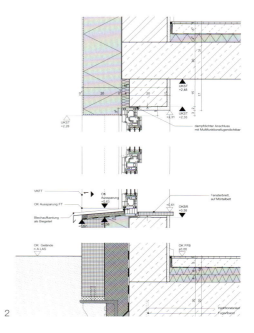

1–4 Wohnungsbau Finsterwalderstraße in Rosenheim, 2014; Teil des Förderprogramms »IQ – Innerstädtische Quartiere« der Obersten Baubehörde
Bauherr: GRWS
Energiestandard: KfW 55 (EnEV 2009)
2 Fassadenschnitt EG / 1. OG, Maßstab 1:20
3 Lageplan, Maßstab 1:3000

1–4 Finsterwalderstraße apartment buildings, Rosenheim, 2014; part of a subsidies programme of Germany's federal construction authority, client: GRWS; Energy standard (to receive subsidies): KfW 55 (EnEV 2009)
2 Facade cross-section of ground floor/first floor, scale 1:20
3 Site plan, scale 1:3,000

üppig waren, sondern weil sich für die privaten wie öffentlichen Bauherren die Kombination von Förderkrediten der KfW-Bank in Verbindung mit der Einberechnung der Betriebskosten (die sogenannte »Zweite Miete«) als wirtschaftliche Lösung herauskristallisierte. Dies zeigt, dass ein bestimmter Standard auch durch andere Anreize erreicht werden kann. Regelvereinfachungen würden also nicht zwangsläufig zu einer Standardreduzierung führen, dafür aber den Architekten mehr Freiheiten geben.

Wohnungsbau Finsterwalderstraße in Rosenheim (Abb. 1–4)
Bei diesem Projekt lag eine wesentliche Maßnahme zur Kostensenkung in der Parkierungslösung. Zum einen gelang es in Abstimmung mit der Stadt Rosenheim, den gültigen Stellplatzschlüssel von 1,5 bzw. 2,0 (für Wohnungen über 100 m² Wohnfläche) auf 1,0 zu senken; zum anderen konnte der wesentliche Teil der notwendigen Stellplätze oberirdisch, entlang der stark befahrenen Äußeren Münchner Straße, angeordnet werden, sodass die Tiefgarage relativ klein ausfiel. Neben der umfangreichen Kostenersparnis konnten dadurch einige grundstücksprägende Bäume im Hof erhalten werden, da dieser weitgehend frei von Tiefgaragenbauwerken ist. Die großen, alten Bäume beeinflussen das Erscheinungsbild positiv und geben dem langgestreckten Hof eine Mitte. Schon vor dem Einzug der ersten Bewohner hatte das Projekt sozusagen Wurzeln geschlagen. Trotz des hundertprozentigen Sozialwohnungsanteils hat man den Eindruck, dass hier gerne gewohnt und die Anlage gehegt wird.

Die Wohnungen orientieren sich mit den privaten Freiräumen durchgehend zum Hof. Zwar führt dies zu einer bedingt perfekten Orientierung im südöstlichen Baufeld, doch wird dies dadurch kompensiert, dass in den beiden dortigen Baukörpern nur durchgesteckte Wohnungen situiert sind. Alle Wohnungen haben also beides: eine Orientierung zur Mitte – zur Gemeinschaft und zum alten Baumbestand – sowie eine Südbelichtung in wesentlichen Teilen der Wohnung. Zur Unterstützung der physischen Nachhaltigkeit wurde das gesamte Erdgeschoss mit einer zweischaligen Betonfertigteilfassade ausgestattet – im Gegensatz zur einfachen Wärmedämmverbundfassade in den Obergeschossen. Dadurch wird der Standard an den Stellen größter Beanspruchung deutlich erhöht. Die Fertigteile sind durchgefärbt; kommt es zu Beschädigungen, fallen diese kaum auf. Der investive Mehraufwand lohnt sich durch wesentlich geringere Unterhaltskosten und eine deutlich höhere Gestaltungsqualität, zusammen mit einer – zugegebenermaßen schwer numerisch erfassbaren – größeren Identifizierung der Nutzer mit dem Wohngebäude.

Wohnungsbau Limmatstraße in München (Abb. 5–7)
Das Mehrgenerationen-Wohnprojekt im Südwesten von München ist ein Idealfall für die Projektentwicklung der Zukunft: Zwei engagierte Non-Profit-Bauträger taten sich zusammen, um einen genossenschaftlichen Wohnungsbau und eine Waldorfschule gemeinsam zu realisieren. In produktiver Zusammenarbeit wurden wirtschaftliche, soziale und ökologische Synergien entwickelt, die die Grundlage des Projekts bildeten. Ein gasbetriebenes Blockheizkraftwerk versorgt das Gesamtprojekt mit Heiz- und Brauchwasserwärme, die nebenbei entstehende elektrische Energie wird einerseits von der Schule direkt verwendet und lädt andererseits den kleinen elektrischen Fuhrpark im Untergeschoss.

Das Gebäude wurde in Stahlbetonskelettbauweise erstellt und mit einer hinterlüfteten Holzfassade versehen, die zum größten Teil fertig montiert auf die Baustelle kam. Eine Holzfassade ist zwar etwas teurer als eine Massivwand mit Putz, aber deutlich ökologischer und robuster. Der Stahlbeton löst insbesondere im Deckenbereich die Brandschutz- und Schallschutzanforderungen ideal. Dank einer sinnfälligen Schnittstellenlösung (die Außenwand sitzt vor den Decken) kann die Hybridbauweise die Stärken der jeweiligen Konstruktionsart voll ausschöpfen. Die Wohnungen in den Obergeschossen werden durch einen Laubengang erschlossen. An sich ist diese Art der Erschließung bei Bauträgern unbeliebt, da der offene Gang dem Wetter ausgesetzt ist; dazu

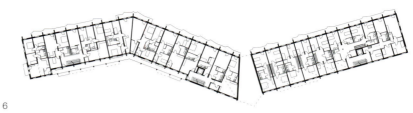

5–7 gemischt geförderter Mehrgenerationen-Wohnungsbau in München-Forstenried, 2014
Bauherr: Genossenschaft Wogeno
Energiestandard: KfW 55 (EnEV 2009)
6 Grundriss, Maßstab 1:1250

5–7 Subsidised multigenerational apartment building, Munich-Forstenried, 2014, client: Wogeno
Energy standard (to receive subsidies): KfW 55 (EnEV 2009)
6 Floor plan, scale 1:1,250

kommt die üblicherweise mit Laubengangtypologien einhergehende einseitige Orientierung der Wohnungen. Dies ist hier nicht so und das ist der wesentliche Kunstgriff für die Wirtschaftlichkeit dieses Projekts: Ein Teil der Wohnungen besitzt einen sogenannten »kommunikativen« Wohnraum, der direkt an den Laubengang andockt – eine Idee, die die Genossenschaft Wogeno als Bauherr schon mehrfach umgesetzt hat. Das erlaubt tiefe Grundrisse und eine kompakte Bauweise mit wenigen Treppenhäusern und einem insgesamt sehr geringen und kostengünstigen Erschließungsanteil. Als Nebeneffekt sind die Laubengänge belebt, denn sie werden als erweiterter, gemeinschaftlicher Raum wahrgenommen und sind auch wirklich genutzt. Dort entsteht Nachbarschaft.

Ohne klassische Einsparungen hätten wir das Projekt allerdings nicht verwirklichen können. Sowohl die Garagen als auch die Treppenräume sind bis auf die grüne Farbe sehr einfach gehalten; in den Laubengängen wurden kostengünstige Kellerleuchten eingesetzt, die weniger als 50 € pro Stück kosten. Nicht jedem gefällt dies; unter den Bewohnern formiert sich bereits eine Gruppe, die die kostengünstigen Gehsteinplatten im Treppenraum erneuern möchte. Wir können damit leben, denn dies zeigt, dass das Projekt funktioniert: Der halbprivate Raum, die Gemeinschaftsfläche ist den Bewohnern wichtig – beste Voraussetzungen dafür, dass das Gebäude eine lange Lebensdauer hat.

Wohnungsbau Aschenbrennerstraße in München (Abb. 8, 9)
Eine Nachkriegssiedlung im Münchner Stadtteil Hasenbergl sollte durch einen zusätzlichen Baukörper nachverdichtet werden. Das Grundstück – schmal, gebogen und in engster Nähe zum Bestand – war schwierig zu bebauen. Auch das Budget war knapp bemessen; damit auszukommen gelang nur durch kompakte, tiefe Vierspänner mit jeweils einem zentral gelegenen Treppenhaus. Der Neubau rückt dem Bestand auf die Pelle, wodurch sich die halböffentlichen Räume stark verändert haben:

Zwischen Bestand und Neubau entstanden räumlich gefasste halböffentliche Bereiche, die heute eine echte Aufenthaltsqualität haben und informelle Begegnungen fördern. Aufgrund der Nähe zu den fensterlosen Stirnwänden des Bestands und der Krümmung des Grundstücks ergaben sich Wohnungen mit unterschiedlich günstigen Belichtungssituationen. Wir haben diesen Nachteil zum Vorteil umgemünzt, indem wir die kleinen Wohnungen nach Osten zur Straße hin orientiert und den großen Wohnungen jeweils beidseitig Freibereiche zugeordnet haben. Das bedeutete einen konstruktiven Mehraufwand, aber dank der einfachen, sich wiederholenden Struktur blieben die Kosten im wirtschaftlichen Rahmen. Es entstanden sowohl frei finanzierte (40 %) als auch geförderte Mietwohnungen (60 %) mit großen Qualitäten. Das äußere Erscheinungsbild prägen die umlaufenden Balkonbänder; ihre orange schimmernden Unterseiten verleihen dem Gebäude eine gestalterische Tiefe, und die durchgängig in die Brüstung integrierten Blumenkästen beleben die Balkone zusätzlich.

Die Fassade besteht aus Sichtbetonsandwichelementen; durch eine Ätzung tritt das Korn des durchgefärbten Weißbetons leicht hervor. Auch diese Fassadenlösung ist nicht die allergünstigste, doch durch das einlagige Betonieren der kompletten Außenhülle auf einem liegenden Rütteltisch sind die Sandwichelemente erschwinglich – und noch dazu überaus robust.

Studentenwohnheim Oberer Eselsberg in Ulm (Abb. 10–15)
Seit einigen Jahren planen wir Studentenwohnungen direkt am Campus der Universität Ulm – ein Grundstück von besonderer Qualität: nicht weit von der Innenstadt, auf dem Berg und mit unverstelltem Alpenblick. Der erste Bauabschnitt ist bereits fertig, der zweite im Bau. Trotz der ehrgeizigen finanziellen Rahmenbedingungen war unser Leitgedanke nicht die wirtschaftlichste Unterbringung der 300 Studenten, sondern in dieser einmaligen Lage einen Ort zu schaffen, der den Studierenden eine temporäre Heimat gibt. Das Projekt war das erste Wohngebäude auf dem Eselsberg und hat keine unmittelbaren Nachbarn; eine Anknüpfung an bestehende räumliche oder soziale

8, 9 geförderter Wohnungsbau Aschenbrennerstraße in München, 2011
Bauherr: GWG München
Energiestandard: KfW 70 (EnEV 2009)
8   Lageplan / Grundriss EG, Maßstab 1:1500

8, 9 Aschenbrennerstraße, subsidised housing, Munich, 2011
Client: GWG München
Energy standard (to receive subsidies): KfW 70 (EnEV 2009)
8   Layout plan of ground floor, scale 1:1,500

Strukturen war also nicht gegeben. Daraus entstand die Idee, den drei Häusern jeweils eine eigene Mitte zu geben, um die sich die Gemeinschaft der Studierenden formieren kann. Herzstück ist der ringförmige Erschließungsgang, der den begrünten Innenhof umrahmt und der durch die angelagerten Treppenhäuser belebt wird. Der Gang ist zum Hof hin verglast, der Erschließungsraum überdimensioniert. Das kostet Geld. Diese gut funktionierende Grundidee erlaubte uns, an anderer Stelle den Standard herunterzuschrauben. So konnte in der Summe das Budget eingehalten werden. Der einfachste Kniff Kosten zu sparen war, auf den Estrich in den Obergeschossen zu verzichten und nur den für Beherbergungsstätten zulässigen Schalldämmwert von 47 dB anzustreben (im Übrigen ein Wert, den die wenigstens Altbauten erreichen). 12 cm weniger Bodenaufbau pro Geschoss zusammen mit der kürzeren Bauzeit und der Reduktion der Hüllflächen sind ein relevanter Kostenbonus. Zusätzlich ergaben sich Einsparungen bei der Haustechnik, da auf Horizontalverzüge der Rohre und Leitungen verzichtet werden konnte. Auch kam uns die für Wohnheime geltende Regelung entgegen, dass bei einer Warmmiete auf jegliche Nebenkostenabrechnung verzichtet werden darf und man sich so den Einbau von Zählern spart. Da der Wärmebedarf pro Wohnung bei einem Haus mit KfW-55-Standard sowieso nicht besonders hoch ist, könnte man dieses Modell durchaus auf andere Projekte übertragen.
Die Fassadenkonstruktion entspricht der Bauart des Wohngebäudes in der Aschenbrennerstraße; aufgrund der größeren Ähnlichkeit der Einzelbauteile war die Sichtbetonsandwichfassade noch wirtschaftlicher umsetzbar. Auch wurde hier auf jegliche Oberflächenbehandlung verzichtet; einzig der Beton erhielt eine schwarze Pigmentierung. In Verbindung mit den gelben Fensterlaibungen und Faltschiebeläden ist eine differenzierte Hülle entstanden. Dass die Fensterrahmen aus kostengünstigem Kunststoff bestehen, fällt nur noch uns auf. Auch bei der Möblierung konnten wir neue Wege gehen. Zusammen mit den Studenten Halil Karacaoglu und Sebastian Stittgen, die einen speziell für dieses Projekt ausgelobten Studentenwettbewerb gewonnen hatten, gelang es uns, das geringe Budget so einzusetzen, dass trotzdem oder vielleicht gerade deshalb ein völlig neuer Ansatz der Möblierung der Kleinsteinheiten gelang. Durch den Verzicht auf klassische, geschlossene Schrankmöbel und die Reduktion des Küchenmöbels auf ein absolutes Minimum entstand ein flexibel anpassbares System, das aufgrund der optimierten seriellen Herstellung (Spritzguss) sehr robust ist und auf Basis unserer gemeinsamen Lizenz heute bei Flötotto in Serie hergestellt wird. Auch im gerade entstehenden zweiten Bauabschnitt wird wieder auf dieses Möblierungssystem zurückgegriffen.

Epilog
Ich sitze in einem kleinen Haus aus den 1920er-Jahren und schreibe; ich sitze jetzt schon den ganzen Tag hier, es ist ein wenig kalt, ich habe einen dicken Pullover an, vielleicht hole ich mir gleich noch eine der zwei Faserpelzjacken, die auf dem alten Sofa liegen. Es ist der 1. Mai, draußen zwitschern die Vögel und zwar laut, denn die Fenster sind nicht dicht – überhaupt ist hier nichts richtig perfekt. Überall blättert die Farbe ab, der Boden ist 1970 zum letzten Mal geschliffen worden. Wenn es noch kälter wird, muss ich den gusseisernen Ofen anschüren – ich freu mich schon drauf! Das Haus entspricht keiner heute geltenden Norm mehr, aber es hat Charme. Hier in der Straße ist es das letzte seiner Art. Auf manchen Grundstücken wurde seit der Fertigstellung dieses Hauses schon zweimal neu gebaut. Betrachtet man die Energie, die das Haus für seine Erstellung und Erwärmung im Laufe der Jahre benötigt hat und rechnet die Energie dagegen, die man durch nicht durchgeführte Renovierungen eingespart hat, steht es ganz gut da – besser als manch andere Häuser hier und ganz ohne EnEV.
Insofern wünsche ich mir manchmal, man könnte als Architekt entspannter sein mit dem Bauen und die Regeln auch mal etwas lockerer auslegen dürfen.
DETAIL 7–8/2016

[1] Standards im Wohnungsbau, Hg.: BDA Bayern, 2016; erhältlich über presse@bda-bayern.de

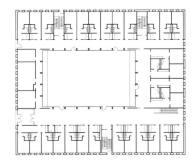

10–12 Studentenwohnheim Oberer Eselsberg in Ulm, 2013
Bauherr: Studentenwerk Ulm
Energiestandard: KfW 55 (EnEV 2009)
10 Grundriss EG, Maßstab 1:1000

10–12 Oberer Eselsberg student dormitory in Ulm, 2013
Client: Studentenwerk Ulm
Energy standard (to receive subsidies): KfW 55 (EnEV 2009)
10 Ground floor plan, scale 1:1000

The topic of affordable building is in the news, because in Germany housing costs have become too high. In metropolitan areas the general population can't afford to own its dwelling any more – often not even a centrally located rental apartment. And in major cities the question has arisen how large the influence of construction costs on rents and purchase prices still is. Given a mean purchase price per m² in Munich of €7,000, "top prices" of €10,000, and, in greater Munich (near the suburban train lines) prices that have already surpassed €5,000, the costs to erect housing are now only the smaller part of the overall purchase price. The situation is entirely different in rural areas: with purchase prices just above €3,000/m² the architect must justify construction costs exceeding €2,000/m². But this is no secret, either, considering that, on account of the present renaissance of urban living, there is much less building activity there. Thus, we can't avoid a discussion of construction in metropolitan zones: that is where housing is scarce and expensive. The low supply is obviously the cause of the increased housing costs, so we must simply build more apartments. At the same time, efforts must be made to increase people's interest in rural areas. Urban and regional planning measures could be taken. For example, infrastructure could be upgraded, and participative processes could be instituted. There is untapped potential in such processes.

Even though – as described above – construction costs often have little influence on the final price, there are still ways to cut costs related to the actual construction. If we take a look at the history of housing, it is evident that since the end of World War II, construction has changed fundamentally. From decade to decade, comfort and security standards have been raised. Load-bearing structures have become more clever, and building technology more elaborate. But that has been accompanied by construction rules stuck in a thicket of norms; as a result, it has become increasingly difficult to fulfil all of these parameters.
New standards – The Bavarian architects' chamber has established a task force to take a critical look at the current "building standards". Offices of different sizes are involved; ours is one of them. The group has produced a brochure with specific proposals for reformulating the most important rules. The goal is to erect buildings more pragmatically and inexpensively, but also of higher quality, both with respect to design and to social cohesion. Cost-efficient construction must not end up producing huge maintenance costs. In any case, creating architecture that residents can identify with and fostering localised social networks is decisive for long-term cost-efficiency. That is unfortunately often forgotten. Only when these two factors are taken into account can a long life-cycle be achieved.
Strategies – Sustainable (in this case I think that the term is justified), cost-efficient housing must also be scrutinised long after the building's completion. Moreover, it is not only the cost per m² that counts, but also the added value attained through quality. In addition, means to cut costs are necessary – but primarily to help finance other elements that make the building more sustainable, particularly in terms of social cohesion and design. I have selected four projects from our office that demonstrate these strategies. All meet EnEV (Germany's energy-efficiency ordinance) requirements – not because the budget was so large, but on account of financing programmes and long-term cost calculation for operating costs. This shows that a certain standard can also be achieved through other incentives. Thus, simplifying rules would not necessarily lead to lower standards, but would give architects more freedom.
Example 1 (Figs. 1–4): In this project the parking solution was an important cost-cutting measure. First, we convinced the authorities in Rosenheim to reduce the required number of parking spaces. Second, we accommodated the majority of them on ground level. Therefore the parking garage is relatively small. In addition to the savings in cost, this meant that a number of existing mature trees in the courtyard could be saved. Although 100% of the apartments are subsidised, one gets the impression that the residents like to live here and that the site is well tended. The apartments' outdoor spaces are oriented to the courtyard. All apartments both face the courtyard and have southern exposure. To foster physical sustainability the facade of the entire ground floor was fitted with double-wythe precast concrete units – in contrast to the simple TICS facade on the upper levels. In other words, the highest standard was reserved for the locations where demands placed on the material are greatest and where the residents come closest to the building exterior. The precast units are dyed through and through. If they are damaged, it is barely discernible. The additional investment pays off because maintenance costs are lower. Moreover, though admittedly difficult to quantify, the residents identify with the building.
Example 2 (Figs. 5–7): A multi-generational project in Munich could be the shape of things to come: two non-profit developers joined forces to erect housing and a Waldorf school. This produced synergies – economical, social, and ecological – that formed the basis of the project. A gas-powered, block-type thermal power station furnishes heat and hot water to the entire complex. The electric energy – a by-product – is used, on the one hand, by the school, and on the other, to load the batteries of the small fleet of electric vehicles parked in the basement. A reinforced-concrete frame supports the building; it has a ventilated wood facade. A wood facade is slightly more expensive than rendering on a heavyweight wall, but much more ecological

13–15 Studentenwohnheim Oberer Eselsberg in Ulm, Möblierungssystem

Rainer Hofmann (*1965) studierte Architektur an der TU München und an der Iowa State University. Ab 1995 arbeitete er in verschiedenen Architekturbüros in London (u. a. Sauerbruch Hutton und Horden Cherry Lee Architects) und lehrte u. a. an der AA und der Bartlett School of Architecture. Seit 2000 ist er gemeinsam mit Ritz Ritzer Geschäftsführer von bogevischs buero in München.

13–15 Oberer Eselsberg student dormitory, Ulm, furniture systems

Rainer Hofmann (*1965) studied architecture at the TU Munich and at Iowa State University. Beginning in 1995 he worked for different architecture firms in London (e.g. Sauerbruch Hutton and Horden Cherry Lee Architects) and has taught, e.g. at the AA and Bartlett School of Architecture. Since 2000 he and Ritz Ritzer have been executive directors of bogevischs buero in Munich.

and robust. In particular, the reinforced-concrete frame is the ideal fire-safety solution, and fulfils the acoustic requirements. The exterior wall is situated just beyond the concrete frame. This made it possible to exploit the strengths of the two different construction methods. The apartments on the upper levels are reached by access balconies. Developers are not so fond of this type of circulation because the balconies are exposed to the elements. Moreover, this typology is often accompanied by apartments oriented only to one side. This is not the case here: some of the apartments have a so-called "communicative" living room which docks directly on to the respective access balcony. This facilitated efficient floor plans and a small number of staircases. The cost of the circulation is proportionally very low. Moreover, the balconies are a place where residents linger and communicate with their neighbours. But we had to cut costs elsewhere: the garages and the stairways are spare, and basement lamps were used on the outdoor circulation balconies.
Example 3 (Figs. 8, 9): The programme was to increase the density of a post-war housing complex in Munich-Hasenbergl. The site – narrow, curved and extremely close to the existing structures – posed a considerable challenge. And the budget was tight. Making ends meet was only feasible by erecting a structure with compact massing and with central stairs providing access to four units per floor. Our building comes quite close to the existing ones – and the spaces that have been created between them foster informal communication. On account of the proximity to the existing buildings' windowless end walls and the curvature of the site, the apartments receive varying amounts of daylight. We responded by orienting the smallest units to the east. The larger units have outdoor areas on both sides. This was more elaborate structurally, but thanks to the simple repetitive concept, the costs could be held to a minimum. There is a mix of subsidised (60%) and non-subsidised (40%) units. All four sides of the building are lined by balconies. The facades consist of exposed-concrete sandwich elements, acid-etched and dyed through and through – not the cheapest solution, but because the entire outer envelope was produced with a single-pour method on a vibrating table, the results are economical and robust.
Example 4 (Figs. 10–15): We have been planning student apartments for some time for a site atop a hill not far form the historic centre of Ulm. The first phase has been completed and the second is under construction. Despite budgetary constraints, our concept was not based simply on low-cost housing for 300 students, but rather on how to make a place where they feel at home. This was the first residential building on this hill. There were no existing spatial or social structures to hook up to. This situation gave rise to the idea that each of the three buildings should have its own centre so that a community can form. The ring-shaped circulation system lining the courtyard is the centrepiece. The corridor facing the courtyard is glazed, and the circulation spaces are generously dimensioned. This all comes at a price. But because the overall concept functions well, we could cut costs elsewhere. For example, we eliminated the screed on the upper levels. The code prescribes 47 dB for dormitories. We reduced the floor assembly by 12 cm on each floor. In combination with an expedited construction phase (no drying time for the screed), and the accompanying reduction of the building envelope, this added up to considerable savings. In addition, we were able to cut building-services costs, because we required no horizontal rerouting of the pipes and ducts. The code for dorms also states that the energy consumption need not be assigned to the respective rooms; this allowed us to forgo meters. The facade is like in Example 3. But because there are fewer variations of the components, it was even more economical here. The only treatment of the sandwich elements: the concrete has a black pigmentation. In combination with the yellow windows and the folding-sliding shutters, this produced a differentiated facade. We're the only ones who notice that the window frames are plastic. The furnishings aim to make use of limited space. By eliminating the classical "chest-like" furniture and reducing kitchen cabinets to an absolute minimum we arrived at a highly flexible system.

Raumkonzeptionen als Ausdruck sozialer Verhältnisse

Spatial Concepts as an Expression of Social Conditions

Ulrike Wietzorrek

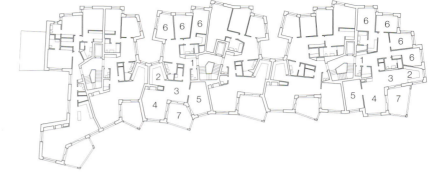

A

Der Wohnungsbau erlangt innerhalb des Architekturdiskurses zunehmend an Bedeutung. Nach vielen Jahrzehnten, in denen die Anforderungen auf Effizienz, Funktionalität und Wirtschaftlichkeit fokussiert waren, befreit sich diese »erste und schwierigste« Bauaufgabe von ihrem »Schwarzbrotimage« und wird von Architekten wieder als spannendes und attraktives Aufgabenfeld entdeckt. Auch mit Wohnbauten kann man sich heute in der Architekturszene einen Namen machen. Standen seit der industriellen Revolution und während des Massenwohnungsbaus der Nachkriegszeit vielfach funktional determinierte, starre Raumdispositionen im Vordergrund, wird in den vergangenen Jahren zunehmend die Qualität des Räumlichen wiederentdeckt. Innovative Konzepte korrespondieren mit der Ausdifferenzierung der Lebensstile und so, wie sich die gesellschaftlichen Formen des Zusammenlebens ändern, diversifiziert sich auch deren räumliche Formulierung, die sich in den Grundrisstypologien manifestiert. An die Stelle von vorgegebenen, fest eingeschriebenen Raumfunktionen tritt das Situative und Mehrdeutige und damit das Verständnis, dass Räume durch die Art, wie sie bewohnt werden, durch die tätige Aneignung ihrer Nutzer individuell interpretiert und in Besitz genommen werden können.

Raumkonzeptionen als Ausdruck sozialer Verhältnisse
Geschosswohnungsbauten sind komplexe Raumgefüge. Sie bestehen aus Orten des Verweilens und Orten des Übergangs, die miteinander verbunden differenzierte öffentliche, halböffentliche und private Bereiche ausbilden. Das Gewebe der Stadt geht in das Gewebe des Hauses, »öffentlich« in »privat« über. Geschosswohnungsbauten bilden ein dichtes Beziehungsgeflecht aus Wohnungen, Erschließungsflächen, privaten und gemeinschaftlichen Freibereichen und vermitteln verschiedene Nutzungen untereinander. Auf dem Weg zur eigenen Wohnung passieren wir eine Vielzahl von räumlichen Übergängen. Der Weg führt vom öffentlichen Stadtraum hin zum Gebäude. Wir öffnen die Haustür und treten ein. Gänge, Aufzüge, Treppen und Stufen führen uns vorbei an den Wohnungen der Nachbarn bis hin zu den eigenen vier Wänden. Auch hier teilt sich der Raum in Orte des Miteinanders und Orte des intimen Rückzugs, in Gemeinschafts- und Individualräume. Schließlich nehmen wir über die Öffnungen in der Fassade und die privaten Freibereiche wieder Kontakt nach außen, zum umgebenden Stadtraum auf.
Die innere Organisation und räumliche Konfiguration ist dabei vor allem Ausdruck der gesellschaftlichen Bedingungen, in deren Kontext sie entstehen.
Lässt sich in den vergangenen Jahren mit der viel beschriebenen Renaissance der Städte ein wachsender Wunsch nach Kollektivität und Urbanität beobachten und gleichzeitig eine hohe Wertschätzung öffentlicher Räume, kommt andererseits dem privaten Raum eine zunehmend wichtig werdende Bedeutung zu. Die eigene Wohnung wird zum einen identitätsstiftender Raum für das Individuum und dessen Selbstdarstellung. Zum anderen ist sie Ort des Rückzugs und der Entspannung, dient als Schonbereich für die Anforderungen von außen, wo man sich unbeobachtet, möglichst frei von äußeren Störungen, so geben kann, wie man möchte.

Zellengrundriss
Im 20. Jahrhundert war das Wohnen vielfach gleichgesetzt mit dem Begriff der Kleinfamilie, das sich über Jahrzehnte hinweg baulich in »Drei-Zimmer-Küche-Bad« manifestierte. Der klassische, funktional optimierte Zellengrundriss war als Korridortyp organisiert mit klar zugeordneten differenzierten Funktionen, festen Raumzuschnitten und starren Raumzusammenhängen: ein schmaler Flur, von dem aus einzelne Zimmer abzweigten: Elternschlafzimmer, Kinderzimmer, Wohn- und Badezimmer, die Küche eventuell als Wohnküche, dazu ein Balkon mit einer Abmessung von meist nur ein auf zwei Metern. Die so entstandenen Räume bilden wenige Bezüge untereinander aus und ihre Nutzung ist durch die Art ihrer Möblierung stark eingrenzt. Durch die festgelegten Raumzuschnitte und die Art der Fügung zueinander – meist sind alle Räume nur über einfache Türen vom Flur

B

A, B Wohnbau an der Zollikerstrasse, Zürich 2012;
  Architekten: Miller & Maranta, Basel
  Grundriss 1. OG   Maßstab 1:750
C, D Wohnbau an der Neufrankengasse, Zürich 2013;
  Architekten: EM2N Architekten, Zürich
  Grundriss 2. OG   Maßstab 1:750

*A, B Zollikerstrasse housing development, Zurich, 2012,
  architects: Miller & Maranta, Basel
  First-floor plan scale 1:750*
*C, D Neufrankengasse housing development, Zurich,
  2013, architects: EM2N Architekten, Zurich
  Second-floor plan scale 1:750*

1	Eingang	1	Entrance
2	Kochen	2	Kitchen
3	Essen	3	Dining space
4	Wohnraum	4	Living room
5	Arbeitszimmer	5	Study
6	Schlafzimmer	6	Bedroom
7	Terrasse/Balkon	7	Terrace/Balcony
8	Luftraum	8	Void

C

aus zugänglich –, gibt es wenig Interpretationsspielraum für die Bewohner. Die lang vorherrschende funktionale Ordnung, die sich seit den 1920er-Jahren im Wohnungsbau durchgesetzt hatte, sich im massenhaften Wohnungsbau der Nachkriegsmoderne fast standardisiert wiederholte und bis heute in den Auflagen des geförderten Wohnungsbaus nachhallt, wird vielfach abgelöst. Das Wesen des heutigen Wohnens findet sich jenseits traditioneller Familienwohnungen. Während die Moderne versuchte, gleiche Bedingungen für alle zu schaffen, antworten heute ambitionierte Projekte auf die wachsende Anzahl unterschiedlichster Lebensentwürfe mit einer Kombinatorik unzähliger Grundrisslayouts, die in Abhängigkeit von der jeweiligen Wohnvision zur großen Form zusammengefasst werden. Dabei ändert sich, wie die Räume zueinander in Beziehung stehen. Die funktionale Determinierung der Wohnräume wird zunehmend aufgegeben und es bilden sich neben den klassischen Raumkonzeptionen neuartige Verhältnisse von Gemeinschafts- und Individualräumen aus.

Innenraum-Beziehungen
Die Wohnbebauung »James« von den Architekten Gmür und Geschwentner (Zürich, 2006) mit insgesamt 283 Wohnungen bietet mit 72 verschiedenen Typen ein breites Spektrum an individuellen Wohnformen, vom Ein-Zimmer-Apartment bis hin zur verschachtelten Maisonettewohnung. Für jeden Lebensstil scheint es hier das passende Angebot zu geben. War lange Zeit das Einfamilienhaus der maßgeschneiderte Anzug subjektiver Wohnwünsche, so wird dieses Phänomen heute in verdichteter Form auf den Geschosswohnungsbau in die Großstadt übertragen. Gmür und Geschwentner entwickeln in dem Züricher Projekt mit circa 15 Meter sehr tiefe Grundrisse, bei denen Treppenhäuser und Bäder in die Mitte der Baukörper wandern. An die Fassaden, die von dienenden Räumen befreit sind, werden die gemeinschaftlichen Wohnräume sowie 14 m² große nutzungsneutrale Zimmer angeordnet. Zum Standard aller größeren Wohnungen gehören zwei Bäder, offene Küchenbereiche und großzügige private Freibereiche. Tiefe Baukörper bieten wirtschaftliche Vorteile, aber auch den Nachteil, dass es weniger attraktive, schlechter belichtete Zonen gibt. Die ausgeprägte Mittelzone aus Bädern und Treppenhäusern erzeugt in diesem Projekt jedoch keine schlauchartigen Innenräume, mit weiten Wegen und spannungslosen Innenraumsituationen. Die geschichtete Raumanordnung wird mittels weniger besonderer Eingriffe in eine beziehungsreiche Tiefe verwandelt. Großzügige Entrées empfangen den städtischen Bewohner. Sie erinnern an Wohndielen großbürgerlicher Gründerzeitwohnungen. Großes Augenmerk wurde auf die Verbindungen innerhalb der Wohnungen gelegt: Teilweise bis an die Decke gehende, raumhohe Flügeltüren bzw. einfache, zusätzlich gesetzte Verbindungstüren zwischen den Räumen lassen vielfältige Raumbezüge innerhalb der Wohnungen entstehen, ermöglichen Durchblicke und vielfach auch einen Rundweg. Somit kommunizieren die Räume auf der einen Seite der Wohnung über die Mittelzone mit den Räumen auf der anderen Seite (Abb. J–L).

Auch bei der genossenschaftlichen Wohnsiedlung Am Katzenbach von Zita Cotti (Zürich, 2007) werden die Wohnungen von innen liegenden Treppenhäusern erschlossen und die Bad- und Nebenraumzonen liegen überwiegend im Zentrum der 13,5 Meter tiefen gestaffelten Wohnzeilen. Bestimmend für die innere Organisation der Grundrisse ist hier jedoch eine Z-förmige Raumfigur, bestehend aus Entrée, Küche, Ess- und Wohnzimmer, die sich über die gesamte Tiefe des Gebäudes entwickelt. Durch den innenräumlichen Versatz wird die bekannte Monotonie durchgesteckter Wohnräume vermieden. Mit über Kreuz verbundenen Bereichen entstehen neuartige Bezüge. In dem Projekt von Zita Cotti kontrastiert diese fließende, aber klar begrenzte Raumfigur den privaten Bereich der Bäder und Individualräume. Stärker noch als bei dem Beispiel von Gmür und Geschwentner ist hier die Trennung von Tag- und Nachtbereich ausgeprägt: Vom zentralen Wohnraum aus führt eine Tür in einen untergeordneten Dielenraum, über den kammartig die Individualräume zu erreichen sind. Dennoch entwickelt das Grundrisslayout eine vielgliedrige

D

E   F      G      H

Raumfolge mit dem großzügigen Wohnraum als zentralen gemeinschaftlichen Ort und Verteiler (Abb. E, I).

Die genossenschaftliche Wohnanlage Stähelimatt von Esch Architekten (Zürich, 2007) scheint eine Synthese der beiden oben beschriebenen Projekte zu sein. Auch hier durchmisst eine abgewinkelte Raumfolge aus Kochen, Essen und Wohnen die ganze Tiefe der beiden 15 Meter breiten Ost-West ausgerichteten Zeilen. Die Wohnungen weisen einen über die ganze Baukörpertiefe gespannten zusammenhängenden Wohnbereich auf, der durch einen Z-förmigen Versatz in die verschiedenen Bereiche gegliedert ist. Aber damit nicht genug. Die diagonale Raumfolge erweiternd, ist am äußeren Ende des Wohnraums ein weiteres Zimmer angehängt und mit diesem über eine breite Schiebetür verbunden. Dieses Zimmer lässt sich als Wohnraumerweiterung bzw. Arbeitszimmer ebenso gebrauchen wie als Schlafzimmer. Die Privatheit der Individualräume ist sehr unterschiedlich ausgeprägt und reicht von der Wohnraumerweiterung bis hin zum gänzlich abgeschirmten Zimmer mit Zugang vom Wohnungseingang und eigenem Bad, das auch als Heimbüro oder Gästezimmer genutzt werden kann. Alle Wohnräume sind untereinander verschoben angeordnet. Zusätzliche Türen erweitern die Lesarten der Räume, ihre Zuordnung zum gemeinschaftlichen oder privaten, zum Tages- oder Nachtbereich und es entstehen mehrere Umläufe und dadurch ein vielfältiges Beziehungsgeflecht, das auch die beidseitig angelagerten Loggien mit einbezieht. In dem Projekt von Esch entstehen vielgliedrige Raumfolgen, die differenzierte Übergangsräume ausformulieren und somit Rückzug und Öffnung gleichermaßen ermöglichen. Wie flexibel der Wohnungsgrundriss ist, ermisst sich weniger an der Versetzbarkeit seiner Wände als daran, wie vielfältig sich innerhalb der festen Wände leben lässt (Abb. F–H).

Innen – Außen

Der Grundriss von Esch evoziert einen Bewegungsfluss, der nicht nur die Innenräume, sondern auch den anschließenden Außenraum und somit die Umgebung mit einbezieht. Denn es sind nicht nur die innenräumlichen Beziehungen – die Art, wie wir miteinander wohnen wollen –, die das Layout eines Grundrisses bestimmen. Über die Grenzausbildungen zur Erschließung, den Freiräumen und der Fassade – meist durch Türen und Fenster bestimmt, nimmt die Wohnung Kontakt mit ihrer Umgebung auf. Die Fassade trennt verborgenes und offenes Leben, den Bereich des privaten Wohnens vom städtischen Raum. Sie besitzt eine doppelseitige Bedeutung. Einerseits bildet sie das Gesicht des Hauses im Kontext der Bühne Stadt, andererseits übernimmt sie den inneren Raumabschluss der Wohnung, der an den Außenraum grenzt. Somit steuert sie im Inneren der Wohnung die Beziehung zum umgebenden Außenraum und städtischen Umfeld. Wohnungslayouts sind von der Gestalt des Baukörpers, der Baukörpertypologie abhängig, die sich wiederum auf den städtebaulichen Kontext bezieht. Wir kennen die klassischen Ordnungstypologien, die mit den Grundrisstypologien im Austausch stehen. Punkt-, Zeilen- oder Blockstrukturen mit Wohnungen mit ein-, zwei oder mehrseitigen Belichtungssituationen. Ein interessantes Phänomen ist jedoch, dass sich Architekten vermehrt über die damit verbundenen Standardtypen hinwegsetzen und den Wohnungsgrundriss aus der jeweils spezifischen örtlichen Situation heraus ableiten. Wie schon in den vorangegangenen Beispielen erlauben die Wohnungen von Meili Peter für das Wohn- und Geschäftshaus Riff Raff (Zürich, 2002), das die Ecke einer innerstädtischen Blockrandbebauung schließt, innenräumlich vielfältige funktionale und räumliche Interpretationen. Alle Räume sind sehr offen und fließend miteinander verbunden und in den meisten Wohnungen ergibt sich ein zirkulärer Weg, der auch Bäder und Küchen mit einbezieht. Die subtile Rhythmisierung verschiedenartig proportionierter Wohn- und Individual-, dienender und bedienter Räume erzeugt ein räumliches Kontinuum, das die Funktionen und Grenzen der einzelnen Räume verwischt. Das Besondere daran ist jedoch, dass der äußere Teil dieses Umgangs direkt an der städtischen Fassade entlang geführt wird und hier explizit die Bäder und Küchen angeordnet werden, Räume die es traditionell zu schützen und zu verbergen gilt, und die klassischer Weise zu den Innenhöfen orientiert werden. Meili Peter kehren in diesem Projekt ein altbewährtes Prinzip um. Verstärkt wird die Situation auch dadurch, dass die Küchen- und Badmöbel als lang gestreckte »Koch- und Waschzeilen« direkt in die großformatigen Fenster eingearbeitet sind. Durch die offenen Raumfolgen wird nicht nur die Hierarchisierung der dienenden und bedienten Räume beinah gänzlich aufgehoben, mehr noch, die großen Fenster ziehen die städtische Szenerie wie durch Lupen in die Wohnräume hinein, das Innere der Wohnung wird mit dem Raum der Stadt verwoben (Abb. M–O).

Auch bei dem Wohnbau von Miller & Maranta an der Zollikerstraße (Zürich, 2012) hat die Ausformulierung der Fassaden im Bezug auf den städtebaulichen Kontext einen erheblichen Einfluss auf die innere Organisation der Wohnungen. Jedoch wird das Ver-

I

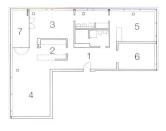

E, I Genossenschaftliche Wohnsiedlung Am Katzenbach, Zürich 2007; Architekten: Zita Cotti, Zürich
Grundriss   Maßstab 1:500
F–H Genossenschaftliche Wohnanlage Stähelimatt, Zürich 2007;
Architekten: Esch Architekten, Zürich
Grundriss   Maßstab 1:500
J–L Wohnbebauung James, Zürich 2006;
Architekten: Gmür und Geschwentner, Zürich
Grundrisse   Maßstab 1:750

E, I Am Katzenbach cooperative housing development, Zurich, 2007, architects: Zita Cotti, Zurich
Floor plan   scale 1:500
F–H Stähelimatt cooperative housing development, Zurich, 2007,
architects: Esch Architekten, Zurich
Floor plan   scale 1:500
J–L James housing development, Zurich, 2006,
architects: Gmür und Geschwentner, Zurich
Floor plans   scale 1:750

hältnis zwischen öffentlichem und privatem Raum hier ganz anders interpretiert, die Wohnungen erhalten einen weitaus introvertierteren Charakter. Zusammen mit der benachbarten historischen Villa und seinem südwestlich gelegenen Partnerbau bildet das Gebäude mit seinem schweren unregelmäßigen Volumen den Rand einer öffentlich zugänglichen Parkanlage. Die schweren Betonfassaden ziehen eine klare Grenze, sie dienen dem Park als Hintergrund. Das Ungewöhnliche des Baus ist die Gebäudetiefe von beinahe 30 Metern, die mit großzügigen, differenziert zonierten Grundrissen überwunden wird. Tief in das Volumen eingeschnittene Lichthöfe auf der Seite der lauten Zollikerstraße gliedern das Gebäudevolumen und ermöglichen die vielseitige Belichtung der Wohnungen. Der starke Bezug zum Park wird über großzügige, offen gestaltete Wohnbereiche mit Loggien hergestellt; eine offene, verwinkelte Raumfolge durchzieht die eingeschossig organisierten Wohnungen der gemeinschaftlichen Wohnräume. Sie bildet Raumnischen und Annexe aus, an die sich zellenartig die Individual- und Nebenräume anlagern. Verwinkelte Raumflüsse machen aus den anspruchsvollen Rahmenbedingungen – laute obere Straße, öffentlicher Park – individuelle Raumerlebnisse. Obwohl sich der Bau von Miller & Maranta durch fließende Raumfolgen in seinem Inneren auszeichnet, sind die angebotenen Räume weit weniger flexibel und »funktional elastisch«, als beispielsweise die des Baus von Esch oder Gmür und Geschwentner. Die Wohnungen erinnern an großbürgerliche Stadtwohnungen der Jahrhundertwende und stehen in der klassischen Tradition, welche die Wohnung als privaten Rückzugsort im Gegensatz zum öffentlichen Raum der Stadt versteht. Aus dem Inneren der Wohnungen ergeben sich unterschiedlichste Ausblicke und Bezüge, das private Leben bleibt aber vor allzu großer Offenheit nach außen hin geschützt (Abb. A, B).

Während die Bebauung an der Zollikerstraße den Schwerpunkt auf privaten Rückzug und das Projekt von Meili Peter auf Öffnung zum urbanen Umfeld legt, vereint der Wohnungsbau Neufrankengasse von EM2N (Zürich, 2013) beide Ansätze in einem Gebäude. Die Wohnungen sind ein gutes Beispiel für die gleichzeitige hohe Wertschätzung urbaner Räume und privater Rückzugsräume. Die Ausformulierung der Grundrisse ist in erster Linie eine Reaktion auf den umgebenden städtischen Kontext. Das Projekt entwickelt sich aus seiner spannungsvollen Lage zwischen zwei Extremen. Der fünfgeschossige Riegel grenzt nach Norden direkt an ein weiträumiges Gleisfeld und schließt nach Süden ein innerstädtisches Stadtquartier ab. Die geschichtete Struktur des Gebäudes reagiert in Grundriss und Schnitt auf die äußeren Rahmenbedingungen. Schlafzimmer und Loggien liegen nach Süden zum ruhigen Hof; Eingangshallen, Bäder und Ankleiden im Zentrum des Baukörpers und die Wohn- und Essbereich orientieren sich nach Norden. So können die Wohnungen sowohl von der Weitsicht und der urbanen Atmosphäre nach Norden, als auch von der ruhigen Hofseite mit den großzügigen Loggien profitieren. Mitten in der Stadt und trotz der Nähe zum Gleisfeld wird die Wohnung zu einem ruhigen Refugium.

Eine Besonderheit sind die bis zu den Loggien durchgesteckten, teilweise zweigeschossigen Wohnräume der unteren Ebenen, die das Tageslicht bis in die Tiefe des Hauses leiten und den Bewohnern nach Norden den Blick auf ein urbanes Panorama über dem Schienenmeer freigeben. Die eigentlich nachteilige Situation – die unteren Wohnungen sind direkt dem Gleisfeld ausgeliefert –, wird so in einen räumlichen Mehrwert umgewandelt (Abb. C, D).

Die Fassade als Raum
Der Wohnturm von Behnisch (Hamburg, 2010) verdeutlicht in besonderem Maße wie die Fassade zum Bezugspunkt der Grundrissorganisation wird. Seine auffällige Dynamik erhält der Neubau durch seine asymmetrisch verdrehte Form mit den von Geschoss zu Geschoss unterschiedlich ausgebildeten Grundrissen. Die 58 Luxuswohnungen wurden an die Wohnungseigentümer als Rohbauhülle übergeben, die lediglich durch ihren Zugang, einem zentralen Leitungsschacht, den Wohnungstrennwänden, der Fassade sowie der umlaufenden Schicht der privaten Freibereiche definiert

M N

Ulrike Wietzorrek, Architektin, Studium der Architektur an der TU München und der ETSA Barcelona, von 2003 bis 2009 wissenschaftliche Mitarbeiterin am Lehrstuhl für Wohnungsbau, Prof. Peter Ebner, TU München. Seit 2009 Partnerin Juli Architekten, Julius Klaffke Ulrike Wietzorrek, München.

Der Artikel basiert auf Texten der Buchpublikation »wohnen+, von Schwellen, Übergangsräumen und Transparenzen«, Ulrike Wietzorrek (Hg.), Basel 2013.

Ulrike Wietzorrek, architect, studied architecture at the Univ. of Technology, Munich, and the ETSA, Barcelona; 2003–09 research assistant to Prof. Peter Ebner, Chair for Housing, Univ. of Technology, Munich. Since 2009, partner of Juli Architects, Julius Klaffke Ulrike Wietzorrek, Munich

The present article is based on the book "wohnen+, von Schwellen, Übergangsräumen und Transparenzen", Ulrike Wietzorrek (ed.), Basel, 2013

war. Die verwinkelte Gebäudehülle maximiert attraktive Fassadenfläche und generiert gleichzeitig mit der Ausbildung von Nischen und Erkern differenzierte Raumfolgen. Die Fassade des Turms ist eine Oberfläche, die sich im Raum bewegt, sie stülpt sich nach innen und außen und bildet Falten aus. Sie ist keine trennende abschirmende Gebäudehülle, sondern wird selbst zu einem eigenständigen, bewohnbaren Raum (Abb. P–R). Die sieben vorgestellten Projekte verdeutlichen exemplarisch, dass es im zeitgenössischen Geschosswohnungsbau die Tendenz gibt, sich komplexen Raumbezügen hinzuwenden, die das Häusliche genauso mit einbeziehen, wie das Urbane. Wie auch die weiteren in diesem Heft vorgestellten Bauten zeigen, ist zeitgenössischer Wohnungsbau vielschichtig. Dabei ist er immer dann von besonderer Qualität, wenn es dem Architekten gelingt, entsprechend der jeweiligen spezifischen Situation die adäquaten Grenzbeziehungen zwischen Individuum und Gemeinschaft, privat und öffentlich, Rückzug und Öffnung, ganz allgemein zwischen Innen und Außen auszuformulieren.
DETAIL 3/2014

O

*In the discussion of architecture, housing construction is coming to assume an ever-greater significance. After many decades in which aspects such as efficiency, functionality and economy were the key issues, this "leading and most difficult" of building tasks has been liberated from its bread-and-butter image and is being rediscovered by architects as an area with an exciting and attractive potential.
For a long time, mass housing was dominated by functional, rigid layouts. In recent years, though, new spatial qualities have been discovered to match the various lifestyles of the occupants. Situational and more ambivalent forms have emerged, and there is a growing insight that spaces can be subject to individual interpretations and used in various ways.
The "James" housing development in Zurich by the architects Gmür and Geschwentner (2006) contains 283 dwellings with 72 different layouts for diverse styles of living – from one-room flats to interlocking maisonettes. The concept of the single-family house, which for so long provided a tailor-made fit for people's subjective wishes, is now being incorporated (in condensed form) in multistorey urban housing. The James scheme has a building width of approximately 15 m. Here, the architects have created very deep layouts, placing the staircases and sanitary facilities in the middle of the volume. Along the facades, which are free of service spaces, are the living areas for mutual use as well as rooms roughly 14 m² in area that are neutral in terms of their function. Buildings with deep volumes offer economic advantages, but they often have the disadvantage of less attractive areas with poor natural lighting. Despite the distinct central zone with bathrooms and staircases, Gmür and Geschwentner have avoided creating narrow, elongated internal spaces with long routes. Importance was attached to the links within the dwellings. Folding doors and simple, secondary doors between rooms establish a broad range of spatial relationships, allowing views into other areas and creating a circular route in many cases.
In the Am Katzenbach cooperative housing development in Zurich by Zita Cotti (2007), the zones for bathrooms and ancillary areas are also set mainly in the middle of the 13.5-metre-deep staggered housing strips. The internal spatial organisation, however, is the outcome of the Z-shaped layout, which extends over the full depth of the building. In this project, the flowing yet clearly defined configuration of the commonly used area is contrasted with the private realm of bathrooms and personal spaces. A varied sequence of rooms exists, with the ample living area acting as a central location and distribution zone.
The Stähelimatt cooperative housing development in Zurich by Esch Architects (2007) could be seen as a synthesis of the two previous schemes. Here, too, the dwellings contain a continuous living area that stretches over the full depth of the 15-metre-wide building strips and is articulated into various zones through its Z-shaped layout. The sequence of spaces is extended by a further room at the outer end, linked to the living area by a wide sliding door. This room can be used as an extension to the living realm, as a study or as a bedroom. The personal spaces provide varied degrees of privacy. Additional doors increase the interpretative scope: whether the rooms serve mutual or personal functions, day- or night-time uses. Various circulation routes exist, thus creating a diverse network of relationships that takes in the loggias on both sides.
The layout of the Esch project suggests a flowing movement that also embraces the external realm. The facade has two aspects. It forms the face of the building overlooking the urban stage; but it also constitutes the spatial enclosure of the dwellings at the point where they adjoin the outdoor world, thereby influencing the relationship between the two.
As in the preceding examples, the dwellings created by Meili Peter for the Riff Raff housing and commercial development in Zurich (2002) allow a broad range of functional and spatial interpretations of the internal layout. All rooms are open and linked with each other in a flowing form. A circular route exists in most dwellings which takes in the bathrooms and kitchens. The subtle rhythms of common living areas and personal realms, service spaces and served areas result in a spatial continuum*

M–O Wohn- und Geschäftshaus Riff Raff, Zürich 2002;
Architekten: Meili Peter Architekten, Zürich
Grundriss   Maßstab 1:500
P–R Wohnturm Marco Polo Tower, Hamburg 2010;
Architekten: Behnisch Architekten, Stuttgart
Grundriss 10. OG   Maßstab 1:750

M–O Riff Raff housing and commercial development, Zurich, 2002, architects: Meili Peter Architekten, Zurich
Floor plan   scale 1:500
P–R Marco Polo Tower housing, Hamburg, 2010, architects: Behnisch Architekten, Stuttgart
10th-floor plan   scale 1:750

in which the functions and boundaries of the individual rooms are blurred. The special feature, however, is that the outer part of this route leads along the urban facade, and it is here that the bathrooms and kitchens are located. In this project, Meili Peter reverse a long-standing principle. Their concept is reinforced by the fact that the kitchen and bathroom installations are in the form of elongated "cooking and washing strips" directly adjoining the large window openings. The traditional hierarchy of serving and served spaces is almost entirely replaced by an open sequence of rooms. What's more, the large windows draw the urban environment into the living areas as if through a magnifying glass.

In the Zollikerstrasse housing development in Zurich by Miller & Maranta (2012), the design of the facades in relation to the urban context also had a considerable influence on the organisation of the dwellings. In this case, though, the relationship between the public and the private realm is interpreted quite differently. The dwellings are more introverted in character. The Zollikerstrasse complex, with its bold, irregular volumes, forms the edge of a publicly accessible park. The solid concrete facades define a clear boundary. The unusual feature is the depth of the building – almost 30 m – which is counteracted by the spacious internal layouts with their different zones. Deep courtyards are cut into the loud Zollikerstrasse face, articulating the structure and allowing natural light to enter the dwellings. The close links with the park are strengthened by the spacious living areas with their open design and loggias. The single-storey flats are characterised by a winding sequence of spaces that are set at angles to each other and form recesses and annexes to which personal and ancillary rooms are attached in a cellular manner. Despite the flowing spatial character of the layouts, though, the rooms are far less flexible and functionally "elastic" than those in the developments by Esch or Gmür and Geschwentner, for example. The dwellings in the Zollikerstrasse belong to the classical tradition in which the home is regarded as a place of retreat to a private realm that is contrasted with the public urban environment. Despite the different views of the surroundings and the visual relationships that exist, the occupants' private lives are shielded from too much openness.

The Miller & Maranta development at Patumbah Park emphasises the idea of a private retreat, while the project by Meili Peter stresses contact with the urban environment. These two approaches are combined in the Neufrankengasse housing scheme in Zurich by EM2N (2013). The dwellings here are a fine example of how the surrounding urban space can be appreciated from within. At the same time, they offer residents scope for withdrawal to a private realm.

The design of the layouts reacts above all to the surrounding context of the city. The project has been developed from an exciting location between two extremes. On the north face, the five-storey strip directly adjoins a large area of railway lines, while to the south, it forms a closing edge to an inner-city neighbourhood. In its layout and sectional form, the layered structure of the building is a response to these conditions. Bedrooms and loggias are situated on the south side, overlooking a quiet courtyard. The entrance halls, bathrooms and dressing rooms are set in the middle of the strip; and the living and dining areas are oriented to the north. In this way, the dwellings benefit from the urban atmosphere on the north side and from a quiet courtyard aspect where the loggias are situated.

One special feature of the scheme are the deep living rooms. These are two-storeys high in part in the lower dwellings and extend through to the loggias on the opposite face. The greater height allows daylight to penetrate into the depth of the block and creates a broad view of the urban panorama.

The housing tower in Hamburg by Behnisch Architects (2010) is an outstanding example of how the facade can serve as terms of reference for the organisation of the layout. The striking dynamic quality of the new structure is the outcome of its asymmetrically winding form with different layouts from floor to floor. The 58 luxury flats were handed over to their new owners at the carcass-structure stage. The sole points of definition were the entrance, a central services shaft, the dividing walls between dwellings, the facade and the peripheral layer of private outdoor areas. The angular, stepped outer skin maximises the attractive quality of the facade and generates – through the creation of recesses and projections – a varied sequence of spaces. The facade of the tower is a three-dimensional layer that seems to move in space – not in the nature of a protective building skin, but more like a habitable space in its own right.

The seven projects presented here are outstanding examples of a trend in contemporary multistorey housing towards the creation of complex spatial relationships that combine both domestic and urban qualities. As the other developments in this issue of DETAIL show, modern housing construction has many different aspects. A special quality is always evident when architects succeed in finding the appropriate relationships between the individual and the community – the private and the public realm, withdrawal and outwardness, internal and external space – and in formulating these in accordance with the specific situation.

Sozialer Wohnungsbau in Wien

Social Housing in Vienna

Jakob Schoof

Auf einem ehemaligen Flugfeld im Nordosten von Wien entsteht derzeit der jüngste Stadtteil der österreichischen Hauptstadt. Nach ihrer Fertigstellung soll die »Seestadt Aspern« 20 000 Menschen in 10 500 Wohnungen beherbergen; viele von ihnen sollen hier auch arbeiten. Bereits vollendet ist der erste, südwestliche Teil der Seestadt mit 2500 Wohnungen, zwei Studentenwohnheimen sowie einem Bildungscampus. Gut ein Drittel der Bauplätze wurde im Rahmen von Bauträgerwettbewerben vergeben und die Entwürfe wurden schon in der Wettbewerbsphase mit einer vereinfachten Version des österreichischen Nachhaltigkeitslabels Total Quality Building (TQB) bewertet.

Für die Baugenossenschaft EBG, die mit Berger + Parkkinen und querkraft architekten einen der Wettbewerbe für sich entschied, standen außerdem geringe Kosten sowie ein zügiger Bauablauf ganz oben auf der Wunschliste. Kein ganz leichtes Unterfangen angesichts der Nutzungsvielfalt in dem Gebäudekomplex: In den oberen Geschossen verteilen sich 213 öffentlich geförderte Ein- bis Fünfzimmerwohnungen auf sechs vier- bis siebengeschossige Einzelgebäude. Offene Laubengänge fassen das Ganze zu einer lockeren Kammstruktur zusammen. Die zweigeschossige Sockelzone ist hingegen nach dem Zwiebelprinzip gegliedert: Ladengeschäfte und Atelierwohnungen säumen die Straßen im Norden, Osten und Westen. Dahinter befinden sich Fahrrad-, Abstell- und Technikräume und im Innenbereich des Grundstücks schließlich ein Teil der Tiefgarage, die bis ins zweite Untergeschoss hinabreicht. Mit mehr als 400 Stellplätzen – davon 22 für private Elektroautos – dient sie als eine von sieben Sammelgaragen für die Seestadt.

Quer durch den Gebäudekomplex zieht sich eine Art holzverkleideter Canyon, der öffentliche Wegeverbindung und Spielfläche in einem ist. An seinem östlichen Ende weitet er sich trichterartig zu einer Freiluft-Arena mit Sitzstufen. Dahinter sind im Gebäudesockel Gemeinschaftsflächen für die Mieter – etwa ein Fitnessbereich mit Sauna, ein Clubraum und eine Waschküche – untergebracht.

Einen eher privaten Charakter haben hingegen die begrünten Innenhöfe und Terrassen zu beiden Seiten des Canyons auf dem Deckel der Tiefgarage. Der Unterschied zwischen Sockelzone und Wohnetagen ist auch an den Fassaden ablesbar. An den Ladenzeilen und Atelierwohnungen wechseln sich Glasflächen und ein grau verputztes Wärmedämmverbundsystem ab, das mithilfe von Rankpflanzen und -gittern im Laufe der Zeit begrünt werden soll. Die Obergeschosse wurden hingegen als Stahlbeton-Skelettkonstruktion mit Fassaden aus geschosshoch vorgefertigten, 16 cm dick gedämmten Holzrahmenelementen erstellt. Ihre Lärchenholzschalung ist die gleiche wie an den Seitenwänden des »Canyons«.

Als Innen- und Wohnungstrennwände ließen die Architekten ausschließlich leichte Ständerwände einbauen. Auf diese Weise wäre theoretisch eine Umnutzung der Wohnungen in Büros möglich. Die Versorgungsschächte liegen an den Laubengängen und jeweils in der Wohnungsmitte, sodass die Wohnungen geschossweise gespiegelt werden konnten. Daraus resultiert ein belebtes Fassadenbild mit gegeneinander versetzten Balkonelementen in den Innenhöfen sowie abgeschrägten Loggien an den Straßenfassaden. Sie wurden trotz ihrer Abmessungen an einem Stück aus Beton vorgefertigt, um die Montage auf der Baustelle zu beschleunigen.

Der Heizwärmebedarf der Häuser beträgt laut österreichischem Energieausweis 15 kWh/m²a und liegt damit rund 50 % über Passivhausniveau. Die Wohnungen werden raumweise über Einzellüftungsgeräte mit Wärmerückgewinnung be- und entlüftet. Die Wärmeversorgung ist Teil eines quartiersweiten Forschungsprojekts und zeichnet sich durch große Vielfalt aus. Von den sieben Wärmepumpen in den Häusern nutzen vier das Grundwasser und je eine die Abluft der Tiefgarage, ein Erdsondenfeld sowie die Wärme aus 150 m² Solarhybridkollektoren als Wärmequelle. Darüber hinaus wurden auf den Flachdächern je 150 m² Solarthermiekollektoren und Photovoltaikmodule installiert.

A new urban district for 20,000 inhabitants is being developed on the former Aspern airfield on the periphery of Vienna. The building complex by Berger + Parkkinen and querkraft architekten comprises 213, one to five-room apartments on the upper floors, a number of shops and artists' studios along the perimeter, and an underground car park with over 400 parking spaces that also serves the adjacent building blocks. The dwellings are loosely grouped along open access walkways to form a comb-like overall structure. While the shell of the buildings consists of a reinforced concrete skeleton, the facades are made of prefabricated, insulated timber elements with larchwood cladding. The sculptural concrete balconies were also prefabricated as one element each to speed up the assembly process.

A kind of canyon with larchwood-clad embankment extends across the building complex, serving as public footpath and common play area. The adjacent green courtyards on the roof of the parking lot, in contrast, have a more private character.

All internal partitions have been carried out as drywall constructions so that the apartments can, in theory, be converted to offices if need be. Ventilation is provided by single-room devices with heat recovery integrated into the external walls. The heating demand of the houses is some 50% above Passive House level. Along with the hot water demand, the complex's heating demand is supplied by a total of seven heat pumps and 150 m² of solar panels.

Axonometrie
Grundriss Regelgeschoss
Maßstab 1:1000
1 Mietbüros
2 Gemeinschaftsbalkone
3 Spiel- + Clubraum, Sauna, Fitness, Waschküche
4 Ladenflächen
5 Atelierwohnungen
6 Fahrräder + E-Bikes
7 Elektroautos (22 Stellplätze)
8 Zufahrt Tiefgarage (409 Stellplätze)

Axonometry
Standard floor plan
Scale 1:1,000
1 Rental offices
2 Common balcony
3 Club lounge, play area, sauna, fitness, laundry
4 Shops
5 Ateliers / artists' dwellings
6 Bicycles + E-bikes
7 Electric cars (22 spaces)
8 Access to underground car park (409 spaces)

Bauherr / *Client*: EBG Gemeinnützige Ein- und Mehrfamilienhäuser Baugenossenschaft, Wien / *Vienna*
Architekten / *Architects*:
Berger + Parkkinen Architekten, Wien / *Vienna*
querkraft architekten, Wien / *Vienna*
Landschaftsarchitekten / *Landscape architects*:
idealice landschaftsarchitektur, Wien / *Vienna*
Tragwerksplaner / *Structural engineering*:
Lackner + Raml, Villach
Bauphysik / *Building physics*: Holzforschung Austria, Wien / *Vienna*
TGA-Planung / *Building services engineering*:
TB Obkircher, Wien / *Vienna*
Holzbau / *Timber construction*: lc buildings, Wien / *Vienna*
Weissenseer Holz-System-Bau, Greifenburg
Standort / *Address*:
Gisela-Legath-Gasse 3 / Ilse-Arlt-Straße 4–6 /
Maria-Tusch-Straße 6 / Mimi-Grossberg-Gasse 3–5,
1220 Wien / *Vienna*

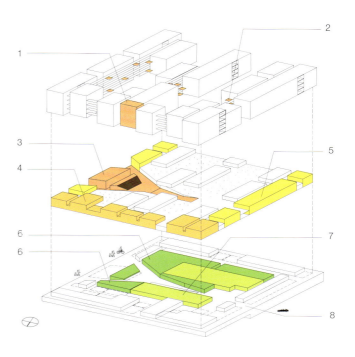

Sozial und auf der Suche nach neuen Wegen – der Wiener Wohnungsbau

Housing in Vienna – Socially Minded and Searching for New Ways

Franziska Leeb

Franziska Leeb lebt in Wien und ist als freiberufliche Architekturpublizistin tätig.

Franziska Leeb is a freelance architectural journalist based in Vienna.

1 Übersicht zu den Stadtentwicklungsgebieten Seestadt Aspern, Nordbahnhof und Hauptbahnhof
2 Wohnbau »Slim City«, Seestadt Aspern, 2014
  Architekten: PPAG architects
3, 4 Seestadt Aspern, Masterplan
  Städtebau: Tovatt Architects & Planners

1 Overall view of urban development areas Aspern Lakeside City, North Station and Main Station, Vienna
2 Aspern Lakeside City, "Slim City", 2014, architects: PPAG Architects, Vienna
3, 4 Aspern Lakeside City, master plan, urban planning: Tovatt Architects & Planners

Krise hin oder her – die Stadt Wien hat es trotz der schrittweisen Liberalisierung des sozialen Wohnungsbaus und der Beendigung der gemeindeeigenen Wohnungsbautätigkeit im Jahr 2004 zustande gebracht, mithilfe der Wohnbauförderung nach wie vor die Kontrolle über einen großen Teil der Wohnungsbauproduktion zu behalten. Wenige Jahre vor der Jahrtausendwende, als einzelne Modellprojekte neue Themen wie autofreie Stadt oder frauen- und alltagsgerechtes Wohnen zur Diskussion stellten und die Instrumentarien Grundstücksbeirat und Bauträgerwettbewerb mit dem Ziel der Qualitätssteigerung implementiert wurden, boten sich grundsätzlich gute Voraussetzungen dafür, Neues zu erproben. Das Bevölkerungswachstum war mäßig bis stagnierend, dementsprechend zurückhaltend fielen die Prognosen aus, die damals für das Jahr 2021 von einer Gesamtbevölkerung von rund 1,7 Mio. ausgingen. Dieser Wert ist längst erreicht, die aktuellen Voraussagen prognostizieren 1,9 Mio. Einwohner für 2020, im Jahr 2030 soll die Zwei-Millionen-Grenze überschritten werden und Wien damit innerhalb von rund 20 Jahren um 300 000 Menschen – das entspricht der Einwohnerzahl von Österreichs zweitgrößter Stadt Graz – gewachsen sein. Wien erlebt damit einen Boom ähnlich jenem des ausgehenden 19. Jahrhunderts, als es noch die Hauptstadt des habsburgischen Vielvölkerstaats war und beginnt nun nach Jahren der Stagnation wieder das Selbstbewusstsein einer Metropole zu entwickeln. Zugleich zieht angesichts dieser dynamischen Veränderungen Stress in die gewohnte Gemütlichkeit ein. Die neuen Einwohner benötigen Wohnraum: 8000 bis 11 000 zusätzliche Einheiten pro Jahr seien notwendig, so Experten. Gepaart mit Wirtschaftskrise, hohen Grundstückspreisen und steigenden Baukosten sind das schlechte Rahmenbedingungen, um das System des vielgerühmten sozialen Wiener Wohnungsbaus in gewohnter Weise aufrecht zu erhalten.
Architekten wie Bauträger bestätigen, dass die umgesetzten Qualitäten im geförderten Wohnbau höher sind als im freifinanzierten.

Das hat im Wesentlichen mit den im Jahr 1995 eingeführten und bis heute praktizierten Bauträgerwettbewerben zu tun. Dieses Instrument der Projektfindung wird bei der Bebauung von Liegenschaften des Wohnfonds Wien angewendet und ab einem Gesamtvolumen von 300 zu fördernden Wohneinheiten auch bei Projektgebieten, die nicht im Eigentum des Wohnfonds stehen. Bauträger und Architekten entwickeln dafür gemeinsam mit Experten Realisierungskonzepte für die ausgeschriebenen Bauplätze. Der Grundstücksbeirat, eine interdisziplinär besetzte Fachjury, bewertet die Einreichungen nach einem Vier-Säulen-Modell in den Bereichen Ökonomie, Ökologie, Architektur und soziale Nachhaltigkeit. Besitzt ein Bauträger ein Grundstück, auf der ein Wohnbauvorhaben mit weniger als 300 Wohneinheiten mit Fördermitteln des Landes Wien geplant ist, bewertet ebenfalls der Grundstücksbeirat die Förderungswürdigkeit nach diesen Kriterien. So sind im geförderten Wohnungsbau

z. B. Kunststofffenster ein Tabu und ein gut ausgestattetes Angebot an Gemeinschaftsräumen ebenso Pflicht wie die Beauftragung von Landschaftsarchitekten.
2011 rief die Stadtregierung die »Wohnbauinitiative« ins Leben, auch um der damals laut werdenden Kritik von Bauträgern zu begegnen, dass die Kostenobergrenzen des geförderten Wohnungsbaus nicht mit den Qualitätsanforderungen der Bauträgerwettbewerbe in Einklang zu bringen seien. Das niedrige Zinsniveau erlaubte es der Stadt, einen Kredit in Höhe von 500 Mio. Euro aufzunehmen, der mit geringen Aufschlägen an Bieterkonsortien aus Bauträgern und Finanzdienstleistern weitergegeben wurde. Die Konsortien verpflichteten sich im Gegenzug zu Mietobergrenzen, die deutlich unter den Marktpreisen im frei finanzierten Wohnbau und etwas höher als jene im geförderten Wohnbau liegen. Erstmals wandte man dieses Finanzierungsmodell auf 14 Bauplätzen mit insgesamt 1600 Wohnun-

3

4

gen in der Seestadt Aspern an, einem der größten Stadtentwicklungsprojekte Europas.

Vom Flugfeld zur Seestadt
Die Seestadt ist eine Retortenstadt auf der grünen Wiese, 240 Hektar groß, 17 km vom Stadtzentrum entfernt. Die Nachnutzung des im Jahr 1977 aufgelassenen Flughafens begann Anfang der 1980er-Jahre mit der Ansiedelung eines Motorenwerks von General Motors im südlichen Bereich des Flugfelds. Ein städtebauliches Leitbild von Rüdiger Lainer aus dem Jahr 1995 schlug eine »urbane Partitur« für einen Stadtteil mit 12 000 Einwohnern und 6000 Arbeitsplätzen vor, eine dezentrale offene Struktur, die innerhalb definierter Regeln und Unregelmäßigkeiten »Aneignungs- und Selbstentwicklungsprozesse« ermöglichen sollte. Mangels finanzieller Mittel für die infrastrukturelle Anbindung wurde das Projekt verworfen, ehe 2003 erneut die städtebauliche Entwicklung des Areals in Angriff genommen wurde. Hohe Investitionen in die Verkehrsanbindung gingen Hand in Hand mit einer umfangreichen Marketingindustrie, sodass per U-Bahn schon zu kulturellen Events angereist werden konnte, noch bevor die erste Wohnung bezogen war. Das schwedische Architekturbüro Tovatt Architects & Planners siegte im städtebaulichen Wettbewerb mit einem – vor allem im Vergleich zum mehr als zehn Jahre älteren Plan von Lainer – konservativ anmutenden Konzept, das sich um einen künstlich angelegten See und einen kreisförmigen Boulevard entwickelt (Abb. 3, 4). Die Jury unter Vorsitz von Carl Fingerhuth begründete die Auswahl unter anderem damit, dass der Entwurf eine eigenständige Topografie innerhalb der weiträumigen Umgebung entwickle und eine städtebauliche Einheit bilde, in der überschaubare und erfassbare urbane Parameter Maßstäblichkeit, Zusammenhalt und Kongruenz vermitteln. Kritiker hingegen konnten in dem altbacken wirkenden Stadtmuster nicht das Potenzial für einen modernen attraktiven Stadtteil erkennen.
In der Zwischenzeit zeichnet sich ab, dass einiges besser gelöst wurde als in anderen großen Stadterweiterungsgebieten und dass die Durchmischung von Wohnen, Gewerbe und sozialer Infrastruktur gut funktioniert. Rund 5000 Menschen leben bereits in den fertiggestellten Wohnhäusern im südwestlichen Areal der Seestadt und schon jetzt erweckt die Stadt nicht den Eindruck einer Geisterstadt. Die erste Geschäftsstraße wurde im Sommer 2015 eröffnet, der Schulcampus nimmt im Herbst den Betrieb auf. Zu den Seestadt-Pionieren gehören sechs Baugruppen, die mit alternativen Lebensentwürfen und Wohnformen auch eine Klientel anziehen, die traditionell das Leben in den urbanen Gründerzeitvierteln innerhalb des Gürtels bevorzugt – wo für derartige Vorhaben allerdings weder der nötige Platz noch finanzierbare Grundstücke existieren. Der Anteil des öffentlichen Raums auf dem Gelände beträgt 50 %. Die Gestaltungskriterien dafür sind in einer vom Kopenhagener Büro Gehl Architects erarbeiteten »Partitur des öffentlichen Raums« festgehalten, die zum Beispiel Hierarchien für die öffentlichen Stadträume festlegt oder Charakteristiken der einzelnen Stadtsegmente benennt. Unter den bisher fertiggestellten Wohnanlagen tanzt vor allem die »Slim City« von Anna Popelka und Georg Poduschka (PPAG) aus der Reihe. Ihnen erschien das städtebauliche Konzept einer sich über den ganzen neuen Stadtteil ziehenden Blockrandbebauung zu hermetisch. Mit 13 schmalen turmartigen, unterschiedlich hohen Häusern brechen sie die Rigidität des vorgeschlagenen Musters, bleiben damit aber dennoch innerhalb der Vorgaben des Flächennutzungsplans. Die so entstandene kleine Stadt in der Stadt mit einer Abfolge von Plätzen und Engstellen ist von allen Seiten durchlässig (Abb. 2). Damit unterwandern die Architekten auch Wiener Traditionen, wo private Wohnungsvorbereiche, Spielplätze und Wege stets fein säuberlich und gern mit Maschendrahtzäunen abgetrennt sind. Versickerungsflächen durchbrechen als grüne Inseln die Asphaltfläche mit Markierungen, die es den solche unreglementierte Räume nicht gewohnten Wienern erleichtern sollen, sich die Flächen für verschiedene Nutzungen und Spiele anzueignen.

Einzelprojekte als Stimulatoren
Wie sehr Wohnbauten, die aus den örtlichen Konventionen ausbrechen, für einen ganzen Stadtteil positiv stimulierend wirken können, zeigt sich auch am Nordbahnhofgelände. Gemeinsam mit dem ebenso frei gewordenen Areal des benachbarten Nordwestbahnhofs, der derzeit von den Bundesbahnen noch als Frachtenbahnhof benutzt wird, entsteht auf den seit den 1980er-Jahren schrittweise umgenutzten Bahnflächen in zentraler Lage ein neues Stadtgebiet, das in seiner endgültigen Ausdehnung mit 32 000 Einwohnern insgesamt größer als die Seestadt sein wird.
Rund um das Karree des Rudolf-Bednar-Parks (Hager Landschaftsarchitektur, 2008) entstanden innerhalb der Rasterfelder des 1994 beschlossenen städtebaulichen Leitbilds von Boris Podrecca und Heinz Tesar schlussendlich Wohnmonostrukturen. Sie gingen aus Bauträgerwettbewerben zu Themen wie »Wohnen am Park«, »Junges Wohnen« oder »Interkulturelles Wohnen« hervor und spiegeln die gesamte Bandbreite dessen wider, was im Wiener Wohnungsbau möglich ist. Auch hier folgen nur wenige Bauten, wie der PaN Wohnpark (Werner Neuwirth, Sergison Bates architects, von Ballmoos Krucker Architekten), nicht dem Schema »Blockrandbebauung mit grüner Mitte« (Abb. 6). Gut getan hat dem Viertel auch das Wohnprojekt Wien (einszueins architektur, S. 100ff.), in dem eine selbstorganisierte Hausgemeinschaft ihren Traum von nachhaltigem Leben wahr werden ließ. Das 2014 auf Basis des Siegerprojekts (Studiovlay und Agence Ter) eines städtebaulichen Wettbewerbs entwickelte neue Leitbild stellt westlich und nördlich des bisher bebauten Areals durch stark differenzierte Gebäudehöhen und durchlässige Sockelzonen einen vielgestaltigeren und besser mit gewerblichen und urbanen Nutzungen durchmischten Städtebau in Aussicht (Abb. 5). Die Bebauung – punktuell aus Hochhäusern – konzentriert sich an den Rändern und bildet den Rahmen für eine freie Mitte, die zum Teil einen ruderalen Landschaftscharakter haben wird.

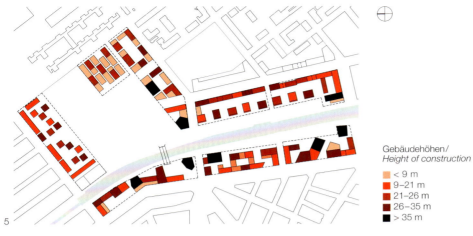

Gebäudehöhen/
Height of construction
- < 9 m
- 9–21 m
- 21–26 m
- 26–35 m
- > 35 m

5   Neues Leitbild Nordbahnhof, 2014;
    Entwurf: Studiovlay und Agence Ter
6   PaN Wohnpark Nordbahnhofviertel, 2013;
    Architekten: Werner Neuwirth mit Sergison Bates
    architects und von Ballmoos Krucker Architekten
7   Stadtentwicklungsgebiet Sonnwendviertel
8   Wohnanlage »Wohn_Zimmer«, Sonnwendviertel,
    2014; Architekten: Klaus Kada, Riepl Kaufmann
    Bammer, Studiovlay

5   *Building heights: new proposals for North Station,
    2014; design: Studiovlay and Agence Ter*
6   *PaN Housing Park, North Station district, 2013,
    architects: Werner Neuwirth and Sergison Bates
    and von Ballmoos Krucker Architekten*
7   *Sonnwend urban development area*
8   *"Living Room", Sonnwend development area, 2014,
    architects: Klaus Kada, Riepl Kaufmann Bammer,
    Studiovlay*

Gemeinsames Wohnzimmer in der Monostruktur

In den neuen Wohngebieten um den 2015 fertiggestellten Hauptbahnhof im Süden der Innenstadt wurde die Weichenstellung für eine nutzungsdurchmischte Stadt völlig versäumt. Es handelt sich hier vielmehr um ein Nebeneinander von Nutzungen. Im 5500 Wohnungen umfassenden Sonnwendviertel (Abb. 7), auf dem Gelände des ehemaligen Frachtenbahnhofs, buhlen Bauträger und Architekten um den Titel für das auffallendste Projekt. Aus den überwiegend monofunktional genutzten Wohnblocks sticht das Projekt »Wohn_Zimmer« hervor, das mit Leichtigkeit dieses Wetteifern für sich entscheiden konnte. Architekten aus drei Generationen entwickelten für einen trapezförmigen Bauplatz ein gemeinsames Siedlungsgefüge (Abb. 8). Die Architekten sorgen in der jeweils eigenen Handschrift für die dreiseitige Fassung der Anlage. Klaus Kada führt in seinen roten Türmen, die wie überdimensionale skulpturale Möbel ein raumbildendes Dreigestirn an der Südseite bilden, vor, was Grundrissflexibilität bedeuten kann. 70 % der Wohnungstrennwände bestehen aus beweglichen Schrankwänden, womit die Wohnbauförderung gleich einen Teil der Möbel mitfinanziert hat. Viele Gemeinschaftseinrichtungen und ein gutes Freiraumangebot sollen kompensieren, was kleinere, auch für einkommensschwächere Familien erschwingliche Wohnungen funktional aus schlichter Platznot nicht zu leisten imstande sind. Miteinander vernetzt sollen sie so etwas wie ein riesiges Wohnzimmer bilden. Neben einem Kino, einer Kletterhalle – ebenso dreigeschossig wie der Kinderspielraum mit vertikalem Klettermöbel – gehören auch ein schallgedämpfter Probenraum und ein zentral gelegener großer Gemeinschaftsraum mit Küche zum Angebot des »Wohnzimmers Sonnwendviertel«. Diese Räume werden weitgehend in Selbstorganisation bespielt, während das Schwimmbad im Kellergeschoss einem professionellen Betreiber überantwortet wurde und auch von externen Besuchern genutzt werden kann.

Gemeindebau neu

Im Wahljahr 2015 kündigte Bürgermeister Michael Häupl die Wiederauferstehung des Gemeindebaus an. 2000 Wohnungen innerhalb von fünf Jahren will die Stadt nun nach zehnjähriger Abstinenz als Wohnungsbauherr selbst errichten, zu deren Finanzierung sich ein »Sondertopf« von 25 Mio. Euro gefunden hat. Da vorerst bloß ein Projekt mit 120 Wohnungen im Süden von Wien konkret in Angriff genommen werden soll und keine großartigen programmatischen Inhalte verlautbart wurden, ist anzunehmen, dass der »Gemeindebau Neu« die Wohnbaulandschaft nicht umkrempeln wird, sondern eher wahltaktische Überlegungen im Vordergrund stehen. Der im »Roten Wien« der Zwischenkriegszeit begründete pauschal gute Ruf des Wiener Wohnungsbaus, der immer noch breiten Bevölkerungsschichten Zugang zu erschwinglichen Wohnungen gewährt, ist dennoch gerechtfertigt. So ist z. B. bei den im Zuge der Wohnbauinitiative entstandenen Wohnungen die Nettomiete auf 6,10 bzw. 4,75 Euro pro Quadratmeter begrenzt, wenn der Mieter sich mit 150 bzw. 500 Euro pro Quadratmeter Nutzfläche an der Finanzierung beteiligt. Immerhin 60 % der Wiener Bevölkerung leben im gemeindeeigenen Wohnungsbestand oder einem geförderten Wohnbau zu im internationalen Vergleich moderaten Mieten bei guten Qualitätsstandards.

DETAIL 9/2015

Despite the gradual liberalisation of public housing and the termination of domestic construction in 2004, the city of Vienna has managed, with the aid of subsidies, to keep its grip on a large part of housing production. Only a few years before the millennium, when various model schemes sparked off discussions of new topics like the car-free city, housing for women and everyday situations, and when instruments like the council for building sites and competitions for developers were implemented with a view to improving quality, conditions seemed to be opportune for new ideas.

Population growth was only moderate or even stagnating, so that predictions for the year 2021 remained modest with an overall population of approximately 1.7 million. This level has long been reached, however. Present estimates are for 1.9 million in 2020, and 2030 should see the 2-million mark exceeded. After years of stagnation, the city is beginning to recover the self-confidence of a metropolis. At the same time, this dynamic development and the stress it occasions may have an effect on the customary "Gemütlichkeit".

Some 8,000–11,000 new housing units are needed every year, it is calculated. This, together with the economic crisis, high land prices and increasing construction costs, means poor conditions for upholding Vienna's much acclaimed social housing system. Architects and building developers confirm that the qualities achieved so far in publicly supported housing are higher than in freely financed construction, which has largely to do with the developers' competitions introduced in 1995. This instrument for the identification and formulation of projects is applied to the development of building sites in Vienna – also to land that is not in the ownership of the social housing fund when such sites exceed an overall volume of 300 dwelling units eligible for support.

For this purpose, developers and architects jointly draw up concepts for building sites that have been appointed for this purpose. The council for sites, an interdisciplinary specialist jury, evaluates submissions according to a four-part model; i.e according to economic

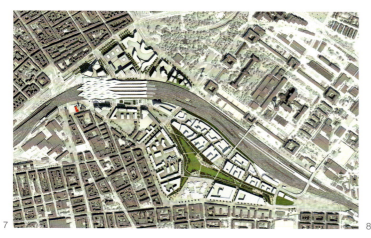

and environmental factors, architecture and social sustainability. If the client possesses a site on which a scheme with fewer than 300 dwelling units is planned with support funds from the state of Vienna, the council evaluates its eligibility for funds according to the same criteria. Plastic windows would be taboo, for example, and a decent provision of communal spaces would be just as much an obligation as commissioning landscape architects.

In 2011, the city government formed the "housing initiative", partly to meet the criticism of building clients that cost ceilings for supported housing schemes should not be confused with harmonising quality standards. The currently low interest rate has permitted the city to raise a loan of €500 million, which can be passed on to tendering consortia that promise, in return, to set the ceiling for rents considerably below market rates for freely financed housing and a little higher than those available in subsidised housing. This model has been applied to 14 developments with a total of 1,600 dwellings in Aspern.

This lakeside city is a new town on a developed site 240 ha in size and 17 km from the urban centre. The subsequent use of the airport site that was abandoned in 1977 began in the early 1980s with the establishment of a works for General Motors on the southern part of the area. An urban-planning model was drawn up by Rüdiger Lainer in 1995 for a district with 12,000 inhabitants and with 6,000 jobs, the whole with a decentralised, open structure. Lack of funds for the infrastructural links resulted in the project being abandoned. Then in 2003, with renewed urban developments, the area was taken up again. Large-scale investments for the creation of traffic links went hand in hand with a comprehensive marketing industry. Underground railway connections to cultural events became possible before the first dwelling was occupied. The Swedish office of Tovatt Architects & Planners won with a concept that was conservative in comparison with that of Lainer dating from 10 years earlier.

The jury, chaired by Carl Fingerhuth, justified its decision with the facts that an independent topography had been created within the extensive site and that it formed an urban unity in which recognisable urban parameters communicate a sense of scale, cohesion and congruency. Critics, on the other hand, were unable to recognise in the seemingly outdated cityscape the potential for an attractive modern neighbourhood.

In the meantime, it appears that many aspects have been resolved more positively than in other large-scale urban extensions and that the combination of housing, commercial uses and social infrastructure works well.

Roughly 5,000 people already live in the housing that has been completed in the southwest area of the lakeshore development. The first commercial street was opened in the summer of 2015, and in the autumn, operations will start on the school campus.

Six construction groups are among the pioneers of this urban complex who wish to attract a different clientele with alternative designs for living and housing forms, people who would traditionally have preferred life in the more urban Gründerzeit districts of the late 19th century within the Ring, but who cannot afford property of that kind.

The proportion of public space on the site is 50 per cent. The design criteria for this were set out by Gehl Architects from Copenhagen in a "musical score of public space". The provision of car-parking facilities in the public realm is reduced in favour of freedom from barriers. Elsewhere in Vienna, it would have been necessary to foresee one parking space per dwelling.

Among the housing developments completed so far, Slim City by the architects Anna Popelka and Georg Poduschka (PPAG) is the only one not to accept the urban-planning concept of a peripheral layout over the entire complex. With 13 slim, tower-like blocks of different height, the scheme breaks the rigidity of the proposed pattern while observing the constraints of the land-use plan. This small city within a city, with a series of squares and tighter spaces, is open on all sides (Fig. 2), thereby undermining Viennese traditions.

To what extent housing structures that break with local conventions can have a positive stimulus on an entire district can be seen in the North Station site. Here, on segments of railway land that are still used for freight purposes, a new urban area is being created in a central position that, with a final total of 32,000 residents, will ultimately be larger than the lake city.

Round the Rudolf Bednar Park (Hager Landscape Architects, Zurich, 2008), a grid development was created based on the urban concept of Boris Podrecca and Heinz Tesar and finally in the form of monostructures that reflect the entire range of what is possible in Viennese housing construction. Here, too, only a few structures like the PaN Housing Park don't follow the pattern of block periphery development with a planted centre (Fig. 6). The Housing Project Vienna has also been good for the district (see Process, pp. 100ff.)

The new model was developed in 2014 on the basis of the winning project by Studiovlay, Vienna, and Agence Ter, Karlsruhe, in an urban planning competition presenting buildings of strongly contrasted height and with open plinth zones (Fig. 5). The development, consisting of point blocks, is also concentrated on the periphery of the area and forms the enclosing framework for an open centre that will have a partly planted, landscaped character.

In the housing development areas around the main station, which was completed in 2015, an opportunity has been missed to obtain a change of urban course and a mixture of uses. What has been created here is simply a number of different functions piled up next to each other – 5,500 dwellings on the former goods station site (Fig. 7). Of all the projects, the win4wien one is the most outstanding.

In election year 2015, the mayor, Michael Haupl, announced the renewal of communal developments. After a ten-year abstinence, the city plans to erect 2,000 dwellings within the next five years. A special fund of €25 million has been set up for this purpose. Since initially a project with just 120 dwellings in the south of Vienna is proposed as a concrete scheme, one may assume that the new civic programme will not revolutionise the housing landscape of the city, but may well be more in the nature of electoral tactics.

Bezahlbarer Wohnraum für Europa

Affordable Housing in Europe

Jakob Schoof

Bezahlbares Wohnen hat sich in Deutschland zu einem Politikum entwickelt. In Berlin sind die Wohnungsmieten binnen 10 Jahren um 45 % teurer geworden; in Hamburg und München jeweils um 27 %. Wie gestaltet sich der Kampf um kostengünstigen Wohnraum in anderen Ländern? Welche Akteure prägen dort den Markt, was sind die politischen Rahmenbedingungen? Ein Ausblick in drei Metropolen mit den höchsten Mietpreisen in Europa.

Zürich:
Die Genossenschaftsstadt an ihren Grenzen
Auf den ersten Blick scheint in Zürich vieles noch in Ordnung: Seit der Jahrtausendwende sind die Mieten um maßvolle 20 % gestiegen, und auch die durchschnittliche Kaufkraft hat sich seither deutlich erhöht. Mehr als ein Viertel aller Wohnungen sind in gemeinnütziger Hand und unterliegen damit einer Mietpreisbindung. Gleichzeitig wurden 2015 in Zürich 3200 Wohnungen neu gebaut – ein langjähriger Höchstwert. Wenngleich die Stadt immer noch zu 45 % aus Einpersonenhaushalten besteht, hat auch die Zahl der Familien mit Kindern seit 2000 spürbar zugelegt. Und auch für die Zukunft scheinen genug Flächenreserven vorhanden: Offiziellen Schätzungen zufolge könnte Zürich bis 2030 durchaus 60 000 weitere Einwohner und ebenso viele Arbeitsplätze aufnehmen. Das sind deutlich mehr als die 40 000 Zuzügler, die realistischerweise erwartet werden. Damit, so die Stadtverwaltung, »ist Wachstum nicht nur in den nächsten 15 Jahren, sondern weit darüber hinaus möglich.«
Doch die Medaille hat eine Kehrseite. Neubaugebiete, um den Zuzug aufzunehmen, gibt es kaum noch. Rund die Hälfte der neuen Wohnungen muss künftig durch Nachverdichtung entstehen, die andere Hälfte durch Umnutzung von Industrie- und Bahnarealen. Sie befinden sich meist im Besitz von Firmen oder der Schweizer Bundesbahn. Und diese sind an einer Renditemaximierung oft stärker interessiert als am kostengünstigen Wohnungsbau. Auch die offizielle Mietstatistik täuscht: Auf dem freien Markt sind die Mieten deutlich stärker gestiegen als im städtischen Durchschnitt – allen voran in den ehemaligen ndustriequartieren nordwestlich der Innenstadt. Dort betrug der Zuwachs seit 2001 satte 60 %. Im Gegenzug verzeichneten viele Genossenschaften zuletzt sinkende Mietpreise. Die Kostenschere am Mietmarkt öffnet sich; das gesunde Mittelmaß droht verloren zu gehen.

Gemeinnützig und flächensparend
Mit nur 9 % Wohneigentum ist Zürich eine Mieterstadt. Mehr als ein Viertel aller Mietwohnungen sind als gemeinnützig deklariert und damit der Mietspekulation entzogen. Den Löwenanteil davon halten mit 20 % die Genossenschaften, 6 – 7 % der Wohnungen entfallen auf die Stadt und private Stiftungen. Die Rolle der Genossenschaften im Züricher Baugeschehen wird immer wichtiger: 2015 schufen sie bereits 37 % aller Wohnungsneubauten in der Stadt. Mit viel beachteten Projekten wie der innerstädtischen »Kalkbreite« (Abb. 2 und S. 88ff.) oder dem peripher gelegenen Hunziker-Areal (siehe Genossenschaftliches Wohnquartier in Zürich, S. 50ff.) haben die Genossenschaften bewiesen, dass sie auch hoch komplexe Bauvorhaben mit Mischnutzung und innovativen Wohnformen umsetzen können. Oft loben sie für ihre Neubauten Architektenwettbewerbe aus – nicht weil sie dazu verpflichtet sind, sondern weil sie erkannt haben, dass dies die gestalterische Qualität steigert.
Bei ihrer Wohnungsbauförderung konzentriert sich die Stadt Zürich auf zwei Bereiche: die Subventionierung von Sozialwohnungen und die Förderung des genossenschaftlichen Wohnbaus. Knapp die Hälfte der stadteigenen Wohnungen sind Sozialwohnungen. Daneben zahlt die Stadt Zuschüsse an Private und Genossenschaften, um Wohnungen mit Sozialbindung zu erstellen. Wer darin wohnen möchte, muss sowohl Obergrenzen beim Einkommen und Vermögen als auch Belegungsvorschriften (Verhältnis zwischen Personen- und Zimmerzahl) einhalten.
Bei der Förderung der Genossenschaften reicht das Instrumentarium von zinslosen Darlehen über die kostengünstige Abgabe von Bauland bis zu einer Beteiligung am Genossenschaftskapital. Im Gegenzug hat die Stadt das Recht, ein Vorstandsmitglied in jeder Genossenschaft zu stellen. Von ihren Mietern dürfen die Genossenschaften lediglich eine gesetzlich gedeckte Kostenmiete verlangen. Außerdem unterliegen auch sie Belegungsvorschriften. Diese fallen zwar weniger streng aus als bei den Sozialwohnungen. Dennoch liegen die Wohnflächen pro Kopf im gemeinnützigen Wohnungsbau rund 15 – 20 % niedriger als auf dem freien Markt.

Die Kostenschere öffnet sich
Die Kostenmiete, die die Genossenschaften ihren Mietern berechnen dürfen, bemisst sich unter anderem am Zinssatz, den sie ihren Mitgliedern für deren Einlagen zahlen müssen. Weil die Zinsen derzeit auf einem historischen Tiefststand verharren, sind auch die Genossenschaftsmieten von 2012 bis 2014 um 10 % gesunken. Damit sind diese Wohnungen mittlerweile 40 % billiger als solche von Privatanbietern. Das zieht unweigerlich auch wohlhabendere Familien an, die die Genossenschaften früher vermieden hätten. Die Folge: Die Wartelisten sind überfüllt – sofern sie überhaupt noch existieren. Nur noch jede sechste der 60 Züricher Wohnbaugenossenschaften führt laut der Zeitung »Tagesspiegel« eine solche Liste. Bisher profitierten die Genossenschaften von dem kostengünstigen Baugrund, den ihnen die Stadt im Erbbaurecht – meist über 60 Jahre – zur Verfügung stellte. Dazu war sie in der Lage, weil die vorausschauende Stadtregierung in den 1930er- bis 50er-Jahren große Mengen Bauland erworben hatte. Die Pachtzinsen sind sehr überschaubar, da sie sich nicht am Marktwert des Grundstücks bemessen, sondern an den Baukosten der darauf entstehenden Neubauten. Doch diese Zeit geht nun ihrem Ende entgegen, weil die Stadt kaum noch über eigenes, ungenutztes Bauland verfügt. Peter Schmid, langjähriger Präsident der Allgemeinen Baugenossenschaft Zürich, rechnet daher nicht damit, dass die Genossenschaf-

1 Wohn- und Geschäftshaus in Zürich, pool Architekten 2012
2 Wohn- und Geschäftsgebäude »Kalkbreite« in Zürich, Müller Sigrist Architekten 2014. Der Neubaukomplex mit Wohnen, Büros, Restaurants, einem Kino und einem Tramdepot gewann 2016 den Hans Sauer Preis der gleichnamigen Stiftung.
3 Wohnungsfertigstellungen 2000 – 2015 in Zürich nach Eigentümern. Sichtbar wird der stark gestiegene Einfluss der Genossenschaften seit 2010.

1 Residential and commercial building in Zurich, 2012, architects: pool Architekten
2 "Kalkbreite" residential and commercial complex in Zurich, 2014, architects: Müller Sigrist Architekten. This new building complex, which comprises apartments, offices, restaurants, a cinema as well as a tram depot won the Hans Sauer Prize sponsored by the foundation of the same name in 2016.
3 Dwellings completed in Zurich 2000 – 2015, by tenure and type of ownership. The growing influence of the housing cooperatives since 2010 is clearly visible.

■ Baugenossenschaften / *Housing cooperatives*
■ Natürliche Personen / *Private landlords*
■ Private Gesellschaften / *Commercial landlords*
■ Eigentumswohnungen / *Owner-occupied apartments*
■ Öffentliche Hand / *Public authorities*

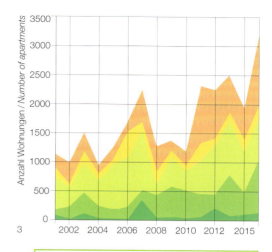

ten ihren Anteil am Züricher Wohnungsmarkt viel weiter steigern können: »Spätestens in zehn Jahren ist damit Schluss«.

Private Investoren als neue Hoffnung?
Die Stadt kommt damit in eine Zwickmühle. Denn 2011 setzte die Züricher Bevölkerung in einem Referendum durch, den Anteil an gemeinnützigen Wohnungen in der Stadt bis 2025 auf 33 % zu steigern. Wie genau das geschehen soll, ist fraglich. Von Nutzen könnte eine zweite Volksabstimmung sein, die 2014 im Kanton Zürich stattfand. Sie gibt den Gemeinden künftig die Möglichkeiten, auch von privaten Bauträgern einen Mindestanteil an kostengünstigen Wohnungen einzufordern, wenn ein Gebiet neu als Bauland ausgewiesen oder die zulässige Dichte in einem Quartier erhöht wird.
Fraglich ist jedoch, ob Private ausreichend Wohnungen im untersten Preissegment bereitstellen werden. Denn anders als Genossenschaften wären sie auch in Zukunft nicht zu einer Kostenmiete verpflichtet, sondern dürften eine »angemessene Rendite« erzielen. Der gemeinnützige Züricher Wohnungsbau könnte also schon bald seinen Zenit überschreiten – es sei denn, die Stadt kauft wie vor 70 Jahren erneut massiv Bauland aus privater Hand und stellt es den Genossenschaften zur Verfügung. Das wird sie sich angesichts der heutigen Bodenpreise jedoch kaum leisten können.

Paris:
Soziale Mischung, von oben verordnet
Paris hat ein zutiefst ambivalentes Verhältnis zum sozialen Wohnungsbau. Die Banlieues in den Vorstädten mit ihren Großsiedlungen aus den 1960er- und 70er-Jahren geraten zwar immer wieder durch soziale Unruhen in die Schlagzeilen. Doch sie nehmen auch viel Druck vom Pariser Wohnungsmarkt. Auch auf dem Pariser Stadtgebiet sind 20 % aller Wohnungen Sozialwohnungen. Bis 2025 muss die Stadt diese Quote auf 25 % steigern, sonst wird eine Strafsteuer fällig. So verlangt es ein nationales Gesetz. Dazu fordert Paris auch von privaten Investoren mindestens 25 % Sozialwohnungen bei ihren Bauvorhaben und investiert auch selbst viel Geld in den kostengünstigen Wohnungsbau.
Zu viel, wie manche behaupten. Denn gerade bei Neubauten wird peinlichst darauf geachtet, dass sie ihre Bewohner nicht stigmatisieren. Der Standard im sozialen Wohnungsbau liegt daher mitunter höher als auf dem freien Markt. Man solle lieber günstigere Wohnungen bauen und dafür mehr davon, so die Kritiker. Schließlich hat die bisherige Praxis die Stadt nicht vor einem regelrechten Mietpreisschock bewahrt: Seit 2001 sind die Durchschnittsmieten um annähernd 60 % gestiegen.

Die Städte bauen – der Bürger leiht Geld
In den vergangenen 30 Jahren hat sich die Verantwortung für den sozialen Wohnungsbau vom Staat zunehmend auf die Départements und die Städte verlagert. An Stelle der öffentlichen Hand fungieren heute private und halböffentliche Akteure als Bauherren. In Paris sind 70 % aller Sozialwohnun-

Zürich / Zurich

Einwohnerzahl / *Number of inhabitants:*
400 000
prognostiziertes Wachstum bis 2030 / *Forecasted population growth by 2030:*
+ 40 000
Wohnungen / *Number of residential units:*
217 000
davon Wohneigentum / *of which owner-occupied:*
9 %
davon gemeinnützige Mietwohnungen / *of which not-for-profit rental units:*
27 %
angestrebter Prozentsatz gemeinnütziger Wohnungen bis 2025 / *Target proportion of not-for-profit units by 2025:*
33 %
Durchschnittsmiete pro Monat / *Average rent per month:*
30 CHF/m²
Mietpreissteigerung seit 2000 / *Average rent increase since 2000:*
+ 20 %

Paris

Einwohnerzahl / Number of inhabitants:
2 250 000
Wohnungen / Number of residential units:
1 350 000
davon sozialer Wohnungsbau /
of which social housing units:
20 %
angestrebter Prozentsatz sozialer Wohnungsbau / Target proportion of social housing:
2025: 25 %
2030: 30 %
Durchschnittsmiete pro Monat /
Average rent per month:
22,3 €/m²
Mietpreissteigerung seit 2000 /
Average rent increase since 2001:
+ 61 %

gen im Besitz von zwei Gesellschaften, Paris Habitat und RIVP, deren Vorstände und Aufsichtsräte jeweils von Vertretern der Stadt dominiert werden.
Bei der Finanzierung der Bauvorhaben spielt der Staat aber nach wie vor die Hauptrolle. Üblicherweise stellt er mehr als drei Viertel der Finanzmittel für soziale Wohnbauten in Form von Darlehen und Zuschüssen bereit. Rund 10 % stammen aus Eigenmitteln der Wohnungsbaugesellschaften; weitere 10 % steuern die Kommunen bei. Auch Unternehmen müssen 0,45 % ihrer Lohnsumme in einen Fonds für Sozialwohnungen einzahlen.
Zur Gegenfinanzierung der Wohnbauförderung leiht sich der Staat über die Privatbanken Geld bei seinen Bürgern. Er sichert die Spareinlagen und garantiert einen Jahreszins von 0,75 % für das »Livret A«, das in Frankreich am weitesten verbreitete Sparkonto. Im Gegenzug müssen die Banken zwei Drittel der Spareinlagen in einen nationalen Fonds zur Wohnbauförderung abführen. Dieser ermöglicht es den sozialen Wohnungsbauträgern, ihre Mieten in Paris auf 6 – 12 Euro pro Quadratmeter zu begrenzen; das sind 25 bis 50 % der Miethöhe auf dem freien Markt.

Aufwerten oder aufmischen?
Rund 7000 neue Sozialwohnungen entstehen jedes Jahr in Paris, je zur Hälfte in Neubauten und durch die Umwidmung bestehender Bausubstanz. Gerade Letztere sorgt immer wieder für Aufsehen, weil die Stadtverwaltung sie als Instrument der sozialen Durchmischung nutzt. Bisher konzentrieren sich 55 % aller Sozialwohnungen auf nur vier der 20 Stadtteile. Nur jede zwanzigste Sozialwohnung befindet sich in einem der acht zentralen Arrondissements.
Einen besseren sozialen Mix fordern daher Politiker aller Couleur, doch sie verstehen darunter nicht das Gleiche: Die Konservativen setzen auf die gezielte Aufwertung von Problemvierteln mit dem Ziel, diese auch für zahlungskräftigere Bewohner attraktiv zu machen. Das »Programme National pour la Rénovation Urbaine« sah von 2004 bis 2014 mehr als 500 solcher Quartierssanierungen landesweit vor. Auch in der Hauptstadt wurden Tausende Sozialwohnungen saniert, attraktive Neubauten in den vermeintlichen Ghettos geschaffen und eine Handvoll Großwohnungsbauten von der Landkarte getilgt, vor allem in peripherer Lage entlang der Pariser Ringautobahn.
Eine ganz andere Strategie verfolgt der für den Wohnungsbau zuständige kommunistische Pariser Vizebürgermeister Ian Brossart: Er will vor allem die wohlhabenden Viertel um mehr Sozialwohnungen bereichern. Dafür setzt Brossart vor allem auf den Aufkauf bestehender Häuser und Wohnungen und ihre Belegung mit Mietern geringen Einkommens. Ein Leuchtturmprojekt in dieser Hinsicht war 2015 die Sanierung eines Wohngebäudes in der Rue Saint-Honoré, die sonst eher durch die Boutiquen von Luxusmarken bekannt ist. Teilweise zogen dort Mieter ein, deren Jahreseinkommen niedriger liegt als der im Quartier übliche Kaufpreis pro Quadratmeter.
Zehn Milliarden Euro will sich die Stadt das Aufkaufprogramm in den nächsten sechs Jahren kosten lassen. Für mehr als 250 Wohnimmobilien hat sie sich bereits ein Vorkaufsrecht eingeräumt. Dazu ist sie gesetzlich befugt. Tatsächlich dürfte sie aber nur einen kleinen Teil der Häuser erwerben – denn sie muss dafür den Marktwert bezahlen, also je nach Lage 5000 bis 12 000 Euro pro Quadratmeter.

Mietpreisbremse auf Französisch
Auch auf dem freien Wohnungsmarkt ist der Gesetzgeber inzwischen aktiv geworden. Das »Loi Alur« von 2014 gibt Départements und Kommunen die Möglichkeit, in Gegenden mit angespanntem Mietmarkt eine Mietpreisbremse einzuführen. Selbst Neubauwohnungen dürfen dann die ortsübliche Vergleichsmiete um maximal 20 % übersteigen. Paris hat die Mietbegrenzung 2015 für das ganze Stadtgebiet in Kraft gesetzt. Außerdem schafft das Gesetz erstmals die rechtlichen Grundlagen für Genossenschaf-

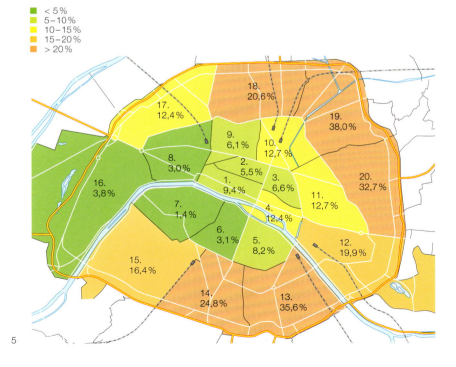

4 Sozialer Wohnungsbau in Paris, Gaëtan Le Penhuel & Associés Architectes 2014
5 Anteil der Sozialwohnungen am Wohnungsangebot in den einzelnen Pariser Arrondissements. Mehr als die Hälfte aller Sozialwohnungen konzentrieren sich derzeit auf vier der 20 Stadtteile.
6 Sozialer Wohnungsbau in Paris, Jakob + MacFarlane 2008

4 Social housing in Paris, 2014, architects: Gaëtan Le Penhuel & Associés Architectes
5 Percentage of social housing among all dwelling units in Paris's twenty arrondissements. More than half of all social housing is concentrated in merely four of the twenty city districts.
6 Social housing in Paris, 2008, architects: Jakob + MacFarlane

ten und Baugruppen, um am Wohnungsmarkt aktiv zu werden. Derzeit sind in Paris die ersten drei Baugruppenprojekte in Planung, für die die Stadt eigens Grundstücke zur Verfügung gestellt hat. Quantitativ fallen solche Experimente praktisch nicht ins Gewicht – doch möglicherweise bringen sie wenigstens etwas frischen Wind in den stark monopolisierten Pariser Wohnungsmarkt.

London:
Der Brexit als Atempause?
Obwohl die Londoner bei der Abstimmung am 23. Juni mehrheitlich für »Remain« votierten, dürften viele von ihnen infolge des bevorstehenden Brexit auf eine Entspannung am Wohnungsmarkt hoffen. Immobilienexperten prognostizieren, dass die Wohnungspreise bis Ende 2017 um 10–20% nachgeben könnten.
Das wäre eine Trendwende auf sehr hohem Niveau. Jahrelang rangierte die »Housing crisis« auf Platz eins der lokalpolitischen Themen in London. Der durchschnittliche Kaufpreis für Wohnhäuser stieg binnen eines Jahrzehnts um 90%, trotz der Immobilienkrise von 2008. Ein Haus in der Hauptstadt kostete 2015 elf durchschnittliche Jahresgehälter – 1997 waren es noch vier.
Eigentlich müssten in London 50 000 Wohneinheiten pro Jahr entstehen, um den bestehenden Mangel zu lindern und das künftige Bevölkerungswachstum aufzufangen. Doch die Zahl der Fertigstellungen liegt seit 30 Jahren konstant bei 20 000 bis 25 000. Da ist es ein schwacher Trost, dass die Unterversorgung mit Wohnraum auch in den vergangenen Jahrhunderten die Regel war. Eine Ausnahme bildeten nur die drei Jahrzehnte nach dem Zweiten Weltkrieg, als der Staat hohe Summen in den Wohnungsbau steckte und die britische Bevölkerung ungekannte Wohlstandsgewinne erlebte. Seinerzeit wurde das Wohnen im Eigentum auch in der britischen Hauptstadt zum Regelfall.
Doch dies ändert sich seit einigen Jahren. London wird zunehmend (wieder) zur Mieterstadt, weil sich immer weniger – vor allem jüngere – Menschen ein eigenes Haus oder eine Wohnung leisten können. Nur noch ein Drittel aller Neubauwohnungen in der Stadt sind Eigentumswohnungen; der Rest wird zur Miete angeboten. Mangels ausreichender Sozialwohnungen hat vor allem der privat vermietete Sektor deutlich zugelegt. Er ist viel weniger reguliert als etwa in Deutschland: Mietverträge haben üblicherweise nur eine Dauer von sechs bis zwölf Monaten; danach steht die nächste Mieterhöhung an. Die durchschnittliche Verweildauer in Mietwohnungen beträgt nur dreieinhalb Jahre. »Es wird mittlerweile zum Regelfall, dass die Leute mehr als die Hälfte ihrer Nettogehälter für die Miete aufwenden«, sagt Chris Walker von der Beratungsorganisation Policy Exchange. Normalerweise gelten Quoten über 40% als Indikator für Armutsgefährdung. Tatsächlich leben 40 bis 50% der Mieterhaushalte in London mittlerweile unter der Armutsgrenze.

Was ist heute noch bezahlbar?
Auch der konservativen Regierung ist dies ein Dorn im Auge. Doch statt den Wohnungsmarkt stärker zu regulieren, will sie die Briten mit aller Macht wieder zu Hauseigentümern machen. Im Fokus stehen dabei sogenannte »affordable homes« (bezahlbare Wohnungen), die zur Miete und im Eigentum angeboten werden und bis zu 80% des marktüblichen Preises kosten dürfen. In London sind freilich selbst diese für Durchschnittsverdiener oft unerschwinglich: Schätzungen zufolge kommen 80% aller Neubauwohnungen preislich nur noch für die oberen 20% der Gehaltsempfänger infrage. Der »Guardian« berichtete im Sommer 2015 über eine »bezahlbare« Penthouse-Wohnung im Londoner Osten, die 1,1 Millionen Pfund kosten sollte und als »shared ownership« angeboten wurde. Das ist eine Art Erbpacht, bei der der Käufer Anteile an der Wohnung erwirbt und für den verbleibenden Rest Miete entrichtet. Die zweite, staatlich geförderte Eigentumsform sind sogenannte »starter homes« – Häuser und Wohnungen speziell für Erstkäufer unter 40 Jahren, die mindestens

20 % unter dem marktüblichen Preis angeboten werden müssen. Sie kosteten Anfang 2016 im Londoner Durchschnitt 450 000 Pfund.

Abschied vom sozialen Wohnungsbau
Dagegen hat die Regierung Cameron den sozialen Wohnungsbau in den letzten Jahren zum Auslaufmodell degradiert. Für die Bereitstellung und Vergabe von Sozialwohnungen sind in London die Stadtteile zuständig. Als Bauherren treten sie jedoch schon seit der Ära Thatcher kaum noch auf; in diese Rolle sind gemeinnützige Wohnungsbaugesellschaften (Housing Associations) geschlüpft. Sie konnten bis vor einigen Jahren darauf bauen, dass der Staat bei neuen Sozialwohnungen rund 50 % der Investitionskosten trägt. Doch 2010 kürzte die Regierung Cameron ihre Subventionen für den sozialen Wohnungsbau auf einen Schlag um fast zwei Drittel.

Auch das andere wichtige Werkzeug für die Beschaffung bezahlbaren Wohnraums ist zunehmend erodiert. Die »Section 106 Agreements« sind projektspezifische Vereinbarungen zwischen lokaler Baubehörde und privaten Investoren für Neubauten ab 15 Wohneinheiten. Sie verpflichten den Bauherrn, einen bestimmten Prozentsatz an bezahlbaren Wohnungen zu errichten oder eine Ausgleichsabgabe zu leisten. Immer mehr Investoren entscheiden sich in London für letztere Option – das beschert den Stadtteilen zwar Einnahmen, aber keine Sozialwohnungen. Deren Anteil am Neubauvolumen hat sich in den letzten zehn Jahren daher fast halbiert.

Erschwerend kommt hinzu, dass die britische Regierung das »Right to Buy« wieder aufleben ließ, das schon unter Margaret Thatcher den Bestand an Sozialwohnungen stark dezimiert hat. Es gibt Mietern im sozialen Wohnungsbau das Recht, ihre Wohnungen zu vergünstigten Preisen aufzukaufen. Der Rabatt auf den marktüblichen Preis hängt von der Mietdauer ab und kann bis zu 75 % betragen. Für die so verloren gegangenen Sozialwohnungen müssen die Stadtteilverwaltungen Ersatz in Form von (viel teureren) Neubauten schaffen – ein schlechtes Geschäft für die öffentliche Hand.

Baugrund dringend gesucht
Unter Exbürgermeister Boris Johnson hat sich die Londoner Stadtverwaltung vor allem darauf konzentriert, neues Bauland für den Wohnungsbau auszuweisen. 31 »Housing Zones« wurden geschaffen, in denen mit öffentlichen Finanzhilfen und Privatinvestitionen 75 000 neue Wohneinheiten entstehen sollen.

Weitere 130 000 Wohnungen könnten auf Brachflächen entstehen, die im Besitz der öffentlichen Hand sind. So lautet eine Schätzung der von Johnson einberufenen »London Land Commission«. Doch diese Zahl ist rein theoretischer Natur, da natürlich auch für die öffentliche Infrastruktur in einer wachsenden Stadt Flächenreserven benötigt werden.

Einig sind sich die Lokalpolitiker nur in einer Frage: Innenentwicklung hat Vorrang vor Außenentwicklung. Fast alle bisher ausgewiesenen Neubaugebiete befinden sich auf innerstädtischen Brachflächen. Der dünn besiedelte Green Belt, der London vom Rest Englands trennt, soll hingegen unangetastet bleiben. Wie lang sich diese Position angesichts des Stadtwachstums noch halten lässt, wird die Zukunft zeigen. Eine Studie des Think Tanks »Centre for Cities« ergab, dass sich auf 2 % der Fläche des Green Belt, die in der Nähe von Bahnstationen liegen, der Londoner Neubaubedarf für fast zehn Jahre decken ließe.

Unsichere Zukunftsaussichten
Wie Johnson will auch der im Mai 2016 gewählte Bürgermeister Sadiq Khan den Wohnungsneubau auf 50 000 pro Jahr steigern. Eine klare Aussage, wie dies geschehen soll, bleibt er indes bislang schuldig. Dafür setzt Khan neue Maßstäbe im bezahlbaren Wohnungsbau: In 50 % aller neuen Wohnungen soll künftig die »London Living Rent« gelten, die auf ein Drittel des im Stadtteil üblichen Durchschnittseinkommens begrenzt wird. Ferner will Khan die Rechte von Mietern stärken, eine gemeinnützige Vermietungsagentur aufbauen und Investoren zwingen, ihre Wirtschaftlichkeitsberechnungen für Wohnbauprojekte offen zu legen. Auch die Londoner Großunternehmen will Khan dazu bringen, in Wohnungsneubauten für ihre Angestellten zu investieren. Falls Khan diese Vorhaben durchsetzen kann, wird sich der Graben zwischen der liberalen nationalen und der Londoner Wohnungsbaupolitik weiter vertiefen. Neu ist diese Situation freilich nicht: Anfang Oktober ist in London ein eigener, deutlich strengerer Klimaschutzstandard für neue Wohnbauten in Kraft getreten. Ihr CO_2-Ausstoß muss nun 35 % niedriger sein als landesweit erlaubt; die restlichen Emissionen müssen die Eigentümer durch Einzahlungen in einen Klimafonds kompensieren. Auf den Weg gebracht hatte die neuen Regeln noch Boris Johnson – als Reaktion darauf, dass die britische Regierung ihren ursprünglich geplanten »zero carbon«-Standard 2015 ersatzlos gestrichen hatte.
DETAIL green 2/2016

London

Einwohnerzahl / *Number of inhabitants:*
8 600 000
prognostiziertes Wachstum /
Forecasted population growth:
2020: + 400 000
2035: + 1 400 000
Wohnungen / *Number of residential units:*
3 400 000
davon Wohneigentum / *of which owner-occupied:*
50 %
davon sozialer Wohnungsbau /
of which social housing units:
25 %
Durchschnittsmiete pro Monat /
Average rent per month:
1314 GBP (1-bed)
1677 GBP (2-bed)
Mietpreissteigerung seit 2005 /
Average rent increase since 2005:
+ 38 %
Kaufpreissteigerung seit 2005 /
Average purchase price increase since 2005:
+ 90 %

7 Sozialer Wohnungsbau für Singles in London, Rogers Stirk Harbour + Partners 2015. Das Gebäude wurde in Holzmodulbauweise erstellt.
8 Baugruppe mit 6 Wohnhäusern in London, Henley Halebrown Rorrison 2014

7 Social housing for singles in London, 2015, architects: Rogers Stirk Harbour + Partners. The building consists of prefabricated timber modules.
8 Co-housing scheme with six dwellings in London, 2014, architects: Henley Halebrown Rorrison

Across Europe, affordable housing has become a hotly disputed issue. This article discusses the situation in three large cities that feature some of the highest housing costs on the continent.

Zurich: the "city of cooperatives" at its limits

At first glance, the situation in Zurich seems rather relaxed: rents have increased by only 20% since the millennium and this price hike has been compensated by greatly increased wage levels. Over one quarter of all apartments in the city are considered not-for-profit (as they are owned by either the city, cooperatives or philanthropic foundations) and are therefore exempt from speculation. With 3,200 new dwellings delivered, housing production reached a new peak in 2015. According to official figures, Zurich still has capacity to grow by another 60,000 inhabitants within the next 15 years. This is far more than the 40,000 new citizens that are realistically expected. The downside is that most of this growth will have to happen on land that is either private, owned by large companies or the Swiss Federal Railways, who are generally more interested in maximising profits than in supporting social housing. Rent statistics are misleading, too: while rents in cooperative-owned buildings have actually decreased in recent years, those on the free market have skyrocketed, particularly in the former industrial districts of the city, where the increase has risen by as much as 60% since 2001.

Less than 10% of Zurich's citizens live in their own property, whilst the vast majority rent. Cooperatives own some 20% of the rental building stock and have increasingly asserted their role in the supply of affordable housing. In 2015, they were responsible for 37% of new housing in the city and, with schemes such as the Kalkbreite (Fig. 2) or the Hunziker district (see the article on pages 50ff.), have proven their ability to develop complex schemes comprising up to 1,300 homes with a wide range of non-residential uses. There is a legal cap on rents in cooperative-owned schemes, the level of which is determined, amongst other things, by the interest

8

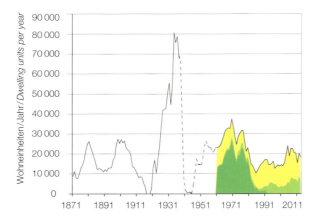

9

9 Wohnungsfertigstellungen in London seit 1871, nach Anbieter
10 Sozialer Wohnungsbau in London, Niall McLaughlin Architects 2014
11 Immer mehr Einwohner, immer mehr Jobs – aber das Wohnungsangebot hält nicht Schritt: die Lage in London 2016
12 Sanierung und Erweiterung eines sozialen Wohnungsbaus in Saint-Denis bei Paris, Atelier d'architecture RAMDAM 2014

9 *Dwellings completed by tenure in London since 1871*
10 *Social housing in London, 2014, architects: Niall McLaughlin Architects*
11 *Ever more inhabitants, ever more jobs, but a severe lack of housing to accommodate: this is the situation in London 2016*
12 *Refurbishment and extension of a social home in Saint-Denis near Paris, 2014, architects: Atelier d'architecture RAMDAM*

rate that a cooperative is obliged to pay for its members' shares. With interest rates at an all-time low, cooperative rents dropped by 10% between 2012 and 2014, and are now 40% lower than average market rents. This discrepancy drives well-off families to apply for dwellings with cooperatives, many of which have now closed their waiting lists, as they are unable to meet the enormous demand.

With a low-priced supply of public land (a main reason why cooperatives have been able to offer low rents since the 1930s) now drawing to an end, the influence of cooperatives is bound to dwindle. The City of Zurich will increasingly have to rely on private developers in order to increase the percentage of non-profit housing to one-third by 2025, as stipulated in a public referendum in 2011. The good news is that a new law now authorises the city to stipulate a minimum proportion of low-cost housing from private developers on newly zoned land, or in cases where zoning laws are being modified to allow for higher densities. Whether this will procure enough affordable housing, however, and particularly, sufficient housing in the lowest price sector, remains unclear.

Paris: creating a "top down" social mix
Publicly funded social housing schemes have played a key role in the provision of affordable housing in France ever since the "grands ensembles" in the banlieues of Paris were built during the period between the 1950s and the 1970s. The state has handed over much of the responsibility for social housing to local municipalities since then, but with an average contribution of 70–75% to the construction costs, remains the main stakeholder in the financing of social housing supply. The bulk of this is supported through loans, which in turn are financed through the citizens' deposits in Livret A, one of the most common savings accounts in France.

Currently, 20% of the housing stock in Paris is social housing, a proportion which will have to increase to 25% by 2025 according to a national law. To fulfil this requirement, private developers in Paris have to include one quarter of social housing in any new housing scheme. In addition to this, the city administration is procuring around 7,000 social dwellings a year through its subsidiaries, most notably Paris Habitat and RIVP, which together hold some 70% of the housing stock in the city. Roughly half this amount is generated in new buildings and the other half through the acquisition of existing dwellings that are subsequently rented to the private sector. The latter strategy, in particular, has created fierce political debate as the Communist vice-mayor Ian Brossart, responsible for the housing policy in Paris, who is using it as a means to increase the social mix in affluent city districts. Thus far, 55% of the social housing stock is concentrated in just four of Paris' twenty arrondissements, whilst less than 5% is located in the eight central districts. Changing these proportions is a priority for most local politicians, whereas the Conservatives seek to concentrate their efforts on the upgrading of former workers' districts (deliberate gentrification). Brossart has allocated €10 billion over six years for the acquisition of housing stock in the more affluent districts. At prices between 5,000 and 12,000 €/m², however, even this will not amount to a fundamental redistribution of property on areas like the Rue St-Honoré or along the Bois de Boulogne. In the meantime, the French government has also intervened in the private rental market, giving local administrations the right to implement rent caps. In many large cities – including Paris as of mid-2015 – the rents of newly built homes may not rise more than 20% above the average local rent. Furthermore, the new law has established two new forms of property ownership in France: cooperatives and co-housing. The first three co-housing projects are now being planned on sites set aside specifically for this purpose by Paris City Hall. While this is, in terms of quantity, only a minuscule contribution to solving the housing problem in Paris, the new initiatives may at least provide a breath of fresh air to the rather monopolised housing market in the capital.

10

— Einwohner/
  People
— Arbeitsplätze/
  Jobs
— Wohnungen/
  Homes

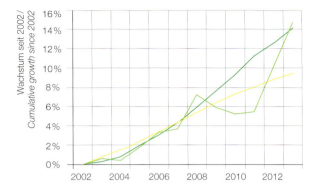

11

London: privatisation at any price?
The Brexit vote in the British EU referendum could mark a turning point in London's housing market, with experts predicting prices to drop by 10–20% by the end of 2017. This would provide a slight relief as prices for houses in the capital have soared by 90% since 2005, despite the financial crisis of 2008. According to pre-Brexit estimates, the capital needs 50,000 new homes each year to make up for its housing shortage and to accommodate the population growth. The housing output, however, has remained stable at 20,000 to 25,000 throughout the past three decades.
That the market demand for housing far outweighs the availability of new homes in London has been the rule throughout history.
The only exception were the three decades after World War II, when a housing boom and unprecedented prosperity made property ownership the most widespread form of tenure in the capital for the first time. This trend is now reversing, however, with renting once again becoming the norm. The situation is particularly dire in the private rented sector, where contracts are usually limited to a duration of six to twelve months, giving renters little security. "It is becoming the norm for rents to consume more than half of take-home pay," writes Chris Walker from the think tank, Policy Exchange. An estimated 40 to 50% of renting households in the city live below the poverty line already.
Rather than imposing stricter regulations on the rental market, however, the Conservative government has made great efforts to strengthen property ownership. This applies particularly to so-called "affordable" homes, which, according to the government's definition, may cost up to 80% of average market prices. Whether this is really affordable in the London context is questionable. So-called "starter homes" which are eligible for public funding and targeted at first-time buyers under 40, may cost up to £450,000 each. In 2015, an "affordable" shared ownership flat was offered in East London for over £1 million. The Guardian newspaper calculated that the average "affordable" home in London is only affordable to households earning at least £77,000 per annum.
Social housing for rent, on the other hand, has suffered a series of set backs since the Tory-led coalition government was elected to power. In 2010, government funding for social housing was cut by nearly two thirds – its largest reduction in history. Furthermore, the UK government has revived the Right to Buy policy, which allows tenants in social housing to buy their homes at a discount of up to 75%, depending on the duration of their tenancy. To compensate for this loss, boroughs now have to procure new social housing through (substantially more expensive) new-build schemes.
To speed up housing production, the former London mayor Boris Johnson has created 31 so-called "housing zones" across the capital where a total of 75,000 homes are to be built on brownfield land with £600 million worth of public funding. According to official figures, London City Hall has now released 99% of its own available land for new construction. The London Land Commission (an advisory committee set up by Johnson) estimates that another 130,000 homes could be built on land owned by public institutions and utility companies such as Transport for London.
This is a theoretical maximum however, and even this number of homes would only cover the market demand for two-and a half years. Yet the prospect of building on greenfield land – particularly in the sparsely populated Green Belt around the capital – remains a no-go area for Tory and Labour politicians alike.
Little wonder then, that London's new Labour mayor Sadiq Khan has reiterated Boris Johnson's pledge to increase the amount of new housing to 50,000 per year, but has thus far failed to inform the public how he intends to achieve this.
Affordable housing, on the other hand, might experience a revival under Khan who is aiming for 50% of all new apartments to be "genuinely affordable" by which he means that their rent should not exceed one-third of the average wage in each borough. Further items on Khan's agenda are: strengthening the rights of tenants, establishing a non-profit lettings agency and enlisting London's big multinationals to invest in housing for their own employees. Whether Khan will be able to enforce these plans remains to be seen, with homebuyers and real estate agents already complaining of dwindling profits due to the Brexit vote. Ultimately, the future economic development in the capital may well have a far greater influence on London's housing market than the housing policy of the newly elected mayor.

12

Das Erdgeschoss als Schlüsselzone im verdichteten Wohnungsbau

The Ground Floor as the Key Zone in Housing of Higher Density

Doris Zoller

Die Erdgeschosszone beinhaltet nicht nur das auf dem Boden liegende »Parterre« eines Gebäudes, sondern schließt auch die umgebenden Freiflächen und öffentlichen Erschließungen mit ein. Wegen ihrer Position an der Schnittstelle zwischen öffentlichem und privatem Raum spielt diese Zone eine besondere Rolle: Sie wird »auf Augenhöhe« wahrgenommen, definiert die Sockelbereiche der Gebäude und die Übergänge zwischen innen und außen.

Hintergrund
Sich verändernde Rahmenbedingungen in der Stadtentwicklung, aber auch ökonomische und stadträumliche Aspekte sind dafür verantwortlich, dass die Erdgeschosszone im verdichteten Wohnungsbau in den vergangenen Jahrzehnten sowohl in der Stadtplanung als auch in der Wohnungswirtschaft vernachlässigt wurde.
Die Art und Weise der »Stadtproduktion« hat sich grundlegend verändert. Vielfältige und kleinteilige Strukturen mit zahlreichen Hausbesitzern weichen zunehmend größeren entmischten Funktionseinheiten (z. B. Wohnanlagen, Bürokomplexe), die von jeweils spezialisierten Wohnungsbaugesellschaften, Bauträgern und Projektentwicklern errichtet werden.
Ein struktureller Wandel ist auch im Bereich des innerstädtischen Einzelhandels zu erkennen. Hier verdrängen flächenintensive Einkaufszentren in konzentrierter Zentrumslage (z. B. an S-Bahn-Stationen) oder am Stadtrand, aber auch der Onlinehandel den inhabergeführten Einzel- und Fachhandel. Die Erdgeschosse verlieren dadurch immer häufiger ihre ökonomische Tragfähigkeit, die sie noch zu Zeiten einer florierenden kleinteiligen Gewerbestruktur hatten, und müssen bei gewerblicher Nutzung inzwischen oftmals quersubventioniert werden.
Auf stadträumlicher Ebene ist zu beobachten, dass vielfältige Mischnutzungen durch diese Verlagerung der Gewerbeflächen immer seltener entstehen oder sogar verloren gehen, während Erdgeschosse auch in ungünstigen Lagen, z. B. unmittelbar an Straßen, immer häufiger als Wohnraum genutzt werden. Hinzu kommt in den großen Ballungsgebieten der wachsende Bedarf an Wohnraum, der zusammen mit den stetig steigenden Grundstückspreisen zu einer immer dichter werdenden Bebauung und einer maximalen Ausnutzung der Bauflächen führt. Diese in ganz Europa wahrnehmbare Entwicklung weckt das Bedürfnis nach mehr Qualität in der gesamten Erdgeschosszone – nach einem Raum, der die soziale Interaktion zwischen Straßenraum und Wohnraum sowie zwischen den Bewohnern untereinander unterstützt.

Transferzonen und Schwellenelemente
Der Übergang von der öffentlichen Erschließung hin zu den privaten Wohnräumen vollzieht sich in der Regel schrittweise und in einer Abfolge räumlicher Sequenzen. Beim Sozialwohnungsbauprojekt »Cesta v Gorice« von Bevk Perović Arhitekti in Ljubljana wird dieser Übergang durch eine Reihe aufeinanderfolgender Höfe unterschiedlichen Charakters gestaltet: Parkplatz, offener Erschließungshof, introvertierter Wohnhof (Abb. 3). Von der Straße aus erreicht man zunächst einen Hof, der sowohl Parkplatz als auch trennender Freiraum zwischen den parallel zur Straße angeordneten Hofgruppen ist. Als distanzierendes Schwellenelement dient die hinter einer offenen Stahlgitterkonstruktion verborgene Reihe Abfallcontainer (Abb. 2).
Die zweigeschossigen Gebäudegruppen sind durch einen mit Rasen begrünten Erdwall um ungefähr einen Meter angehoben, wobei der daraus resultierende Niveauunterschied zwischen Parkplatz und offenem Erschließungshof mithilfe flacher Rampen und einer Treppe erfolgt. Im Erschließungshof sorgen leicht erhöhte, auch als Sitzgelegenheiten nutzbare Betonlaubengänge schließlich für eine gewisse Distanz zwischen den Erdgeschosswohnungen und der als gemeinschaftlicher Treffpunkt konzipierten Freifläche in der Mitte (Abb. 1).
Die Schwellenelemente – Müllcontainer, Erdwall, Rampen, Treppen und Laubengänge – markieren die Übergänge von einem räumlichen Abschnitt zum nächsten und distanzieren diese gleichzeitig voneinander. Die Architektur des Sozialwohnungsbauprojekts reagiert mit einer Abfolge verschiedener Hofräume und Schwellenelemente auf seine Stadtrandlage inmitten eines Gewerbegebiets und erleichtert es den Bewohnern dadurch, hier eine gemeinsame Identität zu finden.

Gemeinschaft und Interaktion
Übergangsräume in der Erdgeschosszone entstehen zwischen der Straße und dem Wohngebäude, als Freiräume zwischen den Gebäuden, als gemeinschaftliche Erschließungs- und Nebenraumzonen innerhalb der Wohngebäude, und letztlich auch als private Zonen innerhalb der Wohneinheiten. Beispielsweise haben Bevk Perović Arhitekti bei dem Wohnungsbau in Ljubljana am Übergang zwischen Parkplatzhof und Erschließungshof – in unmittelbarer Nähe zum Fahrradraum – die Briefkästen und eine Sitzbank angeordnet. Als Holzeinbau entsteht eine zum Parkplatz orientierte Nische, die zum kurzen Verweilen einlädt und den Kindern und Jugendlichen der Wohnanlage einen Ort außerhalb des Blickfelds der Erwachsenen bietet.
Ein bewusster Verzicht auf private Außenbereiche und die Bereitstellung von gemeinschaftlichen Freiräumen fördern die Interaktion zwischen den Bewohnern. Eine präzise Gestaltung der Transferräume und Schwellenelemente ist, wie dieses Projekt zeigt, nicht unbedingt mit aufwändigen und teuren Maßnahmen verbunden. So verwendeten die Architekten in den Gebäuden zahlreiche standardisierte Elemente und kostengünstige Materialien, wie etwa einfache Stahlgitterkonstruktionen für die Abstellbereiche der Abfallcontainer oder roh belassene Beton-Laubengänge. Das Entwickeln dieser Lösungen wird dadurch begünstigt, dass es kaum Vorgaben oder Auflagen für die gemeinschaftlich genutzten Außenbereiche gab. Anders als etwa bei den Grundrissen, die den engen Richtlinien des sozialen Wohnungsbaus zu entsprechen hatten, ergaben sich für die Architekten hier große konzeptionelle und gestalterische Spielräume. Letzt-

Sozialer Wohnungsbau »Cesta v Gorice«,
Ljubljana 2007
Architekten: Bevk Perović Arhitekti
1   Parkplatz und Erschließungshof
2   Eingangssituation mit Schwellenelement Abfallcontainer
3   Grundriss Erdgeschoss   M 1:1000
    A Parkplatz, B Erschließungshof, C Wohnhof

Cesta v Gorice public housing project, Ljubljana, 2007, architects: Bevk Perović Arhitekti
1   *Parking area and access courtyard*
2   *Entrance situation with threshold element: refuse containers*
3   *Layout plan of ground floor   scale 1:1,000*
    A Parking area, B Access courtyard, C Housing Courtyard

lich nutzten Bevk Perović Arhitekti diese Chance, um ebenso einfache und wirtschaftliche wie auch sinnliche Architekturlösungen zu realisieren, die sich dank ihrer Robustheit im alltäglichen Gebrauch bewährt haben.

Neben- und Gemeinschaftsräume
Es sind die ohnehin notwendigen Räume im Wohnungsbau (Erschließungsräume, Treppenhäuser, Müllräume, Fahrradabstellplätze, Abstellräume etc.), die für die Ausbildung einer Gemeinschaft unter den Bewohnern eine besondere Rolle spielen. So können die ansonsten oft eher beiläufigen Begegnungen der Bewohner durch bewusste Anordnung und die gezielte gemeinschaftliche Nutzung der Nebenräume nicht nur zum angenehmen Erlebnis werden, sondern auch zur Stärkung des Gemeinschaftsgefühls beitragen.
Bei der Quartiersentwicklung »Kabelwerk« in Wien wurden die Erdgeschosse der Wohngebäude an vielen Lagen im Quartier von Wohnnutzung freigehalten, um die Erschließungsräume großzügiger dimensionieren und die Aufenthaltsqualität erhöhen zu können. Aus einem kooperativen Planungsprozess zwischen den Stadtentwicklungsbehörden und der Architektengruppe Kabelwerk entstand das Planungsinstrument der »Bonuskubatur«.
Im Bebauungsplan wird in diesem Zusammenhang für jedes Baufeld eine Gesamtkubatur des umbauten Raums festgesetzt. Darüber hinaus ist laut Bebauungsplan an stadträumlich wichtigen Stellen eine zusätzliche Kubatur in Höhe von ca. 25 Prozent der Gesamtkubatur zulässig für: »Kubaturen, die sich durch die Errichtung von Erschließungsflächen (Stiegen, Gänge und Verbindungswege), deren Ausmaße (Fläche, Höhe) die – gemäß §106 der BO für Wien – gesetzlich vorgeschriebenen Erfordernisse überschreiten, ergeben.« Das Büro pool Architektur entwickelte innerhalb dieser Vorgaben das Wohngebäude »poolhaus«, eine Art modernes Wohnheim mit kleinen Apartments und einer Vielzahl gemeinschaftlicher Funktionen, die den Bewohnern des gesamten Quartiers zur Verfügung stehen: ein Hobbyraum, eine Sauna, ein Fitnessraum, ein Waschsalon mit Blick über die Dächer Wiens (Abb. 4) sowie ein Swimmingpool mit Dachterrasse.
Die Erschließungsgasse im öffentlich zugänglichen Erdgeschoss weitet sich nach oben auf zu einem hohen, von seitlichen Galerieerschließungen gesäumten Atriumraum (Abb. 5). Über dem Eingang vermittelt ein verglaster zweigeschossiger Gemeinschaftsraum zwischen dem öffentlichen Platz und dem privaten Inneren des Wohngebäudes. Nebenräume wie Fahrradabstellflächen sind in die Erschließungsfläche integriert und profitieren so von deren großzügiger Atmosphäre.

Eingang und Schlüsselgrenze
Als wichtigste Übergangselemente in der Erdgeschosszone stellen Eingänge den Übergang zwischen öffentlicher und interner Erschließung der Wohngebäude her. Der Charakter und die Anordnung der Eingänge sind für die »Adressbildung« und als Identifikationsobjekt für die Bewohner essentiell, außerdem tragen sie wesentlich zur Orientierung im öffentlichen Raum bei.

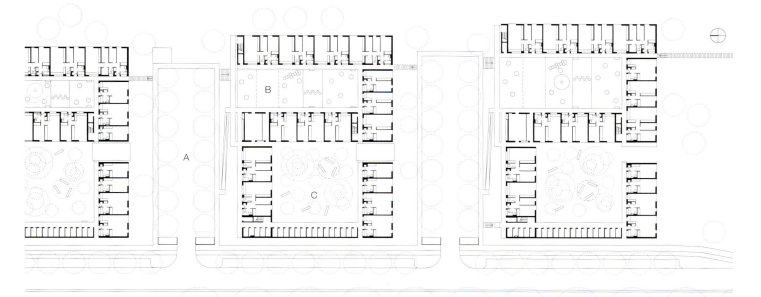

»poolhaus« im Quartier Kabelwerk, Wien 2007
Architekten: pool Architektur
4   Waschsalon mit Blick über die Stadt
5   Erschließungsgasse im öffentlich zugänglichen Erdgeschoss

Wohnanlage »Hegianwandweg«, Zürich 2003
Architekten: EM2N
6   Eingangsbereich mit Briefkastenanlage
7   Lageplan   Maßstab 1:4000
8   halböffentlicher Freiraum

"pool house" in Kabelwerk district, Vienna, 2007,
architects: pool Architektur
4   Launderette with view over city
5   Circulation lane on publicly accessible ground floor

Hegianwandweg housing project in Zurich, 2003,
architects: EM2N
6   Entrance area with letter-box fitting
7   Site plan   scale 1:4000
8   Semi-public open space

Durch die Gestaltung der Eingangssituation und der Schwellenelemente – wie z. B. Tür, Tor, Stufen, Brüstung – entsteht eine Form von Zugehörigkeit und Verbundenheit der Bewohner mit diesen besonderen Orten des Wohnumfelds. Eingänge sind Bewegungs- und Aufenthaltsraum zugleich: Sie sollten über die reine Funktionalität des Ein- und Austretens hinaus Raum zum Verweilen bieten, aber auch einen kurzzeitigen Aufenthalt ermöglichen und zufällige Begegnungen zwischen den Bewohnern erleichtern.

Als echte Grenze zwischen der Bewohnerschaft und den Besuchern oder Passanten entscheidet die »Schlüsselgrenze« darüber, wie weit Außenstehende in ein Wohnprojekt vorgelassen werden.

Beim Projektbeispiel »Hegianwandweg« in Zürich wird der öffentlich zugängliche Bereich von der erschließenden Straße über den Freiraum des Erschließungsplateaus bis in den ersten Entreebereich der freistehenden Wohngebäude fortgeführt (Abb. 7). Ausschlaggebend hierfür ist die Züricher Vorschrift, dass Briefkästen für die Briefträger jederzeit zugänglich anzubringen sind, da diese weder über Hausschlüssel verfügen noch klingeln sollen. Durch die Anordnung der Briefkästen in der verglasten und überdachten Eingangshalle der Wohngebäude schaffen die Architekten des Büros EM2N einen zusätzlichen öffentlich zugänglichen Raum, der den Bewohnern zur Verfügung steht und beispielsweise von Kindern der Nachbarschaft bei Regen genutzt werden kann (Abb. 6).

Für die konkrete Ausbildung der Schlüsselgrenze spielen die Lage in der Stadt und der urbane Charakter des Umfelds eine entscheidende Rolle. Das Wohnprojekt Hegianwandweg liegt am Stadtrand Zürichs an einer ruhigen Wohnstraße in der Nachbarschaft einer Reihenhaussiedlung aus den 1950er-Jahren. Die großzügige und zur Straße hin einladend wirkende semi-öffentliche Freifläche (Abb. 8) und die öffentlich zugänglichen Eingangshallen der Wohngebäude würden in zentraler Innenstadtlage Passanten auch nachts zum Verbleib einladen, was fast zwangsläufig Konflikte mit den Bewohnern zur Folge hätte.

Vielfalt der Nutzungen im Erdgeschoss
Die Vielfalt in der Erdgeschosszone hängt sehr eng mit den Nutzungen in den Erdgeschossen der daran angrenzenden Gebäude zusammen. Es würde jedoch zu kurz greifen und weder der Komplexität der Erdgeschosszone noch den Bedürfnissen einer verdichteten Wohnbebauung gerecht werden, deren Vielfalt rein über die Nutzungen im Erdgeschoss definieren zu wollen. Eine wesentliche Rolle spielen stattdessen sorgfältig geplante Übergänge und Schwellenelemente. Geeignete Distanzierungsmaßnahmen sind vor allem bei einer Wohnnutzung im Erdgeschoss nötig, um dem Bedürfnis der Bewohner nach Privatheit auch dort gerecht zu werden.

In vielen Lagen der Stadt haben die Erdgeschosse von Wohngebäuden das Potenzial, neben dem Wohnen noch weitere Funktionen aufzunehmen. Hierzu bedarf es räumlich-typologischer Lösungen, die das Erdgeschoss für gewerbliche, kulturelle oder auch soziale Nutzungen attraktiv machen und zugleich die Sockelzone zum öffentlichen Raum öffnen.

Erdgeschosse, die Cafés, Restaurants, Läden, Kultureinrichtungen oder auch andere »Gastgeber« aufnehmen, sollten zum öffentlichen Raum offen und einladend wirken. Aktive Nutzungen zu integrieren und dadurch ein aktives Erdgeschoss zu erhalten, war das erklärte Ziel von BARarchitekten bei der Planung des Wohngebäudes in der Berliner Oderbergerstraße. Das Büro entwarf ein schmales Wohngebäude in einer Blockrandbebauung im Quartier Prenzlauer Berg mit einem zur Straße hin erhöhten Erdgeschoss (Abb. 9, 10; S. 48).

Die etwa zwölf Meter breite Erdgeschossfassade nimmt – neben dem Zugang zu den Wohnungen und Studios in den Obergeschossen – ein Café, einen Laden und einen »Experimentierraum« auf. Bei Dunkelheit eröffnet die Glasfassade Einblicke in die im Erdgeschoss und in den darüberliegenden Studioräumen stattfindenden Aktivitäten. Im Sommer wird der rund zehn Meter breite, mit Pflasterbelag versehene Gehweg vom Café als Außenraum genutzt, und auch die Vernissagen des nur ca. 5 m² großen Experimentierraums finden hier statt. Letztlich profitieren die aktiven Nutzungen im Erdgeschoss von der Einbeziehung der Freiräume und der Lage im städtischen Kontext ebenso wie die öffentlichen Räume umgekehrt von der Aktivität der angrenzenden Erdgeschossnutzungen.

Technische Vorrüstungen, großzügige Raumhöhen und Nutzraumreserven können dazu beitragen, flexibel auf potenziell jederzeit mögliche Änderungen im Erdgeschoss zu reagieren, um dadurch eine große soziale und kulturelle Mischung zu gewährleisten. Raumreserven sollte es dabei sowohl in den Erdgeschossen der Gebäude als auch in den angrenzenden Freiräumen geben.

Planungs- und Steuerungsinstrumente
Aufgrund der Vielzahl an Beteiligten mit jeweils unterschiedlichen Hintergründen und Zuständigkeiten sind integrative Planungs-

6

7

Doris Zoller ist Architektin und Stadtplanerin. 2003 hat sie Zoda Architects in München mitgegründet und arbeitete 2003–2010 als wissenschaftliche Assistentin an der TU München, wo sie anschließend ihre Dissertation zum Thema »Schnittstelle Erdgeschoss« abschloss. Sie ist außerdem Autorin des von der Wüstenrot Stiftung herausgegebenen Buchs »Herausforderung Erdgeschoss – Ground Floor Interface«.

Doris Zoller is an architect and urban planner. In 2003, she was a co-founder of Zoda Architects in Munich, and from 2003 to 2010, she worked as a research assistant at the University of Technology, Munich, where she completed her dissertation on the subject of "Interface Ground Floor". She is also the author of the book "Herausforderung Erdgeschoss / Ground Floor Interface" published by the Wüstenrot Foundation.

prozesse besonders gut geeignet, um tragfähige Ziele für die Erdgeschosszone zu definieren und weiterzuentwickeln.

Eine in diesem Zusammenhang beispielhafte Entwicklung zeigt das bereits erwähnte Projekt Kabelwerk in Wien, bei dem die beteiligten Planer von einer städtebaulichen Begleitgruppe der Magistratsabteilung 21B während des gesamten Planungszeitraums beraten wurden. Ergebnis waren verschiedene Festsetzungen, wie etwa eine für jedes Baufeld festgelegte Höhenlinie als Abschluss für die Erdgeschosse, sowie die Festlegung, zu welchen Straßen und Platzräumen keine Wohnaufenthaltsräume angrenzen dürfen. Als Anreiz zur Schaffung größerer, hochwertiger und gemeinschaftlich genutzter Erschließungsräume diente die »Bonuskubatur«.

Instrumentarien, die in der Erdgeschosszone zum Einsatz kommen, lassen sich grundsätzlich in Festsetzungen und Anreize unterscheiden. Festsetzungen sind planungsrechtliche Definitionen, die im Bebauungsplan und vor allem in dessen textlichen Festlegungen formuliert sind – z. B. zur Parzellengröße, zur Höhe der Erdgeschosse, zu den Gebäudevorzonen oder zu Einfriedungen.

Eine Kopenhagener Planung des innerstädtischen Carlsberg-Areals geht noch ein gutes Stück weiter und klassifiziert innerhalb des Quartiers unterschiedliche Straßenräume und Plätze in Verbindung mit den Gebäudevorzonen, Fassadentypologien und Erdgeschossnutzungen. Diese Vorgaben werden den Planungsbeteiligten in Form von Plänen, Detailskizzen und exemplarischen Anwendungsbeispielen zur Verfügung gestellt (Abb. 11, 12) und im Planungsprozess diskutiert. Die Kopenhagener Stadtarchitektin Tina Saaby verfolgt dabei eine klare Fragestellung: »Wie können Übergangszonen mehr Nutzungsmöglichkeiten für alle schaffen und gleichzeitig dazu beitragen, dass sich mehr Menschen zu Fuß durch die Stadt bewegen und sich länger draußen aufhalten?«

Ein Steuerungsinstrument, das sich am Beispiel der Tübinger Südstadtentwicklung, aber auch an der aktuellen Entwicklung der »Alten Weberei« in Tübingen zeigt, ist die Optionsvergabe. Die im Rahmen eines Ausschreibungsverfahren geregelte Vergabe einer Parzelle an potenziell Bauwillige ist hier an bestimmte soziale Aspekte geknüpft. Hierzu zählen z. B. die Integration von sozialen oder kulturellen Einrichtungen oder die Bereitstellung von Mietwohnungen. Über die Optionsvergabe kann auch eine möglichst kleinteilige Parzellierung gesteuert werden, um so eine hohe Vielfalt von Trägern (Eigentumswohnungen, Baugemeinschaften, städtische Wohnungsunternehmen, Genossenschaften etc.) zu erreichen.

Bei der Planung des Projekts Alte Weberei kommt auch das Instrument der Quersubventionierung zum Einsatz. Gewerbliche Nutzungen im Erdgeschoss werden dabei einerseits über die Ausdifferenzierung der Grundstückspreise innerhalb des Quartiers quersubventioniert, d. h. ein Wohngebäude an einer sehr öffentlichen Lage mit einer gewerblichen oder sozialen Nutzung im Erdgeschoss erhält einen niedrigeren Grundstückspreis als ein Wohngebäude mit einer ruhigen Wohnlage im Erdgeschoss. Auch innerhalb der Gebäude können Quersubventionierungen stattfinden. So steigen die Preise der Wohnungen vom Erdgeschoss zum Dachgeschoss kontinuierlich an, sodass die oberen Geschosse im Prinzip das Erdgeschoss mitfinanzieren. Dies entspricht auch ungefähr der Preisentwicklung beim Wiederverkauf.

Fazit

Grundsätzlich bestehen viele Möglichkeiten, auf die Ausformulierung der Erdgeschosszone Einfluss zu nehmen. Ganz gleich, ob politische Planungs- und Steuerungsinstrumente umgesetzt werden, oder ob Architekten eigene Übergangselemente entwickeln – eine sorgfältige Gestaltung der Erdgeschosszone ist entscheidend, wenn es darum geht, mehr soziale Interaktionen, mehr sQualität zu schaffen.
DETAIL 9/2015

8

Wohngebäude Oderbergerstraße, Berlin 2009
Architekten: BARarchitekten
9   Straßenfassade mit Café, Laden, Experimentierraum und Studios
10 Grundriss Erdgeschoss   Maßstab 1:500

Städtebauliche Planung für das Carlsberg-Areal in Kopenhagen, seit 2006
11 Fassaden
12 Übergangszonen

Oderbergerstraße housing development, Berlin, 2009, architects: BARarchitekten
9   Street face with cafe, shop, "experimental space" and studios
10 Ground floor plan   scale 1:500

Urban planning for the Carlsberg site in Copenhagen, since 2006
11 Facades
12 Transitional zones

9

The ground floor is not only the lowest visible level of a building. It embraces those areas where public and private, external and internal intersect. Because of its situation at this point, the ground floor plays a special role: it is perceived "at eye level", so to speak.

Changes in urban development as well as in the economic situation and attitudes towards civic space are responsible for the fact that the ground-floor zone in housing of higher density has been neglected in recent decades both in the field of urban planning and housing development.

"Urban production" has changed fundamentally. Small-scale structures with numerous property owners are giving way more and more to larger functional units such as housing or office complexes erected by specialised housing organizations, developers, etc.

A structural shift can be recognised in inner-city retailing, too, where large-area supermarkets and centres are concentrated at key nodes, such as stations, and are coming to replace individual local shops. Online trading is a further change. As a result of all this, ground-floor locations are losing their economic importance.

On an urban level, one can see that mixed uses are occurring less frequently, while ground-floor locations, even in disadvantaged positions, such as next to roads, are increasingly used for housing. The growing need for housing space in conurbations, together with rising land prices, is resulting in an ever greater density and a maximum exploitation of building areas. These developments, which are evident throughout Europe, call for greater quality in ground-floor usage and for a space that supports social interaction between street and dwelling as well as between residents. The transition between public access and private living realm is usually in the form of a spatial progression. In the "Non-Profit Apartments Cesta v Gorice" by Bevk Perović Architects in Ljubljana, for example, this transition is effected by means of a sequence of courtyards of different character. From the street, one comes to a space that functions both as a parking area and a separation from the group of courtyards parallel to the road (Fig. 2).

The two-storey building groups are raised by roughly a metre upon a grassed bank. The difference in level is overcome by flat ramps and a staircase (Fig. 1). The threshold elements – refuse containers, earth bank, ramps, stairs and access gallery – mark the transitions from one spatial section to the next. Transitional spaces in the ground-floor zone exist between the street and the housing as open areas between the individual buildings, as communal access and ancillary spaces within the housing blocks and as private realms within the dwellings. In the project in Ljubljana, for example, Bevk Perović have placed the letter boxes and a sitting bench between the parking area and the access courtyard – immediately next to the cycle space. A wooden element has been inserted in a recess next to the parking area that invites residents to sit awhile and that offers young people a location removed from the view of adults. A deliberate provision of communal open spaces instead of private outdoor areas stimulates interaction between residents. Precisely designed transitional zones and threshold units do not have to be expensive, as this project shows.

The architects employed numerous standardised elements and economic materials, such as steel gratings for the areas around the refuse containers and untreated concrete surfaces for the pergolas. Unlike the design for the layout plans, which was subject to the tight regulations of housing, there were hardly any constraints for the communally used areas, and this allowed the architects a much freer hand.

The spaces that are necessary for housing anyway (circulation and staircase areas, refuse rooms, bicycle parking facilities, etc.) play a vital role in the creation of a community. Spontaneous encounters between residents brought about by the deliberate arrangement of such facilities can help to strengthen the sense of belonging together. In the development of the Kabelwerk district in Vienna, the ground-floor areas of the housing structures were kept free of dwellings at many points in order to create circulation spaces with more generous dimensions and to improve the residential qualities. This "bonus volume" was the outcome of a cooperative planning process between the architects and the city authorities responsible for the development.

In the development plan, an overall cubic capacity was designated for each section of the construction. Within these guidelines, the pool architecture office created what they called "pool house", a modern form of housing with small flats and many communal functions that are accessible to the residents of the entire neighbourhood – a hobby room, a sauna, a fitness space, a launderette with a view over the rooftops of Vienna (Fig. 4) and a swimming pool with a roof terrace.

The publicly accessible circulation route beginning on the ground floor broadens as it rises to become a tall atrium with gallery access from the side (Fig. 5). A two-storey glazed communal space over the entrance mediates between the public square and the private interior of the housing block. Ancillary spaces like cycle stores have been integrated in the circulation area and profit from the generous atmosphere.

Forming the most important transitional elements on the ground floor zone of the housing

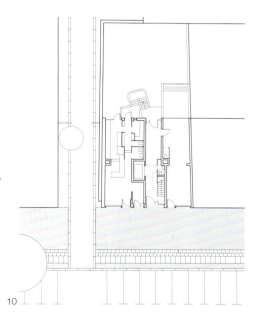
10

- aktive Fassaden / *active facades*
- offene Fassaden / *open facades*
- moderate Fassaden / *moderate facades*
- breite, private Übergangszone, außerhalb des Grundstücks / *broad, private threshold zone off site*
- breite, private Übergangszone, nur 50% der Fassade außerhalb des Grundstücks / *broad, private threshold zone, only 50% of facade off site*
- schmale, private Übergangszone, innerhalb des Grundstücks / *narrow, private threshold zone on building site*
- schmale, private Übergangszone, außerhalb des Grundstücks / *narrow, private threshold zone off site*
- temporäre Übergangszone, öffentlicher Bereich, zur temporären Nutzung / *temporary threshold zone; public area for temporary use*

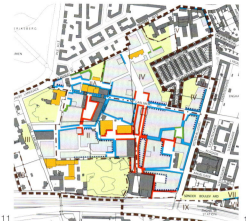
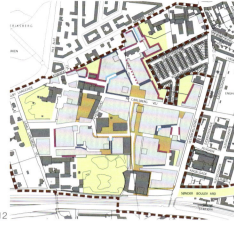

11 12

blocks between the public and internal circulation area are the entrances. Their character and arrangement are essential for residents as addresses and objects of identification. In addition, they are a major means of orientation in the public realm. Through the design of the entrance situation and the threshold elements, such as door, gate, steps and balustrade, a sense of unity is created among the residents at these special locations.

In the Hegianwandweg project in Zurich, the publicly accessible area is continued beyond the street to the open access plateau in the first entrance zone of the free-standing housing block. One reason for this was the Zurich bylaw that requires letter boxes to be accessible to postmen without the need to ring a bell or to possess a key. The architects, EM2N, placed the letter boxes in the glazed, covered entrance halls of the blocks, creating at the same time an additional space accessible to the public, which neighbours and children can use when it is raining outside (Fig. 6).

In determining the actual point where a key is necessary for further access, the location of a scheme in the city and the urban character of the environment play a crucial role. The Hegianwandweg project is situated on the periphery of Zurich in a quiet residential street. The ample and inviting semi-public open space and the publicly accessible entrance halls to the dwellings would lead to conflicts in a central urban situation (Fig. 8).

The diversity of the ground-floor zone is dependent to a great extent on the functions located on this level in adjoining buildings, although it would be short-sighted to want to define it entirely in this way. A major role is also played by carefully planned transitions and threshold elements. Adequate distancing measures are necessary, for example, where a residential usage is also located on the ground floor to ensure a minimum degree of privacy. In many urban situations, this level has the potential for accommodating other functions. In such cases, spatial-typological solutions should be foreseen that make the ground floor attractive for commercial, cultural and even social uses and that open the plinth zone to the public realm. Ground-floor areas that contain cafes, restaurants, shops, cultural or other "host" facilities should open themselves to the public domain and be inviting. That was the aim of BARarchitects in the housing project they planned in Oderbergerstraße, Berlin – a narrow block with a raised ground floor to the street (Fig. 9).

As well as allowing access to the dwellings and studios on the upper floors, the approximately 12-metre-wide facade accommodates a coffee house, a shop and an "experimental space". At night, the glazed facade affords views into the street-level spaces and the activities going on in the studios above. In summer, the roughly 10-metre-wide paved pedestrian route leading from the cafe is used as an external realm, and art exhibitions extend out here from the experimental space, which is only about five square metres in size. Technical installations, ample room heights and other spatial reserves can help to make ground floor situations and the adjoining open spaces more flexible, so that a greater social and cultural variation is possible. For that reason, spatial reserves should be foreseen at ground floor level and in the adjoining open areas.

Integrative planning processes are particularly suited to achieving viable goals for ground-floor situations. The Kabelwerk project in Vienna mentioned previously (Figs. 4, 5) is a good example of this. Throughout the entire planning period, the architects were accompanied by the municipal department 21B in an advisory capacity. Various decisions were formulated, such as defining the upper line of the ground floor for each section of the development, and to which streets and spaces no dwelling areas should be oriented. As an incentive to create larger circulation spaces of higher quality and that would be used in a communal manner, the "bonus volume" concept was applied. A planning project for the Carlsberg district in the inner-city of Copenhagen goes even further. Here, different streets and other urban spaces within the area were classified in terms of the zones in front of the buildings, facade typologies and ground-floor uses. This information was made available to the teams involved in the design in the form of plans, detail sketches and examples of possible applications (Figs. 11, 12), which were discussed in the course of developing the scheme. The Copenhagen municipal architect Tina Saaby was concerned with a clear set of issues: "How can transitional zones create greater scope for use for everyone working in the area and at the same time encourage more people to move about the city on foot and spend more time outdoors?" One control mechanism applied in two developments in Tübingen – in the southern part of the city and in a current scheme, the Alte Weberei – is the granting of options. In the context of a tendering process, allocating a plot of land to potential building clients is linked to certain social aspects. These include the integration of social or cultural facilities, or the creation of rentable dwellings. The system of granting options permits the control of relatively small areas of land, thereby facilitating a great variety of clients (owner-occupied dwellings, joint building ventures, civic housing associations, cooperatives, etc.).

In planning the Alte Weberei project, the instrument of cross-subsidisation was applied. In this way, ground-floor commercial uses are cross-subsidised by means of a differentiation of the land prices within the district. In other words, the site for a housing block in a prominent position with a social or commercial function on the ground floor would have a lower price than a housing development with a peaceful ground-floor use. The idea of cross-subsidisation can also be applied within a building: the prices of dwellings would increase continuously upwards from the ground floor to the roof storey, so that the upper levels would, in principle, help to finance the ground floor. That roughly reflects the price scale in the case of a resale.

Many possibilities exist for influencing the concept of the ground floor. Regardless whether political planning and control instruments are implemented or whether architects develop their own transitional elements, it is extremely important to ensure a well-considered design of the ground-floor zone if one wishes to achieve more social interaction, a greater sense of well-being and a higher quality of urban space.

Genossenschaftliches Wohnquartier in Zürich

Cooperative Housing in Zurich

Jakob Schoof

Zwischen modernen Bürotürmen, Nachkriegs-Wohnbauten und einer Müllverbrennungsanlage ist im Nordosten Zürichs die bislang größte genossenschaftliche Wohnanlage der Stadt entstanden. Als Bauherr fungiert ein Zusammenschluss von über 50 Züricher Genossenschaften, der sich 2007 unter dem Namen »mehr als wohnen« konstituiert hat. Sein Ziel: an der Peripherie der Stadt nicht einfach eine weitere Wohnsiedlung zu errichten, sondern ein vollwertiges, gemischt genutztes Stadtquartier für 1300 Menschen.

Die Grundlage der Quartiersplanung bildet ein Städtebau- und Architekturwettbewerb, den die beiden Büros Futurafrosch und Duplex mit einer typologischen Neuentwicklung gewannen. 13 große, bis zu 32 m tiefe Einzelhäuser umgeben L-förmig ein großes Rasengrundstück, auf dem sich das 2009 fertiggestellte Schulhaus Leutschenbach von Christian Kerez erhebt.

Die 13 »dicken Typen«, wie sie Anne Kaestle von Duplex Architekten nennt, sind zugleich Punkt und Block. Zwischen ihnen ist eine spannungsreiche Abfolge von Straßen, Gassen und Plätzen entstanden, die zumindest im Quartierszentrum durchaus städtischen Charakter besitzt. An den Rändern hingegen kann das Neubauquartier seinen Siedlungscharakter nicht ganz verbergen. Die Entwürfe für die 13 Einzelhäuser stammen von fünf Architekturbüros – den Wettbewerbssiegern sowie drei weiteren, die im Vorderfeld platziert waren.

Gebäudetiefe als Herausforderung

Gemeinsam erarbeiteten die Architekten ein gestalterisches Regelwerk, das grobe Vorgaben für die Fassadengliederung machte, aber auch die Nutzungsverteilung im Erdgeschoss festlegte (Läden an den Hauptstraßen und Plätzen, Wohnungen lediglich an den Seitenstraßen) und die Gestaltung der Baukörper: Sie müssen die vorgesehenen Baufenster im Erdgeschoss komplett ausfüllen. Erst darüber waren Einschnitte und Rücksprünge erlaubt, aber keine Innenhöfe. Auf diese Weise sahen sich die Entwerfer mit der Aufgabe konfrontiert, die enorme Gebäudetiefe sinnvoll zu nutzen. In vielen Häusern sind großzügige, von oben belichtete Treppenhallen entstanden. Andere wiederum werden durch Rücksprünge gegliedert. Im Haus G, einem kubischen Betonmonolithen von pool Architekten am zentralen Quartiersplatz, sind die teils zweigeschossigen Wohnräume L-förmig ineinandergeschachtelt (Abb. 16, 19). Die zusätzliche Raumhöhe soll Tageslicht in die

Tiefe des Gebäudes bringen.
Auch auf Dachterrassen sollten die Architekten verzichten, um den »Druck auf das Erdgeschoss« (Anne Kaestle) zu erhöhen. Tatsächlich ist zumindest im Zentrum des Areals so etwas wie städtisches Leben entstanden. Das liegt auch daran, dass die Genossenschaft viel Mühen in die Vermietung der rund 7000 m² Gewerbeflächen in den Erdgeschossen gesteckt hat. Neben Bäcker, Bioladen, Friseur und Geschäftsstelle der Genossenschaft gibt es im Quartier ein Restaurant, ein Gästehaus mit 20 Zimmern und eine städtische Kita. Hinzu kommen Werkstätten, Tonstudios und mehrere »Allmendräume«, die Bewohnergruppen zur Verfügung stehen.

Überdurchschnittlich große Wohnungen
Beim Wohnungsangebot suchte die Genossenschaft einen Kompromiss zwischen experimenteller Vielfalt und Risikominimierung. Insgesamt 370 Wohnungen mit 160 unterschiedlichen Grundrissen sind auf dem Areal entstanden; allesamt zur Miete. Ein knappes Fünftel sind von der Stadt subventionierte Sozialwohnungen. Weitere 10 % wurden gemeinnützigen Stiftungen zur Verfügung gestellt, die sie zum Beispiel an Migranten und Studenten vermieten.
Obwohl ihre Größen von 1,5 bis 12,5 Zimmer reichen, haben mehr als 55 % aller Wohnungen eine klassische »Familiengröße« zwischen 3 und 4,5 Zimmern. Fast folgerichtig ist die Bewohnerschaft des Quartiers jünger und kinderreicher als der Züricher Durchschnitt. Nur wenige Bewohner sind über 60 Jahre alt. Die Mieten liegen rund 30 bis 50 % unter dem Züricher Durchschnitt für Neuvermietungen.

Neuland betrat die Genossenschaft vor allem mit experimentellen Wohnformen im Überformat. Dazu zählen neun Maisonette-WGs sowie 14 Cluster- oder Satellitenwohnungen, von denen allein elf im Haus A von Duplex Architekten zu finden sind (Abb. 9, 13). Darin umgeben kleine, private Minimalwohneinheiten mit 1–2 Zimmern, Bad und Teeküche einen großzügigen Gemeinschaftsbereich.
Bei der Erstvermietung war das Interesse an solchen Sonderlösungen jedoch relativ gering: Während insbesondere die kleinen Appartements auf dem Areal vielfach überbucht waren, gab es hier oft gerade einmal eine Bewerbergruppe für jede Wohnung.

Konstruktive Experimente gewünscht
Obwohl das komplette Quartier letztlich von einem Totalunternehmer realisiert wurde,

1 Energiekonzept (Wärme und Kälte)
2 Gesamtansicht von Südwesten
3 Haus E (Müller Sigrist Architekten)
4 Häuser D + E (Müller Sigrist Architekten)
5 Haus J (pool Architekten)
6 Lageplan mit Grundriss Erdgeschoss Maßstab 1:2500

1 Energy concept (heating, cooling and hot water)
2 Overall view from the southwest
3 House E (Müller Sigrist Architekten)
4 Houses D + E (Müller Sigrist Architekten)
5 House J (pool Architekten)
6 Layout plan of ground floor Scale 1:2,500

7

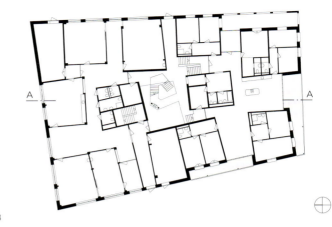
8

waren konstruktive Experimente vom Bauherrn explizit gewünscht. Neben einigen konventionellen Massivbauten mit Wärmedämmverbundsystem umfasst das Hunziker-Areal zwei Holzbauten sowie die größten in der Schweiz bislang errichteten Gebäude aus Dämmbeton (Haus G von pool Architekten) sowie aus einschaligem Ziegelmauerwerk mit Dämmstofffüllung (beide von Duplex Architekten). Bemühungen um eine Standardisierung beschränkten sich weitgehend auf den Innenausbau.

Eine städtebauliche, gestalterische und konstruktive Sonderstellung auf dem Areal nimmt das zentrale Haus G ein. Seine Fassaden sind zwischen 44 und 80 cm stark, wobei die größten Wanddicken dort auftreten, wo die zweigeschossigen Verglasungen in loggienartige Einschnitte zurückversetzt sind.

Verwendet wurden zwei unterschiedliche Betonmischungen mit Schaumglaszuschlag: eine tragfähigere (LC 12/13) mit höheren Wandstärken für die unteren drei Geschosse und eine leichtere und besser dämmende (LC 8/9) für den Rest des Hauses. Um Schwindrissen vorzubeugen, ist der Beton mit der doppelten Menge an Stahlbewehrung (195 statt 100 kg/m³) versehen wie üblich. Aus konstruktiver Sicht verkörpert das Haus eine Gratwanderung zwischen Dämmwirkung (für die größere Wandstärken günstig sind) und Gewichtsreduktion, um die Auflast auf die Erdgeschosswände zu verringern. Noch höhere Gebäude dürften in Dämmbeton schwerlich zu realisieren sein: Um die Lasten zu tragen, müssten die Außenwände so dick werden, dass die Wirtschaftlichkeit kaum noch gegeben wäre.

Besser gemeinsam: das Energiekonzept
Das Hunziker-Areal profitiert vom sogenannten Arealbonus der Stadt Zürich, der den Bauherrn größerer Neubauquartiere eine höhere bauliche Dichte zugesteht, wenn sie sich zur Einhaltung des Standards Minergie-P-ECO verpflichten. Neben einem Effizienzniveau, das annähernd Passivhausqualität entspricht, waren somit Vorgaben an die ökologische Baustoffwahl, einen erhöhten Schallschutz und ein gesundes Innenraumklima zu erfüllen. Offiziell zertifiziert wurden die Gebäude nicht, der Totalunternehmer musste sich jedoch zur Einhaltung der Kriterien verpflichten.

Bei der energetischen Bilanzierung beschritt die Genossenschaft einen Sonderweg: Statt mit jedem einzelnen Gebäude den Grenzwert von 30 kWh/m²a für Heizung und Warmwasser einzuhalten, gilt dieser für den Quartiersdurchschnitt. Energetisch bessere Gebäude »ziehen« somit ihre etwas schwächeren Nachbarn mit. Ohnedies boten die sehr kompakten Baukörper beste Voraussetzungen für einen niedrigen Heizwärmebedarf und einen geringen Gehalt an grauer Energie. Positiv wirkt sich hier auch die Tatsache aus, dass nur ein Teil der Häuser unterkellert ist. Im Gegenzug stehen den Bewohnern Abstellräume in den oberen Geschossen zur Verfügung. Weil sich der Bauherr eine möglichst schlanke technische Ausstattung wünschte, haben nur vier der 13 Häuser eine Lüftung mit Wärmerückgewinnung; der Rest ist mit einfachen Abluftanlagen versehen.

Für die Energieversorgung haben die Genossenschaft und das stadteigene Energieunternehmen ewz ein 30-jähriges Energiecontracting vereinbart. Die Wärme für die Häuser stammt aus einem Rechenzentrum der Stadt Zürich auf dem östlich angrenzen-

9

10

11

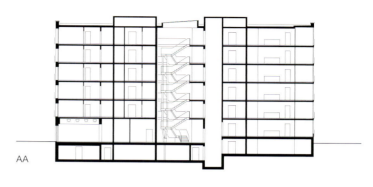

12

den Gewerbegrundstück. Zwei Ammoniak-Wärmepumpen (1365 und 496 kW Leistung) im Keller des Gebäudes nutzen die Serverabluft, um Wärme auf zwei Temperaturniveaus zur Verfügung zu stellen: 42 °C für die Niedertemperaturheizungen in den Wohnungen sowie mindestens 58 °C für das Warmwasser. Fallen die Wärmepumpen einmal aus, dient ein Fernwärmeanschluss als Back-up-Lösung. Rund ein Drittel des Stroms für die Häuser liefert eine von ewz installierte, 3000 m² große Photovoltaikanlage mit 540 kW$_p$ Leistung auf den Gebäudedächern. Die Planer schätzen, dass 80 % des Stroms direkt in den Gebäuden verbraucht werden und nur 20 % ins öffentliche Netz eingespeist werden müssen. Doch das Nachhaltigkeitskonzept von »mehr als wohnen« beschränkt sich nicht nur auf den Faktor Energie: Wer einziehen wollte, musste sich zum Autoverzicht bereit erklären. Die Tiefgarage des Areals umfasst nur 106 Stellplätze sowie etwa 60 Besucherparkplätze. Außerdem galt für die Wohnungen eine Belegungsvorschrift, derzufolge die Zimmerdie Personenzahl maximal um 1 übersteigen durfte. Auf diese Weise sollten die Bewohner im Schnitt nur 35 m² Wohnfläche beanspruchen. In der Realität dürften es ein paar mehr sein, weil etwa bei den Satellitenwohnungen teils von der Belegungsvorschrift abgewichen wird. DETAIL green 2/2016

7–9 Haus A
7 Grundriss Regelgeschoss
8 Grundriss EG
   Maßstab 1:600
9 Gemeinschaftsbereich mit Küche
10 Treppenhaus
11 Wohnungsgrößen im Quartier
12 Haus A: Querschnitt
   Maßstab 1:600
13 Nordwestansicht vom zentralen Quartiersplatz

7–9 House A
7 Standard floor plan
8 Ground floor plan
   Scale 1:600
9 Common area with kitchen
10 Stairwell
11 Overview of apartment sizes
12 House A: Section
   Scale 1:600
13 Northwest elevation from the central square

Bauherr / Client:
Baugenossenschaft / Cooperative building association »mehr als wohnen«, Zürich / Zurich
Städtebau / Urban planning:
ARGE Futurafrosch / Duplex Architekten, Zürich / Zurich
Architekten / Architects:
Futurafrosch, Duplex Architekten, Müller Sigrist Architekten, pool Architekten, Architekturbüro Miroslav Šik, Zürich / Zurich
Landschaftsarchitekten / Landscape architects:
Müller Illien Landschaftsarchitekten, Zürich / Zurich
Totalunternehmer / General contractor:
Steiner AG, Zürich / Zurich
Grundstücksfläche / Plot area:
40 200 m²
Anzahl Wohnungen / Number of apartments:
370 (16 – 400 m²)
Gesamtkosten / Total costs:
185 Mio. CHF
(3830 CHF/m² HNF)
Geschossfläche (SIA 416) / Total floor area:
77 500 m²
Wohnfläche / Living area:
41 000 m²

Haus A / House A
Raumprogramm / Mix of uses:
11 Clusterwohnungen (6× 10,5 + 5× 12,5 Zimmer), Behindertenwerkstatt, Galerie /
11 cluster dwellings (6× 10.5 + 5× 12.5 rooms), workshop for handicapped people; art gallery
Volumen / Gross volume:
22 288 m³
Geschossfläche / Floor area:
6883 m²
Wohnfläche / Living area:
3937 m²
Nutzfläche Sonstige / Useful area (other uses):
415 m²
Minergie-Kennzahl (Heizung, Warmwasser, Lüftung) /
Energy demand for heating, hot water + ventilation:
22,3 kWh/m²a

13

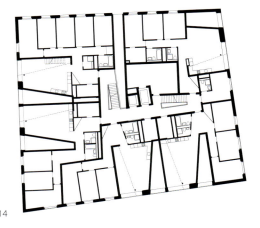
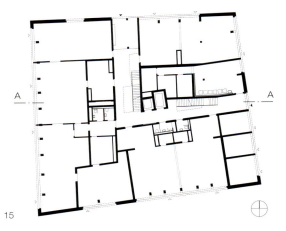

14 Haus G: Grundriss 3. Obergeschoss
15 Grundriss Erdgeschoss Maßstab 1:600
16 Zweigeschossiger Wohnbereich mit Küche
17 Querschnitt
18 4,5-Zimmer-Wohnung (Modellfoto)
19 Ansicht von Süden. Im Bereich der L-förmig eingeschnittenen Loggien sind die Außenwände aus Dämmbeton bis zu 80 cm stark.

In the north-east of Zurich, between modern office towers, post-war housing blocks and a waste incinerator, the largest cooperative housing development in the city to-date has been created. A group of over fifty Zurich cooperatives, set up in 2007 under the title 'More than Living', joined together to act as a unified client body for the project. Their aim was to establish a high-quality, mixed-use district for 1,300 people.

The master plan originated in an architectural competition which was won by two architectural firms, Futurafrosch and Duplex, with their innovative typological proposals. Thirteen large – up to 32 meters deep – residential blocks are spread over a large L-shaped site, located adjacent to the Leutschenbach school by Christian Kerez, completed in 2009. The designs for the thirteen blocks come from five different architectural firms; the competition winners along with three other award winners in the competition.

The greatest challenge for the architects was how to organise the great depth of the building in the most effective manner. Many blocks were planned with generous top-lit stairwells, while elsewhere they were organised around large recessed areas. In building G, a monolithic concrete cube by pool architects in the centre of the site, the partially double-height living rooms are interlocked in an L-shape (Figs. 16, 19). The additional room height draws daylight deep into the apartments.

In total 370 apartments with 160 different floor plan layouts have been created across the site; all are rental units. Even though their sizes vary from 1.5 to 12.5 rooms, more than 55% of the apartments have a suitable layout for a typical family, between 3 and 4.5 rooms. Consequently, the population of the district is generally younger and has larger families than the average in Zurich, with only a small number of tenants over 60 years of age. The cooperative were pioneering with their experimentation with these oversized residential building types. These included nine shared maisonette units, as well as fourteen 'cluster' or 'satellite' apartments, eleven of which are located in Building A, designed by Duplex architects (Figs. 9, 13). In these apartments a large, generous shared area is surrounded by small, private living units with one or two rooms each.

Experimental construction desired
Even though the entire district was eventually built by a single general contractor, the client explicitly wished that experimental construction methods be used. Next to some conventional solid masonry buildings with composite thermal insulation systems, the Hunziker site is also home to two timber buildings, as well as the largest building to be constructed using insulated concrete to date in Switzerland (Building G by pool architects), and a single-skin masonry building with insulation filling (by Duplex architects).

The central Building G holds a unique position in terms of its urban planning, aesthetics and construction. Its facades are between 44- and 80-cm-thick. The greatest wall thickness occurs at the double-height, glazed loggia style facade cutouts. In order to avoid shrinkage cracks, the concrete contains double the amount of steel reinforcement (195 instead of 100 kg/m³) that is usually required.

Better off together: the energy concept
Under the terms of the municipal regulations the cooperative had to achieve the energy standard Minergie-P-ECO. However, rather than each individual building being restricted to a maximum limit of 30 kWh/m²a for heat and warm water, this is an average value which applies to the entire district as a whole. Thus, the most energy-efficient buildings can compensate for their slightly lower performing neighbours. The extremely compact building forms are ideal for a low heating requirement and low embodied energy content. In order to

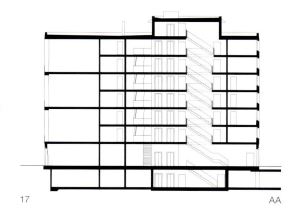
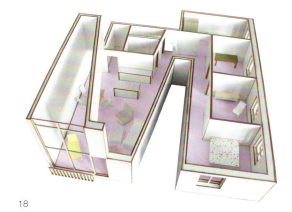

14 House G: Third floor plan
15 Ground floor plan
   Scale 1:600
16 Double-storey living area with kitchen
17 Section
18 4.5-room unit (model photograph)
19 South elevation. The concrete walls are up to 80 cm thick around the L-shaped recessed loggias.

keep the construction as simple as possible, only four of the thirteen buildings have ventilation with heat recovery, and the rest have simple exhaust-air systems.

The heat source for the buildings is provided by a municipal computer centre on the adjoining business park to the east. Heat pumps in the building basements utilise extract air from the computer servers to generate heat and warm water for the residential estate, while a connection to the district heat system provides an emergency back up solution. Around a third of the electrical requirement is provided by a 3,000-m² photovoltaic installation spread across the buildings' flat roofs.

The sustainability concept is, of course, not only limited to energy supply: Prospective tenants have to be prepared to sign an agreement to forgo the use of a car. The basement carpark only has 106 parking spaces, and there are about 60 visitor parking spaces at ground level. In addition, an occupancy rule for the apartments states that the number of rooms may only be greater than the number of occupants by one. In this way the occupants only have an average living area of 35 m² each, which is significantly less than the Zurich average, where the current living area requirement per occupant is nearly 50 m².

Haus G / House G

Raumprogramm / Mix of uses:
27 Wohnungen (3× 12,5 + 2× 6,5 + 16× 4,5 Zimmer), 3 Zusatzzimmer mit Bad, 3 Arbeitszimmer, Geigenbauatelier, Tonstudio, Musikübungsraum, Ausstellungsraum, Mobilitätsstation, 4 Allmendräume / 27 dwellings (3× 12.5 + 2× 6.5 + 16× 4.5 rooms), 3 guest rooms, 3 studies, violin maker's workshop, recording studio, music room, exhibition space, mobility station, 4 common rooms
Volumen / Gross volume:
24 196 m³

Geschossfläche / Floor area:
7519 m²
Wohnfläche / Living area:
3869 m²
Nutzfläche Sonstige / Useful area (other uses):
742 m²
Minergie-Kennzahl (Heizung, Warmwasser, Lüftung) / Energy demand for heating, hot water + ventilation:
33,6 kWh/m²a
U-Werte / U-values:
Außenwand / External wall: 0,56 W/m²K (44 cm), 0,59 W/m²K (49 cm), 0,38 W/m²K (80 cm)
Dach / Roof: 0,19 W/m²K

Haus A
Schnitt Dach / Fassade
Maßstab 1:20

a Begrünung extensiv 100 mm
   Wasserspeicher- und Drainageschicht 20 mm
   Schutzvlies 10 mm
   Abdichtung EPDM
   Wärmedämmung Mineralwolle 240 mm
   Dampfbremse
   Decke Stahlbeton im Gefälle ≥ 200 mm
b Balkontür:
   Rahmen Holz / Aluminium
   Dreifachverglasung
c Faltladen Aluminium 2 × 2-flüglig,
   Unterkonstruktion Aluminiumprofil
   ⌷ 45/30/2
d Balkonelement Weißbeton Fertigteil 130 mm, Oberseite im Gefälle
e Außenwand:
   Kalkzement-Waschputz 10 mm (Oberputz)
   Netzarmierung 5 mm
   Kalkzement-Leichtputz 25 mm (Grundputz)
   Mauerwerk Ziegel mit Dämmstofffüllung Perlit 490 mm;
   λ = 0,08 W/mK (EG – 2. OG) / 0,07 W/mK (3. – 6.OG)
   Innenputz 10 mm
f Bodenbelag Parkett (Individualbereiche) / Hartbeton (Gemeinschaftsbereiche / Treppenhaus)
   Estrich Zement mit Fußbodenheizung 80 mm
   PE-Folie 0,2 mm
   Trittschalldämmung 20 mm
   Decke Stahlbeton 200 mm
g Vorhangbrett
h Kalkzement-Glattputz 5 mm (Oberputz)
   Kalkzement-Leichtputz 25 mm (Grundputz)
   Sturzelement:
   Ziegelschale 50 mm
   Stahlbeton 150 mm
   Wärmedämmung XPS 90 mm
   Stahlbetonsturz 420 mm
   Innenputz 10 mm
i Fenstertür Aluminium pulverbeschichtet
   Dreifach-Isolierverglasung

Building A
Section roof / facade
Scale 1:20

a 100 mm extensive green roof
   20 mm water reservoir and drainage layer
   10 mm protective fleece
   EPDM waterproof membrane
   240 mm mineral wool insulation
   Vapour check
   ≥ 200 mm reinforced concrete roof slab laid to falls
b Balcony door:
   Timber / aluminium frame
   Triple insulated glazing
c Aluminium folding shutters
   2 × 2-leaf, aluminium profile substructure
   ⌷ 45/30/2
d 130 mm precast white concrete balcony, surface laid to falls
e 10 mm lime cement plaster skim (finish coat)
   5 mm mesh reinforcement
   25 mm lime cement lightweight plaster (base coat)
   490 mm brickwork masonry with perlite insulation filling;
   λ = 0,08 W/mK (ground – 2nd floor) / 0,07 W/mK (3rd – 6th floor)
   10 mm internal plaster
f Parquet flooring (private areas) / hard concrete (communal areas / stairwell)
   80 mm cement screed with underfloor heating
   0.2 mm PE film
   20 mm footfall sound absorption
   200 mm reinforced concrete slab
g Timber board with curtain track
h 5 mm smooth lime cement plaster (finish coat)
   Lime cement lightweight plaster 25 mm (base coat)
   Lintel:
   50 mm brick cladding
   150 mm reinforced concrete
   90 mm XPS insulation
   420 mm reinforced-concrete lintel
   10 mm internal plaster
i Glazed door, powder-coated aluminium frame
   Insulated triple glazing

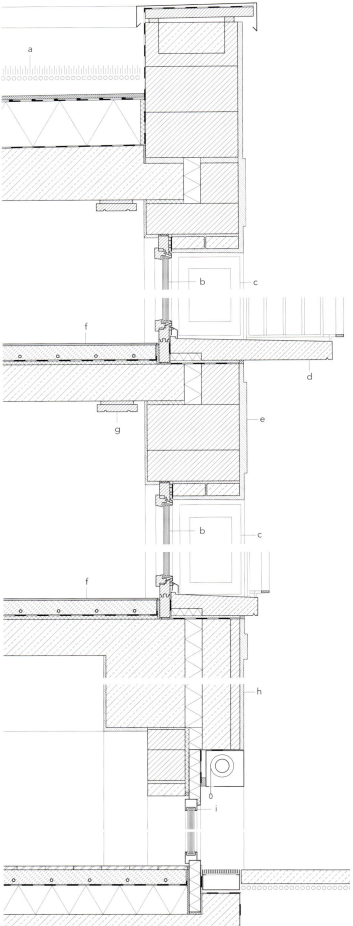

Haus G
Schnitt Dach / Fassade
Maßstab 1:20
a Begrünung extensiv 100 mm
    Drainagematte 10 mm
    Abdichtung EPDM 2-lagig
    Schutzvlies
    Wärmedämmung Mineralwolle
    200 mm
    Dampfsperre
    Decke Stahlbeton im Gefälle
    240–410 mm
b Außenluftdurchlass
c Vertikalmarkise,
    Seilführung seitlich
d Dreikantleiste als Tropfkante
e Fenstertür:
    Rahmen Holz / Aluminium
    Dreifachisolierverglasung
f Betonstein 40 mm
    Kies 50 mm
g Außenwand:
    Dämmbeton LC 8/9
    440 mm (3.–7. OG) bzw.
    Dämmbeton LC 12/13
    490 mm (EG–2. OG)
    Tiefenhydrophobierung außen
    Minerallasur innen
h Abdichtung Attika und Fensterbank:
    Dichtungsschlämme
    zementgebunden, geschliffen
i Linoleum 5 mm
    Estrich Zement mit Fußbodenheizung
    85 mm
    PE-Folie 0,2 mm
    Trittschalldämmung
    20 mm
    Decke Stahlbeton
    240 mm
j Fenstertür Aluminium
    Dreifachisolierverglasung
k Bodenbelag (mieterseitig) 20 mm
    Estrich Anhydrit 100 mm
    PE-Folie 0,2 mm
    Wärmedämmung EPS 200 mm
    Decke Stahlbeton
    300 mm

Building G
Section roof / facade
Scale 1:20
a 100 mm extensive green roof
    10 mm drainage layer
    2-ply EPDM waterproof
    membrane
    Protective fleece
    200 mm mineral wool insulation
    Vapour check
    240–410 mm reinforced
    concrete roof slab, to falls
b Fresh air intake
c Vertical window blinds
    Side cord operation
d Chamfer strip as drip profile
e Balcony door:
    Timber / aluminium frame
    Triple insulating glazing
f 40 mm concrete pavers
    50 mm gravel
g 440 mm lightweight concrete
    LC 8/9 (3rd–7th floor) / 490 mm
    lightweight concrete LC 12/13
    (ground floor–2nd floor)
    External depth hydrophobing
    Internal mineral glaze finish
h Waterproofing of roof parapet
    and window ledge: cementitious
    waterproof grout, polished
i 5 mm linoleum
    85 mm cement screed with
    underfloor heating
    0.2 mm PE film
    20 mm footfall sound
    absorption
    240 mm reinforced
    concrete slab
j Glazed door
    Aluminium frame
    Triple insulating glazing
k 20 mm floor finish
    (by tenant)
    100 mm anhydrite screed
    0.2 mm PE film
    200 mm EPS insulation
    300 mm reinforced concrete slab

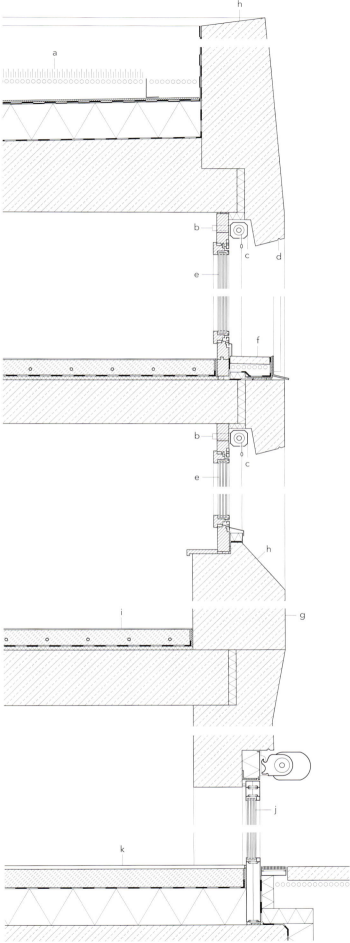

57

Minimum als Experiment – Ein Gespräch mit pool Architekten aus Zürich

Minimisation as an Experiment? – In Conversation with pool Architekten from Zurich

Norbert Fiebig, Oliver Herwig

A

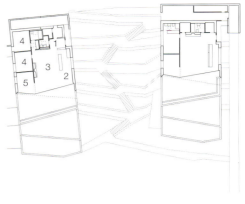

B

Für guten Wohnungsbau benötigte man bis heute, verkürzt formuliert, drei Dinge: Bauland, Kapital – und gute Ideen. Jetzt stehen wir vor einem ökologischen wie ökonomischen Wandel, der die Schaffung von neuem Wohnraum wesentlich komplexer macht. Die Maxime heißt Minimum: Wohnungsbau unter Berücksichtigung aller Aspekte des nachhaltigen Bauens bei gleichzeitiger bestmöglicher Verdichtung und Optimierung aller Kosten, sodass Wohnraum in Zukunft für möglichst viele Menschen bezahlbar bleibt. Welche Typologien und Grundrisse, welche Materialien brauchen wir in Zukunft, um gut zu wohnen? pool Architekten aus Zürich arbeiten am Wohnungsbau der Zukunft. Raphael Frei und Mischa Spoerri, Partner von pool Architekten, Martin Gutekunst, assoziierter Partner des Büros, und Jörg Lamster, Geschäftsführer des kooperierenden Planungs- und Beratungsbüros durable, skizzieren die derzeitigen Herausforderungen.

Der Verlust der natürlichen Landschaften, bedingt durch zunehmende Zersiedlung, evoziert heute in breiten Teilen der Bevölkerung eine Sorge, der sich selbst die politische Diskussion nicht entziehen kann. In weiten Teilen der Schweiz wie auch Deutschlands resultiert daraus die Maxime des »Zusammenrückens«, denn Baulandreserven gibt es nicht überall. Dieses Postulat der stärkeren Verdichtung stellt nicht nur Herausforderungen an die Raumplanung allgemein, sie betrifft gleichfalls die Potenziale des Städte- und Wohnungsbaus. Gleichzeitig sind Selbstverständnisse des Wohnens neu zu hinterfragen. Seit Beginn der 1950er-Jahre ist in Europa eine stete Vergrößerung des Wohnraums zu verzeichnen: Auf immer größeren Flächen leben weniger Menschen. Zu dieser Entwicklung tragen der demografische Wandel, die Veränderung von Familienstrukturen, aber auch steigende Ansprüche an das Wohnen bei. So hat sich in Zürich seit 1970 der durchschnittliche Wohnraum pro Person um 40 Prozent erhöht – mit der Konsequenz, dass heute trotz Ausweitung der Flächen weniger Wohnraum zur Verfügung steht.

Mit dem Wandel der ökologischen Raumplanung vollzieht sich aktuell aber auch ein ökonomischer: Zusammenrücken heißt oftmals Abriss und Investition in Neubauten. Die dadurch bedingte Enge treibt die Preise: Wohnen wird immer teurer, ist längst nicht für jedermann bezahlbar. Und natürlich spielt der Aspekt der Nachhaltigkeit eine wesentliche Rolle im Wohnungsbau. Wie geht ein relativ junges Büro mit diesen Paradigmen des Wandels um, wie wirken sich die neuen Anforderungen an das Wohnen auf Typologie, Grundriss, auf Einsatz und Umgang mit dem Material aus?

Ein Büro auf neuen Wegen
pool formierte sich 1994 als Diskussionsplattform mit Workshops und Debatten über Architektur und Städtebau. 1996 wurde die praktische Tätigkeit als Architektengemeinschaft aufgenommen, 1998 die Architekten-Genossenschaft mit acht gleichberechtigten Partnern gegründet. Die Partner des Büros und Anteilseigner der Genossenschaft wählten mit dieser Organisationsform eine in der Schweiz übliche Geschäftsform, die bei Architekturbüros jedoch selten anzufinden ist. Bauen im Kollektiv – das ist zunächst einmal ein großes Versprechen: auf Gemeinschaft und kreatives Pingpong, sich ergänzende Intelligenz. Die Genossenschaft stehe »für eine gute Form kollektiver Zusammenarbeit«, meint Mischa Spoerri. In einem früheren Interview sagt er, wie schwer der Einstand war: »Die Erfolglosigkeit bis ins Jahr 2001 gab uns Zeit, gegenseitig unsere Marotten kennenzulernen sowie das Administrative und Finanzielle grundsätzlich zu regeln.« Das Büro beschäftigt heute 70 Mitarbeiter. Einer der Arbeitsschwerpunkte ist der Wohnungsbau: Jüngere Projekte, die meisten davon in und um Zürich angesiedelt, sind die Wohnsiedlungen Leimbachstraße (2005), Aspholz (2007) und Blumenfeldstraße (2008), das Wohn- und Geschäftshaus Badenerstraße (2010), die Terrassenhäuser Auhalde (2011) und, derzeit im Bau befindlich, drei Wohngebäude der Genossenschaftssiedlung »mehr als wohnen«. Für pool Architekten bedeuteten die Planungsarbeiten an der Großsiedlung Leimbachstraße Einstieg und zugleich Wendepunkt in der Entwicklung ihrer Wohnkonzepte: Alternativ zu den üblichen Standards der 4,5- und 5,5-Zimmer-Wohnungen entwickelten sie hier ganz im Sinne des nachhaltigen Bauens flächenreduzierte Lösungen.

Reduktion und Transformation
»Die Bauherren wurden«, so Mischa Spoerri, »wie wir selbst auch vom ökologischen Wandel regelrecht überrollt.« An den Hochschulen sei, so Raphael Frei, der Aspekt der Nachhaltigkeit kein Thema gewesen. »Hier ging es um Architektur – und das habe damit gar nichts zu tun, hieß es damals.« Wer sich Ende der 1980er-Jahre diesem Thema verschrieben hatte, sei nicht ernst genommen worden. Also ließ man es links liegen, »weil wir gute Architekten werden wollten«. Von Projekt zu Projekt hat man sich dann in den letzten 15 Jahren, gemeinsam mit den Bauherren, in das Thema eingearbeitet – und durchaus überzeugende Lösungen gefunden. Reduktion und Transformation heißen für pool Architekten die Antworten auf die aktuellen Ansprüche an den Wohnungsbau: »Die Reduktion der Wohnfläche ist eine architektonische Herausforderung. Aber sie ist die effizienteste Antwort auf die neuen Anforderungen des ökologischen und ökonomischen Bauens«, so Raphael Frei. »Wenn man den Flächenbedarf pro Person verringert, ist der Effekt größer, als wenn man das Gebäude dick einpackt. Dass die Diskussion damit komplexer geworden ist, spielt uns als Architekten in die Hände, da das Management von Komplexität unsere Stärke ist.«

Künftiges Wohnen: vom Zimmer zum Cluster
Wesentlicher Schlüssel zur Lösung dieser komplexen Aufgabenstellungen ist das Hinterfragen etablierter Wohnhaustypologien und -grundrisse – und deren kontinuierliche Weiter- und Neuentwicklung: »Je tiefer ein Gebäude, desto ökologischer ist es«, so Mischa Spoerri. Aber für tiefe Gebäudetypen müssen erst gute flächenreduzierte Grundrisse entwickelt werden. »An der TU Berlin«,

A, B Terrassenhäuser Auhalde, Untersiggenthal
2009–2011
Architekten: pool Architekten
Grundriss 4. OG   Maßstab 1:750
C, D Wohnsiedlungen Leimbachstraße, Zürich
2002–2005
Architekten: pool Architekten
Grundriss 5. OG, 6. OG   Maßstab 1:750

A, B Auhalde terraced housing, Untersiggenthal, 2009–11,
architects: pool Architekten
Fourth-floor layout plan   scale 1:750
C, D Leimbachstrasse housing development, Zurich, 2002–05,
architects: pool Architekten
Fifth- and sixth-floor plans   scale 1:750

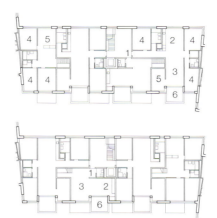

1	Eingang	1	Entrance
2	Küche/Esszimmer	2	Kitchen/Dining room
3	Wohnzimmer	3	Living room
4	Schlafzimmer	4	Bedroom
5	Arbeitszimmer	5	Workroom
6	Terrasse/Balkon	6	Terrace/Balcony
7	Luftraum	7	Void
8	Galerie	8	Gallery

so Raphael Frei, »gaben wir unseren Studierenden die Aufgabe, Wohnungen mit einer Fläche von 20 Quadratmetern pro Person zu entwerfen. Eine unrealistische Größe, die aber doch Denkanstöße bietet. Es geht um eine Transformation, nicht um eine Umkehr.« Was nicht in die Wohnung passt, wird ausgelagert, die Erschließung der Zimmer erfolgt nicht mehr über Korridore, sondern den zentralen Wohnraum. Das ganze Haus ist ein System, das Verbindungen schafft: für normale Familien, Singles und Lebensgemeinschaften, das Gemeinschaftsangebote schafft und Räume, um sich zurückzuziehen. Die Tendenz ist deutlich: vom Zimmer zum Cluster, vom starren Korsett zum flexiblen System, einem Netzwerk von Räumen. »Bei unserem derzeit im Bau befindlichen Projekt »mehr als wohnen« wird dieser Netzwerkgedanke berücksichtigt: Die Wohnungsvergabe wird abhängig von der Anzahl der Personen gehandhabt. Wenn die Kinder ausziehen, sich die Lebensumstände ändern, wechseln die Mieter innerhalb des Quartiers die Wohnung«, so Mischa Spoerri.

Der Weg hin zu dieser neuen Radikalität im Umgang mit Flächen ist für pool Architekten weniger Experiment denn harte Entwicklungsarbeit. Und so lassen sich die Typologien und Grundrisse der von pool Architekten geplanten Wohnungsbauten in ihrer Chronologie, durchaus zurückgreifend auf Impulse von Le Corbusier und Josep Antoni Coderch, lesen als kontinuierlicher Prozess, als stetiges Optimieren der Tauglichkeit im Wohnalltag unter den heute gegebenen Bedingungen – und für Menschen, die bereit sind, tradierte Gewohnheiten zu verlassen und Neues auszuprobieren. »Es gibt tatsächlich heute eine Generation, die bezüglich ihrer Wohnvorstellungen viel experimenteller ist, und damit auch Bedarf an Neuem weckt« meint Mischa Spoerri.

Wohngenossenschaftsbau der Zukunft: »mehr als wohnen«
Wohnraummangel und steigende Mietpreise haben gerade in den Ballungsgebieten zur Folge, dass die Idee des genossenschaftlichen Wohnungsbaus für viele Menschen zunehmend an Attraktivität gewinnt. Genossenschaftlicher Wohnungsbau ist bieder, langweilig und einfach – so ein gängiges Urteil. Dass dem nicht so ist, stellen pool Architekten mit ihrem Haus G im Rahmen des Projekts »mehr als wohnen« unter Beweis. Damit profitiert das Büro auch von dem überdurchschnittlich hohen Anteil an von Baugenossenschaften betriebenen Wohngebäuden in Zürich. Dieser liegt derzeit bei rund 20 Prozent, in der gesamten Schweiz bei fünf Prozent. Zum Vergleich: In Deutschland beläuft sich der Anteil auf sechs Prozent, in Berlin bei zehn Prozent. 2007 wurde von 34 Züricher Wohnbaugenossenschaften unter Beteiligung der Stadt Zürich anlässlich des Jubiläums »100 Jahre gemeinnütziger Wohnungsbau« die Baugenossenschaft »mehr als wohnen« gegründet mit dem Ziel, das ca. 40 000 Quadratmeter große Areal Hunziker, ein ehemaliges Lagergelände im Entwicklungsgebiet Leutschenbach im Züricher Norden, mit ca. 400 Wohnungen zu überbauen. Das Besondere dieses Projekts: Die Bebauung soll den Ideen der 2000-Watt-Gesellschaft entsprechen. Dieses Modell ist eine schweizerische Initiative und steht für eine besonders nachhaltige Energienutzung: Für jeden heute und in der Zukunft lebenden Mensch stehen danach ca. 2000 Watt Dauerleistung zur Verfügung – was einer deutlichen Reduzierung gegenüber dem heutigen Durchschnittsverbrauch entspricht, der in der Schweiz bei ca. 6500, in Deutschland bei ca. 7000 Watt Dauerleistung pro Person liegt.

Der Gründung der Baugenossenschaft ging ein Ideenwettbewerb voraus. 2008 folgte ein internationaler Architekturwettbewerb, 2012 der Baubeginn. Fünf Architektenteams arbeiten mit Fachplanern an 13 aufgrund ihrer tiefen Grundrisse besonders kompakten Wohngebäuden. Diese befinden sich heute im Rohbau; die ersten Häuser werden im Herbst 2014 bezugsbereit sein, die letzten im Frühling 2015. Die von pool Architekten propagierte deutliche Beschränkung der Grundrisse deckt sich mit den Anforderun-

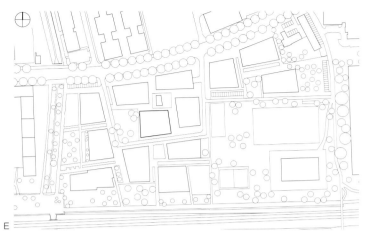

gen der Baugenossenschaft an die vielfältigen und flexiblen Nutzungsmöglichkeiten des Projekts: von der Wohngemeinschaft mit siebeneinhalb Zimmern und Gemeinschaftsräumen über die Kleinstwohnung mit zuschaltbarem Satellitenzimmer, Werk- oder Arbeitsräumen oder Raum für Besuch.

Haus G im Bau: ein Monolith aus Beton
Martin Gutekunst führt über das Baugelände und weist auf einen grauen Monolithen ganz im Zentrum des Areals: Das siebenstöckige Haus G von pool Architekten befindet sich in der letzten Phase des Rohbaus. In kaum einem Jahr werden hier fast 1100 Menschen leben und arbeiten. Das klingt nach hoher Dichte und nach Wärmedämmverbundsystemen. Aber der Eindruck täuscht. Haus G entsteht als Monolith, eine Verbundlösung aus statischem Beton mit einer Fassade aus Recycling-Dämmbeton. Auf dem Areal sieht es so gar nicht nach Vorstadt aus, nach Stadtrand – alles wirkt sehr urban. Die Häuser wurden so verteilt, dass sie ein Quartier bilden und eben keine Siedlung. Hier entsteht eine Situation mit allen Vorzügen wie Problemen der Innenstadt: hohe Dichte und damit die Auseinandersetzung mit Fragen der Belichtung und Verschattung. Es klingt verwunderlich angesichts dessen, dass das neue Quartier vom Bauherrn ausdrücklich als nachhaltige Pioniersiedlung, als Leuchtturmprojekt geplant wurde: Aber die Ökologie war für pool Architekten zunächst zweitrangig – sie mussten sich erst einmal um die Wohnqualität kümmern. Im Erdgeschoss des Gebäudes entstehen ein großer Gemeinschaftsraum und verschiedene separat anmietbare Arbeitszimmer und Gewerberäume, in den sechs Geschossen darüber liegen die Wohnungen. Ihre Grundrisse sind knapp bemessen, dafür aber jeweils um einen keilförmigen, doppelgeschossigen Wohnraum angeordnet, der Licht in die Tiefe des Grundrisses bringt. Dieser zentrale Raum bildet das Highlight der Wohnungen und charakterisiert die neue Typologie: ein Stück Balkonersatz im Inneren. Es entsteht der Eindruck eines gestapelten Einfamilienhauses.

pool Architekten wollten über die großen Innenflächen Licht in den kompakten Baukörper schaffen. »Wir hatten«, erklärt Mischa Spoerri, »am Anfang das Bild eines Schwamms, eines Körpers voller Luft- und Lichtkammern für dieses Wohngebäude – aber noch keine Materialvorstellung.« Daraus entstand die Idee, das Gebäude mit einem gänzlich homogenen Material zu gestalten – aus einer Kombination aus Beton und Dämmbeton. Raphael Frei ergänzt: »Dabei wollen wir das Material auch zeigen – also nicht nur außen, sondern auch innen ganz bewusst mit Sichtbeton arbeiten.« Von außen entsteht der Eindruck eines Monolithen mit einer durchstanzten Hülle, deren Öffnungen die Fassade gliedern.

Neue Lösungen als Antwort auf die Zwänge der energetischen Gebäudezertifizierungen
Das Modellprojekt »mehr als wohnen« wird im Bau und Alltagsbetrieb den Vorgaben der 2000-Watt-Gesellschaft entsprechen und zugleich eine hohe und bezahlbare Wohnqualität bieten. Wie kann eine solche ressourcenschonende, möglichst schadstofffreie und ökologische Bauweise aussehen, bei der lediglich die Kubatur vorgegeben wurde? Die fünf Architekturbüros, die mit der Planung der Wohngebäude des Areals beauftragt wurden, verfolgen unterschiedliche Konzepte innerhalb des vorgegebenen Bebauungsplans und arbeiten mit ganz unterschiedlichen Materialien: Holz, Ziegel und Beton.
Die Baugenossenschaft sieht das Projekt als Pilot, bei dem eine gesamtheitlich betrachtete Nachhaltigkeit zum Tragen kommen soll. Bezüglich des Energieverbrauchs war dabei der Vorgabe der Stadt Zürich Folge zu leisten, nach der alle Gebäude des Areals dem schweizerischen Energielabel Minergie-P entsprechen müssen, wobei man auf eine offizielle Zertifizierung der Gebäude ausdrücklich verzichtete, um Wege für neue Lösungen entwickeln zu können. Denn die Möglichkeit, 13 Häuser als Systemquartier zu bauen, bot die Chance, besondere Synergien zu nutzen, was mit gebäudeweisen Zertifizierungen nicht möglich

gewesen wäre. Im Zentrum stand dabei die Vereinfachung der technischen Ausrüstung. Das konnte am besten anhand von Primärenergiebilanzen ausgedrückt werden, bei denen die Erstellung (Graue Energie) und der Betrieb (Energieverbrauch) miteinander verglichen werden konnten. Das schweizerische Qualitätslabel Minergie, ein reines Energielabel, wurde vor fast 20 Jahren eingeführt. Heute existieren drei Standards: Der darauf folgende Standard Minergie-P ist gültig für eine Niedrigstenergiebauweise, die eine sehr gute Gebäudehülle voraussetzt und ähnlich dem Passivhausstandard in Deutschland. Der neueste, Minergie-A ist eine präzise definierte Form des Null- oder Plusenergiehauses und ist nur mit Nutzung von Sonnenenergie am Gebäudestandort erreichbar. Gegenüber Minergie-P macht er einen Schritt hin zu einer Reduktion der Dämmung. »Die Dämmstandards wurden wieder zurückgenommen, weil inzwischen bessere gebäudetechnische Möglichkeiten zur Verfügung stehen«, erläutert Jörg Lamster. Eine nachträgliche Integration des Labels Minergie-A in das Projekt kam aber nicht in Frage, da im Label wesentliche Merkmale vernetzter Energieversorgung nicht berücksichtigt sind. Jörg Lamster: »Wie bei den meisten Standards funktioniert Minergie-A am besten bei Einfamilienhäusern, nicht aber so gut bei Quartierslösungen. Die kompakten Gebäude im Quartier boten die Möglichkeit, die Dämmung aus rein energetischen Gesichtspunkten herunterzufahren. Über 30 Zentimeter Dämmung wäre bei den meisten Gebäuden für eine Zertifizierung Minergie-P erforderlich gewesen, nicht aber bei solchen Bauten, die kompakt sind und wegen der regenerativen Energieversorgung einen geringen Primärenergieverbrauch haben. »Bei einer Versorgung mit Abwärme – das gesamte Areal wird über ein nahegelegenes Rechenzentrum beheizt – könnte man bei einem Gebäude wie Haus G die Dämmung auf 20 Zentimeter reduzieren und immer noch die Anforderungen von Minergie-P bezüglich Primärenergien einhalten«, sagt Lamster. Zwar gibt es bei den Gebäuden des Quartiers auch eini-

G

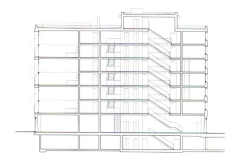

H

E–I Haus G, Wohngebäude der Genossenschafts-
siedlung »mehr als wohnen«, Zürich ab 2010
Architekten: pool Architekten
E   Lageplan   Maßstab 1:4000
F   Rendering Gebäude
G   Grundriss 4. OG   Maßstab 1:750
H   Schnitt   Maßstab 1:750
I   Rendering Wohnraum

E–I House G: housing block forming part of the co-
operative development "more than just housing",
Zurich, from 2010, architects: pool Architekten,
E   Site plan   scale 1:4,000
F   Computer rendering of building
G   Fourth-floor plan   scale 1:750
H   Section   scale 1:750
I   Rendering of living room

ge mit Kompaktfassaden, aber, so Jörg Lamster »bei Haus G haben die Planer mit Dämmbeton gearbeitet und einen anderen – nämlich dynamischen – Heizwärmebedarf-Nachweis erbracht, bei dem die Speicherkapazitäten des Materials mit berücksichtigt werden.« Martin Gutekunst ergänzt: »Dies war insofern möglich, als der Bauherr bereit war, auf das Einhalten der Norm des Schweizerischen Ingenieur- und Architektenvereins (SIA) zu verzichten, die lediglich auf statischen Berechnungen beruht. Nur die dynamische Berechnung zeigt aber die Fähigkeit des Materials auf, Wärme aufzunehmen und auch wieder abzugeben.« Sie bietet daher große Potenziale für Dämmbeton, zumal das Material darüber hinaus als diffusionsoffenes System fungiert: »Bauschäden durch Feuchte sind hier kein Thema – die Fenster können an jeder beliebigen Stelle der Laibung angeschlagen werden«, so Lamster. Nur so ist der Verzicht auf Balkone möglich: Die teilweise 80 Zentimeter tiefen Wände bieten natürliche Austritte.

Zu Beginn der Planungen musste man sich um die »Graue Energie« des Dämmbetons Gedanken machen. Das war Neuland und geschah, bevor heute gültige Normen und Zielwerte definiert waren. Erst in der Projektphase 2010 erschien vom SIA ein Merkblatt zur Bilanzierung von Grauen Energien, 2011 wurde dafür ein Zielwert in die Labels Minergie-A und Minergie-ECO übernommen. Die einzig verfügbaren Kennzahlen hierzu wiesen für den Dämmbeton schlechte Werte aus, vergleichbar denen einer vorgehängten Glasfassade. Erst als im Rahmen des Projekts eine produktspezifische Ökobilanz erstellt wurde, stellte sich heraus, dass die Werte besser waren als beispielsweise die von klassisch gedämmten Fassaden.
Nicht nur der Werkstoff eröffnete pool Architekten neue Möglichkeiten. Das Projekt zeigt, dass die Minimierung von Wohnraum mehr ist als nur ein Experiment: Typologien, Materialien und Formen des Zusammenwohnens schaffen eine Verdichtung mit hoher Wohnqualität.   DETAIL 3/2014

pool architects in Zurich are concerned with developing housing for the future. Raphael Frei and Mischa Spoerri, partners in the practice, Martin Gutekunst, an associate partner, and Jörg Lamster, managing director of the planners and consultants "durable", who have collaborated with pool, outline the present challenges they face.

Overdevelopment and housing sprawl, has led in many areas of Switzerland and Germany to a concept of "drawing closer together", because reserves of building land are no longer available everywhere. Demographic shifts, changes in family structures as well as the demand for better living conditions have led to a constant expansion of areas for habitation in Europe since the early 1950s. In Zurich alone, the average living area per person has risen by 40 per cent since 1970. In the meantime, other aspects, like sustainability, have come to play an important role in housing development. How, then, does a relatively young practice deal with such paradigms of change? pool architects emerged in 1994 as a platform for discussion, organising workshops and debates on the subject of architecture and urban planning. In 1996, the office took up its practical work, and in 1998, an architectural cooperative was founded, comprising eight partners with equal rights. Today, the office has a team of 70 assistants, with housing forming a central area of its work. A project currently under construction comprises three residential blocks for the cooperative "more than just housing". In this scheme, pool designed units with reduced areas in accordance with concepts of sustainable construction. "If you reduce the floor area allowed per person, the effect is greater than if you put the building in a thick wrapping", Raphael Frei remarked.
According to Mischa Spoerri, "The deeper a building is, the more environmentally friendly it will be." But for deep building forms, effective layout plans are needed that are reduced in area. Access to the individual rooms is no longer via corridors, but via a central living space. The whole block is a system in which links are created. The direction is clear: from

I

J Wohn- und Geschäftshaus Badenerstraße
   Zürich 2006–2010
K Wohnsiedlung Aspholz Nord
   Zürich 2003–2007
   Architekten: pool Architekten

J Badenerstrasse housing and commercial development, Zurich, 2006–10
K Aspholz North housing development, Zurich, 2003–07,
architects: pool Architekten

Norbert Fiebig ist Journalist und Autor und lebt in Düsseldorf.
Oliver Herwig ist Journalist, Autor und Moderator und lebt in München.

Norbert Fiebig is a journalist and author who lives in Düsseldorf.
Oliver Herwig is a journalist, author and presenter who lives in Munich.

J

K

rooms to clusters; from rigid constraints to flexible layouts, a network of spaces. "Our current project – 'more than just housing' – takes account of this network concept", Mischa Spoerri added.
Lack of living space and rising rents in the conurbations have meant that the idea of cooperative housing construction is becoming increasingly attractive. With their House G, which forms part of the "more than just housing" project, pool architects have demonstrated that cooperative forms do not have to be staid and boring. In this respect, the practice has profited from the higher-than-average proportion of housing developments in Zurich in the hands of building cooperatives – roughly 20 per cent at present, whereas in Switzerland as a whole it is about 5 per cent.
Founded in 2007 with the participation of the City of Zurich, the building cooperative "more than just housing" has as its goal the construction of some 400 dwellings on the roughly 40,000 m² Hunziker site, a former warehouse area in the north of the city. A special aspect of the scheme was that it should comply with Swiss ideas for a 2,000-watt society. This represents a considerable reduction of present average energy consumption, which is approximately 6,500 W per person in Switzerland and 7,000 W in Germany. Construction commenced in 2012. Five teams of architects are working with specialist planners on 13 housing blocks that have deep layouts and are particularly compact. These developments have now reached the carcass-structure stage. The first blocks will be ready for occupation in the autumn of 2014, the last in the spring of 2015.
Martin Gutekunst leads the way across the building site and points to a grey, monolithic structure standing in the middle: House G, the seven-storey block by pool architects, is in the final phase of construction. In scarcely a year, almost 1,100 people will be living and working here. House G has a monolithic form and was built with structural concrete and outer walls of recycled insulating concrete. The ground floor contains a large communal space as well as various trade and working areas. The dwellings are situated on the six storeys above this. Although their layouts are tightly dimensioned, they are set out about wedge-shaped, double-height living rooms that allow daylight to penetrate far into the interior.
"We visualised a sponge – a volume full of air and light cells – as a model for this housing block", Mischa Spoerri explains, "but without any firm concept of the materials." From this, came the idea of constructing the building in a homogeneous form with a combination of concrete and insulating concrete. Raphael Frei adds: "We wanted the material to be visible – not just externally, but internally, too. We worked deliberately with exposed concrete."
The model project "more than just housing" will provide great habitable quality at an affordable price. The five architectural offices commissioned to design the different blocks on the site are following various concepts within the parameters of the development plan and are using quite different materials: timber, bricks and concrete.
In terms of energy consumption, it was necessary to meet the conditions laid down by the City of Zurich: every structure on the site has to comply with the Swiss Minergie-P® standard. Official certification of the buildings in this respect was not sought, however, in order to allow new solutions to be developed. The possibility of building 13 blocks in the neighbourhood according to the same system provided an opportunity to exploit special synergetic effects, something that would not have been feasible if the individual buildings had to be certified in terms of energy standards.
The Swiss "Minergie" quality label was introduced almost 20 years ago. Today, three standards exist. Minergie-P applies to types of construction with a minimum use of energy and presupposes a building skin of very high quality. The latest standard, Minergy-A®, is a precisely defined form of zero or energy-plus building and is attainable only with the exploitation of solar energy on site. Compared with the Minergie-P standard, Minergie-A is a step in the direction of reducing insulation.
"Insulation standards have been lowered, because better building technology has been developed in the meantime", Jörg Lamster stated. A subsequent integration of the Minergie-A standard in the scheme was nevertheless ruled out. Lamster explained: "As with most standards, Minergie-A functions best with single-family houses and not so well with neighbourhood developments."
The compact structures in the present project allowed the insulation to be reduced. An insulation thickness of more than 30 cm would have been required for Minergie-P certification, but this is not necessary for compact buildings that have a low primary-energy consumption, because they exploit renewable energy. "With a supply of heat in the form of thermal emission from other buildings – the entire area is heated from a nearby computer centre – it was possible to reduce the insulation thickness to 20 cm for a structure like House G and still comply with the Minergie-P standard in terms of primary energy", Lamster stated. "In the case of House G, the planners specified insulated concrete and furnished proof of different heating-energy needs – namely dynamic ones – taking account of the storage capacity of the material." This means that insulating concrete has a great potential, especially since the material functions as a system open to diffusion.
The "grey (or embodied) energy" of the insulating concrete had to be taken into account at the beginning of the planning, but it was only in 2010, when the project had reached a more advanced stage, that the SIA published a document dealing with the incorporation of "grey energy" in an energy balance. In 2011, a target value was adopted from the Minergie-A and Minergie-ECO® labels. The sole available figures in this context indicated poor values for insulating concrete. Only when the project was being developed was an ecological balance drawn up specific to individual products. One outcome was that the values were better than those for classically insulated facades. Not just the material provided new scope for pool architects, however. The project shows that a minimisation of dwelling space is more than just an experiment. When taken jointly into account, typologies, materials and new forms of community life can all help to achieve a higher density, while nevertheless ensuring great habitable quality.

Der neue Holzbau

New Timber Construction

Peter Cheret, Arnim Seidel

Prof. Peter Cheret ist Architekt und Fachautor. Zusammen mit Jelena Bozic leitet er seit 1993 das Büro Cheret und Bozic Architekten in Stuttgart. Seit 1994 ist er Professor am Institut für Baukonstruktion und Entwerfen (IBK1) der Universität Stuttgart.

Arnim Seidel ist Architekt und Fachautor. Er studierte Architektur an der Bergischen Universität Wuppertal und leitet seit 1992 die Presse- und Öffentlichkeitsarbeit der Arbeitsgemeinschaft Holz e.V. Seit 2002 ist er Inhaber der Fachagentur Holz in Düsseldorf.

1   siebengeschossiger Wohnungsbau in Berlin-Mitte 2012, Architekten: Kaden Klingbeil

1   *Multistorey apartment building in central Berlin 2012, architects: Kaden Klingbeil*

Der archaische Baustoff Holz hat sich in den vergangenen Jahren zu einem nahezu neuen Material entwickelt. Auch wenn es scheint, als hätte er hierfür erst im Hightech-Labor wissenschaftlich entwickelt werden müssen, gibt er Antworten auf immer drängendere Fragen, angefangen mit dem verantwortlichen Umgang mit natürlichen Ressourcen und deren Auswirkungen auf die Gesundheit jedes Einzelnen bis hin zu Fragen nach der Lebensqualität unserer unmittelbaren Umgebung. Dabei ist Holz geblieben, was es immer war: ein nachwachsender Rohstoff.

Es kommt einem Naturwunder gleich, dass ein Baum unter günstigen klimatischen Bedingungen kaum mehr benötigt als ausreichend Erde, Licht, Luft und Wasser und dabei das in der Atmosphäre in schädlichem Übermaß vorhandene Kohlenstoffdioxyd (CO_2) in kostbaren Sauerstoff umgewandelt wird. Im Unterschied zu vielen anderen Baumaterialien verfügt Holz ebenso über sinnlich wahrnehmbare, haptische Qualitäten wie über fertigungstechnische Vorteile, etwa das geringe Gewicht oder die leichte Bearbeitbarkeit.
Gegenüber der konventionellen Massivbauweise besitzt der Holzbau eine Reihe von Vorteilen. Zunächst ist es aus globaler Sicht sinnvoll, ein Maximum an CO_2 langfristig in Gebäuden einzulagern und den Primärenergiebedarf entscheidend zu senken. Hinzu kommt, dass die Verarbeitung von Bäumen zum Baustoff Holz weit weniger fossile Energie benötigt als die Herstellung von Stahl, Beton, Kunststoff, Ziegeln oder gar Aluminium. Technisch betrachtet ist Holz ein mit Zellulosefasern bewehrter Verbundbaustoff mit hohem Hohlraumanteil und deswegen das tragfähigste aller wärmedämmenden Materialien. Bei gleicher Tragfähigkeit ist es wesentlich leichter als Stahl und hat annähernd die gleiche Druckfestigkeit wie Beton, kann im Gegensatz zu diesem aber auch Zugkräfte aufnehmen. Die Fülle an guten Argumenten ließe sich bis hin zu signifikanten technischen Kennwerten erweitern. Dennoch stellt sich die Frage: Warum findet dieser Baustoff hierzulande nach wie vor nicht die Verbreitung, die seinen Möglichkeiten entspricht? Die Antwort darauf ist komplex und in der historischen Entwicklung des Holzbaus zu finden. Bis zur Industrialisierung im 19. Jahrhundert war Holz das dominierende Material. Nahezu alles – vom Gebrauchsgegenstand bis zu Gebäudestrukturen – wurde aus Holz hergestellt. Innerhalb weniger Jahrzehnte ging diese über Jahrhunderte unangetastete Vormachtstellung verloren. Um die anstehenden Herausforderungen nach Versorgung, neuen Verkehrs- und Gebäudetypen zu bestehen, brauchte es alternative Konzepte. Zum einen konnte die in Zünften gehütete Zimmermannskunst dies nicht leisten. Ihre Bauweisen hatten sich in einem langen Prozess der Anpassung an reale Bedingungen entwickelt, wobei Form, Aufbau und Gefüge bis hin zu den Details der Holzverbindungen genau festgelegt waren. Zum anderen konnte sich der natürlich nachwachsende Baustoff Holz den spezialisierten Ansprüchen neuer Bautechniken nur allmählich anpassen. Holz galt in der Pionierzeit der Industrialisierung als nicht tauglich für die Massenproduktion von Gütern. Neu entwickelte Materialien wie Guss, Eisen, Stahl und ab der Jahrhundertwende der Eisenbeton traten in den Vordergrund. Sie waren als Baustoffe das Ergebnis zielgerichteter, wissenschaftlicher Forschung. Dennoch konnte Holz überall dort Marktanteile erobern, wo es weniger um die spezialisierte Anwendung als vielmehr um den Alltag des Bauens ging. In unseren Großstädten haben sich trotz der verheerenden Zerstörungen im Zweiten Weltkrieg gründerzeitliche Stadtteile erhalten. Den Gebäuden ist es äußerlich nicht anzusehen, aber diese bis heute für die urbane Stadtgesellschaft höchst attraktiven Wohnquartiere sind zu einem beträchtlichen Teil in Holzbauweise errichtet. Die Außenwände und vielfach die Decken über dem Erdgeschoss sind zwar in konventioneller Massivbauweise ausgeführt, die weiteren Geschosse sind jedoch in der Regel auf Holzbalkendecken, tragenden Innenwänden aus Fachwerk und Dachstühlen aus Holz aufgebaut.

Mehrgeschossige Holzbauten und Mischkonstruktionen – Stand der Technik
Der Holzbau hat in jüngster Zeit eine erstaunliche Wandlung erfahren. Im Vergleich zu konventionellen Bauweisen, wie sie noch vor nicht allzu langer Zeit gängige Praxis waren, stehen uns heute eine ganze Reihe an unterschiedlichen Holzbausystemen und -bauweisen zur Verfügung.
Bei aller Unterschiedlichkeit der Konstruktionsweisen besteht die grundsätzliche Neuartigkeit aller aktuellen Holzbausysteme zunächst einmal in der Überwindung der Beschränkungen des tradierten Holzbaus. Die zumeist aus dem historischen Fachwerk abgeleiteten Bauweisen wie etwa die bis in die 1980er-Jahre des letzten Jahrhunderts vorherrschende Pfosten-Riegel-Konstruktion, bedienten sich in der Regel stabförmiger Querschnitte wie Balken, Latten, Leisten und Dielen. Deren Dimensionen waren durch den naturgewachsenen Baum beschränkt, was sich wiederum auf die Spannweiten und die Größe des Gesamtbauwerks auswirkte. Während ein Teil der neuen Systeme nach wie vor auf dem Prinzip des Fügens stabförmiger Holzquerschnitte beruht, finden sich bei den führenden Herstellern eine ganze Reihe massiver, flächiger und auch raumbildender Systemelemente für Wände, Decken und Dächer. Im Unterschied zu den »leichten« Bauweisen, etwa dem Holzrahmenbau, handelt es sich dabei um massive Bauteile aus gestapelten oder addierten Querschnitten, die über verschiedene fertigungstechnische Schritte zu formstabilen und flächigen Elementen gefügt sind. Über die bautechnische Innovation hinaus stehen die neuen Entwicklungen mit der Überwindung des Stabwerks hin zu flächigen, ungerichteten Bauteilen auch für den tiefgreifenden Wandel in der Tektonik. Aus der Erfahrung der Geschichte, wonach bautechnische Innovationen immer mit gestalterischen einhergehen, eröffnen sich auch neue Felder für die Architektur. Längst hat der Holzsystembau mit der Leistungsfähigkeit seiner Tragwerke und mit seinen wissenschaftlich fundierten, bauphysikalisch sehr leistungsstarken Bauteilaufbauten einen Stand der Bautechnik erreicht,

Prof. Peter Cheret is an architect and architectural writer. Together with Jelena Bozic he has led the office of Cheret und Bozic Architekten in Stuttgart since 1993. Since 1994 he has served as Professor at the Institute for Construction and Design (IBK1) at the University of Stuttgart.

Arnim Seidel is an architect and architectural writer. He studied architecture at the University of Wuppertal and since 1992 has led the PR work for the association Holz e. V. He has owned the specialist agency "Holz" in Düsseldorf since 2002.

2

der ihn dazu befähigt, weit mehr zu leisten als in der eingeschränkten Anwendung für kleinmaßstäbliche Bauwerke im ländlichen oder suburbanen Raum. Selbstverständlich behält der Holzbau im privaten Wohnungsbau oder für die Realisierung von Kindergärten nach wie vor eine hohe Berechtigung. Allerdings stellt gerade die Anwendung im Bau mehrgeschossiger Gebäude im urbanen Kontext einen Motor für ebenso bautechnische wie städtebauliche und architektonische Innovationen dar. Bei mehrgeschossigen Bauten in reiner Holzbauweise soll es jedoch nicht bleiben: Wirtschaftliche Überlegungen führen zu Mischkonstruktionen, bei denen die tragenden Wände, Decken und Stützen aus Stahlbeton bestehen und Holz in der hochgedämmten Gebäudehülle von Außenwand und Dach eingesetzt wird. Einige aktuell realisierte Beispiele in europäischen Metropolen gehen in diese Richtung. Aufgrund ihrer spezifischen Fähigkeiten bleibt die Holzbauweise nicht mehr auf Gebäude geringer Höhe beschränkt, sondern gewinnt gerade im mehrgeschossigen urbanen Bauen an Bedeutung. Sowohl in technischer Hinsicht als auch bei den Baugesetzen hat sich viel getan. Jüngste Gesetzesnovellierungen, neue Richtlinien sowie Erkenntnisse aus Musterprojekten und Forschungsarbeiten haben eine verbesserte Ausgangslage für den mehrgeschossigen Holzbau geschaffen. Eine Reihe neuartiger Bauwerke von ungewohnter Geschosszahl erregt besonderes Aufsehen. Weitere befinden sich in der Planungsphase, lassen Ungewöhnliches erwarten und zeugen vom enormen Potenzial des Holzbaus, wie z. B. das Illwerke Zentrum Montafon (IZM) von Hermann Kaufmann, eines der größten Bürogebäude in Hybridbauweise, basierend auf dem Prototyp des LifeCycle Tower ONE in Dornbirn. Das zurzeit höchste Holzgebäude, eine Brettsperrholzkonstruktion, steht in Melbourne und erreicht mit zehn Stockwerken eine Höhe von 32,17 m. In London befindet sich ein neungeschossiges, knapp 30 m hohes Stadthaus mit acht Etagen, ebenfalls aus Brettsperrholz, die auf einem Sockelgeschoss aus Stahlbeton positioniert sind.

Selbst die zentral gelegenen Treppenhäuser und Aufzugsschächte sind in Holz ausgeführt. In England gibt es vergleichsweise wenig Einschränkungen bezüglich der Geschosszahl. Egal mit welchem Material gebaut wird, Voraussetzung ist nur, dass die brandschutztechnischen Anforderungen erfüllt werden.

Dass 2008 in Berlin ein Stadthaus mit sieben Geschossen in reiner Holzbauweise entstehen konnte, geht auf zwei Befreiungen »im Einzelfall« von der Berliner Bauordnung zurück. Weder die tragenden Bestandteile noch die Decken mussten feuerbeständig ausgeführt werden, sondern lediglich hoch feuerhemmend, sodass Holz erstmals in Deutschland für ein siebengeschossiges Haus infrage kam. Inzwischen haben die Architekten in Berlin weitere mehrgeschossige Wohnhäuser in Holzbauweise errichtet (Abb. 1, 8). Bewiesen ist damit zweierlei: Holzkonstruktionen mit 22 m Höhe und sieben Geschossen lassen sich konstruktiv sicher und unter Erfüllung des erforderlichen Brandschutzes in Deutschland realisieren. Sie müssen im Allgemeinen und in innerstädtischen Lagen im Besonderen keine historisierenden oder anheimelnden Assoziationen wecken. Und die Gebäudeklasse »Hochhaus« ist nur noch wenige Zentimeter entfernt. Dass der mehrgeschossige Holzbau derzeit einen Boom erlebt, zeigen weitere Projekte: Unter der Regie eines Unternehmens der Wohnungswirtschaft entstand in Bad Aibling neben anderen Holzbauten ein achtgeschossiger Wohnturm. Ein Expertenteam aus allen Sparten des nachhaltigen Bauens – Architektur, Holzbau, Bauphysik, Statik – entwickelte ein marktreifes Hybrid-Bausystem für Hochhäuser bis zu 30 Etagen entwickelte. Die Stadt Wien beschäftigt sich seit längerer Zeit mit dem Thema Holzbau in der Stadt. Neuerdings entstehen hier siebengeschossige Gebäude aus Holz und künftig sogar noch höhere. Auch Italien, ein Land, das bislang nur eingeschränkt Begeisterung für den Holzbau zeigte, setzt neue Maßstäbe im urbanen Holzbau. Im Westen von Mailand entsteht derzeit eine

3

2, 3 Illwerke Zentrum Montafon, Vandans 2013,
Architekt: Hermann Kaufmann
4 Überbauung Via Cenni in Mailand, vier Holz-
hochhäuser mit je neun Stockwerken, im Bau,
Architekten: Rossiprodi Associati
5, 6 fünfgeschossiger Wohnungsbau 3XGrün in
Berlin 2011, Architekten: ArGe Atelier PK, roedig
schop Architekten; Rozynski-Sturm Architekten;
Studie »fertighauscity5+«/IfuH/IIKE Braunschweig

*2, 3 Illwerke Centre Montafon, Vandans 2013,
architect: Hermann Kaufmann
4 Via Cenni in Milan, four wood-construction
high-rises, each nine storeys high, under construction, architects: Rossiprodi Associati
5, 6 3XGrün, multistorey apartment building in Berlin
2011, architects: ArGe Atelier PK, roedig schop
Architekten; Rozynski-Sturm Architekten; study
"fertighauscity5+" / IfuH / IIKE Braunschweig*

Wohnsiedlung mit vier neungeschossigen Türmen in Holzbauweise aus Brettsperrholz, die durch weitere zweigeschossige Gebäude verbunden sind (Rossi Prodi Associati, Abb. 4). Auch die norwegische Stadt Bergen befindet sich im Holzbaufieber: Im Entstehen ist der wohl erste 14-Geschosser »Trehus« von Artec Arkitekter; Baubeginn 2014 (Abb. 10). Eine Machbarkeitsstudie für 40 Geschosse in Holz (CEI Architecture) hat das Wood Innovation Design Centre Vancouver in Auftrag gegeben; SOM führt mit dem WIDC eine Studie für Hochhäuser aus Holz durch »Timber Tower Research Project. Re-imagining the Skyscraper«.

Potenzial Bestandssanierung
Neben Neubaumaßnahmen, dem Bau neuer Stadtquartiere oder dem Schließen von Baulücken darf man nicht übersehen, dass ein riesiges Potenzial der Holzbauweise im Bereich der Bestandssanierung liegt. Umnutzung, Aufstockung und auch Nachverdichtung haben mittlerweile große Bedeutung erlangt. Heute fließen in Deutschland mehr als die Hälfte aller Bauinvestitionen in bestehende Gebäude – und das mit steigender Tendenz. Der behutsame und schonende Umgang mit bereits Gebautem ist auch als eine Form nachhaltigen Handelns zu sehen. Eine kluge Ressourcennutzung muss zu einem Umdenken in Architektur und Städtebau führen: weg von der marktwirtschaftlich orientierten Schnelllebigkeit im Lebenszyklus, hin zu einer neuen Wertschätzung der Dauerhaftigkeit. Was aber umgekehrt nicht heißt, dass das Bestehende unantastbar ist. Vielmehr geht es um Strategien des Umbaus und auch um neue Baustrukturen an und auf bestehenden Gebäuden (Abb. 7). Umrüsten, Umnutzen und Umwandeln sind heute ein wesentliches Element der Planung. Aufstockungen oder Aufbauten auf brachliegenden Flachdächern können oft nur in Holzbauweise realisiert werden, da der Bestand nicht für weitere große Belastungen ausgelegt ist. Auch bei Anbauten und der Schließung von Baulücken lassen sich vorgefertigte Bauteile wie Wände, Decken und Dächer mithilfe von Mobilkränen in einem Arbeitsgang selbst in unzugängliche Bereiche befördern und schnell montieren.

Zukunftspotenziale
Die aktuellen Beispiele zeigen die Möglichkeiten von Holz in dicht bebauten Städten wie im Geschosswohnungsbau. Dabei werden die gründerzeitlichen Bauten – bis heute tauglich hybride Baukonstruktionen – zum Vorbild. Die Bauweisen sind hier mit ihren spezifischen Eigenschaften sinnvoll kombiniert. Einzig die Leistungsfähigkeit und die ökonomische Gesamtbilanz von Baustoffen zählen.
Heute zeichnet sich jedoch eine Umkehr des Prinzips der gründerzeitlichen Baukonstruktion ab: innen massiv und außen hoch wärmegedämmt in Holzbauweise. Geschosshohe Holzbauelemente werden als selbsttragende Fassadenkonstruktion vor das mineralische Tragwerk gesetzt. So lassen sich bei maximaler Dämmung wärmebrückenfreie Konstruktionen sehr wirtschaftlich realisieren. Die Tafelelemente können im Holzbaubetrieb mit Fenstern und – falls möglich – integrierten haustechnischen Komponenenten vorgefertigt und vor Ort vom Tieflader aus direkt montiert werden. Ein Beispiel ist die Aufstockung und Erweiterung von Wohngebäuden am Münchner Westpark der ArGe Kaufmann.Lichtblau Architekten mit merz kley partner (Abb. 9). Diese Form der Mischbauweise findet auch bei der Sanierung von Außenwänden größerer Wohn-, Büro- und Schulbauten der 1960er- bis 1980er-Jahre Anwendung. Die Elemente werden in kürzester Zeit als Fassadenkonstruktion vor die alte Tragstruktur gesetzt. Gegenüber den üblichen, teilweise unbefriedigenden Verfahrensweisen zur energetischen Sanierung von Gebäudehüllen stellt diese Methode eine ernsthafte Alternative dar. Auch so eingesetzt kann Holz seine Stärken überzeugend ausspielen. DETAIL 1–2/2014

Erweiterte und ergänzte Fassung des Einführungskapitels aus dem Buch »Urbaner Holzbau, Chancen und Potenziale für die Stadt«, hrsg. von Peter Cheret, Kurt Schwaner und Arnim Seidel, Berlin 2013.

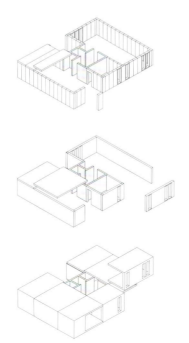

7 Dachgeschossausbau in Wien 2012, Architekten: PPAG architects
8 mehrgeschossiger Wohnungsbau in Berlin 2013, Architekten: Kaden Klingbeil
9 Aufstockung und Erweiterung eines Wohngebäudes in München, 1. Bauabschnitt 1/2012, 2. Bauabschnitt 12/2013, Architekten: ArGe Kaufmann.Lichtblau Architekten mit merz kley partner
10 mehrgeschossiger Wohnungsbau »Trehus« mit 14 Stockwerken in Bergen, 2015, Architekten: Artec Arkitekter

The age-old building material wood has developed so much that it could almost be considered an altogether new material. As if it had been developed in a high-tech laboratory, it provides answers to ever more pressing questions, beginning with the responsible management and use of natural resources and the effects on the well-being of each and every individual, as well as questions regarding the quality of life in our immediate surroundings. And, of course, wood is – as it has always been – a renewable resource.

It's nearly on the order of a miracle of nature that under the right climatic conditions, little more than sufficient soil, light, air and water are required to transform carbon dioxide – which is present in overabundance in the atmosphere – into precious oxygen. In contrast to many other building materials, wood also appeals to our senses, and has advantages in processing, such as its light weight and its workability.

Wood has a number of advantages over conventional solid-masonry construction. First of all, from the global standpoint, it is a good idea to store, for the long term, the maximum amount of CO_2 in buildings and to reduce the amount of primary energy required to erect them. On top of that, processing logs into wood that can be employed as building material consumes far less energy than the production of steel, concrete, plastic, or brick – not to mention aluminium. From the technical standpoint wood is a composite building material, reinforced with cellulose fibres and with a high percentage of cavities, and for that reason it is the strongest of all insulating materials. It is considerably lighter per unit strength than steel, and has nearly the same compression strength as concrete, but can, in contrast to concrete, also withstand tensile forces. Of course, it would be possible to elaborate upon the long list of good reasons to use it – including many pertinent technical parameters. But we must ask ourselves why this material has yet to be employed here in Germany to an extent commensurate with its possibilities. The answer is complex and to be found in the historical development of timber construction. Until industrialisation in the nineteenth century, wood was the dominant construction material. Nearly everything – from household items to structural members of buildings – was made of it. Within just a few decades it lost its centuries-long predominance. Alternative concepts were required to contend with the challenges facing society with respect to public utilities, and new types of transportation and buildings. On the one hand, the artistry of the carpenter – who was a member of a guild – had become prohibitively expensive. This art had been developed in a long process of adaptation to actual conditions. Form, assembly and structure – down to the details of the wood connections – were set forth precisely. On the other hand, wood, the renewable building material, could of course only gradually adapt to the specialised demands of new construction techniques. During the pioneering heyday of industrialisation, wood was not considered suitable for the mass production of goods. Recently developed materials such as cast iron, iron, and steel, and beginning at the turn of the century, reinforced concrete, came to the fore. These building materials were the result of goal-oriented research. Nevertheless, wood has been able to capture a market share in areas less oriented to specialised applications and more to the everyday needs of construction. In our major cities, despite the massive destruction during the Second World War, so-called "Gründerzeit" neighbourhoods have survived. Though not revealed in their facades, the buildings in these districts – which have continued to be attractive to residents – are in large part timber structures. While the external walls – and in many cases, the ceiling decks above the ground storey – are of solid masonry, the additional storeys typically have timber-beam ceilings, load-bearing interior walls of solid-timber framing, and roof-structure systems of wood.

Multistorey wood buildings and hybrid structural systems – state of the art
Most recently, wood construction has undergone an astonishing transformation. In comparison to conventional construction methods that were common practice not long ago, today an array of wood construction systems and methods are available to us.
Given the great variety of construction methods, the significant innovation of all current wood-construction systems is first and foremost related to having overcome the limitations of traditional wood construction. These construction methods, typically derived from the historical timber-frame methods – as for example, the post-and-rail construction method that was predominant through the 1980s – made use, as a rule, of bar-shaped members such as beams, laths, mouldings and planks. Their dimensions were limited by the size of the tree, which, in turn, had an influence on the spans and the overall size of the building. While one part of the new systematisation continues to be based on the

7 Loft conversion in Vienna, 2012, architects: PPAG architects
8 Multi-storey apartment building in Berlin, 2013, architects: Kaden Klingbeil
9 Additional storeys and expansion of an apartment building in Munich, first construction phase: 1/2012; second construction phase: 12/2013, architects: ArGe Kaufmann.Lichtblau Architekten with merz kley partner
10 "Trehus", 14-storey apartment building in Bergen, 2015, architects: Artec Arkitekter

additive principle employing bar-shaped members, the leading manufacturers also offer a whole range of solid, planar and even three-dimensional elements for use in walls, ceilings and roofs. In contrast to the "lightweight" construction methods (e.g. woodframe construction), these are solid building components made of stacked or otherwise accrued cross sections that are joined – using different fabrication processes – into stable, planar elements. Beyond the innovations in construction techniques, the new developments that employ planar, non-directional building components are accompanied by a profound transformation of tectonics. As gleaned from the history of architecture, in which technological advancements have always gone hand in hand with design innovation, these changes open up new possibilities for architecture. Construction employing wood systems – with the structural performance and assemblies based on the results of scientific experiments – has long attained a level in building technology that qualifies it for much more ambitious applications than for limited, small-scale buildings in rural or suburban settings. Of course, wood construction will continue to be well suited to private residences or schools. However, the use of wood in multistorey apartment buildings in an urban context is the very application that can spark innovations in both urban planning and in architecture. But there is no need to leave it at purely wooden structures: economic considerations can lead to hybrid structures in which reinforced concrete is used for the load-bearing walls, ceilings, and columns, and wood is used for the highly insulated exterior walls and roof, i.e. the building envelope. A number of recently completed buildings are evidence of this.

Due to its specific capabilities, wood construction is no longer restricted to low-slung buildings, but is currently gaining significance in multistorey buildings located in cities. Considerable changes have been made, both with respect to technology and building codes. Amendments to new guidelines, as well as knowledge gained from prototypical projects and research have created a better climate for multistorey wood construction. A number of new buildings with an exceptional number of storeys have garnered attention. Others are currently on the drawing board, and give cause to expect the out-of-the-ordinary, and testify to the great potential of wood construction. One example is the Illwerke Centre in Montafon by Hermann Kaufmann, one of the largest office buildings to be erected in hybrid construction, and based on the prototypical Life Cycle Tower One in Dornbirn. The tallest wood building is at present a CLT structure located in Melbourne whose 10 storeys reach a height of 32.17 metres. In London there is a 9-storey, nearly 30-metre-high urban structure of the same material. The latter has a reinforced-concrete base storey that bears the weight of the 8 levels of wood construction. Even the circulation cores are of wood. In England there are fewer limitations with regard to number of storeys than in Germany.

Grasping refurbishment as opportunity
Aside from construction of new buildings, residential districts, or structures filling in gaps in urban fabric, one should not overlook the fact that the greatest potential lies in the refurbishment of existing buildings. Conversions, additional storeys, and measures intended to increase density have in the meantime become omnipresent tasks. In Germany, more than half of all investments in construction are presently in existing buildings – and the tendency is increasing. When these commissions are approached with an appreciation for that which is already there, the result will be a form of sustainable practice. The trend toward clever use of resources must lead us to reconsider how we practice urban planning and architecture. It points away from market-oriented, short-term profitability, and toward an appreciation of permanence. But that does not mean that existing buildings are sacrosanct. What is needed are strategies to renovate them and to introduce new structures next to and on top of them. Retrofitting, converting and transforming are currently essential aspects of the design process. Wood construction is often the only option when it come to adding storeys or discreet volumes to unused flat roofs, because the existing structure cannot withstand greater loads.

Great potential for the future
The recent examples demonstrate wood's possibilities in urban apartment buildings. The buildings of the Gründerzeit era serve to this day as an example of successful hybrid construction. Wood's special characteristics are particularly suited to these structures. Performance and the economical bottom line are what count for a construction material. Today, however, there is an inversion of the 19th-century construction principle: solid cores and highly insulated wood envelopes. Storey-high, self-supporting wood elements cloak mineral-based load-bearing systems. In this manner, buildings that are free of thermal bridges can be erected economically.

Wohnen im Alter – zwischen Wunsch und Wirklichkeit

A Domicile in Old Age – Aspirations and Reality

Andreas Huber

Altersgruppen / Age groups	2010 in 1000	2010 in %	2030 in 1000	2030 in %	2060 in 1000	2060 in %
20–40	19 756	24,2	17 058 (-2698)	21,6 (-13,7)	14 617 (-2441)	20,8 (-14,3)
40–60	25 420	31,1	20 168 (-5252)	25,5 (-20,7)	16 995 (-3173)	24,2 (-15,7)
60–80	17 187	21,0	22 142 (+4955)	28,0 (+28,8)	18 270 (-3872)	26,1 (-17,5)
80 und älter / 80 and older	4307	5,3	6429 (+2122)	8,1 (+49,3)	9225 (+2796)	13,2 (+43,5)

2 Nachfragegruppen / Prognose: ständige Wohnbevölkerung am Jahresende nach der Bevölkerungsvorausberechnung Variante 1-W2: Obergrenze der »mittleren« Bevölkerung (1,4 Kinder/Frau, Lebenserwartung: Basisannahme, Wanderungssaldo: 200 000 ab 2020), in 1000 und in %, Werte in Klammern: Veränderung gegenüber Vorperiode (Statistisches Bundesamt, 2009).
2 Survey groups / predictions: constant housing population at end of respective year according to population projection version 1-W2: upper limit of "mean" population (1.4 children per woman; life expectancy: basic assumption, balance of migration: 200,000 from 2020 onwards) in thousands and in %; figures in brackets: difference in comparison with previous period (source: Statistisches Bundesamt, Germany, 2009).

Wohnen im Alter ist eines der zentralen zukunftsorientierten Themen für Architektur, Stadtplanung und Wohnwirtschaft. Der gesellschaftliche und demografische Wandel zeigt, wie sehr sich die Lebensräume auch für das Alter bereits verändert haben. Die Frage nach Wohnformen, die es erlauben, die länger und bedeutender werdenden späteren Lebensphasen nach eigenen Wünschen und Bedürfnissen zu gestalten, stellen sich immer mehr Menschen schon zu Beginn der zweiten Lebenshälfte.

Der Übergang in die zweite Lebenshälfte scheint für viele erträglicher zu sein als der Übergang ins Alter, dessen Beginn aus Sicht der Biologie, Medizin oder Psychologie gar nicht beantwortet werden kann. Gerade diese Disziplinen heben immer wieder hervor, dass zwischen »Alter« und »altern« unterschieden werden muss. »Altern« im wissenschaftlichen Sinn stellt ein Durchlaufen der Lebensspanne von Geburt bis Tod dar. Es gibt also kein Alter, ab dem wir sagen könnten: Nun beginnt das Alter. Trotzdem stellt man sich selbst immer wieder mal die Frage »Ab wann ist man eigentlich alt?« Dabei ist bemerkenswert, dass sich unsere eigene Definition von Altsein stetig verschiebt. Nach Ansicht der 40- bis 50-Jährigen endet Jungsein erst mit 45, und Altsein beginnt frühestens mit 69. Und weil man selbst das eigene Altern viel weniger wahrnimmt als dasjenige der anderen, fragt man sich beim Klassentreffen höchstens, ob da jemand seinen Vater geschickt hat, wäre aber empört, wenn andere dasselbe über einen selbst denken würden.

Im Gegensatz zum fließenden Übergang des sich Alt- beziehungsweise immer noch Jungfühlens können Statistiker zumindest den Beginn der zweiten Lebenshälfte quasi auf den Monat genau vorausberechnen. Die von Versicherungen und Pensionskassen verwendeten so genannten Kohortensterbetafeln geben Auskunft über die Überlebensgeschichte eines Geburtsjahrgangs, auch Kohorte genannt. So begann statistisch gesehen die zweite Lebenshälfte beispielsweise für Schweizer Männer meines Jahrgangs 1964 – des geburtenstärksten Jahrgangs überhaupt – mit 42,3 Jahren. Als Februargeborener begann meine zweite Lebenshälfte demnach Mitte 2006. Die weiblichen Vertreterinnen meines Jahrgangs starteten ihre zweite Lebenshälfte – aufgrund der höheren Lebenserwartung – erst im Alter von 44 Jahren. In Deutschland beginnt die zweite Lebenshälfte wegen der rund zwei Jahren (Frauen) respektive drei Jahren (Männer) niedrigeren Lebenserwartung ein bis eineinhalb Jahre früher.

Gemäß Statistik habe ich den Zenit meines Lebens also bereits überschritten. Angesichts dieser beunruhigenden Tatsache müsste es mir seit 2006 eigentlich kontinuierlich schlechter gehen. Doch eine Studie von zwei Ökonomen zum Zusammenhang zwischen Lebensalter und Glück sagt genau das Gegenteil. Die beiden Statistiker entwickelten ein Verfahren, das einen Vergleich von Menschen ermöglicht, die in Bezug auf die wichtigsten Glücksfaktoren übereinstimmen – mit Ausnahme des Alters. Die Untersuchung zeigt, dass der Mensch sich in seinen Jugendjahren glücklich fühlt – und dann erneut im Alter. Mit 60 sind viele Menschen wieder so zufrieden, wie sie es mit Anfang 20 waren. Konkret zeigt die Auswertung, dass Männer aus westeuropäischen Ländern mit 45,2 Jahren in punkto Wohlbefinden auf dem Tiefpunkt ihres Lebens sind. Für Frauen aus Westeuropa ist das Unglück mit 47 Jahren am größten. [1]

Nun bin ich aber als Wissenschaftler statistischen Aussagen gegenüber grundsätzlich skeptisch eingestellt. Zum einen habe ich den Eindruck, dass es mir – obwohl die Studie das Gegenteil sagt – mit 45 wesentlich besser ging als mit 20. Zum anderen mag ich persönlich nicht so sehr an die Verheißungen des Alters glauben. Diese Skepsis wird von vielen prominenten Stimmen geteilt. So sagte Woody Allen einmal: »Altern ist die Hölle. Du betrachtest dein Gesicht im Alter und stellst fest, dass etwas fehlt. Dann wird dir klar, dass es deine Zukunft ist.« Gewohnt trocken auch Robert Lembke: »Alt werden ist natürlich kein reines Vergnügen. Aber denken wir an die einzige Alternative.« Etwas unverblümter Klaus Kinski: »Wer mir was vom goldenen Lebensabend quatscht, dem hau ich das Gebiss raus.« Weitaus poetischer Schauspieler Donald Sutherland: »Das Leben sollte mit dem Tod beginnen, nicht andersherum. Zuerst gehst du ins Altersheim, wirst dort hinausgeworfen, spielst ein paar Jahre Golf, kriegst eine goldene Uhr und beginnst zu arbeiten. Anschließend

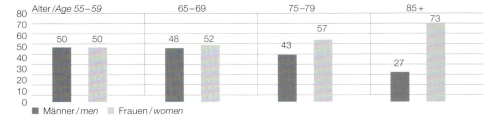

3 Altersgruppen nach Geschlecht 2010 in % (Statistisches Bundesamt 2012)
3 Age groups according to gender in 2010 in % (Statistisches Bundesamt, Germany, 2012)

1	Seniorenwohnungen, Amsterdam, 1997; MVRDV
4–6	Sanierung Alterswohnungen der SAW Dufourstraße, Zürich, 2011; Architekten: Schneider Studer Primas
4	Dusche und WC verschwinden hinter Klapptüren.
5	Durch Zusammenlegen der alten Kleinstwohnungen entstanden 1,5–3-Zimmerwohnungen mit Bad und Balkon. Grundriss Maßstab 1:750
6	Balkonschicht als Kommunikationszone: Bewegliche Textilien schützen vor Sonne und Einblicken.

1 Dwellings for senior citizens, Amsterdam, 1997, MVRDV
4–6 Refurbishment of SAW sheltered housing, Dufourstrasse, Zurich, 2011, architects: Schneider Studer Primas
4 Shower and WC concealed behind hinged doors
5 By combining small, older units, 1.5- to 3-room flats with baths and balconies were created Floor plan scale 1:750
6 Balcony layer as communication zone; movable fabric screens protect against insolation and prying eyes.

gehst du auf die Uni und hast inzwischen genug Lebenserfahrung, das Studentenleben richtig zu genießen. Nach der Schule spielst du fünf, sechs Jahre, dümpelst neun Monate in einer Gebärmutter und beendest dein Leben als Orgasmus.«

Dass das Leben mit dem Tod beginnt, bleibt Wunschtraum oder allenfalls Stoff für eine wunderbare Novelle (»Der seltsame Fall des Benjamin Button« von F. Scott Fitzgerald, 2008 verfilmt von Regisseur David Fincher mit Brad Pitt und Cate Blanchett in den Hauptrollen). Die Schweiz und insbesondere Deutschland werden in den nächsten Jahrzehnten eine verstärkte demografische Alterung erfahren. Dies wird nicht nur Konsequenzen für das gesamte Sozialsystem haben, das bekanntlich auf die nachkommenden Generationen aufgebaut ist, sondern auch für den Wohnungsmarkt.

Entwicklung der Nachfragegruppen auf dem Wohnungsmarkt
Interessant dabei ist weniger die Bevölkerungsentwicklung an sich, als vielmehr die Betrachtung der Entwicklung der altersspezifischen Nachfragegruppen. Im Folgenden werden die großen Nachfragegruppen den aktuellen Alterskohorten zugeordnet und den prognostizierten Anteilen für die Jahre 2030 und 2060 gegenübergestellt (Abb. 2). Die Zahl der für den Wohnungsmarkt bislang besonders relevanten Altersklassen der 20- bis 60-Jährigen wird in Zukunft abnehmen. Diese Generationen, die zu Beginn des Jahrtausends noch über 55 Prozent der Bevölkerung stellten und mit den Kindern und Jugendlichen bis 20 Jahre rund drei Viertel des Nachfragepotenzials am Wohnungsmarkt bildeten, werden im Jahr 2060 nur noch 45 Prozent ausmachen. Absolut wird der Rückgang fast 14 Millionen Personen ausmachen. Ein entgegengesetzter Trend lässt sich für die zwei Altersgruppen der letzten Lebensphasen feststellen. Der Anteil der 60-Jährigen und Älteren wird von gut 26,3 Prozent im Jahr 2010 auf über 39 Prozent im Jahre 2060 ansteigen, wobei die Gruppe der 60- bis 79-Jährigen ab 2033 bereits wieder abnimmt, da sich für diese Generation ab dann der «Pillenknick», der Mitte der 1960er-Jahre zum Rückgang der Geburtenrate geführt hat, bemerkbar macht. In absoluten Zahlen heißt das: Wenn heute in Deutschland rund 21,5 Millionen Frauen und Männer 60 Jahre oder älter sind, werden es in 50 Jahren 6 Millionen mehr sein. Allein die Zahl der Menschen im so genannten «vierten Lebensalter» (80 und mehr) wird sich bis 2060 von 4,3 auf 9,2 Millionen mehr als verdoppeln.

Die beiden Entwicklungen weisen für die nächsten Jahre auf der einen Seite auf eine stagnierende oder langfristig sogar leicht abnehmende Nachfrage nach großen Familienwohnungen, auf der anderen Seite auf einen Nachholbedarf an altersgerechten Neu-, aber auch Umbauten hin. Eine der wichtigsten Nachfragegruppen auf dem Wohnungsmarkt wird in Zukunft auf jeden Fall die Gruppe von Menschen in der Nachfamilienphase und im Rentenalter sein. Doch der Markt hat darauf bisher kaum reagiert. Gemäß einer Studie des Bundesverbands Freier Immobilien- und Wohnungsunternehmen (BFW) aus dem Jahr 2007 lag das Angebot an seniorengerechten Wohnungen in Deutschland und im europäischen Durchschnitt bei weniger als einem Prozent. Von 39 Millionen Wohnungen in Deutschland waren damals nur gut 350 000 altengerecht gebaut. Bis zum Jahr 2020 prognostizierte der BFW einen Bedarf von 800 000 neu zu bauenden oder zu modernisierenden Wohnungen. Das Defizit an Altenwohnungen dürfte sich in den letzten fünf Jahren aufgrund des massiven Einbruchs des Wohnungsneubaus seit 2007 hingegen kaum wesentlich verringert haben. Bei der generell niedrigen Wohnbautätigkeit wird es Jahrzehnte dauern, bis der notwendige Mindestbedarf von drei Prozent an altersgerechten Wohnungen erreicht sein wird.
Auf eine weitere demografische Besonderheit ist hinzuweisen: Aufgrund der unterschiedlichen Lebenserwartung werden im hohen Lebensalter deutlich mehr Frauen als Männer gezählt. Während bei den 65- bis 69-Jährigen die Frauen eine kleine Mehrheit von 52 Prozent bilden, beträgt das Verhältnis zwischen Frauen und Männern bei den 75- bis 79-Jährigen bereits 57 zu 43. Bei den 85-Jährigen und Älteren schließlich bilden die Männer eine Minderheit von 27 Prozent (Abb. 3). Da die ältere Bevölkerung also mehrheitlich weiblich ist – Gerontologen sprechen von der Feminisierung des Alters –, sollte sich der Wohnungsmarkt insbesondere auf die Bedürfnisse älterer Frauen ausrichten.

Neuere Wohnmodelle für die zweite Lebenshälfte
Nach wie vor haben die meisten Menschen ein sehr homogenes Bild vom Alter. Wie Gerontologen immer wieder betonen, werden die Menschen mit steigendem Lebensalter jedoch nicht gleicher, sondern ungleicher. Das ist eigentlich keine neue Erkenntnis, doch das Klischee vom Gleichwerden im Alter hält sich hartnäckig. Schon 1992 schrieb Lily Pincus: »Alte Menschen sind ja nicht alle gleich, wahrscheinlich sind sie das sogar noch weniger als irgendeine andere

7–9 Wohnfabrik Solinsieme, St. Gallen, 2002
Selbstorganisierte Altershausgemeinschaft
ohne integriertes Betreuungsangebot
Architekten: Archplan
8 Ausbau Dachgeschoss; Mitsprache der Bewohner bei Grundrissgestaltung und Farbgebung von Boden, Küchenelementen und Sanitärräumen
9 Grundriss Maßstab 1:500

7–9 Solinsieme housing factory, St Gallen, 2002;
self-organised sheltered housing community,
without integral care facilities;
architects: Archplan
8 Fitting out of roof storey: residents' participation in layout design and in choice of colours for flooring, kitchen elements and sanitary spaces
9 Floor plan scale 1:500

Altersgruppe: denn ihr langes Leben hat sie zu Individualisten gemacht. Eines unserer augenblicklichen Probleme ist, dass die Gesellschaft sich weigert, das zu verstehen, und alle alten Leute als ›gleich‹ behandelt.«[2]

Ältere Menschen sind eine sehr heterogene Gruppe. Sie werden durch eine Vielzahl von Faktoren charakterisiert. Das Alter ist dabei nur ein Faktor von vielen. Das Alter ändert nichts an unterschiedlicher Bildung, unterschiedlichen sozialen, kulturellen und politischen Interessen sowie unterschiedlichen finanziellen Möglichkeiten. Neben wirtschaftlich gut abgesicherten älteren Menschen gibt es in dieser Altersgruppe auch immer einkommens- und vermögensschwache Personen. Es gibt Menschen, die bis ins hohe Alter selbständig und autonom bleiben, und andere, die bereits in der Lebensphase des frühen Rentenalters auf Unterstützung oder Betreuung angewiesen sind. Da es somit unmöglich ist, einheitliche Bedürfnisse älterer Menschen auszumachen, braucht es ein Wohnungsangebot, das für alle Einkommensgruppen attraktive und bezahlbare Wohnungen enthält. Selbst wenn vielen älteren Menschen gar nichts anderes übrig bleibt, als in ihrer – vielfach nicht altersgerecht ausgebauten – Wohnung zu bleiben, da sie sich alternative Wohnformen gar nicht leisten können, wird es für die kommende Altersgeneration wichtig sein, zwischen verschiedenen Angeboten wählen zu können. Neben dem von der Mehrheit der älteren Menschen nach wie vor favorisierten Wohnen in der angestammten Wohnung hat sich in den letzten Jahren das Spektrum der Wohnmöglichkeiten im Alter bereits erheblich erweitert. Dabei geht es nicht nur um Schwellen und Stufen, sondern auch um ein gutes soziales Netzwerk familiärer, freundschaftlicher und nachbarschaftlicher Kontakte, um Sicherheit und um verfügbare Betreuungsleistungen im fortgeschrittenen Alter.

Als besonders attraktive Alternativen zum Wohnen daheim und als Prävention gegen Vereinsamung im Alter gelten gemeinschaftliche Wohnformen wie Alterswohn-, Haus- oder Siedlungsgemeinschaften, integrative sowie intergenerative Wohnprojekte, die individuell unterschiedlichen Anforderungen und Präferenzen entsprechen. Diese Wohnmodelle kombinieren privates Wohnen und gemeinschaftliches Leben und setzen auf das Prinzip der Nachbarschaftshilfe. Ein Merkmal dieser Projekte ist, dass sie bis dahin vorwiegend privat initiiert und erprobt wurden und erst vereinzelt als vollständige Konzepte von kommerziellen Unternehmen oder gemeinnützigen Institutionen angeboten werden (Abb. 10–12).

Am nächsten beim privaten Wohnen im eigenen Haushalt sind Alterswohnungen, die sich in der Nähe eines bestehenden Alten- und Pflegeheims befinden (Abb. 13) oder in ein Alterszentrum integriert sind. Sie verbinden altersgerechtes Wohnen mit einem individuell abrufbaren Angebot an verschiedenen Dienstleistungen. Dazu gehören etwa eine 24-Stunden-Notrufanlage, Reinigungs- und Wäscheservice, Mahlzeitendienst, Hilfe beim Einkaufen oder auch pflegerische Betreuungsleistungen nach Bedarf. Besonders stark ist die Nachfrage nach Modellen mit einer möglichst großen Flexibilität.

Eine Sonderform des Wohnens mit Betreuung sind Seniorenresidenzen. Neben einem Grundangebot an Serviceleistungen, die pauschal im Pensionspreis inbegriffen sind, können gegen einen Aufpreis zusätzliche Dienstleistungen in Anspruch genommen werden. Einer der Vorteile von Seniorenresidenzen ist, dass sie in der Regel über Pflegeabteilungen verfügen, was ein Verbleiben in der Residenz auch bei einer Verschlechterung des Gesundheitszustands ermöglicht.

Modelle des Wohnens mit Betreuung wie Alterszentren oder Residenzen, die das selbstständige Wohnen erleichtern, die persönliche Freiheit aber möglichst wenig beschneiden, ersetzen zunehmend die »klassischen« Altenheime. Letztere entwickeln sich immer mehr zu reinen Pflegeheimen bzw. zu Servicehäusern mit Wohn- und Dienstleistungsangeboten für Menschen mit größerem Betreuungsbedarf.

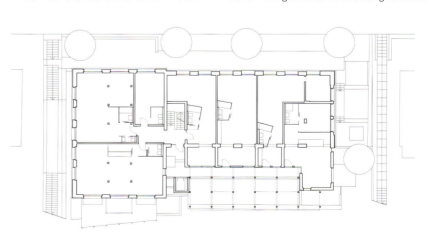

10–12 Genossenschaft »Am Hof«, Köniz, 2011;
Architekten: Durrer Linggi, BEM;
Alterswohnungen, gemeinschaftlich organisiert, Erdgeschoss mit Läden und »Spitex« (spitalexterne Hilfe und Pflege), gemeinschaftlich genutzter Gartenhof
11 Wohnung im Zeilenbau, der Versatz im Grundriss sorgt für mehr Privatheit trotz Laubengang.
12 Grundriss   Maßstab 1:1250

10–12 Am Hof cooperative, Köniz, 2011,
architects: Durrer Linggi, BEM;
communally organised housing for the elderly; ground floor with shops and "Spitex" (outpatient help and care); communally used garden court
11 Strip development; the offset in layout ensures greater privacy, despite the access balcony
12 Layout plan   scale 1:1,250

Projekte für gemeinschaftliches Wohnen
Obwohl die Idee des gemeinschaftlichen Wohnens im Alter inzwischen gesellschaftlich breit akzeptiert ist, ergeben sich deutlich geringere Zustimmungswerte, wenn konkret danach gefragt wird, ob man sich eine solche Wohnform für sich selber vorstellen kann. In einer 2008 durchgeführten Erhebung, konnten sich jeweils zehn Prozent der zuhause lebenden Befragten im Alter von 60 Jahren und mehr vorstellen, in einer (Alters-)Wohngemeinschaft bzw. in einer Hausgemeinschaft zu wohnen [3].
In der Praxis sieht es allerdings anders aus. Es spricht zwar vieles dafür, nachdem die Kinder ausgezogen sind und der Partner womöglich auch auf und davon ist, das Alter wieder kollektiv zu organisieren. Doch gut funktionierende Alterswohn- bzw. Altershausgemeinschaften sind so selten, wie der Wunsch danach offenbar groß ist. In einem auffallenden Mißverhältnis zum öffentlichen Interesse steht die Zahl tatsächlich realisierter Wohngemeinschaften: Die Zahl der über 50-Jährigen, die in Gemeinschaftswohnprojekten leben, ist vernachlässigbar gering. Der Anteil dürfte wohl im Promillebereich liegen (genaue Zahlen sind nicht bekannt). Weshalb es nicht mehr sind, liegt an verschiedenen Gründen. Zum einen sind die Herausforderungen an Altenwohngemeinschaften anders als an studentische WG-Formen, die in der Erinnerung vielfach auch noch verklärt werden. Der Beweggrund, im Jugendalter in einer Wohngemeinschaft zu wohnen, ist wohl mehrheitlich ökonomisch motiviert. Weil sich die ökonomische Situation der Alten in Zukunft wieder jener der Studenten annähern könnte, gehen Experten davon aus, dass auch Alten-WGs vermehrt nachgefragt werden können. Meiner Ansicht nach dürfte dies sogar der Hauptgrund sein, weshalb es in Zukunft mehr Alterswohngemeinschaften geben könnte. Die These, dass die neuen Alten, nur weil sie schon WG-erprobt sind, freiwillig vermehrt Alterswohngemeinschaften praktizieren werden, teile ich nicht. Die Einstellung insbesondere der jungen Babyboomer ist betont individuell und vergnügungsorientiert und mit gemeinschaftlichen Wohnformen nur wenig kompatibel. Zurzeit stehen bei der heutigen Generation älterer Menschen jedoch kaum ökonomische Gründe bei der Wahl dieser Wohnform im Vordergrund. Man erhofft sich gemeinsame Aktivitäten, gegenseitige Hilfe und generell weniger Alleinsein. Im Wunsch nach dem Teilen gemeinschaftlicher Wohnflächen äußert sich zudem häufig eine übertriebene Sehnsucht nach Gemeinschaft, die in der Realität der Projekte jedoch nicht selten enttäuscht wird.
Das Wohnen hat in der Jugend auch einen ganz anderen Stellenwert als im Alter. In der Jugend dient die Wohnung hauptsächlich als Rückzugsort von den Aktionsräumen, die man sich außerhalb der Wohnung anzueignen versucht. Mit zunehmendem Alter wächst allerdings die Bedeutung der Wohnung für die Lebensqualität. Je älter Menschen werden, desto mehr Zeit verbringen sie in ihrem Zuhause. Womit ein weiteres Problem genannt werden kann, vor dem ältere Leute in der Nachfamilienphase stehen, die sich eine gemeinschaftliche Wohnform wünschen. Noch mehr als in den Jugend-WGs sind sie mit alltäglichen Problemen des Zusammenwohnens konfrontiert, mit denen man sich schon damals herumschlagen musste. In einem Artikel in der »Zeit« über fünf Hausgemeinschaften in Deutschland kommt der Autor zu einem ziemlich ernüchternden Schluss: »Konflikte, die schon junge, flexible WG-Menschen an ihre Grenzen treiben, führen auch im Alter, dem Milde und Weisheit leider nur irrtümlich zugeschrieben werden, zu Verbitterung und Ausgrenzung. Streitkultur ist in unserer Gesellschaft, unabhängig vom Alter, miserabel entwickelt, das Resultat ist ein kommunikatives Desaster. Das führt oft schon in der Gründungsphase einer Gemeinschaft zu solchen Verwerfungen, dass es gar nicht erst zu einem Projekt kommt.«[4]
Trotz dieser Vorbehalte zählen Alterswohn- und Altershausgemeinschaften zweifellos zu den innovativsten Alternativen für das Wohnen im Alter. Die Unterschiede zwischen Wohn- und Hausgemeinschaften sind flie-

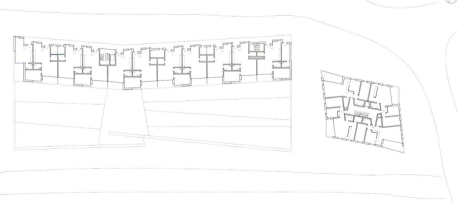

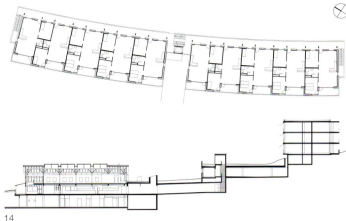

13
14

ßend. Alterswohngemeinschaften im klassischen Sinn mit privatem Zimmer sowie gemeinsamem Bad und Küche sind kaum verbreitet. Altershaus- und -siedlungsgemeinschaften, in denen die Bewohner in eigenen, komplett ausgestatteten Wohnungen leben, stoßen auf eine deutlich höhere Akzeptanz. In der Regel werden solche Projekte eher von jüngeren Senioren zwischen 50 und 60 initiiert.

Wohnfabrik Solinsieme, St. Gallen
Als Beispiel einer bewohnerinitiierten Hausgemeinschaft soll die vor zehn Jahren realisierte Wohnfabrik Solinsieme in St. Gallen vorgestellt werden (Abb. 7–9). Die Altershausgemeinschaft Solinsieme wurde Anfang 2000 von vier Frauen in der Nachfamilienphase gegründet. Gegen die ihrer Ansicht nach wenig attraktive Aussicht, in nach dem Auszug der Kinder plötzlich zu groß gewordenen Wohnungen alleine alt zu werden, entwickelten sie gemeinsam mit einem Architekturbüro die Altershausgemeinschaft Solinsieme. Diese sollte sowohl individuellen Wünschen als auch gemeinschaftlichem Wohnen gerecht werden, was auch im Kunstwort Solinsieme zum Ausdruck kommt – solo (allein) und insieme (zusammen).
Die Substanz der ehemaligen Stickereifabrik von 1880 wurde belassen. Der südliche Bauteil aus dem Jahr 1950 wurde durch einen modernen Anbau ersetzt. Er besteht aus einer Eingangs- und Erschließungszone, Außenräumen und Terrassen. Beim Umbau wurden ökologische und baubiologische Grundsätze berücksichtigt. Auf dem Dach befindet sich eine Solaranlage zur Unterstützung der Warmwasseraufbereitung. Für den Innenausbau wurden hauptsächlich ökologische Produkte verwendet. Die Erschließung der Wohnungen ist rollstuhlgängig; ein Aufzug verbindet die drei Geschosse. Der Anspruch, behindertenoder altersgerechte Wohnungen zu bauen, bestand jedoch nicht. Stattdessen wurde gemeinsam beschlossen, zu einem späteren Zeitpunkt bei Bedarf nachzurüsten.
Die insgesamt 17 Wohneinheiten wurden im Stockwerkeigentum an die Bewohner verkauft. Das Preissegment der Wohnungen reichte von 238 000 bis 375 000 Schweizer Franken ohne Mehrkosten, was damals leicht unter dem Durchschnittspreis der angebotenen Eigentumswohnungen in der Ostschweiz lag. Die zwischen 56 und 93 m² großen Wohnungen verfügen über eine offene Küche, eine als Box in die Räume gestellte Nasszelle, einen abtrennbaren Schlafraum, Schränke und einen großen Wohnbereich. Die Räume sind 3,80 m hoch und weisen feinteilige Fenster auf. Die raumhohen, 40 mm dicken Leichtbauwände sind im oberen Bereich verglast, wodurch der Loftcharakter der Wohnungen gewahrt bleibt. Gestaltung und Materialisierung der Wohnungen zeigen ein hohes Maß an Individualität. Mitsprachemöglichkeiten gab es bei der Grundrissgestaltung, der Auswahl der Farbe des Industriebodenbelags sowie bei der Farbgebung des Sanitärraums und der Küchenelemente. Auch die Wahl einer Dusche oder einer Badewanne stand den Eigentümern frei.
Knapp zwanzig Prozent der Gesamtnutzfläche sind Räume zur gemeinschaftlichen Nutzung. Die gemeinschaftlich nutzbaren Räume wurden ebenfalls als grundsätzlich verkäufliche Stockwerkeinheiten deklariert. Zum Erwerb dieser Räume wurde mit einem für die Schweiz neuartigen Finanzierungsmodell die Genossenschaft Solinsieme gegründet. Das erforderliche Kapital von rund einer Million Franken für die von der Genossenschaft erworbenen Räume setzte sich aus Genossenschaftsanteilen von je 20 000 Schweizer Franken und einem Stiftungsdarlehen von 750 000 Schweizer Franken zusammen.
Der größte gemeinsam nutzbare Raum ist ein zentraler Gemeinschaftsraum mit Küche und Bar mit einer Fläche von 66 m². Weitere der Gemeinschaft zur Verfügung stehende Räume sind ein Gästezimmer, zwei Ateliers für Werken, Bügeln, Hobby, eine allgemein zugängliche Dachterrasse, ein Fahrradraum sowie weitere kleinere Nebenräume. Der Gemeinschaftsraum kann für Feste und andere interne Anlässe für rund 40 Personen genutzt werden. Für interne Anlässe für und von Solinsieme-Bewohnern ist die Benutzung kostenlos. Bei Privatanlässen muss eine Benutzungsgebühr bezahlt werden, die der Genossenschaft zugute kommt. Auch externe Personen können den Raum mieten. Bezüglich der Organisation und Durchführung von Veranstaltungen im Gemeinschaftsraum war bereits nach fünf Jahren ein leichter Rückgang der Häufigkeit festzustellen. Solange die Bewohner mobil sind, scheinen die vielfältigen kulturellen Angebote der Stadt für viele attraktiver zu sein als die bewohnerorganisierten Anlässe im Gemeinschaftsraum. Jedenfalls zeigt sich, dass sich einige, ursprünglich im Gemeinschaftsraum angesiedelte gemeinschaftliche Aktivitäten inzwischen in den Privatbereich der Wohnungen verschoben haben. Die Bewohner sind jedoch überzeugt, dass nach der Pensionierung der Mehrheit der Bewohner der Gemeinschaftsraum wieder vermehrt genutzt wird. Abzuwarten ist auch, wie es sich in der Wohnfabrik leben lässt, wenn tatsächlich erste Behinderungen bei den Bewohnern auftreten. Die Wohnungen sind zwar hindernisfrei erschlossen, einige weisen jedoch im Wohnungsinneren unüberwindbare Stufen auf.
Als Vision und umsetzbares Konzept kann die Wohnfabrik allerdings Vorbildcharakter für ähnliche Projekte haben. Nicht unbegründet bekam sie 2007 den im Zweijahres-Rhythmus von der Schweizer Age-Stiftung vergebenen Age Award, der im Jahr 2007 zum Thema »Wohnmodell Hausgemeinschaft« ausgeschrieben worden war.
DETAIL 9/2012

Anmerkungen / *References*:
[1] Blanchflower, David G., Oswald, Andrew J.: Is Wellbeing U-Shaped over the Life Cycle? In: Social Science & Medicine, 4/2008, vol. 66(8), S./*pp*. 1733–1749
[2] Pincus, Lily: Das hohe Alter. Lebendig bleiben bis zuletzt, München / Zürich 1992
[3] Höpflinger, François: Age Report 2009. Einblicke und Ausblicke zum Wohnen im Alter, Zürich 2009, S./*p*. 131
[4] Strassmann, Burkhard: Alters Heim. Gemeinsam wohnen – das wollen viele Senioren. Wie kann das gut gehen? Fünf Hausbesuche. In: Die Zeit, 47/2005

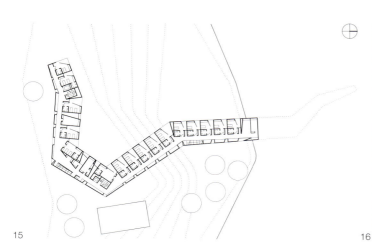

15

16

Creating appropriate domiciles for old age is one of the key future tasks of architecture, urban planning and the housing economy. Social and demographic changes already show just how much the living environment for the elderly has been transformed, which raises the issue of finding dwelling forms that allow the later stages of our lives to meet our needs and expectations.

The disciplines of biology, medicine and psychology speak of the need to distinguish between old age and ageing. In a scientific sense, ageing covers the entire lifespan from birth to death. The question arises, however, at what age one is actually "old". Our own definition is a shifting one, but statisticians can calculate with great accuracy when the second half of life begins. For Swiss men of my age (born in 1964), for example, that occurs at the age of 42.3 years. For women, the second half of life commences at the age of 44 because of their greater life expectancy. In Germany, it begins a little earlier in view of the somewhat shorter lifespan in that country.
Having already crossed this threshold, I might expect things to go downhill in my life, but a study of the link between age and happiness, made by two economists, indicates precisely the opposite. This study shows that people attain a peak of happiness when they are 20 and again when they are 60, while at the age of 45.2 years, men in western Europe are at the nadir of their lives in terms of well-being. For women in western Europe, this point is reached at the age of 47 [1].
As a scientist, I am sceptical about statistics of this kind, and my feelings are shared by a number of prominent persons. Donald Sutherland once suggested that it might be better if life began at death and ended with an orgasm – an idea that was the subject of a short story by F. Scott Fitzgerald, "The Curious Case of Benjamin Button", on which a film of the same title by David Fincher was based (2008).
In the coming decades, Germany and Switzerland will experience a process of increased demographic ageing. That will have consequences not only for the social system in those countries, which relies on succeeding generations, but for the housing market, too. In this discussion, the main interest groups will be assigned to their present age cohorts and compared with the predicted figures for the years 2030 and 2060 (Fig. 2). (The word "cohort" here refers to a group of people with a common statistical attribute, such as their year of birth.)
The number of people in the age groups between 20 and 60 who were hitherto of special relevance to the housing market will decrease. At the beginning of the present millennium, these generations accounted for 55 per cent of the population. Together with children and young people, they accounted for about three quarters of the demand potential for housing. In 2060, they will represent only 45 per cent of the demand. The decrease will amount to nearly 14 million people. In contrast, the proportion of people aged 60 and over will rise from 26.3 per cent in 2010 to more than 39 per cent in 2060, (whereby the number of 60- to 79-year-olds will decrease from the year 2033 because of the drop in birth rates in the 1960s as a result of the pill). In other words, if there are roughly 21.5 million men and women in Germany today who are 60 and older, in 50 years' time that number will have increased by 6 million. Furthermore, the number of people who are 80 and older will rise from 4.3 million to 9.2 million by 2060.
These developments indicate a stagnating or even declining demand for large family dwellings and at the same time the need for more sheltered accommodation. As yet, however, the market has scarcely reacted to this trend. According to a study made in 2007, the accommodation available to senior citizens in Germany (and on average in Europe) was less than one per cent. Of the 39 million dwellings existing in Germany, just over 350,000 were fit for elderly people; and it is estimated that by 2020, there will be a need for 800,000 new or modernised dwellings of this kind. Given the generally low level of housing construction, it will take decades to meet the minimum required level of three per cent.
With increasing age, the proportion of women becomes greater – because of their longer life expectations – until in the age group 85 years and upwards, men account for only 27 per cent of the total. Gerontologists speak of a feminisation in age, so that the housing market will have to take special account of the needs of older women (Fig. 3).
On the whole, the picture of old age that exists in society is a very uniform one. With greater age, however, people become less and less alike. Senior citizens are an extremely heterogeneous group. In addition to their different educational, social, cultural and political identities, which remain unchanged, their financial situations vary. Furthermore, some people remain independent until an advanced age, while others need support or care from their early years of retirement. For future generations, therefore, it will be necessary to provide a wide range of housing forms for the elderly to meet all needs. In recent years, the spectrum has been considerably extended. This is not just a question of thresholds and steps, however, but of a good social network of contacts with family members, friends and neighbours plus safety and the requisite care facilities in advanced age to guarantee security, attention and treatment. Shared housing forms are particularly attractive alternatives to living in one's own home. They are also a means of avoiding isolation. These forms include retirement homes, sheltered housing estates as well as integrative and intergenerational housing projects like the

13, 14 Genossenschaft/Betreutes Wohnen Utzigen, 2011; Architekten: Bürgi Schärer Raaflaub
14   Zwischen Neubau und bestehenden Heimbauten erstreckt sich ein Gebäude mit Therapieangeboten.
        Grundriss • Schnitt   Maßstab 1:1000
15, 16 Pflegeheim in Alcácer do Sal, 2010;
        Arch.: Francisco & Manuel Aires Mateus;
        tiefe Loggien verhindern zuviel Sonneneinstrahlung.
15   Grundriss OG   Maßstab 1:1500

13, 14 Cooperative/Sheltered housing, Utzigen, 2011, architects: Bürgi Schärer Raaflaub
14   Between the new development and the existing home is a structure where therapy is provided; layout plan • section   scale 1:1,000
15, 16 Nursing home in Alcácer do Sal, 2010, architects: Francisco & Manuel Aires Mateus; deep loggias prevent excessive insolation
15   Upper floor plan   scale 1:1,500

Andreas Huber, Studium der Geographie und Wirtschafts- und Sozialgeschichte, Universität Zürich; Gerontologisches Zertifikatsprogramm »Gerontologie heute«, Universität Zürich. Seit 2009 Geschäftsführer der ImmoQ GmbH, ein Spin-off-Unternehmen der ETH Zürich, spezialisiert auf die Evaluation von Wohnimmobilien aus Bewohnersicht. Von 2001–2010 wissenschaftlicher Mitarbeiter am ETH Wohnforum mit den Forschungsschwerpunkten Demografie, Wohnen im Alter, Qualitätsentwicklung und Evaluation.

Andreas Huber studied geography and economic and social history at the University of Zurich; gerontological certificate programme "Gerontologie heute", University of Zurich. Since 2009, manager of ImmoQ GmbH, a spin-off company of the ETH Zurich, specialising in the evaluation of housing property from the standpoint of residents. From 2001 to 2010, assistant lecturer in the ETH housing forum with a research focus on demography, housing in old age, quality development and evaluation.

17 Bauernstube als vertrautes Element, Pflegeheim, Lana/Völlan, Südtirol, 2010; Arch.: Arnold Gapp
18 besonders gestaltete Zimmereingänge, Kompetenzzentrum Demenz, Nürnberg, 2006; Architekten: feddersenarchitekten

17 Rustic parlour as a familiar element in care home, Lana/Völlan, Alto Adige, 2010, arch.: Arnold Gapp
18 Specially designed entrances to rooms: competence centre for dementia patients, Nuremberg, 2006, architects: feddersenarchitekten

Solinsieme "housing factory" (Figs. 7–9). They combine private and communal forms of living and depend on neighbourly help.
The closest type of domicile to the private dwelling with one's own household may be seen in residences for senior citizens situated close to an existing nursing home or integrated into a centre for the elderly. The requisite facilities include a 24-hour emergency call system, cleaning, laundry and meal services, shopping aid and the provision of care where necessary. Housing for senior citizens may offer basic amenities with additional support for an extra payment. Another advantage of this form of domicile is the existence of care departments that enable residents to remain in the same dwelling even after a deterioration of their health. Sheltered residences that allow an independent way of life are coming to replace classical old-people's homes. The latter are increasingly being turned into pure nursing homes or service centres with dwellings and facilities for people who need more care.
In a survey made in 2008, 10 per cent of those questioned who were 60 or older and who still lived in their own homes could imagine livng in a community for senior citizens [3].

In practice, though, things are different. There is a lot to be said for moving into a collectively organised domicile when one is older and the children have left home. But well functioning institutions of this kind are evidently rare.
Comparisons have been drawn between shared accommodation for students and that for senior citizens. For the former, the commune is largely a response to economic constraints, whereas economic factors scarcely dominate in the choice of this form of housing for elderly people at present. Since this is likely to change in the future, however, experts believe that there will be a greater demand for cooperatives for senior citizens. For young people, the dwelling is merely a retreat from more important places of activity. For the elderly, it has a quite different significance. The attractions of communal housing for seniors include common activities, mutual help and a less solitary way of life. But the desire to share living areas and human company is commonly disappointed in reality. In cooperative forms of living, senior citizens are confronted to a greater degree with the everyday problems of life. These often lead to conflicts, and ultimately to ostracism and bitterness, as has been described elsewhere.[4]
Nevertheless, sheltered residences and communal forms of living in old age are certainly among the most attractive innovations in this field. Housing types in which the residents have their own, fully equipped flats find a far greater degree of acceptance. As a rule, projects of this kind are initiated by younger seniors between the ages of 50 and 60.
One example of a housing community created by the residents themselves is the Solinsieme "housing factory" in St Gallen (Figs. 7–9). The word "Solinsieme", is coined from "solo" (alone) and "insieme" (together). The scheme was founded in 2000 by four women in the post-family phase of life. Rather than growing old alone in flats that had become too large for them after the exodus of their children, the initiators developed their concept in conjunction with an architectural office. The structure of the former embroidery works they used, built in 1880, was left intact, while the southern extension, erected in 1950, was replaced by a modern building. The scheme observed ecologically sound principles, and the materials used internally are largely environmentally friendly. A solar plant on the roof supports the hot-water supply. The three storeys are linked by a lift, and the dwellings are accessible for wheelchairs, although there was no constraint to build strictly sheltered housing or dwellings suitable for disabled people. The 17 units were sold to the residents on a storey-by-storey condominium ownership basis with prices for dwellings 56–93 m² in areas ranging from CHF 238,000 to 375,000 plus ancillary costs. The flats have an open kitchen, a box-like sanitary block, a bedroom that can be divided off, cupboards and a large living area. The clear height of the rooms is 3.80 m.
The 40-mm-thick lightweight partitions are glazed at the top. Residents were able to influence the layout and the colour of the industrial flooring, the sanitary spaces and the kitchen units. Almost 20 per cent of the effective floor area consists of rooms for communal uses. New means of financing were introduced for the acquisition of the communal areas, for which purpose the Solinsieme cooperative was founded. The largest of these areas is the 66 m² central recreation space, which contains a kitchen and bar. Other communal areas include a guest room, two studios for handwork, ironing and hobbies, a roof terrace, a bicycle store and small ancillary spaces.
The use of the central recreation area has decreased over the years. Many common activities that once took place there are now held in the private dwellings. The residents are nevertheless convinced that once the majority of their number are pensioned, this space will be used more.
It remains to be seen how life in the housing factory will go on, once the first disabilities make themselves felt. Access to the dwellings is free of barriers, but in some of the flats, there are insurmountable steps.
As a vision that has been implemented, however, the scheme should serve as a model for similar projects. In 2007, it received the biennial Swiss Age Award.

Nischen für alternative Lebensformen – Aktueller Wohnungsbau in Berlin

Enclaves for Alternative Forms of Living – Current Housing Construction in Berlin

Kristien Ring

1, 2 genossenschaftliche Baugemeinschaft Spreefeld in Berlin-Kreuzberg, 2014; Architekten: carpaneto. schöningh, FAT Koehl, BARarchitekten
3 Wohnbau Ritterstraße R50 in Berlin, 2013; Architekten: ifau, Jesko Fezer, Heide & von Beckerath Architekten
4 Oderberger Straße in Berlin-Prenzlauer Berg, 2009; Architekten: BARarchitekten
5 Holzmarkt in Berlin-Friedrichshain, Rendering Architekten: carpaneto.schöningh, in Planung

1, 2 Spreefeld cooperative housing association in Kreuzberg, Berlin, 2014, architects: carpaneto. schöningh / FAT Koehl/BARarchitekten
3 Housing Ritterstrasse R50, Berlin, 2013, architects: ifau and Jesko Fezer, Heide & von Beckerath Architekten
4 Oderberger Straße, Prenzlauer Berg, Berlin, 2009, architects: BARarchitekten
5 Rendering of Holzmarkt, Friedrichshain, Berlin, architects: carpaneto.schöningh (in planning phase)

Berlin und viele andere Städte sind aktuell nicht nur aufgrund ihres zunehmenden Wachstums, sondern auch durch die sich ändernden Bedürfnisse und Lebensweisen stadtplanerisch sowie architektonisch vor neue Herausforderungen gestellt. Sowohl in Ost- als auch in West-Berlin dominierte in den letzten Jahrzehnten der soziale Wohnungsbau. Mit einer Eigentümerquote von nur 14 Prozent ist Berlin nach wie vor mit Abstand die größte Mieterstadt Deutschlands. Im Jahr 2002 stellte der Berliner Senat sämtliche Förderungen für Wohnungsbauprogramme ein und leitete so das Ende der Ära des sozialen Wohnungsbaus ein. Diese tiefgreifende Veränderung führte einerseits, zusammen mit der wirtschaftlichen Rezession in Deutschland, zu einem fast vollständigen Baustopp durch Investoren in der Stadt. Andererseits blieben dadurch viele der bis dahin noch vorhandenen Baulücken erhalten. Diese bildeten in den folgenden Jahren ideale Freiräume, in denen sich ein besonderes Potenzial Berlins entfalten konnte. Der Entwicklungsstillstand erweckte den kreativen und unternehmerischen Geist anderer Akteure und motivierte sie dazu, neue Lösungen selbst zu entwickeln und umzusetzen. Viele Menschen, vor allem Familien, die in der Innenstadt wohnen bleiben wollten, fanden auf dem vorherrschenden Mietmarkt nicht das, was sie suchten. Irgendwo zwischen Pragmatismus und Idealismus entstanden daraufhin aus Eigeninitiative zukunftsorientierte Lösungen, die wichtige Qualitäten aufzeigen. Berlin wurde zu einem Experimentierfeld für außergewöhnliche und unkonventionelle Stadtentwicklungsprozesse. Ungenutzte Brachflächen und freie Gebäudebestände wurden mit Zwischennutzungen belebt, durch Selbstaneignung übernommen oder von engagierten Raumpionieren entwickelt. Wohn-, Arbeits- und Freizeitfunktionen sind dabei von selbstorganisierten und selbstbestimmenden Akteurskonstellationen – Baugruppen, Genossenschaften oder anderen Projektformen – gestaltet worden. Bedeutend sind insbesondere Projekte, die über die Schaffung von individuellem Wohnraum hinaus gemeinschaftliche beziehungsweise einer Gemeinschaft oder Nachbarschaft dienende Ziele verfolgen. Zwischen 2007 und 2013 wurden über 300 Projekte durch alternative Entwicklungsverfahren realisiert. Diese veränderten die Situation auf dem Immobilienmarkt: Die gemeinschaftlich gebauten Häuser wiesen eine sehr hohe Bauqualität auf – ökologisch wie architektonisch –, waren dabei aber wesentlich günstiger als Wohnungen auf dem klassischen Immobilienmarkt. Sie boten somit eine wichtige Alternative zwischen dem üblichen Luxuswohnungsmarkt und dem Standardwohnungsbau, die in vielen Städten bisher fehlte. So schlug das Modell »Baugruppe« international Wellen – und wird auch heute noch mit Begeisterung betrachtet. Die realisierten Projekte zeigen übertragbare Ideen und Strategien für bezahlbare zukunftsorientierte Wohntypologien und lebendige Nachbarschaften auf, die eine nachhaltige Stadtentwicklung ermöglichen. Viele besondere Beispiele, die in der Publikation »Selfmade City«[1] zusammengetragen wurden, zeigen die große Vielfalt an Lösungsansätzen und gelungenen Umsetzungen: Zukunftsfähiges, generationenübergreifendes Wohnen wird beispielsweise durch maßgeschneiderte, an verschiedene Lebensumstände anpassbare Bauweisen ermöglicht. Wichtig ist eine hohe Flexibilität in der Planungsphase, in der es viel Entscheidungsspielraum gibt. Vor allem aber geht es um die Entwicklung architektonischer Möglichkeiten, die Räume unterschiedlich nutzbar und die Erschließung oder Raumkonfigurationen veränderbar machen. Projekte wie z. B. in der Ritterstraße 50 von ifau, Jesko Fezer und Heide & von Beckerath (Abb. 3) haben angesichts dieser Herausforderung neue Prozesse und Baumodule entwickelt, die das ermöglichen. Gemeinschaftlich orientierte Projekte fördern soziales Denken und nachbarschaftliche Interaktion. Freiräume, Grünflächen und auch Innenräume werden mit anderen Hausbewohnern geteilt. Oft werden sie darüber hinaus für die Nachbarschaft geöffnet und teilweise sogar einer weiteren Öffentlichkeit zur Verfügung gestellt. Das Projekt »Spreefeld« (Abb. 1, 2) zeigt in diesem Kontext, was möglich ist, wenn als Ziel festgesetzt wird, einen Mehrwert für die Gemeinschaft und Nachbarschaft zu schaffen. Hybride

Anmerkungen/*References*:
[1] Selfmade City Berlin: Stadtgestaltung und Wohnprojekte in Eigeninitiative. Kristien Ring / Senatsverwaltung für Stadtentwicklung und Umwelt, Berlin, 2013
[2] Das Konzeptverfahren ist ein Investorenwettbewerb: Investoren bewerben sich mit einem Konzept für das, was auf dem Grundstück realisiert werden soll, sowie mit einem Angebot für das Grundstück. Dadurch sollen bestimmte Ziele erreicht und langfristig gesichert werden. Zudem wird den Teilnehmern durch das Verfahren ausreichend Zeit für eine detaillierte Konzeptentwicklung eingeräumt. Auch Gruppen und Initiativen können sich so einfacher beteiligen.
[3] www.statistik-berlin-brandenburg.de/pms/2015/15-02-12a.pdf
[4] www.stadtentwicklung.berlin.de/wohnen/wohnungsbau/de/foerderung
[5] www.sueddeutsche.de/politik/gentrifizierung-in-berlin-gesetz-fuer-bezahlbare-mieten-1.2477649

Nutzungsstrukturen aktivieren den urbanen Raum. So fördern eine Mischnutzung und Nutzermischung ein urbanes Umfeld. In der Oderberger Str. 56 (Abb. 4) wurde ein Gebäudekonzept realisiert, das möglichst viele verschiedene Nutzungen und räumliche Veränderungen zulässt und so einen Beitrag für eine lebendige Nachbarschaft leistet. Unsere Investitionen von heute müssen vielschichtigen Herausforderungen begegnen und Lösungen für die Zukunft bieten. Baugruppen haben auch in Experimente wie die mehrgeschossigen Holzbauprojekte von Kaden Klingbeil Architekten oder das Projekt 3XGrün investiert. Insbesondere kostengünstiges Bauen wie beispielsweise das Wohnhaus von AFF Architekten in der Vicki-Baum-Straße wird von Baugruppen ebenfalls gefördert. Von den zukünftigen Nutzern entwickelte Projekte entstehen aus konkreten Bedürfnissen heraus und können so beispielsweise neues Leben in alte Brachen bringen und gemischte Stadtquartiere ermöglichen. ExRotaPrint oder Am Urban sind dafür herausragende Beispiele. Diese Projekte geben Impulse für besondere Wohnquartiere, die aktuell im Entstehen sind wie z.B. die Bebauung am Blumengroßmarkt oder das Holzmarkt-Projekt an der Spree (Abb. 5). Beide wurden im Konzeptverfahren [2] entwickelt und werden als Genossenschaften umgesetzt. Die größte Herausforderung für solche Projekte werden in Zukunft allerdings die erheblich gestiegenen Grundstückspreise sein. Ohne die Ausschreibung eines Grundstücks mit Konzeptverfahren (was keine negativen finanziellen Auswirkungen für den Senat hat) werden solche Projekte zukünftig kaum mehr möglich sein.

Können Baugruppen und Genossenschaften alle Wohnungsbauprobleme lösen? Nein, die selbstinitiierten Bauprojekte sind kein Ersatz für fehlende Strategien für einen sozialen Wohnungsbau. Sie können aber wegweisende Lösungen aufzeigen und Impulse geben. Die Modelle sind auch nicht für die Massenproduktion geeignet – und das sollen sie auch nicht sein. Dennoch sind sie wichtig, um die Balance zu halten zwischen Bauqualität und Preis-Leistungs-Verhältnis, zwischen Luxus- und Massenwohnungsbau. Zudem tragen die Projekte maßgeblich zu Veränderungen in der Betrachtung von Wohnvorstellungen bei – wer für sich selbst baut, trifft andere Entscheidungen und setzt dabei neue Trends in Bewegung. Berlin braucht über 6000 neue Wohnungen pro Jahr. Allein 2012 ist Berlin um mehr als 45 000 Einwohner gewachsen [3], ein anhaltender, weltweiter Trend.

Suchen Stadtverwaltung und Politik neue Wege, um langfristig kostengünstige Wohnungen in ausreichender Anzahl zu schaffen? Jede Stadt kann dieser Aufgabe anders begegnen. Berlin konzentriert sich in erster Linie darauf, was in Zusammenarbeit mit seinen städtischen Wohnungsbaugesellschaften möglich ist – mit Verdichtung auf vorhandenen Grundstücken. Seit 2014 ist ein Wohnungsbauförderprogramm neu aufgelegt worden, in dem 1000 Wohnungen pro Jahr im Neubau gefördert werden. Diese sollen dann eine Miete von durchschnittlich 6,50 €/m² haben und an Bürger mit Wohnberechtigungsschein für Berlin vergeben werden [4]. Die genauen Angaben zu Zimmeranzahl und Wohnungsgröße sowie die Förderbindungszeit erinnern an die sozialen Wohnungsprogramme der Vergangenheit. (Diese stehen auch deshalb in der Kritik, weil – langfristig betrachtet – private Investoren von Steuergeldern profitieren, während die Wohnungen teurer werden). Ob und wer diese Förderung in Anspruch nimmt und was daraus entsteht, wird sich bald zeigen [5]. Damit dabei auch neue, qualitätsvolle Lösungen umgesetzt werden, geht die Senatsverwaltung zusätzlich andere Wege. Mündlich hat die Berliner Senatsbaudirektorin Regula Lüscher bereits eine Förderung in Höhe von vorerst 30 Millionen Euro für die Unterstützung experimenteller Lösungen angekündigt. Mit dem Urban-Living-Workshop-Verfahren will die Berliner Senatsverwaltung neue, teils experimentelle Strategien und Ideen für das Bauen und Wohnen in der Stadt aufzeigen und mit einem breiten Publikum diskutieren. Adressat dieser Ergebnisse sind vor allem die Wohnungsbaugesellschaften, die ermutigt werden sollen, diese neuen Wege einzuschlagen. Das schnelle Produzieren von vielen günstigen Wohnungen darf nicht in identitätslosem Massenwohnungsbau resultieren. Im Rahmen des Urban-Living-Workshop-Verfahrens entwickelten 31 internationale Architekturbüros Entwürfe für acht verschiedene beispielhafte Grundstücke in Berlin. Die Entwürfe konzentrieren sich auf Lösungen für eine bessere, hochwertige Nachverdichtung, Quartiersqualitäten und neue Wohnformen und beinhalten darüber hinaus kostensparende Ansätze. Ziel ist es, mit neuen Ideen für bestehende Quartiere eine Verbesserung zu schaffen und durch intelligente Programmierungen Potenziale zu aktivieren. Die »Stadt der kurzen Wege« ist ein Modell, das für die Qualitäten des urbanen Lebens steht. Durch intelligente Verdichtung kann nicht nur zusätzlicher innerstädtischer Wohnraum generiert, sondern können auch Frei- und Brachflächen durch neue Langzeit- oder Zwischennutzungen aufgewertet werden – Maßnahmen, die den neuen als auch den »alten« Bewohnerinnen und Bewohnern eines Quartiers zugute kommen. Die Urban-Living-Entwürfe zeigen auch verschiedenste Ansätze, wie Architektur neuen Formen des Lebens und des Zusammenlebens gerecht werden kann. Lösungen, die die Qualitäten von »Selfmade-Projekten« auf (klassische) Akteure der Immobilienwirtschaft übertragen, sind ebenso gefragt wie Strategien, die Synergien zwischen Stadtbewohnern und Entscheidungsträgern erzeugen. Eine zukunftsfähige, anpassungsfähige Stadt braucht Vielfalt und Mischung, aber auch Nischen, die alternative Lebensformen ermöglichen. Für eine Stadt wird es immer wichtiger, dass die Einwohner sich mit ihr identifizieren und sich in nachbarschaftlichen Initiativen einbringen. Letztlich sind aktive Nutzer der Schlüssel zum Erfolg nachhaltiger Konzepte. Ob sich die wegweisenden Ansätze aus »Selfmade City« und den »Urban-Living-Projekten« von den Wohnungsbaugesellschaften übersetzen lassen, bleibt noch abzuwarten. In jedem Fall: Es ist Zeit für eine neue Ära des Wohnungsbaus.

Kristien Ring, Architektin, Kuratorin und Publizistin. Inhaberin des Büros AA Projects, das interdisziplinäre Projekte zu zukunftsweisenden Themen im Bereich Architektur und urbaner Raumplanung konzipiert und realisiert. Gastprofessorin an der University of Sheffield (2014–2017). Direktorin des DAZ in Berlin (2004–2011). Mitbegründerin der Galerie Suitcase-architecture in Berlin (2001–2005).

Kristien Ring, architect, curator and author, is head of the AA Projects office, which is responsible for drawing up and implementing pioneering interdisciplinary schemes in the field of architecture and urban spatial planning. Visiting professor at the University of Sheffield (2014–17); director of the German Architectural Centre (DAZ), Berlin (2004–11); co-founder of Suitcase Architecture Gallery in Berlin (2001–05).

In view of its continuing growth and its changing needs and forms of living, Berlin, like other cities, is confronted today with many new challenges in terms of its urban planning and architecture. In recent decades, publicly financed housing has come to dominate in both East and West. With only 14 per cent privately owned dwellings in the city, Berlin has the largest proportion of rented property in Germany. In 2002, the senate of the city decided to end all support for housing programmes. In combination with an economic recession in Germany, this led to an almost total construction stop by investors. At the same time, it meant that many vacant sites remained undeveloped, and in the following years, these afforded gaps and a special potential for urban development: the creative and entrepreneurial spirit of other parties was motivated to find new solutions. Somewhere between pragmatism and idealism, many future-oriented solutions came about, particularly on the initiative of private families who wished to remain living in the city centre, but who were unable to find what they were looking for in the realm of rented accommodation. Berlin became an experimental ground for unusual urban development processes. Vacant sites and unused buildings were exploited by pioneers such as joint building ventures, cooperatives and the like.

Of special importance were schemes that served joint housing interests. Between 2007 and 2013, more than 300 projects were implemented that pursued alternative forms of development. This, in turn, changed the situation on the property market. Buildings erected according to cooperative principles revealed a very high construction quality, both environmentally and architecturally. At the same time, they were economically much more reasonable than dwellings on the classical housing market. The "joint building venture" model came to have a great impact internationally. Custom-made, adaptable forms of building provide valid solutions for more than one generation. Projects such as that at Ritterstraße 50 by ifau, Jesko Fezer and Heide & von Beckerath (Fig. 3) have led to a communal approach, social thinking and interaction between neighbours. The use of open spaces, planted areas and even indoor rooms may be shared with other residents (see the Spreefeld project, Figs. 1, 2). Hybrid user structures are a means of activating urban space. Mixed uses promote an urban environment.

Joint building ventures have also been prepared to invest in experimental forms of construction; for example, the multistorey timber structures of Kaden Klingbeil Architects or the 3XGrün project. Reasonably priced property like the housing development by AFF Architects in the Vicki-Baum-Straße also enjoys the support of such building groups. ExRotaPrint or Am Urban are outstanding examples of projects organised by future users that not only meet concrete needs, but that infuse new life and mixed functions into what was formerly wasteland. The present development at the wholesale flower market, and the Holzmarkt project on the River Spree are both being implemented in a cooperative form. The greatest challenge facing schemes of this kind in the future are the much higher prices that will have to be paid for building land.

Joint building ventures and cooperatives cannot resolve all the problems that have to be faced in the erection of housing, however. Projects developed on the personal initiative of the interested parties cannot compensate for the absence of social housing strategies. They can, however, provide impulses for pioneering solutions. Models of this kind can help to establish a balance between luxury developments and mass housing.

Berlin needs more than 6,000 new dwellings a year. In 2012 alone, the population of the city grew by more than 45,000, and this would seem to be a enduring trend, also in many other cities in Germany and indeed throughout the world. Are we looking for new ways to provide sufficient housing in the long term? Every city will respond to this task in a different way. Berlin is concentrating in the first instance on what is feasible in collaboration with its urban housing associations by increasing the density on existing sites. A fresh housing support programme was introduced in 2014, according to which 1,000 newly built dwellings a year are to be promoted. These will be granted at an average rent of €6.50 per m² to persons with an entitlement certificate for Berlin [4]. Precise particulars relating to the number of rooms, the dwelling size and the support period are reminiscent of public housing programmes in the past. They are also subject to criticism because private investors profit from tax revenue in the long term, while the accommodation becomes more expensive. In order to achieve higher quality housing, the authorities are following new paths with experimental strategies, ideas for construction and habitation in the city. These measures are conceived as a spur to housing development associations to avoid the creation of mass housing without identity.

In the context of the Urban Living Workshop, 31 international architectural offices have put forward designs for eight different sites in Berlin. The proposals focus on creating better quality habitation, while increasing the housing density by filling vacant lots in an economical form. The model is a "city of short distances" to improve the quality of urban life. An intelligent increase in density can create not only additional inner-city living space. It can also upgrade undeveloped areas or wasteland by integrating long-term or provisional uses. Both new and existing residents benefit from measures of this kind. The Urban Living Designs also reveal various architectural approaches to creating new forms of life and coexistence in cities. Solutions with the qualities of "self-made projects" adopted by protagonists of the classical property market are as sought after as strategies that result in a synergetic effect between urban residents and the decision makers.

For a city to be adaptable and fit for the future, it needs variety and a mixture of uses as well as enclaves where alternative forms of living are possible. It is increasingly important that residents should identify with their city and participate in neighbourly initiatives. Active users are key to the success of sustainable concepts. We will have to see whether housing associations can implement the pioneering ideas of the "self-made city" and Urban Living Projects. At all events, the time has come for a new age of housing development.

Der Nutzer — das unbekannte Wesen?

User – the Unknown Entity?

Jakob Schoof

Der Begriff des Nutzers in der Architektur ist eine Schöpfung der Nachkriegszeit, und er entspricht im Grunde perfekt dem Denken in großen Maßstäben, das diese Ära prägte [1]. Von »Nutzer« zu sprechen statt von Bewohner oder Mitarbeiter suggeriert, Gebäude seien lediglich von einer anonymen Masse bevölkert, deren statistisch ermittelte Durchschnittsbedürfnisse es zu befriedigen gilt.

In der Postmoderne geriet der Nutzerbegriff aus genau diesem Grund in Verruf, doch seit den 1990er-Jahren erlebt er eine Renaissance unter umgekehrtem Vorzeichen: Der Nutzer ist heute nicht mehr als rechnerischer Durchschnittswert, sondern gerade als Individuum und aktiv Handelnder interessant. Mehrere Auslöser führten zu diesem Denkwandel: Zum einen fühlten sich die Menschen in den vermeintlich perfekt klimatisierten Bürobauten der Nachkriegszeit keineswegs wohl. Das Schlagwort vom »Sick Building Syndrome« machte die Runde. Zum anderen traten gerade in sehr energieeffizienten Gebäuden oft starke Diskrepanzen zwischen theoretisch ermitteltem Energiebedarf und realem Verbrauch auf. Neben Fehlfunktionen der Gebäudetechnik gilt individuelles Nutzerverhalten als Hauptverursacher dieser Abweichungen. Energieverbrauch und Nutzerzufriedenheit in Gebäuden sind gleichsam zwei Seiten derselben Medaille – denn der größte Teil der Energie in Gebäuden wird nun einmal verbraucht, um Komfort und Wohlbefinden ihrer Bewohner sicherzustellen.

Die Internationale Energieagentur (IEA) hat 2014 bereits das zweite Forschungsprogramm mit dem Ziel initiiert, den Nutzereinfluss auf den Energieverbrauch in Gebäuden zu quantifizieren [2]. Unter anderem sollen dabei Rechenmethoden entwickelt werden, mit denen sich das Individualverhalten der Bewohner weit genauer abbilden lässt als mit den Standardnutzungsprofilen, die z. B. in der DIN V 18599 hinterlegt sind. Für den Gebäudebetrieb wäre dies eine große Hilfe, wie Marcel Schweiker vom Karlsruher Institut für Technologie (KIT) erläutert: »Es ist denkbar, dass die Gebäudeautomation zukünftig die Bedürfnis- und Nutzungsprofile einzelner Nutzer hinterlegt und das Raumklimamanagement nicht nur auf Basis von Wetterprognosen, sondern auch raumbezogen oder nutzerindividuell gestalten kann.« [3] Dann würden beispielsweise in Büroräumen unterschiedliche Kühlstrategien realisiert, je nachdem, ob die gerade dort arbeitenden Personen gern das Fenster öffnen oder nicht.

Behaglichkeit in Gebäuden – ein komplexes Bedürfnis
Schon länger nimmt die Klimaplanung Abschied von der Illusion, das Wohlbefinden in Gebäuden lasse sich in allgemeingültiger Form für jedermann berechnen. In der amerikanischen Norm ASHRAE 55 etwa heißt es: »Thermal comfort is the condition of mind that expresses satisfaction with the thermal environment and is assessed by subjective evaluation.« Eine »condition of mind«, ein subjektiver Gemütszustand, lässt sich aber allenfalls durch Nutzerbefragungen und nicht auf dem Rechenweg erforschen. Das hatte auch der dänische Ingenieur Ole Fanger erkannt, der Anfang der 1970er-Jahre das Komfortempfinden von Menschen in Labortests erforschte. Seine Diagramme und Rechenformeln liegen bis heute der DIN EN ISO 7730 für die Auslegung von Heizungs- und Kühlanlagen zugrunde.

Eine maßgebliche Einflussgröße übersah Fanger jedoch bei seinen Versuchen: das Außenklima. Ende der 1990er-Jahre fanden die US-Wissenschaftler Gail Brager und Richard de Dear bei einer Auswertung Tausender Nutzerbefragungen in Bürogebäuden heraus, dass Menschen bei warmem Wetter höhere Innenraumtemperaturen bevorzugen als nach den Fanger'schen Rechenregeln zu erwarten gewesen wäre. Dies setzt voraus, dass sie sich (durch leichtere Bekleidung) an die thermische Umgebung oder diese (durch Öffnen von Fenstern) ihren eigenen Vorstellungen anpassen können.

Mittlerweile hat der »adaptive Komfort« nach de Dear und Brager Einzug in die Normen ASHRAE 55 (USA) und DIN EN 15251 (Deutschland/Europa) gefunden. Er gilt für alle Gebäude, die nicht aktiv gekühlt werden und öffenbare Fenster besitzen, außerhalb der Heizperiode. Zwei wesentliche Erkenntnisse liegen dem adaptiven Komfort zugrunde: Erstens hängt Behaglichkeit nicht nur von messbaren Klimaparametern im Raum ab. Vielmehr handelt es sich dabei (mindestens) um eine Dreiecksbeziehung zwischen dem Menschen mit all seinen individuellen Eigenschaften, dem Gebäude sowie den Umweltbedingungen wie z. B. Außentemperatur und Sonneneinstrahlung. Zweitens ist es von entscheidender Bedeutung für das Wohlbefinden, dass die Nutzer

ihre Umgebung – und deren klimatische Bedingungen – aktiv beeinflussen können.

Was Menschen empfinden: Erkenntnisse aus Nutzerbefragungen
Schon Ole Fangers Laborstudien ergaben, dass fünf Prozent der Nutzer auch in »perfekt« klimatisierten Räumen stets unzufrieden sind. Nutzerbefragungen in realen Gebäuden zeigen jedoch, dass diese Schätzung etwas zu optimistisch war: In realen Gebäuden sinkt der Prozentsatz Unzufriedener praktisch nie unter 15 % [4]. Bezieht man nicht nur das thermische Empfinden, sondern alle Aspekte des Nutzerkomforts mit ein, so sind in der Regel etwa 85 % aller Nutzer mit irgendetwas unzufrieden [5]. Dabei schneiden besonders energieeffiziente Gebäude oder solche mit Nachhaltigkeitszertifikat nicht unbedingt besser ab als der Durchschnitt [6]. Das ist im Grunde nicht verwunderlich, denn nur ein kleiner Teil der Kriterien bei DGNB, LEED und Co. bewertet Faktoren, die zu höherer Luftqualität, besserem Innenraumklima oder mehr Privatsphäre am Arbeitsplatz beitragen. Wenn immer mindestens jeder Siebte mit den thermischen Bedingungen unzufrieden ist, so zeigt dies, wie unterschiedlich Menschen ihre Umgebung empfinden. In einer neueren Laborstudie schwankte die subjektive »Idealtemperatur« der Probandinnen zwischen 21 und 25 °C [7]. Der Temperaturbereich, innerhalb dessen sich die Befragten wohl fühlten, umfasste bei einigen Personen 10 Grad Kelvin und bei anderen nur ein Grad. Ähnlich drastische Unterschiede existieren bei der Bürobeleuchtung, wo die präferierten Beleuchtungsstärken am Arbeitsplatz individuell um den Faktor 7 bis 10 variieren [8]. Die Präferenzen sind überdies zeitabhängig: Im Frühjahr wünschen sich die Menschen hellere Räume als im Herbst, mittags haben sie gern mehr Licht als morgens, und jüngere Menschen bevorzugen höhere Beleuchtungsniveaus als Ältere.
Für Gunnar Grün, Leiter der Arbeitsgruppe Raumklima am Fraunhofer-Institut für Bauphysik, ist dies ein Grund, vom Prinzip des »one size fits all« bei der Klimaplanung Abstand zu nehmen und die Zielgruppe stärker zu segmentieren, wie dies z. B. bei der Herstellung von Konsumgütern längst praktiziert wird. »Wir müssen die Bedienungsmöglichkeiten gebäudetechnischer Anlagen und die Komfortbedingungen, die sie bereitstellen, stärker individualisieren. Ich sehe dies als Chance für Hersteller, Planer und Wissenschaftler, um unterschiedliche Verhaltensmuster der Nutzer zu adressieren und so auch einen energieeffizienteren Gebäudebetrieb zu erreichen.«

Der »Kunde« als König – auch wider besseres Wissen?
Ein unausgesprochenes Credo, das allen Nutzerbefragungen zugrunde liegt, lautet: Die Menschen wissen selbst am besten, was sie benötigen. Doch diese Annahme hat ihre Grenzen dort, wo Umwelteinflüsse nicht sichtbar sind (wie der CO_2-Gehalt der Raumluft) oder langfristig vorausschauendes Handeln erforderlich wäre. So berichtet Marcel Schweiker über Erfahrungen aus zwei Modellbüros am KIT: »Der Sonnenschutz wurde meist viel zu spät genutzt und dann auch weniger aus thermischen als vielmehr aus Blendschutzgründen. […] Die Teilnehmer verhalten sich nicht gerade vorausschauend und auch nicht energieeffizient. Vielleicht liegt das auch daran, dass der Umgang mit Sonnenschutzeinrichtungen noch nicht wirklich erlernt ist.« [3]
Ein ähnlicher Effekt tritt beim Thema Lüftung auf: Wiederholt haben Messungen ergeben, dass bei rein manuell gelüfteten, modernen (und damit relativ luftdichten) Wohngebäuden rund die Hälfte den hygienischen Mindestluftwechsel von 0,5/h nach DIN 1946-6 nicht erreicht; ein Drittel liegt meist sogar bei 0,35/h oder darunter [9, 10]. Nicht umsonst fordert die Norm daher inzwischen, einen Grundluftwechsel zum Schutz der Bausubstanz vor Feuchte und Schimmel in Wohnungen auch ohne Zutun der Bewohner sicherzustellen.
Gebäude haben aber nicht nur die Aufgabe, Gesundheitsschäden von ihren Bewohnern abzuwenden. Gute Architektur hat immer wieder die Fähigkeit bewiesen, Menschen

1 Wohngebäude in Kopenhagen
2 Rolex Learning Center in Lausanne, Architekten: SANAA 2010

1 Residential building in Copenhagen
2 Rolex Learning Center in Lausanne, 2010, architects: SANAA

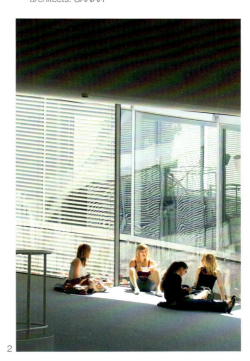

2

Anmerkungen/*References*:
[1] A. Forty: Words and Buildings, London 2000
[2] www.annex66.org
[3] bine-Informationsdienst: Interview mit Marcel Schweiker, 19.2.2014, www.bit.ly/nutzer_1
[4] A. Wagner et al.: Nutzerzufriedenheit in Bürogebäuden, Stuttgart 2015
[5] A. Leaman, B. Bordass: Assessing building performance in use 4. Building Research & Information (2001) 29(2), 129–143. www.bit.ly/nutzer_2
[6] S. Altomonte, S. Schiavon: Occupant satisfaction in LEED and non-LEED certified buildings. www.bit.ly/nutzer_3
[7] C. Jacquot et al.: Influence of themophysiology on thermal behavior: The essentials of categorization. 2014. www.bit.ly/nutzer_4
[8] C. Moosmann: Visueller Komfort und Tageslicht am Bürorbeitsplatz. Dissertation, KIT 2014. www.bit.ly/nutzer_5
[9] IEA EBC Annex 53, Final Report Vol. II: Occupant Behaviour and Modelling. www.bit.ly/nutzer_6
[10] V. Fabi et al.: Occupants window opening behaviour. www.bit.ly/nutzer_7

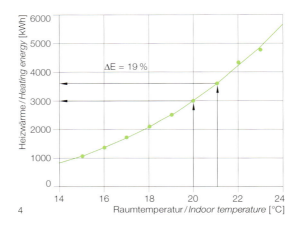

4

mehr zu geben, als sie explizit fordern. Der Sozialwissenschaftler Moritz Fedkenheuer spricht in diesem Zusammenhang von einem »latenten Bedürfnis«, das Gebäude wecken können. Seiner Ansicht nach machen sich viele Bewohner nur unzureichende Gedanken über die Wirkung heller Räume und hoher Luftqualität und unterschätzen deren Einfluss auf Gesundheit und Wohlbefinden. »Das ist kaum verwunderlich, denn schließlich bekommen die meisten Menschen nicht die Gelegenheit, am eigenen Körper die Wirkung unterschiedlicher Licht- oder Frischluftmengen zu vergleichen«, so Fedkenheuer [11].

Verhaltensforschung für die Energiewende
»Buildings don't use energy. People do«, benennt die Umweltwissenschaftlerin Kathryn B. Janda einen der Hauptgründe, warum sich Forscher zunehmend für das Energieverbrauchsverhalten von Gebäudenutzern interessieren [12]. In ansonsten baugleichen Häusern und Wohnungen geht der Energieverbrauch mitunter weit auseinander. Bei der Heizwärme können die Unterschiede im Extremfall das Zehnfache betragen; relativ verbreitet sind Variationen um den Faktor 3 [9, 13]. Beim Warmwasserverbrauch pro Kopf wurden Unterschiede um das Siebenfache beobachtet, beim Stromverbrauch Variationen um den Faktor 4 bis 5 [14]. Fragt man Hausbesitzer und Wohnungsmieter nach den wichtigsten Energieverbrauchern im Haus, so neigen viele zu charakteristischen Fehleinschätzungen: Der Stromverbrauch – vor allem einzelne Bereiche wie die Beleuchtung – wird übergewichtet, der eigene Einfluss auf den Heizenergieverbrauch hingegen eher unterschätzt und der Warmwasserverbrauch komplett »übersehen« [14]. Aber auch beim Stromverbrauch zeigen sich Unterschiede. Während der Standby-Verbrauch von Elektrogeräten sowie die Beleuchtung – auch dank intensiver Berichterstattung in den Medien – ins Zentrum der Aufmerksamkeit gerückt sind, werden viel relevantere Stromverbraucher wie Kochherde, Wäschetrockner und XXL-Kühl- / Gefrierkombinationen kaum hinterfragt. Die Energieeffizienz von Elektrogeräten ist durch die EU-weiten Effizienzklassen zwar bei jedermann präsent. Viel wichtiger für den Stromverbrauch im Haushalt sind jedoch Größe, Anzahl und Nutzungshäufigkeit der Elektrogeräte [9].
Forscher der Universität Aalborg haben anhand 22 000 dänischer Einfamilienhäuser versucht zu ermitteln, welche Einflussgrößen am relevantesten für den Energieverbrauch sind [15]. Knapp 40 % der Schwankungen konnten sie auf diese Weise statistisch erklären. Beim Stromverbrauch spielten vor allem die Zahl der Personen im Haushalt sowie das Haushaltseinkommen eine Rolle. Dabei steigt bei einer zunehmenden Haushaltsgröße (in Personen) zwar der Stromverbrauch insgesamt. Pro Kopf gerechnet, gehen größere Haushalte jedoch effizienter mit Elektrizität um als Singles (Abb. 5). Die Wohnfläche spielt hingegen nur eine untergeordnete Rolle, ebenso das Alter der Bewohner.
Beim Heizwärmeverbrauch sind die wichtigsten Einflussgrößen die Wohnfläche sowie das Baujahr (welches in etwa mit dem Dämmstandard korreliert). Einen deutlich geringeren Einfluss haben persönliche Merkmale wie das Alter und Einkommen sowie die Anzahl der Bewohner im Haus. Zum Warmwasserverbrauch tragen vor allem Duschen und Baden bei. Hier lassen sich sowohl geschlechts- als auch altersspezifische Unterschiede ausmachen: Frauen verbrauchen im Schnitt mehr Duschwasser als Männer, und 20-Jährige duschen signifikant länger und häufiger als Senioren (Abb. 6).
Wenn aber nur weniger als die Hälfte der Verbrauchsunterschiede statistisch erklärbar ist, heißt das: Mehr als 50 % sind auf Verhaltensweisen und andere individuelle

3

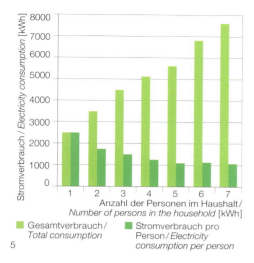

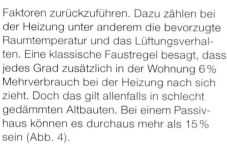

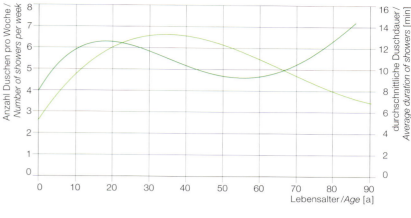

Faktoren zurückzuführen. Dazu zählen bei der Heizung unter anderem die bevorzugte Raumtemperatur und das Lüftungsverhalten. Eine klassische Faustregel besagt, dass jedes Grad zusätzlich in der Wohnung 6% Mehrverbrauch bei der Heizung nach sich zieht. Doch das gilt allenfalls in schlecht gedämmten Altbauten. Bei einem Passivhaus können es durchaus mehr als 15% sein (Abb. 4).

Versucht man ein Psychogramm des durchschnittlichen Hausbewohners zu zeichnen, so erscheint er darin teils als vernunftgesteuertes Wesen und teils als »Gewohnheitstier«. Studien zum (Fenster-)Lüftungsverhalten in Wohngebäuden etwa haben gezeigt, dass rund ein Fünftel der Mieter ihre Fenster immer geöffnet hatten – selbst bei Außentemperaturen von –10 °C [13]. Die Gewohnheiten der Menschen lassen sich jedoch durchaus verändern, wie eine sozialwissenschaftliche Auswertung von gut 30 Wohnhäusern mit Effizienzhaus-Plus-Standard ergeben hat. Das gilt vor allem, wenn den Bewohnern die Konsequenzen ihres eigenen Verhaltens direkt vor Augen geführt werden: »Das Kalkulieren mit der produzierten Energie sowie die Visualisierung von Energieertrag und -verbrauch des Hauses scheint ein großes Energiebewusstsein zu schaffen und einen sparsamen Verbrauch zu fördern. Auch in den Interviews kamen das erhöhte Energiebewusstsein und der wachsende Ehrgeiz, nur mit der vom Haus produzierten Energie auszukommen, immer wieder zur Sprache.« [17]

Empfehlungen für Planung und Betrieb
Angesichts der Komplexität der Nutzerbedürfnisse und Verhaltensweisen wird verständlich, warum der Nutzer in der Gebäudeplanung lange eher als »Störenfried« betrachtet wurde. Dennoch lassen sich – grob gegliedert nach Planungsphasen – Empfehlungen für Gebäude formulieren, die hohen Ansprüchen an Nutzerzufriedenheit und Energieeffizienz gleichermaßen genügen sollen.

1. *Zielgruppen beachten.* Vor allem in Großstädten werden immer mehr Wohnimmobilien für bestimmte Zielgruppen entwickelt. Gute Nachhaltigkeitskonzepte berücksichtigen diese Ausrichtung – und betten das Wohnen so in einen übergeordneten, nachhaltigen Lebensstil ein. Untersuchungen zeigen, dass Menschen aus unterschiedlichen sozialen Milieus einen sehr unterschiedlichen Zugang zu Umweltthemen besitzen [18]. Dabei eignet sich nur eine kleine Minderheit als ökologische »Überzeugungstäter«, aber die meisten sozialen Milieus besitzen immerhin gewisse Anknüpfungspunkte zu Umwelt- und Energiefragen. So lassen sich progressiv-hedonistische Zeitgenossen am ehesten über ihre Technikbegeisterung für energieeffiziente Gebäude gewinnen, Angehörige prekärer Milieus über Energiekosteneinsparungen und wieder andere über Angebote zum »Urban Gardening«, Carsharing oder andere Gemeinschaftsnutzungen.

2. *Mit dem Nutzer planen.* Partizipative Planung mag beschwerlich sein, steigert jedoch die Identifikation der Nutzer mit dem Bauvorhaben. Außerdem lassen sich vor allem Sanierungen oft effizienter umsetzen, wenn die Nutzer mit ihren Erfahrungen aktiv in die Planung einbezogen werden. Man unterscheidet vier Niveaus der Nutzerbeteiligung: Information, Konsultation, Mitgestaltung und Mitbestimmung [19]. Nicht jedes Niveau eignet sich für jede Planungsphase – so wird eine Mitbestimmung der Bewohner in technisch-konstruktiven Fragen eher unrealistisch sein –, aber das Prinzip sollte lauten: So viel Partizipation so frühzeitig und so »basisdemokratisch« wie möglich. Bei der Planung von Bürogebäuden macht es zum Beispiel einen gewaltigen Unterschied, ob nur die Führungskräfte oder alle Mitarbeiter bei Entscheidungen über die Raumaufteilung mit einbezogen werden [20]. Wichtig ist es aber auch, keine ungerechtfertigten Erwartungen zu wecken. Von Anfang an sollte feststehen, wie weit die Mitbestimmung der Bewohner geht und wo die finanziellen Gren-

3   Nationalbibliothek in Peking, KSP Engel + Zimmermann 2008
4   Abhängigkeit des Heizwärmeverbrauchs von der gewählten Raumtemperatur in einem sehr gut gedämmten Wohngebäude. Eine Steigerung von 20 auf 21 °C resultiert in diesem Fall in einem Mehrverbrauch von 19% [9].
5   Stromverbrauch insgesamt und pro Kopf in Ein- und Mehrpersonenhaushalten. Je größer der Haushalt, desto weniger Strom verbraucht jeder einzelne Bewohner [9].
6   Duschhäufigkeit und -dauer in Abhängigkeit vom Lebensalter gemäß einer Studie aus den Niederlanden [16]

3   *National Library in Beijing, 2008, architects: KSP Engel + Zimmermann*
4   *Correlation between heating energy demand and indoor temperature in a highly insulated residential building. In this case, raising the room temperature from 20 to 21°C will result in a 19% increase in heating energy consumption [9].*
5   *Electricity demand (total and per capita) in private households, depending on the number of persons. The larger the household, the less electricity is consumed by each inhabitant [9].*
6   *Frequency and duration of hot showers depending on age, according to a study from the Netherlands [16]*

[11] M. Fedkenheuer in Velux Daylight/Architecture 23, S. 47ff. www.bit.ly/nutzer_8
[12] K. B. Janda: Buildings Don't Use Energy: People Do. Vortrag, PLEA 2009. www.bit.ly/nutzer_9
[13] Nutzerverhalten bei Sanierungen berücksichtigen. BINE-Projektinfo 02/2015. www.bit.ly/nutzer_10
[14] J. Grunewald, V. Stockinger: Nutzerverhalten in Energie+-Siedlungen. Vortrag beim 2. AktivPlus-Symposium, Stuttgart 2015
[15] T. S. Larsen et al.: Occupants Influence on the Energy Consumption of Danish Domestic Buildings, Aalborg 2010. www.bit.ly/nutzer_11
[16] Ministerie van Volkshuisvesting, Ruimtelijke Ordening en Milieubeheer: Energiegedrag in de woning. www.bit.ly/nutzer_12
[17] Berliner Institut für Sozialforschung: Sozialwissenschaftliche Auswertung des Modellprogramms Effizienzhaus Plus Standard, S. 8. www.bit.ly/nutzer_13
[18] Bundesministerium für Umwelt, Naturschutz, Bau und Reaktorsicherheit/Umweltbundesamt (Hrsg.): Umweltbewusstsein in Deutschland 2014. www.bit.ly/nutzer_14

7 Museum für die Kunst des 21. Jahrhunderts (MAXXI) in Rom, Zaha Hadid Architects 2009
8 Sportveranstaltung in der Olympia-Sporthalle in München, Architekten: Architektengruppe Olympiapark mit Frei Otto 1972

7 Museum for 21st century art (MAXXI) in Rome, 2009, architects: Zaha Hadid Architects
8 Sports event at the Olympic swimming pool in Munich, 1972, architects: Architektengruppe Olympiapark with Frei Otto

zen bei der Umsetzung ihrer Vorschläge liegen. Wo die Nutzer zur Bauzeit noch nicht feststehen, kann ein Facility-Manager als Bestandteil des Planungsteams sicherstellen, dass die Weichen für einen nutzerfreundlichen Gebäudebetrieb gestellt werden.

3. Robustheit einplanen. Robustheit bedeutet in vielerlei Hinsicht das Gegenteil einer Optimierung »auf den Punkt«. Dafür reagieren robuste Gebäude toleranter gegenüber ungeplantem Nutzerverhalten. Ein italienisches Forscherteam hat unlängst in einer Simulation ermittelt, welche Gebäudetypen besonders robust gegenüber unterschiedlichen Arten des Gebäudebetriebs sind. Am besten schnitten dabei massive Gebäude mit moderatem Glasflächenanteil und außen liegender Verschattung ab. Am wenigsten robust sind tendenziell Leichtbauten mit großflächiger Verglasung, aber ohne Sonnenschutz.[21] Robustheit bedeutet darüber hinaus eine gewisse Standardisierung in der Gebäudetechnik, anstatt jedem Gebäude individuelle, oft hoch komplexe Syseme »auf den Leib zu schneidern«. Stefan Plesser, Architekt und Experte für Betriebsoptimierung von Gebäuden von der TU Braunschweig, sagt: »Grundsätzlich kann man jedem Bauherrn nur empfehlen, bereits in der Planung an den Betrieb zu denken. Viel Technik bringt nicht immer auch eine hohe Energieeffizienz, aber recht verlässlich erhöhte Betriebskosten.« [22]

4. Keine Genauigkeit vorgaukeln. Wenn Gebäude unterschiedliche Arten der Nutzung tolerieren müssen, sollte auch die Frage erlaubt sein, warum ihr Energiebedarf stets als ein einzelner, vorgeblich exakter Wert ausgegeben wird und nicht als Bandbreite, in der sich der Verbrauch je nach Nutzungsintensität und -verhalten bewegen wird. Letzteres würde Frustrationen vorbeugen, die allenthalben auftreten, wenn Gebäude ihre »auf dem Papier« errechnete Effizienz in der Realität nicht erreichen.

5. Großraumbüros vermeiden. Dieser Bürotyp galt (mit Recht) schon als gescheitert, erlebt heute aber unter den Vorzeichen effizienter Flächenausnutzung und einer (vorgeblich) besseren Kommunikationskultur eine kleine Renaissance. Nutzerbefragungen zeichnen ein anderes Bild, wie Karin Schakib-Ekbatan vom KIT resümiert: »Störungspotenzial und Unzufriedenheit scheinen in Büros mit fünf oder mehr Personen deutlich zu steigen. Hauptursachen hierfür sind Umgebungsbedingungen, die geringe akustische und visuelle Privatheit bieten.« Außerdem lässt sich eine individuelle Bedienbarkeit der Gebäudetechnik durch die Nutzer – eine Grundvoraussetzung für hohe Arbeitsplatzzufriedenheit – in Großräumen deutlich schlechter umsetzen als in Zellen- oder kleineren Gruppenbüros [4, 8]. Eine Langzeitstudie ergab sogar, dass Großraumbüros die Kommunikation aus Sicht der Angestellten eher behindern, als sie zu fördern [2].

6. Den Nutzer im Betrieb unterstützen. Hausbesitzer und Mieter wünschen sich eine Einführung in die Gebäudetechnik – doch insbesondere Mieter erhalten sie oft nicht, wie gerade wieder eine Umfrage der Deutschen Energie-Agentur (dena) ergeben hat [24]. Wichtig ist auch die Art und Weise der Einführung: Schriftliche Anleitungen sollten nicht länger als ein paar Seiten sein, sonst werden sie nicht gelesen. Oft hilft eine kurze Einweisung durch technisch geschultes Personal weit mehr als schriftliche Instruktionen. Und gerade bei komplexeren Installationen ist ein verlässlicher technischer Support unabdingbar, wenn Mensch und Technik im Gebäude gemeinsam ihr Auskommen finden sollen.

7. Den Nutzer entscheiden lassen. Je energieeffizienter ein Gebäude ist und je direkter seine Innenräume (z.B. über große Glasflächen) mit dem Außenklima korrespondieren, desto wichtiger wird die Automation der Gebäudefunktionen. Automation ist nichts per se Schlechtes, und Menschen sind im Umgang mit Technik durchaus lernfähig, wie der weltweite Siegeszug der Smartphones beweist. Wo immer jedoch die Gebäudeautomation sichtbare und spürbare Veränderungen – z. B. der Temperatur, der Belichtung oder des Ausblicks ins Freie – bewirkt, muss der Nutzer in die Steuerung eingreifen können.

8. Reaktionsfähig bleiben. Nutzer erwarten eine spürbare Reaktion des Gebäudes, wenn sie die Heizung oder Verschattung bedienen. Träge und tendenziell unflexible Systeme wie eine Bauteilaktivierung mögen kosten- und energieeffizient sein, doch allein können sie die Zufriedenheit der Nutzer schwerlich sicherstellen. Aus dem gleichen Grund sollten auch starre Verschattungssysteme (die keinen ausreichenden Blendschutz bieten) in Bürogebäuden oder eine reine Zuluftheizung in Passivhäusern (die keine Differenzierung der Temperaturen je nach Raum erlaubt) nicht durchgesetzt.

9. Betrieb überwachen. Ein technisches Monitoring der gebäudetechnischen Anlagen sollte bereits in der Planungsphase konzipiert werden, damit es möglichst unmittelbar nach Baufertigstellung anlaufen kann. Dann lassen sich damit Energieeinsparungen von 5 bis 15 %, in Extremfällen auch über 20 % erzielen [25]. Die Kosten für das Monitoring können sich durch diese Einsparungen nach Expertenangaben binnen einem bis drei Jahren amortisieren. Damit es bei den Einsparungen bleibt, sollte das Monitoring jedoch langfristig vom Facility-Management weiter betrieben werden. Sonst gilt beim Energieverbrauch: Wie gewonnen, so zerronnen.
Ebenso sinnvoll wie eine technische Betriebsüberwachung sind Umfragen zur Nutzerzufriedenheit. Sie sollten mehrfach durchgeführt werden (mindestens einmal im Sommer und Winter) und eine zufällig ausgewählte, repräsentative Stichprobe der Gebäudenutzer umfassen. Für Bürogebäude liegen mittlerweile standardisierte Fragebögen für solche Umfragen vor [26], wobei Erhebungen mit Papierfragebögen laut Experten höhere Rücklaufquoten erzielen als internetbasierte Befragungen [27].

10. Feedback geben. Regelmäßiges Feedback an die Nutzer kann helfen, Energieverbräuche zu senken. Bei einem Modellversuch der Deutschen Energie-Agentur (dena) erhielten 145 Haushalte monatlich Auskunft über ihren Heizenergieverbrauch und konnten ihn mit jenem des Vormonats, des Vorjahrs sowie eines Durchschnittshaushalts im gleichen Haus vergleichen [28]. Binnen eines Jahres sparten die Haushalte 16 % Energie ein. Eine Kontrollgruppe, die kein Feedback erhalten hatte, brachte es nur auf 7 % Einsparung. Das Feedback war überdies deutlich wirksamer als eine Energieberatung, die ein Teil der Testhaushalte zusätzlich in Anspruch genommen hatte: Diese brachte im Durchschnitt keine weitere Verbrauchssenkung.

Noch höhere Einsparungen durch Visualisierung lassen sich beim Strom- und Warmwasserverbrauch erreichen, wie Erfahrungen aus einer Landshuter Plusenergiesiedlung zeigen [29]. Nach dem ersten Winter sanken die Zugriffszahlen auf das System spürbar, die Verbrauchswerte blieben jedoch dauerhaft auf einem niedrigeren Niveau. Eine Umfrage ergab zudem, was sich die Bewohner von Feedbacksystemen wünschen: einen einfachen Datenzugriff auch von mobilen Endgeräten, möglichst konkrete, situationsbezogene Energiespartipps sowie eine Darstellung der Energiekosten statt lediglich der Kilowattstunden, da Letztere für die meisten Bewohner keine vertraute Bezugsgröße sind.

Immer wichtiger wird bei Feedbacksystemen auch das Thema Datenschutz. Im Vordergrund sollte daher stets die Information der Bewohner stehen und nicht die Nutzung der Daten durch Dritte (z. B. Stromversorger). Bei den »intelligenten« Stromzählern, die die Bundesregierung in Deutschland verpflichtend einführen wollte, waren die Präferenzen genau anders herum gesetzt. Entsprechend gering war ihre Akzeptanz, sodass die Regierung von ihrem Vorhaben – zumindest für Privathaushalte – wieder Abstand nehmen musste.

The expression "user" in architecture was coined during the post-war era and reflects the large-scale thinking characteristic of that period [1]. Speaking of "users" rather than "residents" suggested that buildings were occupied by an anonymous mass whose basic needs were determined by statistics.

Today, however, the user is no longer regarded as a calculated mean value but as an individual and active participant. In 2014, the International Energy Agency (IEA) commissioned a new research programme that seeks to quantify the impact of users on the energy consumption of buildings [2]. The aim is to develop new and more accurate calculation methods that portray the behaviour of different residents. The results could be particularly beneficial for the operation of buildings. Future building automation systems might record a requirement profile of individual users and then manage the room climate accordingly. Different cooling strategies could then, for example, be applied to offices depending on the ventilation behaviour of the people working there.

[19] J. Suschek-Berger, M. Ornetzeder: Kooperative Sanierung, Graz 2006. www.bit.ly/nutzer_15
[20] M. Buttler, R. Rambow: User-Centered Design in Certified Office Buildings. Vortrag, sb13 Munich, München 2013
[21] V. Fabi et al.: Robustness of Building Design With Respect to Energy Related Occupant Behaviour. www.bit.ly/nutzer_16
[22] bine-Informationsdienst: Interview mit Stefan Plesser, 9.3.2010. www.bit.ly/nutzer_18
[23] M. Brill et al.: Disproving widespread myths about workplace design. www.bit.ly/nutzer_17
[24] Deutsche Energie-Agentur (dena): Zufriedenheit mit Raumklima und Sanierungsmaßnahmen. Umfrage 2015. www.zukunft-haus.info/sanierungsstudie
[25] Gebäude energieeffizient betreiben. bine themeninfo I/2010. www.bit.ly/nutzer_19
[26] Download unter www.bit.ly/enob1
[27] K. Voss, A. Wagner, S. Herkel: Gebäudeperformance planen, erfassen und bewerten. Detail Green 2-2014, S. 82ff.
[28] www.bewusst-heizen.de/modellvorhaben/ergebnisse/
[29] V. Stockinger, W. Jensch, J. Grunewald: +EINS. Plusenergiesiedlung Ludmilla-Wohnpark Landshut. München/Dresden 2014. Weitere Informationen zum Projekt siehe www.bit.ly/nutzer_21

8

Results from user surveys

The laboratory tests performed by Ole Fanger at the beginning of the 1970s revealed that five per cent of all users are discontented even in "perfectly" temperate rooms. Contemporary studies suggest that this was a rather optimistic estimate: in real buildings, the percentage of dissatisfied hardly ever drops below 15 % [4]. Buildings that are particularly energy-efficient or those with a sustainability certificate do not necessarily perform any better in this case than conventional buildings [6]. The fact that at least every seventh person communicates dissatisfaction with the thermal conditions of a building shows how differently humans perceive their environment. In a new laboratory study, the subjective ideal temperature of the test persons varied from 21 to 25 °C [7]. While some people considered a temperature range of 10 degrees Kelvin to be comfortable, the comfort range of others hovered just above one degree. The variations in office lighting were similarly extreme; the preferred illumination level of individuals ranged by a factor of 7 to 10 [8].

Behavioural research for the energy transition

The amount of energy consumed in identical houses and apartments can vary considerably. With regards to heating energy, the variations can amount to a factor of ten or more [9, 13]. In the case of hot-water consumption, differences of around seven have been recorded; electricity consumption differs by a factor of four to five [14].
When questioning homeowners and tenants about the highest energy consumers in their homes, they typically misjudge the situation. Power consumption – particularly in certain areas, such as lighting – tends to be overrated; personal influence on the heating energy consumption, on the other hand, is often underestimated and consumption of domestic hot water is often totally "ignored" [14]. People's awareness of different types of power use also varies widely. Whereas the standby power consumption of electrical appliances has come into focus, much more relevant power consumers, such as stoves, tumble dryers and fridge/freezer units, are rarely acknowledged. While people are aware of the energy efficiency of household appliances, the impact of the size, number and frequency of use of these devices on the power consumption is hardly ever taken into consideration [9]. Researchers at Aalborg University studied 22,000 Danish homes to determine which aspects have the greatest influence on energy consumption [15]. The results have helped to explain approximately 40 % of all deviations. In the case of power consumption, the number of inhabitants in the dwelling unit, as well as household income played the most significant role (Fig. 5). The floor area of the household, on the other hand, plays only a secondary role, as does the age of residents.
In the case of heating energy consumption, the floor area and the age of the home (which usually corresponds with the standard of insulation) have the greatest impact. Personal features, such as age, income and the number of residents, are less influential.
However, if only less than half of the differences in consumption can be explained in terms of statistics, then more than 50 % are influenced by behaviour and other individual facts. Among these are, for example, the preference of room temperature and ventilation. In very well-insulated homes, a one-degree increase in indoor temperature in a room can easily result in a 15 %-increase in heating consumption (Fig. 4). The habits of residents can however be changed, as has been shown in a study of 30 "plus-energy" homes built in Germany. This is especially true if the residents are confronted with the consequences of their own behaviour. "Managing the energy generated on site, as well as displaying the building's energy yield and consumption, appears to promote a greater awareness for energy matters and encourage a more efficient use thereof. Residents also frequently mentioned their increasing ambition to exclusively make do with the energy generated on site during interviews." [17]

Practical recommendations

Despite the complexity of user needs and behavioural patterns, it is possible to make some recommendations for buildings that combine user satisfaction and energy efficiency.

1. **Consider the target group.**
There is a trend, particularly in larger cities, to develop residential properties for specific target groups. Good sustainability concepts take this approach into account. Studies have shown that people from different social backgrounds take very different approaches to environmental topics [18]. Only very few can be sufficiently motivated to become true environmentalists. Most others, though, can relate to at least some environmental issues. They may be fascinated by energy-efficient technology, or attracted by energy cost savings or community projects such as urban gardening.

2. **Consult the user.** Participatory planning is time-consuming and cumbersome; however, it does improve the way users identify with the design scheme. The principle should be to communicate public involvement as clearly, widely and early as possible. In the case of office buildings, for example, it makes a huge difference whether or not the staff members are involved in decisions concerning the organisation of space [20]. Nevertheless, designers should avoid raising false hopes. The degree of resident participation, as well as the financial limits for the implementation of suggestions, should always be determined from the outset of the planning process.

3. **Design resilient buildings.** Resilient buildings are less susceptible to unpredictable user behaviour. According to a recent study by Italian researchers, solid buildings with a moderate proportion of window area and external shading devices achieve the best results in this respect [21]. Furthermore, designing resilient buildings implies a certain standardisation and down-to-earch approach to building services. Stefan Plesser, expert for operational improvements at TU Braunschweig, says: "A lot of technology does not per se mean that the building will be energy-efficient; it is quite probable in fact that the running costs will turn out higher than expected." [23]

4. **Refrain from quoting unrealistic values.** Rather than stating the energy demand as a single, allegedly accurate figure, it may make

9 Einflussfaktoren für das Energieverbrauchsverhalten in Gebäuden (nach [9])
10 Pinakothek der Moderne in München, Stefan Braunfels 2002

9 Factors influencing the energy consumption behaviour in buildings (according to [9])
10 Pinakothek der Moderne museum in Munich, 2002, architect: Stefan Braunfels

more sense to display it as a margin reflecting the consumption according to the intensity and form of use. A margin would prevent frustration, which tends to arise when buildings are eventually up and running, but fail to meet the efficiency standards quoted on paper.

5. Avoid open-plan offices. *This typology of office is today experiencing a revival boosted by illusions of a more efficient use of space and a (seemingly) better culture of communication. Current studies create a different picture though: open-plan offices are notorious for their poor acoustics and lack of privacy. Furthermore, individuals often have little or no control over building services in these spaces, which, in turn, drives occupant dissatisfaction [4, 8]. A long-term study has even revealed that communication in open-plan offices is usually impeded rather than facilitated [22].*

6. Support the user. *User manuals are indispensable for the "correct" operation of complex building services. Especially in the case of residential buildings, however the instructions should be as clear and concise as possible. An introduction given by technically trained personnel is frequently more effective than written instructions. A higher degree of automation requires reliable technical support from the very beginning if the aim is for residents and technology to function well together.*

7. Allow the user to decide. *Building automation is not necessarily a bad thing, and humans are capable of learning when it comes to new technologies, as the worldwide success of smartphones has shown. Nevertheless, wherever building automation has a direct impact on climate parameters such as temperature, lighting or the view out of the building, the user must be able to modify settings manually.*

8. Remain flexible. *Users expect a noticeable reaction when they adjust the settings of the heating or shading devices. Inflexible systems, such as thermally activated building systems, fixed shading devices (which do not provide sufficient glare protection) or supply air heaters in Passive Houses (which do not allow different temperature settings in different rooms) may be cost- and energy-efficient, but they are not able to provide optimum user satisfaction.*

9. Monitor the operation. *A concept for monitoring the building services systems should already be drawn up in the early design stages. Monitoring can help achieve energy savings of between 5 and 15%, and even up to 20% in more extreme situations [25]. In order to maintain these savings in the long term, the facility manager should continue the monitoring well beyond the "running-in" period.*
Alongside technical monitoring, surveys are a useful tool for tracking user satisfaction. They should be performed several times (at least once in summer and winter) and include a randomly selected, representative group of building users. Standardised questionnaires are available for surveys in office buildings. It has been shown that the response rates of paper-based questionnaires tend to be higher than those of web-based surveys [27].

10 Provide feedback. *Frequent feedback to the users can help reduce energy consumption. In a pilot project performed by the German Energy Agency (dena), 145 households were informed once a month about their heating energy consumption. The result was that the households reduced their energy consumption by 16% within a year. A control group that did not receive any feedback recorded savings of only 7%. In the case of electricity and hot water, even greater savings can be achieved through visualisation [29]. Moreover, a survey revealed what residents expect from a feedback system: simple access to data, also from mobile devices, situational tips to save energy and a display of energy costs rather than kilowatt hours since most residents are not familiar with energy units.*

11

in der praxis
in practice

88   Wohn- und Gewerbebau Kalkbreite in Zürich • *Kalkbreite Housing and Commercial Development in Zurich*
100 Wohnprojekt Wien • *Housing Project in Vienna*

Wohn- und Gewerbebau Kalkbreite in Zürich

Kalkbreite Housing and Commercial Development in Zurich

Architekten /*Architects*:
Müller Sigrist Architekten, Zürich /*Zurich*
Tragwerksplaner /*Structural engineers*:
Dr. Lüchinger + Meyer Bauingenieure AG, Zürich /*Zurich*

Der Wohn- und Gewerbebau im Zentrum Zürichs ist ein bemerkenswerter Hybrid: Der große, kompakte Baukörper vereint in der Sockelzone Läden, Lokale und ein Kino, in den Obergeschossen Wohn- und Gemeinschaftsräume und zudem eine im Blockinneren fast unsichtbar integrierte Abstellhalle für Straßenbahnen. Diese komplexe Nutzungsmischung hat das Züricher Architekturbüro Müller Sigrist Architekten in einer homogenen Großform zusammengefasst. Sie reagiert auf den Standort – eine verkehrsumringte Insellage zwischen Kalkbreite- und Badenerstraße – ebenso wie auf die konkreten Vorgaben des engagierten Bauherrn, der Genossenschaft Kalkbreite. Die grundlegende Idee des gemeinschaftlichen Wohnens und Arbeitens wurde in unterschiedlichste Wohnformen und kleinteilige Gewerbe- und Büroflächen umgesetzt; rund 500 Menschen leben und arbeiten hier. Seit 2006 hat die Genossenschaft das breitgefächerte Raumprogramm in partizipativen Prozessen entwickelt, um diesen durchmischten Gebäudekomplex mit vergleichsweise günstigen Mieten zu schaffen: als neues, attraktives Stadtquartier für Bewohner, Nachbarn und Besucher. Dass sich die »Kalkbreite« bereits ein Jahr nach Bezug zu einem lebendigen urbanen Ort entwickelt hat und die bewusst fließend gehaltenen, subtilen Grenzen zwischen öffentlichen, halböffentlichen und privaten Bereichen gut funktionieren, ist vor Ort sofort zu spüren – in den Restaurants und Läden ebenso wie im weiträumigen Innenhof über dem Straßenbahndepot und den angrenzenden Gemeinschaftsbereichen, wo sich Bewohner und Gäste treffen.
DETAIL 9/2015

Situated in the centre of Zurich, this housing and commercial development is a remarkable hybrid. The plinth of the large, compact volume incorporates shops, bars and a cinema, while the upper levels accommodate dwellings and communal spaces. Integrated almost imperceptibly in the interior of the block is the hall for city trams. This complex mixture of functions was designed in a homogeneous form for the Cooperative Kalkbreite by the Zurich architects Müller Sigrist on a site surrounded by traffic. The basic idea of a joint housing and working community is translated into different dwelling forms and small commercial and office units. Roughly 500 people live and work here.
Work began on the broad-ranging spatial programme in 2006 in a series of participatory processes. The fact that the Kalkbreite hasbecome a lively urban location only one year after being taken into use and has consciously assumed subtle, flowing boundaries can be sensed immediately – in the restaurants and shops as much as in the spacious courtyard on the roof of the tram depot and the adjoining communal realms.

Ein neues Stück Stadt – der Wohn- und Gewerbekomplex Kalkbreite

A New Segment of the City – the Kalkbreite Housing and Commercial Complex

Sabine Wolf

Innenverdichtung vor Außenentwicklung ist eine städtebauliche Maxime, wie sie seit Jahrzehnten beinahe mantraartig wiederholt, in Hochschulen gelehrt und in hitzigen Podiumsveranstaltungen diskutiert wird. Konsens herrscht darin, dass höhere Dichte nicht zulasten der Freiraumqualität gehen darf und geeignete Areale immer rarer werden. Eine der letzten potenziellen Flächen Zürichs war die »Kalkbreite«, ein innerstädtisches, 6350 m² großes, mit öffentlichem Nahverkehr äußerst gut erschlossenes, städtisches Grundstück, auf dem die Verkehrsbetriebe Zürich VBZ seit 1882 eine Straßenbahn-Abstellanlage betreiben und als wichtigen Standort nicht aufgeben wollten. Dennoch konnte sich 1975 eine städtische Volksinitiative durchsetzen, die auf dem Areal gemeinnützigen Wohnungsbau forderte. Doch erst 30 Jahre später kam Schwung in die Planungen, als die VBZ die Erneuerung der Anlage plante, die Stadt das Grundstück verkaufen wollte und sich die letzte Möglichkeit zur Einflussnahme bot. So ergriffen die Anwohner die Initiative und luden mithilfe der lokalen Medien 2006 zu einem öffentlichen Workshop ein.

Gemeinsame Vision

Quartierbewohner und Fachleute entwarfen unter dem Titel »Ein neues Stück Stadt« die Vision eines nachhaltigen und auch für das Stadtviertel attraktiven Wohn- und Gewerbebaus als Zukunftsperspektive für das Areal. Hier sollte ein lebendiges Quartier entstehen, das neuen Wohnkonzepten und Lebensmodellen ebenso Raum geben sollte wie einem innovativen, kleinteiligen Gewerbemix – mit hochgesteckten Zielen: autofrei, 60 Prozent Wohnen, 40 Prozent Gewerbe mit Tag- und Nachtnutzung, eine überdachte Tramabstellhalle, ein 2500 m² großer öffentlicher Hof, grüne Dachterrassen für die Hausgemeinschaft und Urban Gardening, ein individueller durchschnittlicher Wohnflächenverbrauch von weniger als 35 m² (der Schweizer Durchschnitt liegt bei 45 m², mit steigender Tendenz), das Nutzen von Synergien, kurze Wege, intern und extern mietbare Sitzungs- und Pensionszimmer – als Ersatz für wohnungsinterne Arbeits- und Gästezimmer –, Mindestbelegungsvorschriften bei der Wohnungsvermietung sowie ein Minergie-P-Eco-zertifiziertes Gebäude, [1] Photovoltaikanlagen, Wärmerückgewinnung und Grundwasserwärmepumpe.

Aus der Initiative ist die Genossenschaft »Kalkbreite« entstanden, die das Areal 2007 von der Stadt Zürich im sogenannten Baurecht [2] übernehmen konnte. Die partizipativ erarbeitete Vision war die Basis für den Architekturwettbewerb, den die Genossenschaft 2009, wie beim Baurecht üblich, gemeinsam mit der Stadt Zürich ausschrieb und den das Züricher Architekturbüro Müller Sigrist Architekten gewann. Heute leben und arbeiten in der Kalkbreite fast 500 Menschen. Die »Kalki« ist seit ihrer Eröffnung im August 2014 tatsächlich bereits zu einem lebendigen Stück Stadt geworden.

Breite Partizipation

Von Anfang an wichtig für die Genossenschaft und ihre Arbeitsweise prägend war die intensive und breite Partizipation der künftigen potenziellen Nutzer durch alle Projektphasen – Planung, Realisierung, Aufbau und Betrieb. Das prozesshafte Vorgehen, eine »Planungskultur der Vielen«, mag ein gewisses Wagnis bergen angesichts der Ungewissheit des Ausgangs, doch sie schafft von Anfang an eine gemeinsame Vision und gegenseitige Akzeptanz. Bei dieser »generischen Partizipation« [3] wird die gemeinsame Auseinandersetzung mit künftigen Wohn-, Arbeits- und Lebensmodellen zur eigentlichen gestalterischen Kraft. Diese Form bedarfsbasierter Projektentwicklung fördert nicht nur an den Ort angepasste, maßgeschneiderte und zukunftsfähige Konzepte. Sie leistet aufgrund ihrer breiten Abstimmung zugleich auch die Einbettung in einen größeren gesellschaftlichen und örtlichen Kontext.

Nicht spektakuläre Autorenprojekte sind gesucht, sondern Lösungen, die auf die Bedürfnisse der künftigen Nutzer eingehen. Dass die Genossenschaft Kalkbreite mit dieser Planungskultur nicht alleine ist – und

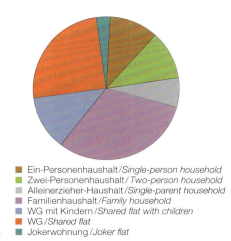

- Ein-Personenhaushalt / Single-person household
- Zwei-Personenhaushalt / Two-person household
- Alleinerzieher-Haushalt / Single-parent household
- Familienhaushalt / Family household
- WG mit Kindern / Shared flat with children
- WG / Shared flat
- Jokerwohnung / Joker flat

A

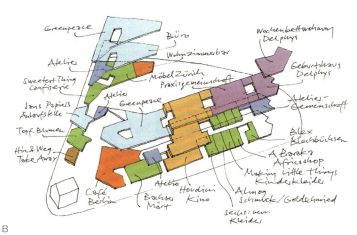

B

[1] The Minergie-P-Eco standard is roughly equivalent to the German passive-house standard and was, at that time, the highest level conceivable.
[2] In many countries, leasehold rights allow the use of a piece of land for a limited period of time against a fixed payment. In the Kalkbreite, the period is 62 + 30 years. The lease sum is calculated percentually, based in part on land costs and preliminary investment costs.
[3] "Generic participation" (Latin: gignere = yield) is the term used to describe a local, processual, broadly supported development in which the project comes about only through the participation of a number of people who invest their knowledge, needs, expectations and visions in a kind of collective intelligence.

Dr Sabine Wolf, on the executive board of the Cooperative Kalkbreite, has been a member of the project team since 2007. She is coeditor of the book "Kalkbreite – ein neues Stück Stadt", www.kalkbreite.net

One of the last potential development areas in Zurich was the "Kalkbreite", an inner-city site with an area of 6,350 m² on which public transport had maintained a tram depot since 1882. What's more, this was regarded as an important location that was not to be given up. In 1975, however, in response to a public initiative, the city's population called for the development of the land for non-profit housing. It took 30 years nevertheless for the planning really to get underway. The transport organisation wished to renew its plant, the city wanted to sell the site, yet at the same time, the last opportunity presented itself for the public to exert its influence on the situation.
In 2006, under the title "A new segment of the city", local residents and media invited people to a public workshop. Together with specialists, a long-term vision of an attractive development was drawn up – 60 per cent housing, 40 per cent commercial uses, free of cars, with a covered hall for trams, a 2,500 m² public square, planted roof terraces and urban gardens, and an average area of less than 35 m² per household (the Swiss average is 45 m², tendency rising) plus many additional environmental facilities [1].
The outcome of all this was the Kalkbreite Cooperative, which was able to take over the area from the City of Zurich in 2007 under a so-called "building lease" [2]. The visionary model formed the basis for the architectural competition that the cooperative, together with the City, issued in 2009. The competition was won by Müller Sigrist Architects of Zurich, and today, almost 500 people live and work in the Kalkbreite. Since its opening in August 2014, this development has become a living piece of urban tissue.
Important to the cooperative was the participation of potential users at all phases of the project. In this way, it sought to create a mutual vision and acceptance with solutions that sprang from the needs of future residents [3]. The fact that the Kalkbreite Cooperative is not alone in this is a decisive locational advantage for Zurich. The cooperatives Dreieck (Triangle), Karthago and Power Station 1 have pursued this course since the 1990s, just as the cooperative "mehr als wohnen" was to later. A long tradition of cooperatives housing in Zurich prepared the path for this; and indeed, without it, the project would not have taken off the ground. The Kalkbreite was erected in a deliberately conventional fashion, which called for a great deal of knowledge and discipline on the part of the developer. It also guaranteed many freedoms, though, together with economic, affordable housing and commercial rents. What's more, a number of other facilities are offered to the community, such as a cafeteria, generally accessible internal spaces and attractive external ones. The Kalkbreite Cooperative today boasts almost 1,200 members and is implementing the Custom House, its second project in the centre of Zurich.

A Distribution of different dwelling forms
B Sketch of commercial and service mix
C Visionary concept of "New Segment of City"; collage from the application made for the site in 2006
D Workshop on development of volume, 2008

Site plan scale 1:4,000
1 Rose garden (existing building)
2 External access staircase to courtyard
3 Courtyard

Abgetreppter Baukörper und innere Straße – das architektonische Konzept

Stepped-Down Building Volume and Inner Route – the Architectural Concept

Auf die städtebauliche Situation inmitten von Straßen und Schienentrassen reagiert der Entwurf mit einer blockrandartigen Bebauung, die die neu errichtete Tramabstellhalle umgibt. Die polygonale Form und die Abtreppung nach Süden erzeugen einen prägnanten Baukörper, in dem die heterogene Nutzung – Tramhalle, Wohnen und Gewerbe – zu einem kompakten Volumen zusammengefasst ist. Nach außen zeigt sich der Hybrid als homogene, subtil differenzierte bauliche Einheit. Im »Sockel« (Erdgeschoss, Mezzanin, 1. Obergeschoss) sind insgesamt 4187 m² kleinteilige Gewerbeflächen – Läden, Büros, Praxen, Kino – um die geschickt integrierte Tramhalle angeordnet, in den Etagen darüber Wohnungen und Gemeinschaftsbereiche mit insgesamt 8727 m² sowie eine Kindertagesstätte. Die große Herausforderung war, das komplexe Raumprogramm und die von Seiten der Genossenschaft relativ konkret formulierten Wohnvorstellungen in die Baukörperform einzupassen. Bereits für den international offenen Realisierungswettbewerb musste die Planung im Maßstab 1:50 erstellt werden. Aus den Vorgaben wurde eine große Bandbreite Wohnungstypen entwickelt, von der 1-Zimmer-Wohnung mit 29 m² bis zur 17-Zimmer-WG-Wohnung mit 412 m².

Knapp die Hälfte der insgesamt 97 Wohneinheiten haben Standardgrößen mit 2,5 bis 4,5 Zimmern, doch die »Kalkbreite« zeichnet sich auch durch innovative Wohnformen aus: 30 1- und 1,5-Zimmerwohnungen sind zu drei Clustern mit jeweiligem Gemeinschaftsraum gruppiert, verschiedene Großwohnungen bieten sich für Wohngemeinschaften an; der Großhaushalt mit 20 individuellen Wohnungen verfügt zusätzlich über eine Gemeinschaftsküche und einen angegliederten Ess- und Wohnbereich. Aufgrund der bewusst reduzierten individuellen Wohnfläche steht ein ungewöhnlich breites Angebot von gemeinschaftlich genutzten Bereichen mit insgesamt 916 m² zur Verfügung: Neben Waschküchen, Werkstatt, Sauna und Musikübungsraum können Büroarbeitsplätze, Sitzungsräume und auch Pensionszimmer gemietet werden. Darüber hinaus stehen den Mietern, verteilt über das gesamte Gebäude, für begrenzte Zeit zumietbare Jokerräume zur Verfügung, wenn vorübergehend weiterer Platz für ein Familienmitglied benötigt wird.

Um die Anordnung unterschiedlicher Nutzungen zu erleichtern und die freie Einteilbarkeit der Geschossflächen auch künftig zu ermöglichen, wurde die tragende Konstruktion aus Stahlbeton-Fertigteilstützen und Ortbeton-Flachdecken ausgeführt sowie der größte Teil der Innenwände in Leichtbauweise (gipskartonbeplankte Metallständer).

Schnitt Abwicklung
Grundrisse
Maßstab 1:1500

Longitudinal section (unwound)
Floor plans
scale 1:1,500

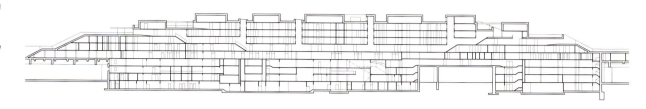

1 Freitreppe
2 Tramhalle
3 Gastronomie
4 Laden
5 Kino
6 Fahrrad-Abstellraum
7 Büro
8 Praxis
9 Geburtshaus / Wochenbettwohnung
10 Kellerabteile
11 Innenhof
12 Eingangshalle / Rezeption
13 Waschsalon
14 Cafeteria
15 Sitzungsraum »Flex«
16 Gemeinschaftsbüro
17 Rue intérieure
18 Clusterwohnungen im Großhaushalt
19 Kindertagesstätte
20 Pension
21 Ess- / Wohnraum Großhaushalt
22 Wohnungen Großhaushalt
23 Cluster-Gemeinschaftsraum
24 Clusterwohnung
25 Gemeinschaftsraum »Box«
26 Jokerraum
27 Dachgarten

1 External staircase
2 Hall for trams
3 Bar, catering
4 Shop
5 Cinema
6 Bicycle store
7 Office
8 Doctor's surgery
9 Childbirth clinic / Postnatal centre
10 Cellar spaces
11 Courtyard
12 Entrance hall / Reception
13 Laundry room
14 Cafeteria
15 Conference room "Flex"
16 Communal office
17 Rue intérieure
18 Cluster dwellings in large household
19 Day nursery
20 Guest house
21 Dining / Living room: large household
22 Dwellings: large household
23 Communal space: cluster dwelling
24 Cluster dwelling
25 Communal space "Box"
26 Joker space
27 Roof garden

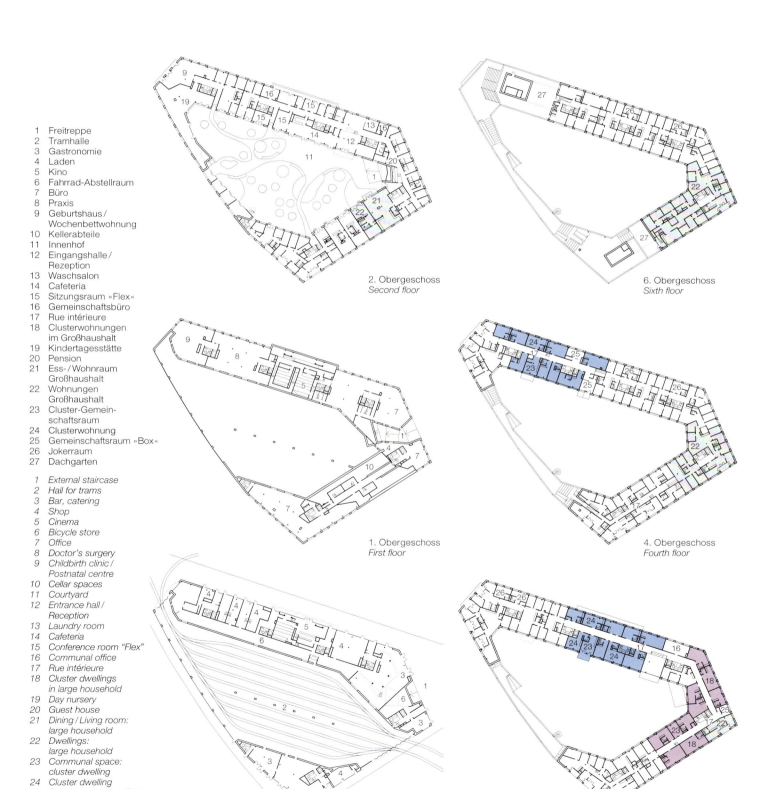

Wohnungsbeispiele Examples of dwelling types:
Grundrisse Maßstab 1:400 floor plans scale 1:400

a Wohnjoker 27,1 m² a Joker dwelling: 27.1 m²
b 1 Zi-Whg. Cluster 3: 29,4 m² b 1-room flat, cluster 3: 29.4 m²
c 1,5 Zi-Whg. Cluster 3: 46,1 m² c 1½-room flat, cluster 3: 46.1 m²
d 1,5 Zi-Whg. Cluster 1: 47,6 m² d 1½-room flat, cluster 1: 47.6 m²
e Gemeinschaftsraum Cluster 3: 39,5 m² e Communal space, cluster 3: 39.5 m²
f 3 Zi-Whg.: 61,2 m² f 3-room flat: 61.2 m²
g 2,5 Zi-Whg.: 63,9 m² g 2½-room flat: 63.9 m²
h 3 Zi-Whg.: 64,9 m² h 3-room flat: 64.9 m²
i 2,5 Zi-Whg.: 96,8 m² i 2½-room flat: 96.8 m²
j 3,5 Zi-Whg.: 64,4 m² j 3½-room flat: 64.4 m²
k WG Großhaushalt: 9,5 Zi-Whg.: 253 m² k Flat-sharing community; 9½ rooms: 253 m²
l 5,5 Zi-Whg.: 125,9 m² l 5½-room flat: 125.9 m²
   4,5 Zi-Whg.: 94,6 m²   4½-room flat: 94.6 m²

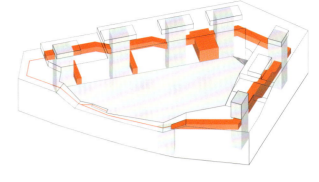

G

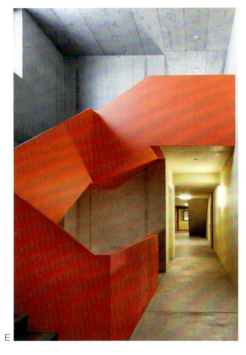

E

a b c

f g h

F

j k

E Treppenhaus und »Rue intérieure«
F »Rue intérieure« mit Blick in die Küche
G Schema Erschließung und »Rue Intérieure«
H 8,5-Zimmer-Maisonette-Wohnung

E Staircase and Rue intérieure
F Rue intérieure with view into kitchen
G Diagram of circulation and Rue intérieure
H 8½-room maisonette

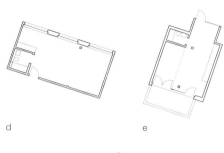

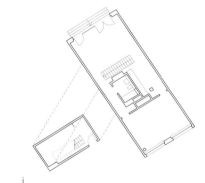

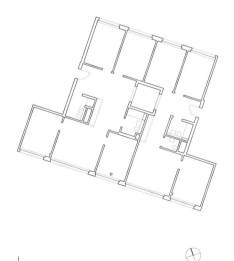

Die Gebäudehülle ist eine vorgehängte Holz-Elementfassade mit verputzten Oberflächen. Straßenseitig wurden Lochfassaden mit brüstungshohen Fenstern in unterschiedlichen Varianten entsprechend der Raumnutzung realisiert, zur Hofseite öffnen sich raumhohe Fenster. Die Putzstruktur lässt das Gebäude von Weitem als Einheit erscheinen, erst beim Näherkommen bemerkt man die dezenten Farbvarianten.

Kommunikative Erschließungsbereiche
Eine breite Freitreppe führt vom neu geschaffenen Rosengartenplatz hinauf zum Innenhof auf dem Dach der Tramhalle. Hier im 2. Obergeschoss befinden sich der Haupteingang und ein Großteil der Gemeinschaftsbereiche wie Cafeteria, Sitzungszimmer, Büros, Pension sowie die Kita. Von der zweigeschossigen Eingangshalle mit Rezeption – als »Dorfplatz« – verläuft die »Rue intérieure« als zentraler Erschließungsflur und kommunikativer Raum durch den gesamten Komplex. Die innere Straße interpretiert den Mittelflur der »Unités d'habitation« neu als Kaskadentreppe über unterschiedliche Ebenen, sie führt zu den Dachterrassen und setzt sich über deren Freitreppen in den Innenhof fort. Im Gebäude wird sie durch die farbig gestalteten Treppenhäuser akzentuiert. Tageslicht fällt durch Oberlichter und Lichtschächte, aber auch durch die raumhohen Verglasungen der Gemeinschaftsräume in den Flur; Ein- und Ausblicke ergeben sich zudem durch Glasstreifen in den Wohnungstüren und durch die Küchenfenster der durchgesteckten, zu Hof und Straße orientierten größeren Wohnungen. Auf private Außenräume wurde zugunsten von gemeinsamen Dachterrassen und Balkonen vor den Cluster-Gemeinschaftsräumen verzichtet. Loggien sind nur dort vorhanden, wo aus Lärmschutzgründen nötig. Der Ausbaustandard der Wohnungen als »veredelter Rohbau« mit sichtbar belassenen Stahlbetondecken und Anhydritestrichböden entspricht dem Wunsch nach ressourcenschonendem Materialeinsatz und günstigen Mieten und verleiht dem Gebäude zugleich eine zeitgemäße urbane Ausstrahlung.   DETAIL 9/2015

The design responds to the urban situation with a peripheral block development laid out around the new tram depot. The polygonal form and the way the structure is stepped down to the south result in a striking, compact volume with heterogeneous uses. The plinth (ground floor, mezzanine and first floor) contains 4,187 m² of small commercial units – shops, offices, various practices and a cinema. On the floors above are dwellings and communal spaces with a total area of 8,727 m² as well as a day nursery. A wide selection of dwelling types was developed, ranging from a 29 m² one-room flat to a 17-room 412 m² shared apartment. Almost half the 97 dwellings are of standard sizes with 2½ to 4½ rooms, but the Kalkbreite is also distinguished by innovative forms: thirty 1- and 1½-room flats are grouped to create three clusters, each with a communal space; and there are various large-scale dwellings for housing groups. One household with 20 individual flats possesses additionally a communal kitchen with an attached dining and living realm. By reducing individual dwelling areas, it was possible to create unusually large spaces for communal use, amounting to 916 m². To accommodate various functions and permit a free division of the storey areas in the future, the load-bearing structure was executed with precast concrete columns and in-situ concrete flat-slab floors. Most of the internal walls are in a lightweight form of construction with metal studs and gypsum plasterboard. The outer facade is a timber curtain wall. A large open staircase leads up from the new rose garden to the courtyard on top of the tram hall. Here, at second-floor level, are the main entrance and many of the communal facilities. From the two-storey entrance hall – a type of village square – a "rue intérieure" runs through the entire complex. Private outdoor zones were dispensed with to make space for communal roof terraces and balconies for the cluster dwellings. The internal finishings in the housing form a kind of "refined carcass", with exposed-concrete soffits and screeded floors helping to ensure a sparing use of materials and reasonable rents. Nevertheless, they lend the building a modern, urbane aura.

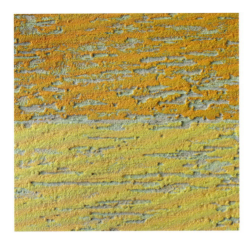

1 Dachbegrünung extensiv 100 mm, Vlies, Drän- und Speichermatte 40 mm, Wurzelschutzschicht, Abdichtung Kunststoffbahn, Wärmedämmung PS 300 mm, Dampfsperre, Stahlbetondecke 260 mm
2 Systemaufbau Putz 15 mm: Grund- und Deckanstrich Mineralfarbe diffusionsoffen, Deckputz mineralisch, Glasfasergewebe, Grundputz mineralisch
3 Holzleichtbau-Element vorgefertigt: Holzweichfaserplatte 60 mm, Holzständer 60/240 mm, dazw. Wärmedämmung Steinwolle 240 mm, OSB-Platte 15 mm
4 Dreifach-Isolierverglasung in Holz-Metall-Rahmen
5 Bohlen Douglasie 25/90 mm, Konterlattung, Stelzlager, Schutzlage, Dichtungsbahn, Stahlbetonplatte vorgefertigt
6 Bodenbelag Innenhof: homogener, befestigter, wasserdurchlässiger Oberflächenbelag aus festem Kies 100 mm
7 Stütze Stahlbeton vorgefertigt 200/200 mm (ab 3. OG) bzw. 250/250 mm (bis 2. OG)
8 Bodenaufbau Gemeinschaftsraum: Hartbeton geglättet, seidenmatt versiegelt 30 mm, Druckverteilerplatte Hartbeton stahlfaserbewehrt 70 mm mit Fußbodenheizung, Trennlage PE-Folie, Trittschalldämmung 20 mm, Wärmedämmung 20 mm, Stahlbetondecke 260 mm
9 Bodenaufbau Zimmer 3.–6. OG: Anhydrit-Estrich ins Korn geschliffen, versiegelt 60 mm mit Fußbodenheizung, Trennlage PE-Folie, Trittschalldämmung 20 mm, Wärmedämmung PS 40 mm, Stahlbetondecke 260 mm
10 Vorsatzschale: Gipsfaserplatte 2× 12,5 mm, Holzunterkonstruktion Lattung 80 mm, dazw. Mineralwolle 80 mm
11 Wohnungstrennwand: Gipsfaserplatte 2× 12,5 mm, Metallständer 50 mm, dazw. Steinwolle 45 mm, Trennstreifen 5 mm, Gipskartonplatte 9 mm, Metallständer 50 mm, dazw. Steinwolle 45 mm, Gipsfaserplatte 2× 12,5 mm

1 100 mm extensive roof planting; fibre mat; 40 mm drainage and storage mat; root-proof layer; plastic sealing layer; 300 mm polystyrene thermal insulation; vapour barrier; 260 mm reinforced concrete roof
2 15 mm 2-coat system rendering: mineral surface layer; glass-fibre fabric; mineral base coat; moisture-diffusing mineral paint
3 prefabricated lightweight timber element: 60 mm wood fibreboard; 60/240 mm wood studs with 240 mm rock-wool thermal insulation between; 15 mm OSB
4 triple glazing in wood and metal frame
5 25 mm softwood boarding 90 mm wide; battens; bearers; protective layer; sealing layer; precast concrete slab
6 courtyard paving: homogeneous permeable surface layer c.o. 100 mm tamped gravel
7 precast concrete column: 250/250 mm up to 2nd floor; 200/200 mm from 3rd floor
8 floor construction to communal space: 30 mm satin-finished granolithic paving; 70 mm steel-fibre-reinforced granolithic pressure-distribution slab with underfloor heating; polythene separating layer; 20 mm impact-sound insulation; 20 mm thermal insulation; 260 mm reinforced concrete floor
9 3rd–6th floor construction: 60 mm ground anhydrite screed, sealed, with underfloor heating; polythene separating layer; 20 mm impact-sound insulation; 40 mm polystyrene thermal insulation; 260 mm reinforced concrete floor
10 dry wall lining: 2× 12.5 mm gypsum fibreboard, painted; 80 mm battens with 80 mm mineral wool between
11 metal stud party wall: 2× 12.5 mm gypsum fibreboard; 50 mm metal studs; 45 mm rock wool; 5 mm dividing strips; 9 mm gypsum plasterboard; 50 mm metal studs; 45 mm rock wool; 2× 12.5 mm gypsum fibreboard

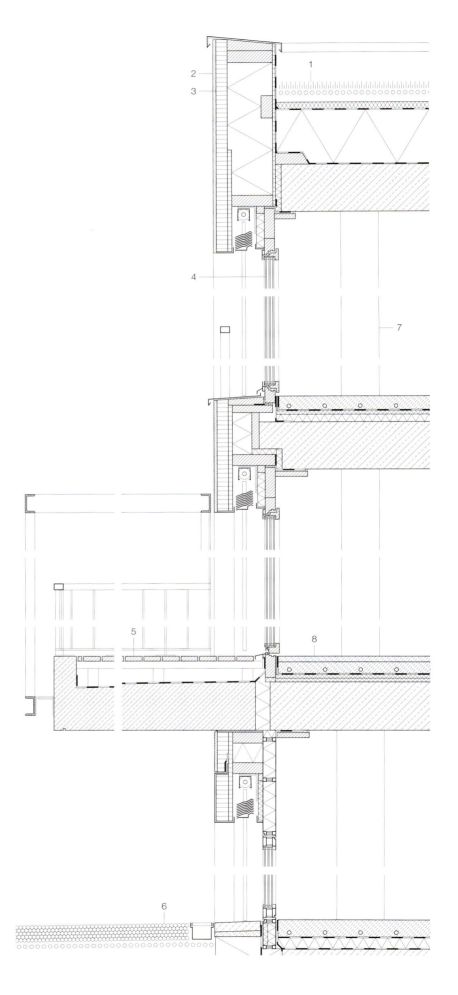

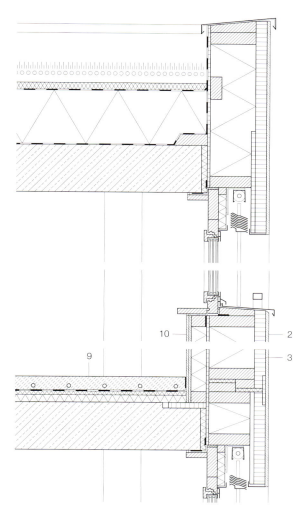
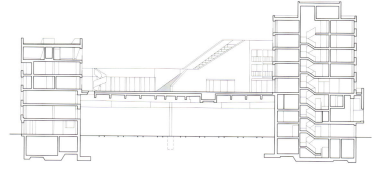

Querschnitt Maßstab 1:750
Vertikalschnitte
Hoffassade · Straßenfassade
Horizontalschnitt
Maßstab 1:20

Cross section   scale 1:750
Vertical sections:
courtyard facade · street facade
Horizontal section
scale 1:20

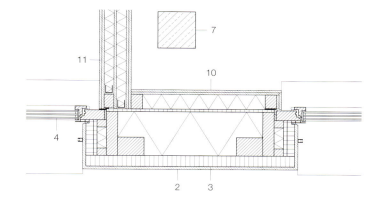

Uneingeschränkte Privatsphäre
und offene Gemeinschaftsräume –
Erfahrungen der Nutzer

*Full Private Realm and
Generous Community Spaces –
Users' Experience*

Thomas Sacchi Bewohner einer Cluster-1,5-Zimmer-Wohnung, Projektleiter bauherrnseits /*resident of 1½-room cluster dwelling; building owners' project manager*
Im Gegensatz zu meiner früheren Tätigkeit als Bauleiter und Kostenmanager in einem Architekturbüro bei Projekten, die ich selbst sicher anders gebaut hätte, konnte hier viel von dem umgesetzt werden, was ich spannend und gut finde. Ich probiere selbst eine der neuen Wohnformen aus, die wir entwickelt haben, und es lebt sich sehr gut. Auch meine nach Nordosten und zur stark befahrenen Straße orientierte Wohnung funktioniert sehr gut. Unser Cluster besteht aus neun 1- bis 1,5-Zimmer-Wohnungen, wir teilen einen Gemeinschaftsraum mit zusätzlicher Küche. Wenn man kocht, trägt man sich in eine Liste ein und schreibt auch, ob jemand dazu kommen kann oder ob man lieber allein wäre, beispielsweise wenn Gäste kommen. Die Idee dieser offenen Art von Clusterwohnungen stammt von uns und entstand aus der Tatsache, dass mehr als 50 % der Bewohner Zürichs allein leben, in teilweise sehr großen Wohnungen. Wir wollten eine niederschwellige Alternative zu Wohngemeinschaften entwickeln. Niederschwellig heißt: Man muss sich in der Gruppe nur über die Nutzung des Gemeinschaftsraums und die Verteilung der Stromkosten einigen, da jeder sein individuelle Wohnung hat. Der zweite Grund für diesen Typus ist ein baurechtlicher. Nur straßenseitig orientierte Einzimmerwohnungen sind wegen des Lärms nicht möglich. Da die Clusterwohnung mit neun Zimmern und einem Gemeinschaftsraum als eine Wohnung gilt, ist sie baurechtlich wieder möglich – eine »aufgezwungene«, doch zugleich gute Lösung für unsere Anforderungen.
In contrast to my earlier activity as a construction and cost manager in an architectural office for projects I would certainly have built differently, it was possible here to implement much of what I found stimulating. I'm trying one of the new dwelling forms myself, and it functions very well, even though it faces north-east on to a road with heavy traffic. Our cluster consists of nine 1 to 1½-room flats, and we share a communal space with an additional kitchen. That means the dwellings do not count as individual units, which was important, because single-room flats oriented to the road are not allowed. More than 50 per cent of the population of Zurich lives alone and often in very large dwellings. We wanted to find an alternative to housing communities, so that we merely had to agree within the group on the use of the communal space and how to share the power costs.

Edith Meier Ladenmieterin von »Oh! sweetest thing« /*Shopkeeper*
Mir gefällt besonders, dass das Gebäude so gut in das Quartier eingebunden ist. Es ist recht persönlich, die Leute kommen vorbei, es gibt einen guten Zusammenhalt mit den Nachbarn und auch den anderen Ladenmietern. Auch die Zusammenarbeit mit der Genossenschaft Kalkbreite während der Bauphase war sehr gut. Als Quereinsteigerin habe ich die Unterstützung der Genossenschaft sehr geschätzt. Wir produzieren alle Spezialitäten unserer kleinen American Style Bakery selbst – Cupcakes, Cheesecakes, Brownies, Bagels. Die Küche ist direkt an den Laden angeschlossen. Es ist alles verhältnismäßig klein, aber für uns ist es sehr gut geeignet.
What I like is that the building is so well integrated into the district. Collaboration with the Kalkbreite cooperative was very good during the construction phase. We produce all the specialities of our little US-style bakery ourselves. The kitchen, attached to the shop, is relatively small, but appropriate for us.

Rüdiger Kreiselmayer Bewohner einer Familienwohnung /*resident of family flat:*
Wir wohnen zu dritt in einer 4-Zimmer-Wohnung. Durch das große Fenster im Entrée haben wir Blickkontakt mit der Nachbarwohnung. Die Wohnungen sind einfach ausgestattet, das ein oder andere einfache Möbelstück habe ich in der gemeinsam genutzten Werkstatt im Haus angefertigt. Ich schätze die gemeinschaftlichen Räume im Haus. Es gibt Bereiche, die vor Bezug definiert waren, wie Eingangshalle und Cafeteria, aber auch solche, deren Nutzung erst nach Bezug von den Bewohnern festgelegt worden ist, wie das Nähatelier. In den gemeinschaftlichen Räumen begegnet man immer wieder anderen Bewohnern oder Gewerbetreibenden. Gerne begleitet mich unser einjähriger Sohn auf dem Weg ins Foyer, wenn ich die Zeitung holen gehe. Dort schnappt er sich ein Schaukelpferd oder flirtet mit den »Deskjockeys« am Tresen – und ich nutze die Zeit und stöbere in den Neuzugängen unserer kleinen, aber gut sortierten Bibliothek oder hole die Wäsche aus der angrenzenden Waschküche. Bei schönem Wetter nehmen wir unser Abendessen spontan mit in den Hof und sitzen dort mit unseren Nachbarn. Geschirr und Getränke gibt es in der Cafeteria, die dem hausinternen Gebrauch vorbehalten ist. Gelegentlich suchen wir uns auch eine der Dachterrassen aus. Über die Rue interiéur können wir unser kleines Wägelchen, vollgeladen mit Spielzeug und Abendessen, in jeden entlegenen Winkel rollen und Freunde im Haus gleich mitnehmen. Wenn wir Übernachtungsbesuch haben, mieten wir ein Zimmer in der hauseigenen Pension dazu. Dass viele Nutzungen wie die Pension, die Flex-Räume oder der Innenhof mit Spielplatz auch für Außenstehende zur Verfügung stehen, empfinde ich als Bereicherung. Es erinnert mich an die Funktionsweise eines klassischen Hotels. Trotzdem haben wir unsere uneingeschränkte Privatsphäre. Viele unserer Bekannten sind neugierig, wie es sich hier lebt, und sind überrascht, dass es so unkompliziert ist.
Three of us live in a four-room flat. The large window in the entrance affords visual contact with the neighbouring dwelling. The flats are modestly fitted out. I made a couple of simple pieces of furniture in the communal workshop. Some areas, like the entrance hall and cafeteria, were determined before being taken into use, others after being occupied. You always meet other residents or tradespeople in the communal spaces. Our one-year-old son likes to accompany me when I go to the foyer to fetch the newspaper. There he grabs a rocking horse or flirts with the DJs at the desk, while I rummage among the new entries in our

I   hausinterne Cafeteria
J   Innenhof

I   In-house cafeteria
J   Courtyard

Anzahl Wohnungen: 97 Wohneinheiten in 55 Wohnungen
Wohnungsgrößen: 29–412 m²
Nutzflächen: Wohnen 7811 m²; Gemeinschaft: 631 m²;
Gewerbe und Kultur: 4784 m² ; Tramhalle: 2997 m²
gemeinschaftliche Nutzungen: Cafeteria, Sitzungsräume,
Gemeinschaftsbüros, Pension, Sauna, Gartenküche,
Dachterrassen, Waschküchen, Werkstatt, Fahrradgarage
Bauherr: Genossenschaft Kalkbreite
Genossenschaftswohnungen (Miete und Anteilscheine)
Gebäudekosten (ohne Grundstück / Tramhalle): 62,5 Mio. CHF

No. of dwellings: 97 units in 55 dwellings
Size of dwellings: 29–412 m²
Net floor area: housing 7,811 m²; communal uses 631 m²;
commercial and cultural uses 4,784 m²; tram depot 2,997 m²
Communal uses: cafeteria, conference rooms, communal offic-
es, guest house, sauna, garden kitchen, roof terraces, laundry
rooms, workshoop, bicycle store
Client: Kalkbreite Cooperative
Cooperative dwellings (rented and share certificates)
Construction costs (without site / tram depot): Sfr 62.5 million

library or pick up the washing from the laundry room. When the weather's good, we go into the courtyard with our dinner and sit with neighbours. Occasionally, we go up to one of the roof terraces. For visitors who stay the night, we rent a room in the internal boarding house. I find it an enrichment that many of these facilities are also available to outsiders.

Mirjam Niemeyer Bewohnerin, Architekturbüro Helsinki Zürich Office /*resident, Helsinki Architectural Office, Zurich*
Als Architektin und Bekannte der Gründungsmitglieder der Genossenschaft habe ich das Projekt seit den ersten Überlegungen interessiert mitverfolgt und in einer späteren Phase selbst an der Erarbeitung des Nutzungs- und Betriebskonzepts mitgewirkt. Heute wohne ich im Haus und konnte sogar mit meinem Architekturbüro Flächen im Haus beziehen. Das gesamte Projekt mit seiner Hybridnutzung, dem stark durchmischten Angebot an Wohnungen und der frühzeitigen und intensiven Einbeziehung der zukünftigen Bewohnerschaft ist meiner Meinung nach ein wegweisendes und zukunftsträchtiges Konzept, das sicher auch in anderen Städten erfolgreich wäre.
I followed the project with interest from the very beginning and later helped draw up user and operating concepts. Today, I live in the house and have my own architectural office there. With its varied uses and the integration of future residents in the planning, the scheme is based on a pioneering, seminal idea that will certainly be followed in other cities.

Lars Koch Bewohner einer Groß-WG / *member of large flat-sharing community*
14 Zimmer, drei Küchen, drei Wohnzimmer, zwei Loggias, fünf Badezimmer, insgesamt 384 m² – das sind die Eckdaten der Groß-WG, die ich mit meiner Familie (4 Personen) und elf weiteren Mitbewohnern (Alleinerziehende, Singles, Paare) seit gut einem Jahr bewohne. Ich fühle mich hier sehr wohl und wohne gerne hier. Außerhalb der WG gibt es viele weitere gemeinsam nutzbare Räume wie das Nähatelier, die unbediente Cafeteria, verschiedene Terrassen und den Innenhof, den meine dreijährige Tochter gerne besucht. 250 Personen wohnen hier – einen Großteil von ihnen kenne ich bereits – was ich sehr schätze. Das ist sicher der Tatsache zu verdanken, dass viele Möglichkeiten für sozialen Austausch geschaffen wurden, und das bereits vor dem Bezug.
14 rooms, three kitchens, three living rooms, two loggias, five bathrooms; total area: 384 m² – those are the details of the large cooperative dwelling I share with my family (4 persons) and 11 other people. I'm very happy to live here. As well as our dwelling, there are many more useful rooms we can use: a sewing studio, a non-served cafeteria, various terraces and the courtyard that my three-year-old daughter likes to visit. Some 250 people live here, many of whom I already know.

Silvia Knaus Bewohnerin einer Cluster-1-Zimmer-Whg. /*resident of 1-room cluster flat*
Für uns Rollstuhlfahrer ist es häufig so, dass zwar alles vorhanden ist, doch nicht optimal funktioniert, beispielsweise sind Einbauten und Griffe oftmals zu hoch. Hier in diesem Gebäude ist jedoch vieles von Anfang an berücksichtigt. Für meine Wohnung haben wir schon in der Planung alles gemeinsam besprochen, so sind Bad und die Küchenzeile optimal auf meine besondere Situation angepasst. Anfangs fand ich die Sichtbetondecke etwas gewöhnungsbedürftig. Ich fühle mich hier sehr wohl, in der gesamten Wohnanlage und auch als Bewohnerin der Clusterform. Unser Cluster umfasst zwölf Bewohner. Die meisten habe ich erst mit der Zeit kennengelernt. Es hat sich so ergeben, dass ich den Gemeinschaftsraum am häufigsten nutze. Meine 1-Zimmer-Wohnung ist relativ klein, sodass ich, wenn ich mit meinem Besuch gemeinsam am Tisch sitzen will, in unseren Gemeinschaftsraum gehe. Dass wir den Raum abends als gemeinsames Wohnzimmer nutzen, kommt nicht wirklich oft vor. Jeder lebt sein eigenes Leben, viele bleiben nach dem Arbeitstag in ihren Wohnungen, doch diejenigen, die Zeit und Lust haben, kommen.
For me, as a wheelchair user, many things were taken into account. Everything was discussed with me for my flat, and I feel very well here – in the whole housing complex and as a resident of a cluster. There are 12 occupants in our cluster. My one-room flat is relatively small, as a result of which I use our communal room most frequently, particularly when I get a visit. The members of the cluster don't use it much as a mutual living room in the evening, but those who have time and inclination do come.

Reto Tischhauser Geschäftsführer des Concept Store »90 sqm« / *manager of concept store "90 sqm"*
Ich wohne hier im Gebäude und als ich erfahren habe, dass der Laden zur Verfügung steht, habe ich mich entschlossen, dieses Geschäft aufzubauen. Es ist ein Concept Store, mit einer Auswahl von Kleidung, Schuhen und Accessoires. Ich lebe schon sehr lange in Zürich und kenne das Quartier sehr gut, es gibt hier derzeit eine spannende Mischung aus Arbeiten, Wohnen und Ausgehen. Für die Leute, die aus Interesse am Ort hierher kommen, soll unser Laden eine kleine Entdeckung sein. Im Zeitalter des Internet-Shoppings können der Verkaufsraum, die Produkte, die Personen im Laden den Unterschied machen, und wir wollen hier eine kleine Marke kreieren, zu der auch der Ort gehört. Die Zweigeschossigkeit unseres Verkaufsraums hat Vorteile: Durch die Offenheit und Höhe ist er sehr angenehm, auch von den Kunden kommt viel positives Feedback. Der Nachteil zweier Ebenen ist allerdings, dass es relativ unübersichtlich ist, wenn Kunden auf beiden Etagen sind.
I live in this building, and when I found out that a shop was available, I decided to develop this business with a selection of clothing, shoes and accessories. I've been living in Zurich for a long time and know this district well. It contains an exciting mixture of living, working and leisure. For people who come here out of curiosity, our shop should be a little discovery. In an age of internet shopping, the sales room, products and people should make all the difference. The two-storey space is pleasant and has its advantages, but it has one disadvantage: it's not easy to keep an eye on the two levels when there are people on both.

Wohnprojekt Wien

Housing Project in Vienna

Architekten /*Architects*:
einszueins architektur, Wien / *Vienna*
Tragwerksplaner / *Structural engineers*:
RWT PLUS ZT GmbH, Wien / *Vienna*

Gemeinschaftlich wohnen und dadurch Ressourcen sparen – das war die Vision einer Gruppe Gleichgesinnter. Zusammen mit einem Bauträger errichtete sie ein achtgeschossiges Mehrfamilienhaus, das nicht nur 39 Wohnungen umfasst, sondern auch zahlreiche Gemeinschaftsräume: Veranstaltungsraum, Gemeinschaftsküche, Kinderspielzimmer und Werkstatt. Auch das Dachgeschoss ist mit Sauna, Bibliothek, drei Gästewohnungen und zwei Dachterrassen der kollektiven Nutzung vorbehalten. Bespielt und unterhalten werden alle Räume von den Bewohnern, die in einem Verein organisiert sind und sich zu elf Stunden gemeinnütziger Arbeit pro Monat verpflichten. Ein Ladencafé und ein Büro, das die Architekten selbst nutzen, sorgen für eine zusätzliche Belebung des Erdgeschosses.
Umgesetzt wurde die Nutzungsmischung in einem kompakten Baukörper, der durch großzügige Einschnitte an den beiden Längsfassaden aufgelockert wird. So gelingt es, die meisten der individuell geplanten 1- bis 6-Zimmer-Wohnungen von mehreren Seiten zu belichten. Nach außen drückt sich die Vielfalt der Wohngrundrisse in den frei angeordneten Fenstern und Balkonen aus, die der Fassade eine spielerische Note verleihen. Innen dient der helle, großzügig angelegte Treppenraum nicht nur als zentrale Erschließung, sondern bietet auch Platz für zufällige Begegnungen und Gespräche. So ist ein lebendiges Wohnhaus entstanden, das mit seinen gemeinschaftlichen Aktivitäten und öffentlichen Nutzungen positiv in das noch in der Entstehung befindliche Nordbahnhofviertel strahlt. DETAIL 9/2015

A group of people with a common interest had the vision of living together in a community and saving resources in the process. Jointly with a building developer, they erected an eight-storey housing block that contains not just 39 dwellings, but numerous community spaces as well: one for various events, a communal kitchen, a playroom for children and a workshop. The roof storey houses a sauna, a library, three guest flats and two communal roof terraces. Organised in an association, the residents undertake to do eleven hours' community work a month for the maintenance of these facilities. The ground floor is enlivened by a cafe / shop and an office, which is used by the architects themselves.
The compact structure is animated by deep bays cut in the two long faces. As a result, most of the 1- to 6-room dwellings receive daylight from more than one aspect. Externally, the different layouts are evident in the free arrangement of windows and balconies. Internally, the bright, spa-cious staircase forms the central access route and provides a location for chance encounters and conversations. The result is a lively housing development that, with its communal and public activities, radiates positively into the newly emerging North Station district of Vienna.

Die Vorgeschichte: Von der Baugruppe zum Verein »Wohnprojekt Wien«

The History: from the Cohousing Project to the "Housing Project Vienna" Association

Heinz Feldmann

A

Die Idee zum Wohnprojekt Wien entstand im Sommer 2009 gemeinsam mit zwei Freundinnen. Im Vordergrund stand der Gedanke, welche Vorteile das Leben in Gemeinschaft bringen kann – zum einen aus sozialer Sicht, aber zum anderen auch aus ökologischer Sicht, durch das Einsparen von Ressourcen. Den Spagat zwischen diesen beiden Ebenen zu versuchen – gut und angenehm zu leben und gleichzeitig den CO_2-Abdruck zu reduzieren –, das war die Grundidee. Nach einem ersten, stichpunktartigen E-Mail-Austausch organisierten wir einmal im Monat ein Treffen, bei dem Interessierte zusammenkamen und die Überlegungen vertieft wurden. Was gemeinschaftliche Aktivitäten und Räume anging, herrschte relativ schnell Konsens, aber an einem anderen Punkt gingen die Meinungen stark auseinander, nämlich an der Lage. Während ungefähr die Hälfte der Gruppe einen Standort mitten in der Stadt favorisierte, mit U-Bahn- und Straßenbahnanschluss, wollte die andere Hälfte lieber ins Grüne, in den Speckgürtel im S-Bahn-Bereich. Daraufhin hat sich die Gruppe geteilt, wobei sich die zweite Gruppe später aufgelöst hat.

Grundstückssuche
Unter den selbst gestellten Bedingungen – ein Grundstück in zentraler Lage und kein Eliteprojekt für Besserverdiener, sondern für Durchschnittsverdiener – wurde schnell klar, dass wir eine Wohnbauförderung brauchen, denn Grund und Boden ist in Wien auf dem freien Markt sehr teuer. Durch die Wohnbauförderung sind zum einen die Grundstückspreise gedeckelt, zum anderen vergibt die Stadt Wien günstige Kredite. Eine solche Förderung zu erhalten, ist nur über sogenannte Bauträgerwettbewerbe möglich, bei denen Architekt und Bauträger gemeinsam teilnehmen.
Also haben wir uns einen Bauträger gesucht, der bereit war, mit uns zusammenzuarbeiten. Gleichzeitig fokussierte sich die Grundstückssuche auf den Bauplatz im Nordbahnhofviertel – erstens weil dort zu diesem Zeitpunkt ein solcher Bauträgerwettbewerb ausgeschrieben war und zweitens,

weil dort zwei Objekte in der gewünschten Größenordnung von ca. 40 Wohneinheiten möglich waren. So konnten wir mit dem Bauträger besser verhandeln: Ein Objekt könnte er selbst entwickeln und vermieten – daraus wurde das Projekt »Wohnen mit scharf« von Superblock Architekten –, das andere, unser Wohnprojekt Wien, würden wir ihm kurz nach der Fertigstellung abkaufen. Auf diese Weise gelang es uns, die gemeinnützige Wohnungsbaugesellschaft Schwarzatal zur Zusammenarbeit mit uns zu überzeugen. Den gemeinsamen Wettbewerb haben wir nicht zuletzt deshalb gewonnen, weil ein Kriterium die soziale Nachhaltigkeit war – ein weiteres wichtiges Argument im Gespräch mit dem Bauträger.

Interne Organisation
Von Anfang an war klar, dass jeder, der bei der Baugruppe mitmacht, nicht nur Geld einbringt, sondern auch Arbeit und zwar elf Stunden im Monat. Wenn man ein Eigenheim baut, investiert man schließlich auch viel Zeit für die Planung. Ganz starr ist diese Regelung allerdings nicht, da die einzelnen Bewohner – je nach Lebenssituation – mehr oder weniger Zeit für gemeinnützige Arbeit haben. Durch die Stundenaufstellung wissen wir ziemlich genau, dass wir von der ersten Idee bis zum Einzug 24 000 Stunden Eigenleistung eingebracht haben. Die Hälfte davon haben wir in die Hardware investiert – also Architektur, Finanzierung, Rechtliches – und die andere Hälfte in die soziale Architektur, d. h. Gemeinschaftsbildung, Solidaritätsdebatten oder die Aufnahme neuer Mitglieder. Meiner Meinung nach war es wichtig, dass diese »soften« Faktoren einen so großen Raum eingenommen haben. Denn manche Baugruppen machen den Fehler, dass sich der ganze Fokus auf das Bauliche richtet – dann besteht die Gefahr, dass die Beziehungen untereinander leiden.
Bereits in einer relativ frühen Phase haben wir beschlossen, das aus den Niederlanden stammende Organisationsmodell »Soziokratie« zu nutzen. Konkret heißt das, dass die einzelnen Themen und Verantwortlichkeiten auf Arbeitsgruppen verteilt werden,

die jeweils von zwei gewählten Vertretern geleitet werden (Abb. D). Diese treffen sich wiederum in einem Leitungskreis. Grundsatz der Soziokratie ist das sogenannte Konsentprinzip; das bedeutet, dass Entscheidungen nur dann getroffen werden, wenn niemand einen schwerwiegenden Einwand hat. Auf diese Weise erreicht man Arbeitsteilung und Entscheidungsprozesse mit einem starken Partizipationscharakter, ohne basisdemokratisch zu sein. So muss man sich nicht immer mit der ganzen Gruppe treffen, und weil jeder einen Teilbereich verantwortet, ist die Machtverteilung für alle gleich. Auf diese Art und Weise ist auch festgelegt worden, wie die einzelnen Gemeinschaftsräume – insgesamt rund 700 Quadratmeter – bespielt werden. Einzelne Arbeitsgruppen kümmern sich um die Belegung der Gästewohnungen, die Ausstattung der Bibliothek, das Programm für den Veranstaltungsraum und vieles mehr.

Verein statt Genossenschaft
Unsere Baugruppe ist als Verein organisiert, denn mit dieser Gesellschaftsform ist es in Österreich möglich, gemeinschaftlichen Besitz zu erwerben und nach eigenen Vorstellungen zu betreiben. Die Baugruppe mit Einzeleigentum war für uns keine Option, weil uns wichtig war, Wohnraum nachhaltig der Spekulation zu entziehen, und das geht nur, wenn man verhindern kann, dass jemand das Gebäude als Ganzes oder einzelne Wohnungen weiterverkauft. Denn dann kann es leicht passieren, dass die Gemeinschaft spätestens nach dem ersten Generationswechsel auseinanderbricht – wie viele Baugruppenprojekte aus den 1970er- und 1980er-Jahren gezeigt haben.
Ursprünglich hatte ich die Vision eine Genossenschaft zu gründen, weil dies meiner Ansicht nach die einzige Unternehmensform ist, die dem Gemeinwohlgedanken Rechnung trägt, aber leider ist die Gründung in Österreich ziemlich kompliziert. Für nur ein Projekt lohnt sich der Aufwand nicht. Mittlerweile tragen wir uns aber mit dem Gedanken weitere Projekte zu initiieren und doch noch eine Genossenschaft zu werden.

A Baugruppe in der Gründungsphase
B Baugruppensitzung
C Lage der verschiedenen Gemeinschaftsräume
D Organisationsstruktur der Soziokratie

A Project group at the founding phase
B Meeting of project group
C Position of various communal spaces
D Organisational structure of sociocracy

Heinz Feldmann ist Initiator und Bewohner des Wohnprojekts Wien.

Heinz Feldmann is an initiator and resident of the Housing Project Vienna.

In the summer of 2009, together with two women friends, I had the idea of starting the Housing Project Vienna. The underlying concept was to exploit the advantages of life in a community, both socially and environmentally, in terms of saving resources. We then organised a meeting once a month attended by other interested parties. As far as joint activities and spaces were concerned, a consensus was soon found. In one respect, though, our opinions differed: namely in the location of the site. While roughly half the group favoured a city-centre position, with underground railway and train connections nearby, the other half desired a place in the green belt outside. At that juncture, the two halves parted company. Land in a central position in Vienna is extremely expensive on the free market, and it soon became clear that we would require a housing subsidy to implement the scheme. Urban subsidies reduce the price of the site and mean that the city provides reasonable loans. But such funds can be obtained only via a competition in which the architect and developer participate. We therefore looked for a developer who would be prepared to collaborate with us. At the same time, our search for a site focused on one in the North Station district, firstly because a competition of this kind had been advertised in the area, and secondly because two objects of the desired size (approximately 40 dwelling units each) were available there. This was conducive to our negotiations with the developer: he could develop one property with other architects and rent it out; the second – our Housing Project Vienna – we would buy from him shortly after completion. In this way, we succeeded in persuading the Schwarzatal Housing Association to work with us. One reason why we won the joint competition was that social sustainability was a further condition. From the beginning, it was clear that every member of the group would not only have to invest capital, but also work on the scheme – and namely 11 hours a month. This was not a rigid rule, for we knew that, depending on their situations in life, the future residents could devote different amounts of time to such aspects. Nevertheless, we know now fairly accurately that between the first idea and moving into the building, roughly 24,000 hours were invested in the scheme, half of which went into the hardware – in other words, the architecture, financial and legal aspects. The other half went into social aspects such as forming the community, debates on solidarity and the adoption of new members. In my opinion, it was important that these "soft" factors assumed such a major role. All too often, cohousing groups of this kind make the mistake of concentrating on constructional aspects, so there's a danger that the relationships between partners are impaired.

Fairly early on, we decided that the "Sociocracy" organidational model from the Netherlands should be used, whereby individual themes and responsible persons were divided over various working groups that were led by elected representatives. The underlying consensus principle means that decisions can be taken only when no one has a serious objection. In this way, a division of work is brought about and decision-taking processes have a strong participatory character. One decision made in this way, for example, was how the communal spaces should be used – a total area of roughly 700 m^2. Individual groups take care of the occupation of the guest dwellings, the installation of the library, the programme for the events space and so on.

Our group is organised as a corporate association, with which it is possible to acquire property mutually in Austria and to operate it according to one's own lights. A joint building venture with individual, personal property was no option for us, because we wished to remove the housing permanently from the reach of speculation. That is only possible if one can prevent someone selling the development either as a whole or as individual dwellings. Otherwise the danger exists that the community would break apart after the first generation, as one saw in the 1970s and 80s. Originally, I had the vision of setting up a co-operative, but unfortunately that is fairly complicated in Austria. In the meantime, however, we have the idea of initiating further projects and becoming a cooperative after all.

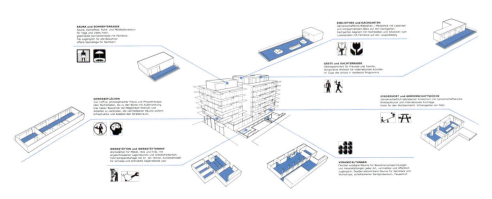

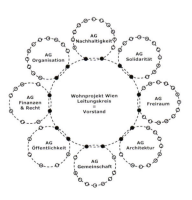

Architektur, Planung, Bauprozess – ein Interview mit Markus Zilker

Architecture, Planning, Construction Process – an Interview with Markus Zilker

Detail: Sie sind nicht nur Architekt des Wohnprojekts Wien, sondern auch Bewohner. In welcher Rolle sind Sie zu dem Projekt gekommen?
Markus Zilker: Ich bin als Privatperson auf das Vorhaben aufmerksam geworden. Meine Frau erwartete damals unser erstes Kind und wir fingen an zu überlegen, wie wir langfristig wohnen wollen. Wir hatten zwar eine schöne Altbauwohnung im 6. Bezirk, aber in der Nähe gab es keinerlei Grünflächen. Für uns war klar, dass diese reine Stadtwohnung ohne jeglichen Grünraum – sei es ein privater Garten oder ein öffentlicher Park –, langfristig keine Option ist. Andererseits kam ein Einfamilienhaus auf dem Land für uns auch nicht in Frage. So erschien uns eine Baugruppe, mit der man das gemeinsame Lebensumfeld gestalten kann, als eine Art Königsweg zwischen Stadtwohnung und Haus im Grünen. Nachdem ich den Initiator Heinz Feldmann auf einer Veranstaltung kennengelernt und meine Frau und ich ein erstes Treffen besucht hatten, wussten wir: Das ist es. Erst zwei bis drei Monate später wurde ich gefragt, ob ich mir vorstellen könnte, auch die Architektur für dieses Projekt zu machen.

Diese Doppelrolle als Architekt und Bewohner ist sicherlich nicht ganz einfach.
Tatsächlich habe ich erst einmal drei Wochen überlegt, ob ich mich dieser Herausforderung stelle. Denn natürlich ist so ein Projekt für einen Architekten eine spannende Aufgabe und natürlich ist es toll dort zu wohnen – aber beides auf einmal?

Wie sind Sie schließlich mit dieser Doppelrolle umgegangen?
Ich habe versucht beide Rollen zu leben, wobei eine scharfe Trennung kaum möglich ist, denn mein Beruf ist ja schließlich auch Teil meiner Persönlichkeit. Mir war früh klar, dass ich aufpassen musste, nicht 24 Stunden pro Tag für das Wohnprojekt zu arbeiten; deshalb habe ich versucht, Grenzen zu ziehen und nicht immer Ja zu sagen. Außerdem haben meine Büropartnerin Katharina Bayer und ich uns extra coachen lassen.

Ansonsten war hilfreich, dass sich auch andere Personen verantwortlich um bestimmte Dinge gekümmert haben. Beispielsweise gab es innerhalb der Baugruppe einen Arbeitskreis, der für die Übergabe und die Mängelbeseitigung zuständig war. Abgesehen davon hat unser Projektleiter Markus Pendlmayr sehr viel Arbeit übernommen.

Hat das Büro einszueins auch den Baugruppenprozess gesteuert oder wurde dieser Teil nach außen vergeben?
Im Wesentlichen haben wir die partizipativen Prozesse selbst begleitet und moderiert. Nur für die wirtschaftlichen Dinge wurde ein externes Büro beauftragt. Punktuell haben wir uns jedoch immer wieder Unterstützung geholt, vor allem in der Gründungsphase. Am Anfang gab es z. B. einen dreitägigen Visionsworkshop, der von externen Profis veranstaltet wurde. Auch bei ganz heiklen Punkten wie der Wohnungsvergabe haben wir uns immer wieder jemanden von außen dazu geholt, der die Moderation übernommen hat.

Wie sind Sie an den Entwurf herangegangen? Die verschiedenen Wünsche einer Baugruppe zu berücksichtigen, ist ja keine leichte Aufgabe.
Obwohl dies das erste partizipative Projekt war, das wir geplant haben, haben wir nicht bei null angefangen. Denn schon vorher hatten wir uns mit gemeinschaftlichem Wohnbau in Österreich beschäftigt und kannten die Typologien. Daher stand relativ schnell fest, dass wir mit einer tragenden Erschließungs- und Versorgungsstruktur arbeiten, die möglichst viel Flexibilität erlaubt, denn die einzelnen Wohngrundrisse wurden erst später individuell geplant. Das heißt konkret: Tragende Elemente sind der Treppenhauskern, die Außenwände und die Installationsschächte (Abb. A). In Längsrichtung ist alles nicht tragend ausgeführt, sodass man das Innere relativ beliebig aufteilen kann.
Auch war von Anfang an klar, dass wir einen reinen Geschosswohnbau realisieren und keine Maisonette-Wohnungen zulassen, denn das wäre zu komplex geworden. Dafür hat bei uns jeder die Wohnungsgröße frei wählen können und auch die Anzahl der Zimmer. Das heißt, innerhalb dieses Tragsystems ist alles komplett individualisiert – selbst die Lage der Fenster und Balkone konnten die Bewohner selbst bestimmen.

Es gibt also keine Wohnungstypen, die sich wiederholen?
Natürlich gibt es ähnlich große Wohnungen, auch von der Anzahl der Zimmer, aber im Ergebnis sind keine zwei Wohnungen identisch. Da die Wohnungstrennwände nicht tragend ausgeführt sind, variiert auch ihre Position von Geschoss zu Geschoss.
Eine besondere Herausforderung war die genaue Lage der einzelnen Wohnungen im Gebäude festzulegen – zum einen galt es, die Wünsche der Bewohner bezüglich Orientierung und Geschoss zu berücksichtigen, zum anderen musste am Ende alles zusammenpassen. Das war wie ein großes dreidimensionales Puzzle. Zum Glück hatten wir 20 Prozent der Wohnfläche als Verschiebemasse, denn zum Zeitpunkt der Wohnungsvergabe war die endgültige Gruppengröße noch nicht erreicht – damals waren es 55 Erwachsene, heute sind es 71. Das war eine bewusste Entscheidung, denn uns wurde empfohlen, dass man die Wohnungen mit 80 Prozent der Gruppengröße vergeben soll. Aus heutiger Sicht würde ich sagen, das ist das Maximum; besser wären wahrscheinlich 60 bis 70 Prozent.

Hatten die Bewohner auch Einfluss auf die Materialwahl?
Nicht beliebig, aber innerhalb einer gewissen Bandbreite; sie konnten z. B. zwischen fünf verschiedenen Holzböden und vier verschiedenen Linoleumfarben wählen. Diese Vorauswahl ist mit einer Arbeitsgruppe getroffen worden. Schließlich geht es nicht darum, die Individualisierung beliebig weiterzuführen, sonst kann man gleich 39 Einfamilienhäuser bauen.
Aber bei den Grundrissen war es aus meiner Sicht sehr wichtig, die Wünsche der Bewohner einfließen zu lassen. So gibt es z. B.

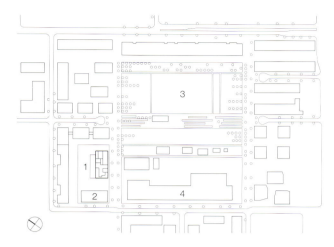

Lageplan   Maßstab 1:6000

1 Wohnungsbau »Wohnprojekt Wien«
  Architekten: einszueins architektur
2 Wohnungsbau »Wohnen mit scharf«
  Architekten: Superblock
3 Rudolf-Bednar-Park
4 Schule und Kindergarten

Site plan   scale 1:6,000

1 *Housing Project Vienna,
  architects: einszueins architektur*
2 *"Wohnen mit Scharf" housing development,
  architects: Superblock*
3 *Rudolf Bednar Park*
4 *School and kindergarten*

eine junge Familie, die aus Kostengründen eine 4-Zimmer-Wohnung auf nur 70 Quadratmetern realisiert hat. Als Architekt würde man das nie so planen, aber für die Bewohner funktioniert der Grundriss gut.

Die Baugruppe hat sich nachhaltiges Bauen auf die Fahnen geschrieben. Wie wurde das umgesetzt?
Es gibt zahlreiche Komponenten, die zur Nachhaltigkeit des Gebäudes beitragen: eine mineralische Dämmung, eine 100 m² große Photovoltaikanlage auf dem Dach, eine kontrollierte Wohnraumlüftung und ein Grundwasserwärmetauscher, der die kontrollierte Wohnraumlüftung unterstützt. Was den Heizwärmebedarf betrifft, erreichen wir nahezu Passivhausstandard.
Darüber hinaus haben wir eine DGNB-Vorzertifizierung durchgeführt, um alle Baustoffe auf Nachhaltigkeit zu prüfen. Auf die eigentliche Zertifizierung haben wir aus Kostengründen verzichtet, denn diese hätte etwa 50 000 Euro gekostet. Wichtig war uns die inhaltliche Bewertung. So haben wir den Entwurf früh auf allen Ebenen untersucht und überlegt, wo man noch etwas verbessern kann.
Neben der energetischen Nachhaltigkeit sollte man die Baubiologie nicht vergessen, denn die Bewohner sollen sich ja im Gebäude wohlfühlen, und das finde ich im Zweifelsfall wichtiger als an den letzten Kilowattstunden herumzuschrauben. Aus diesem Grund haben wir ein Bauchemikalienmanagement installiert, d. h. wir haben ein eigenes Unternehmen beauftragt, alle Materialien und Produkte auf Unbedenklichkeit zu prüfen. Besonders wichtig ist das natürlich bei Farben und Beschichtungen.

Konstruktiv betrachtet ist das Gebäude allerdings ein konventioneller Massivbau.
Ursprünglich hatten wir die Idee, einen Holzbau zu errichten, aber die Zeit war einfach zu knapp. Wir hatten nur etwa sechs Wochen Zeit für den Realisierungswettbewerb, und in dieser Zeit eine achtgeschos-

Anzahl Wohnungen: 39
Wohnungsgrößen: 36–137 m²
weitere Nutzungen: 2 Gewerbeeinheiten, 3 Gästewohnungen, Veranstaltungsraum, Gemeinschaftsküche, Bibliothek, Sauna, Kinderspielzimmer, Werkstatt
Bauherr: Schwarzatal Gemeinnützige Wohnungs- und Siedlungsanlagen GmbH
Wohnungsvergabe durch »Wohnprojekt Wien – Verein für nachhaltiges Leben« (Eigenanteil + Miete)
Gebäudekosten (ohne Grundstück): 10,6 Mio. €

No. of dwellings: 39
Size of dwellings: 36–137 m²
Other uses: 2 commercial units, 3 guest dwellings, events space, communal kitchen, library, sauna, children's play space, workshop
Client: Schwarzatal Gemeinnützige Wohnungs- und Siedlungsanlagen GmbH
Dwellings rented out by Wohnprojekt Wien Verein für nachhaltiges Leben (Co-payment and rent)
Construction costs (excluding site): € 10.6 million

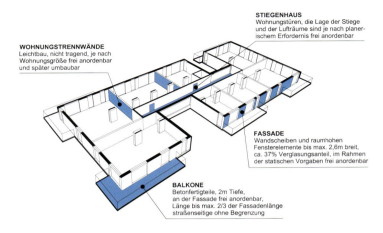

A

sige Konstruktion jenseits der Norm zu entwickeln, hätte den zeitlichen Rahmen gesprengt. Immerhin haben wir Holz als Fassadenverkleidung durchgesetzt. Auch hier mussten wir ein bisschen tüfteln, denn es gab Bedenken wegen des Brandüberschlags von einem Geschoss zum nächsten. Daher haben wir horizontale Brandschutzriegel aus Edelstahl eingezogen. Als feststand, dass das Gebäude ein Massivbau wird, planten wir zunächst, ökologischen Beton zu verwenden, der statt mit Zement mit Hochofenschlacke arbeitet. Da Zement durch Brennen entsteht, stecken im Beton ungefähr 60 Prozent der gesamten Primärenergie eines Gebäudes. Leider hat dieser Beton einige Nachteile; er kann z.B. nicht unter fünf Grad verarbeitet werden. Da die Rohbauphase bis in den Dezember hinein andauerte, haben wir uns am Ende gegen den Ökobeton entschieden. Die Mehrkosten von etwa 20 000 Euro wären nicht das Problem gewesen, aber die Verzögerung der Baustelle. Wenn man ökologischen Beton verwenden will, muss man den Bauablauf von vornherein so planen, dass es von den Jahreszeiten her passt.

Zum Nachhaltigkeitskonzept gehören auch Carsharing und eine Fahrradgarage. Wie ist es gelungen, auf eine konventionelle Tiefgarage zu verzichten?
In Wien gibt es eine Sonderregelung für sogenannte Wohnheime. Diese müssen pro zehn Wohneinheiten nur einen Stellplatz nachweisen. Da wir viele Gemeinschaftsflächen haben und das individuelle Wohnen nur ein Teilbereich ist, konnten wir uns als Wohnheim definieren. Das Wohnheim war übrigens auch das einzige Modell, das uns erlaubt hat, das Haus gemeinsam zu besitzen – da hängt Juristisches mit förderrechtlichen Dingen zusammen. Jedenfalls mussten wir insgesamt nur acht Stellplätze bauen – vier davon für die Gewerbeflächen und den Veranstaltungsraum. Die sind im Nachbargebäude untergebracht und direkt vom Untergeschoss begehbar.
Wenn mich jemand fragt, wie wir es geschafft haben, so einen großen Veranstaltungsraum zu realisieren, rechne ich vor, dass man solche Räume statt einer Tiefgarage bauen kann. Ein Stellplatz kostet ca. 18 000 Euro, bei 32 gesparten Stellplätzen macht das mehr als 500 000 Euro. Mit dieser Summe lässt sich eine Menge anfangen.

Das Gebäude wurde zusammen mit einem Bauträger realisiert. Für eine Baugruppe ist das ein ungewöhnlicher Weg.
In Österreich hat es genau diese Konstellation vorher noch nicht gegeben, und uns hat auch jeder gesagt, dass das nicht klappen wird. Baugruppen und Bauträger haben schließlich vollkommen unterschiedliche Interessen. Tatsächlich war die Zusammenarbeit anfangs nicht einfach, aber durch eine zuverlässige, pünktliche Arbeitsweise lässt sich Vertrauen aufbauen, und das ist sehr wichtig. Mittlerweile ist die Partnerschaft von Baugruppe und Bauträger in Österreich sogar relativ häufig, weil sich dieser Weg als sehr praktikabel herausgestellt hat. Die Vorteile sind vor allem, dass die Gruppe keinerlei Risiko trägt und nichts vorfinanzieren muss. Auf der anderen Seite ist dieses Modell natürlich teurer. In unserem Fall war es aber essentiell, dass wir einen finanziell und wirtschaftlich mächtigen Partner gehabt haben – nicht zuletzt weil unser Generalunternehmer während der Bauphase in Konkurs gegangen ist.

Mit der Erfahrung, die Sie durch das Wohnprojekt Wien gemacht haben: Was würden Sie anderen Baugruppen empfehlen?
Gute Ideen und Engagement bringen alle Baugruppen mit, aber viele sind nicht professionell genug aufgestellt und scheitern irgendwann – auf planerischer Ebene, aber auch auf rechtlicher, organisatorischer oder finanzieller Ebene. Man muss es einfach schaffen, das Visionäre und den sozialen Anspruch mit einer Projektentwicklung zu verknüpfen. Wenn man das nicht hinbekommt und auf der praktischen Ebene Berührungsängste hat, dann wird es am Ende des Tages bei einer Projektidee bleiben.

B

C Ladencafé im Erdgeschoss

C Ground floor shop-cafe

A Grundstruktur des Gebäudes als perspektivische Darstellung
B gemeinschaftliche Bibliothek im Dachgeschoss
C Ladencafé im Erdgeschoss

A Basic structure of building in perspective
B Communal library in roof storey
C Ground floor shop-cafe

Markus Zilker führt das Büro einszueins Architektur gemeinsam mit Katharina Bayer. Das Interview mit ihm führte Julia Liese im Juni in Wien.

Markus Zilker heads the einszueins Architektur office jointly with Katharina Bayer. Markus Zilker was interviewed in Vienna by Julia Liese in June 2015.

Detail: You're not only the architect responsible for the Housing Project in Vienna. You are also a resident there. In what role did you come to this project?
Markus Zilker: I came to the project as a private person. My wife and I were expecting our first child back then, and we were beginning to consider how we wished to live in the long term. We had a very nice flat in an old building at the time, but there was no green space nearby, and we were sure that we didn't want an urban dwelling without any planted area – either in the form of a private garden or as a public park. On the other hand, we didn't want a single-family house in the country. The ideal solution seemed to be a joint building venture with whom we could create a mutual environment. After making the acquaintance of Heinz Feldmann, the initator, at some event, and after my wife and I had attended a meeting, it seemed the right path; and two or three months later, I was asked if I could take on the architecture for this project.

Playing a dual role like that – architect and future resident – is certainly not simple.
Yes. I took three weeks considering this challenge. A clear division between the two roles is scarcely possible, for my profession is part of my personality. It became clear to me early on that I daren't spend 24 hours a day working on the housing project, and that I may not always say "yes". What's more, my office partner, Katharina Bayer, and I received extra coaching, and it was helpful that other people took care of certain things, too. Within the group, for example, there was a working party responsible for the handing-over process and the elimination of defects. Markus Pendlmayr, our project manager, also took on a lot of the work.

Did the einszueins office also control the group process?
In the main, we chaired the participatory processes. Only for economic aspects was an external office brought in. But we could regularly call on support, especially at the setting-up stage. At the outset, for example, there was a three-day visionary workshop organised by external professionals. And for sensitive issues, like the allocation of dwellings, we called on someone from outside to moderate.

How did you set about the design – taking account of the different wishes of the group?
Although this was the first participatory project we had planned, we didn't start from scratch. We were acquainted with communal housing in Austria and the typologies. It was soon determined that we would work with a supporting access and service structure that would permit a maximum of flexibility. The separate housing units were planned individually later. In other words, the structural elements are the staircase, the outer walls and the service shafts (Fig. A). In the longitudinal direction, nothing is load-bearing. This allows a relatively free division internally. It was also clear from the start that we would design purely single-storey dwellings and not maisonettes. Otherwise the whole thing would have become too complex. On the other hand, the size of dwellings and the number of rooms were freely determinable.

There are no repetitive dwelling types, then?
Of course some dwellings are similar in size, also in terms of the number of rooms, but no two are identical. Since the party walls between flats are not load-bearing, their position varies from floor to floor. One challenge was to determine the situation of the individual dwellings within the building – taking account of residents' wishes in terms of orientation and storey, while ensuring that everything fitted together at the end of the day. Fortunately, 20 per cent of the floor area could be flexibly laid out, because when the dwellings were allotted, the final group size had not been achieved. At that time, there were 55 adults; today, there are 71. That was a deliberate decision at the time: it was recommended that 80 per cent of the group size should be determined. Today, I would say that 60–70 per cent would be better.

Could residents choose the materials?
Within certain limits, yes. They could choose between five different types of wooden floor, for example, and four different colours of linoleum. The aim was not to offer an unlimited choice, otherwise one might as well build 39 single-family houses. In my opinion, though, it was very important with the layouts to take account of personal needs. There's a young family, for example, which for cost reasons built a four-room flat with an area of only 70 m². As an architect, one would never normally plan that, but the layout works well for the occupants.

Sustainable construction was highly prized by the group. How was that implemented?
There are many components contributing to the sustainability of the building: mineral insulation, a 100 m² photovoltaic plant on the roof, a groundwater heat-exchange that supports the ventilation of the living space. As far as warm-water heating is concerned, an almost passive-energy standard is achieved. What's more, we had a preliminary certification of the German Council for Sustainable Building (DGNB) carried out to test all materials. We did without a full certification, because that would have cost something like €50,000. Sustainability in energy terms should not let one forget the constructional biology. Residents should feel well in the building as well, not just save every last kilowatt hour. We also commissioned an independent organisation to test all materials and products for safety. Paint and coatings are very important in that respect.

The building is in a conventional, solid form of construction.
Originally, we had the idea of erecting a timber building, but the time was too short. We had only about six weeks for the competition, and to develop an eight-storey structure in that time would have been impossible. We did manage to implement the facade cladding in wood, although even here we had to fiddle around and specify horizontal steel strips with aluminium cladding because of the fear of fire spreading from one floor to another. When the decision was made to build a solid form of construction, we had the idea of using ecologically sustainable concrete to avoid the

Grundrisse		D	Veranstaltungsraum
Schnitte		E	Gemeinschaftsküche
Maßstab 1:500		F	Kinderspielzimmer

1 Ladencafé
2 Eingangshalle
3 Architekturbüro
4 Gemeinschaftsküche
5 Luftraum
6 Kinderspielzimmer
7 Fahrradstellplätze
8 Gemeinschafts-
  terrasse
9 Gemeinschaftshof
10 Nebenraum
11 Veranstaltungsraum
   (teilbar)
12 Werkstatt
13 Waschküche
14 Zugang Tiefgarage
15 Abstellräume
16 1-Zimmer-Wohnung
17 2-Zimmer-Wohnung
18 3-Zimmer-Wohnung
19 4-Zimmer-Wohnung
20 5-Zimmer-Wohnung
21 6-Zimmer-Wohnung
22 Dachterrasse
23 Gästezimmer
24 Bibliothek
25 Saunabereich
26 Meditationsraum

D

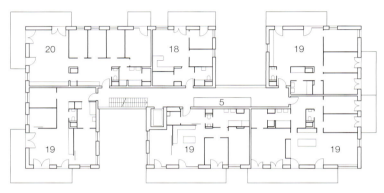

5. Obergeschoss / *Fifth floor*

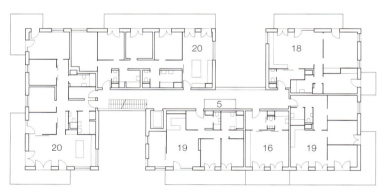

3. Obergeschoss / *Third floor*

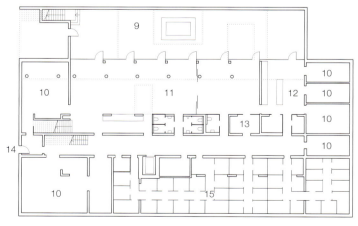

Untergeschoss / *Basement*

excessive use of energy with the normal material. Roughly 60 per cent of the primary energy of a building is accounted for by concrete. Unfortunately, sustainable concrete has certain disadvantages. It cannot be worked below 5 °C, for example, and since work on the carcass structure extended into December, we decided against this measure. The additional costs of €20,000 were not the problem, but the delay that would have been incurred.

Car sharing and a bicycle garage are also part of the environmental concept. How did you manage to do without a conventional basement garage?
There is special legislation in Vienna for this type of housing which required us to provide only eight parking spaces, four of them for the commercial areas and the events space. One can build an awful lot – the events space, for example – for the €500,000 that the 32 extra parking spaces would have cost.

You erected the building with a developer. That's unusual for a cohousing project.
It had never been done exactly in this form before in Austria, and everyone told us it wouldn't work because the two parties had quite different interests. Initially, the collaboration wasn't easy, but with a reliable, punctual approach, one can build up trust. In the meantime, this combination – group and building developer – is quite common in Austria. The advantages are that the group bears none of the risks and doesn't have to finance anything in advance. On the other hand, this model is more expensive. In our case, though, it was essential to have a financially powerful partner. After all, our general contractor went bankrupt during construction.

What would you recommend to other cohousing projects, based on your experience here?
All cohousing projects come up with good ideas and commitment, but a lot of them are simply not professional enough and fail at some point – in the planning, legally, organisationally or financially. The visionary and the social aspects have to be linked.

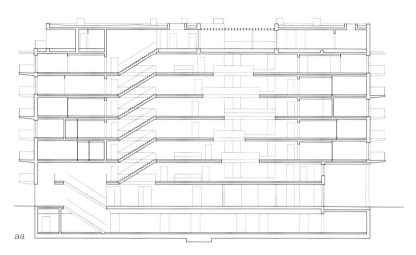
aa

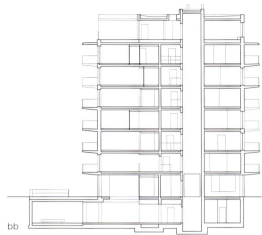
bb

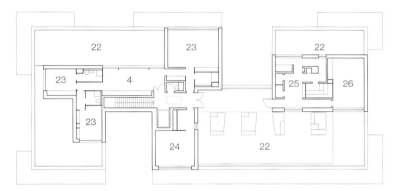
Dachgeschoss/*Roof storey*

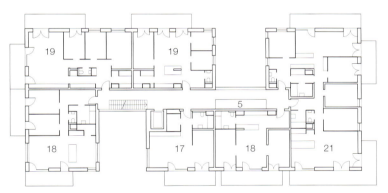
4. Obergeschoss/*Fourth floor*

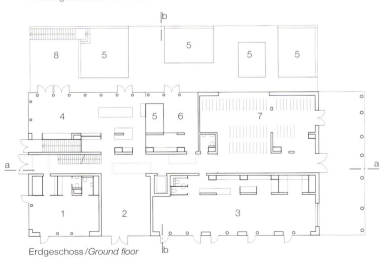
Erdgeschoss/*Ground floor*

Sections
Floor plans
scale 1:500

D Events space
E Communal kitchen
F Children's play space

1 Shop-Cafe
2 Entrance hall
3 Architects' office
4 Communal kitchen
5 Void
6 Children's play space
7 Bicycle store
8 Communal terrace
9 Communal courtyard
10 Ancillary space
11 Events space (divisible)
12 Workshop
13 Laundry room
14 Access to basement garage
15 Storage space
16 1-room dwelling
17 2-room dwelling
18 3-room dwelling
19 4-room dwelling
20 5-room dwelling
21 6-room dwelling
22 Roof terrace
23 Guest room
24 Library
25 Sauna area
26 Meditation space

E

F

Vertikalschnitt · Horizontalschnitt
Maßstab 1:20

1 PU-Beschichtung, Ortbeton
2 Betonsteine 400/400/40 mm,
 verlegt im Schotterbett 50 mm
 Schutzvlies
 Dämmung XPS 60 mm
 Abdichtung Bitumen dreilagig
 Gefälledämmung XPS
 100–260 mm
 Dampfsperre
 Stahlbetondecke 250 mm
 Spachtelung 5 mm
3 Fenstertür Holz mit Dreifach-
 verglasung, U_w = 0,71 W/m²K
4 Brüstung VSG 2× 6 mm
5 Edelstahlprofil ⌐ 60/50/5 mm
6 Parkett 10 mm
 Heizestrich 60 mm
 PE-Folie
 Trittschalldämmung 30 mm
 Schüttung Leichtbeton 50 mm
 Stahlbetondecke 220 mm
 Spachtelung 5 mm
7 Brandabschottung
 Edelstahlblech 1,5 mm
8 Faserzementplatte 8 mm
9 Schalung Lärche gehobelt 20 mm
 mit unregelmäßigem Fugenbild
 Unterkonstruktion Z-Profile 25 mm
 auf Abstandshalter Kunststoff
 5 mm / Hinterlüftung 30 mm
 Windsperre diffusionsoffen
 Dämmung Steinwolle 200 mm
 Stahlbetonwand 220 mm
 Spachtelung 5 mm
10 Handlauf Stahlrohr verzinkt
 ▭ 60/20/3 mm
11 Füllstab Flachstahl verzinkt
 ▭ 30/8, versetzt angeordnet
12 Fenstertür Aluminium mit Dreifachverglasung, U_w = 0,71 W/m²K
13 Bohlen Lärche 125/30 mm
14 Jalousie Führungsschiene Aluminium 30/30 mm
15 Laibung Lärche gehobelt

Vertical section · Horizontal section
scale 1:20

1 polyurethane coating on concrete
2 40 mm concrete slabs 400/400 mm
 laid on 50 mm bed of chippings
 protective layer of felt
 60 mm extruded polystyrene
 three-layer bituminous seal
 100–260 mm extruded polystyrene
 insulation to falls
 vapour barrier
 250 mm reinforced concrete roof
 5 mm smoothing layer
3 wood casement with triple glazing
 (U = 0.71 W/m²K)
4 2× 6 mm lam. safety glass
5 60/50/5 mm stainless-steel
 channel
6 10 mm parquet flooring
 60 mm underfloor heating screed
 polythene foil
 30 mm impact-sound insulation
 50 mm lightweight-concrete filling
 220 mm reinforced concrete floor
 5 mm smoothing layer
7 1.5 mm stainless-steel fire stop
8 8 mm fibre-cement sheeting
9 20 mm wrot larch boarding
 with irregular joint spacings
 25 mm Z-section bearers on
 5 mm plastic distance pieces
 30 mm rear-ventilated cavity
 moisture-diffusing wind barrier
 200 mm rock-wool insulation
 220 mm reinforced concrete wall
 5 mm smoothing layer
10 60/20/3 mm RHS galvanised
 steel handrail
11 30/8 mm galvanised steel flat
 balusters, offset
12 alum. casement with triple glazing
 (U = 0.71 W/m²K)
13 125/30 mm larch boarding
14 louvred blind in
 30/30 mm alum. guide track
15 wrot larch strips

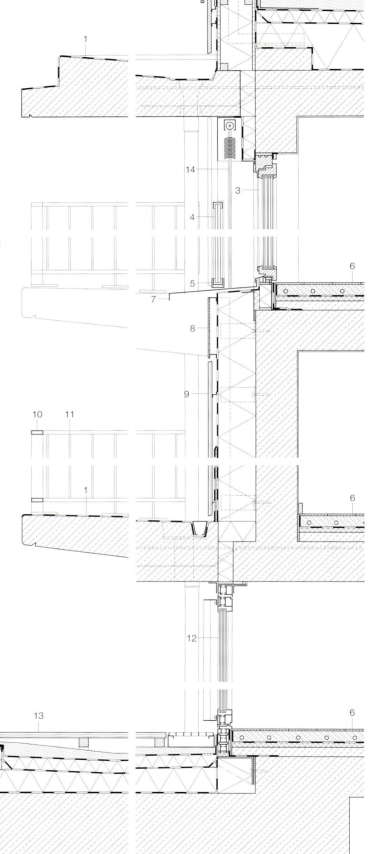

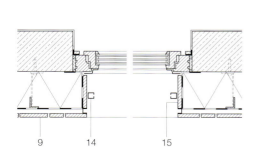

**Wohnen in der Gemeinschaft –
Erfahrungen der Bewohner**

*Living in a Community –
Residents' Experience*

Stefanie Reinberg
Nachdem ich acht Jahre in einem Haus gelebt hatte, in dem ich die Nachbarn kaum kannte, habe ich gezielt nach einem Gemeinschaftsprojekt gesucht. Dabei war mir wichtig, dass die Bewohnerstruktur altersgemischt ist und dass die Wohnungen nicht in Privateigentum übergehen. Denn als ich in den 1980er-Jahren bei einer Baugruppe mitgemacht habe, hat sich die Eigentumsfrage zunehmend als problematisch herausgestellt. Anfangs mag so etwas funktionieren, aber wenn jemand auszieht, haben die anderen Bewohner keinerlei Einfluss darauf, wer die freie Wohnung bekommt.
So bin ich bei meiner Suche auf die Baugruppe gestoßen. Das nachbarschaftliche Konzept hat mich total überzeugt. Denn ich möchte in einem Haus wohnen, in dem ich Kontakt zu meinen Nachbarn habe. Darüber hinaus wünsche ich mir eine sinnvolle Aufgabe, wenn ich in Rente gehe.
Als ich der Gruppe beigetreten bin, hat mir anfangs weder die Architektur noch der Stadtteil gefallen. Die Qualitäten habe ich erst im Laufe der Zeit erkannt. Besonders gelungen finde ich den großzügigen Treppenraum, der alle Wohnungen erschließt. Durch die Lichtausschnitte kann man sich von Geschoss zu Geschoss unterhalten, und man trifft dort immer auf Nachbarn, mit denen man ein paar Worte wechseln kann. Besonders toll finde ich die großen Balkone. Die asymmetrische Anordnung hebt den besonderen Charakter des Hauses im Viertel hervor und macht nicht zuletzt den Charme des Gebäudes aus.

After living for eight years in a block in which I scarcely knew my neighbours, I deliberately looked for a community project. It was important to me that the residents were of a mixed age structure and that the dwellings did not change to private ownership. In the 1980s, when I was involved in a cohousing project, the question of ownership became increasingly problematic. It may work initially, but when someone moves out, the other residents have no influence over the successors. The neighbourly concept of the present house completely convinced me. What's more, I want to play a useful role when I reach retirement age. When I joined the group, neither the architecture nor the district pleased me. Only in the course of time did I come to appreciate the qualities. What I did find successful was the generous staircase space that provides access to all dwellings. You can talk to people while going from floor to floor, and you always bump into neighbours. The large balconies are great. too. Their asymmetric layout lends the building its special character.

Elisabeth Rohrmoser
Als ich 2013 von einem längeren Aufenthalt in Kolumbien zurückgekehrt bin, brauchte ich eine neue Wohnung. Über Bekannte bin ich auf das Wohnprojekt Wien gestoßen und war von dem Gemeinschaftsgedanken gleich angetan. Leider war zu dem Zeitpunkt keine 1- oder 2-Zimmer-Wohnung frei, die für mich und meinen jetzt zweijährigen Sohn gepasst hätte. Deshalb hatte ich mich mit einem befreundeten Paar für eine größere 3-Zimmer-Wohnung beworben. Jetzt wohnen wir also in einer Wohngemeinschaft. Für einen gewissen Zeitraum ist das okay, aber auf Dauer keine zufriedenstellende Lösung, denn man muss doch sehr Rücksicht nehmen, wenn einer von uns Besuch hat. Wahrscheinlich kann ich aber im September innerhalb des Hauses umziehen, weil eine Wohnung frei wird. Das wäre perfekt.
Der gemeinschaliche Ansatz ist mir sehr wichtig und gerade für mich als Alleinerziehende ideal. So nutzen mein Sohn und ich fast täglich den Mittagstisch, der in der Gemeinschaftsküche organisiert wird; das erleichtert mir den Alltag enorm. Auch im Spielraum sind wir oft – vor allem im Winter oder bei schlechtem Wetter. Die Bibliothek nutze ich regelmäßig zum Arbeiten, aber auch zum Treffen mit Freunden. Die Gemeinschaftsräume sind ein großer Vorteil, gerade weil die Wohnung für vier Personen nicht besonders groß ist und ich mit meinem Sohn gemeinsam nur ein kleines Zimmer bewohne.
Das Nordbahnhofviertel war anfangs etwas gewöhnungsbedürftig, weil es noch nicht eingewachsen war. Aber jetzt ist alles begrünt und belebt. Besonders toll finde ich die Lage. Mit dem Fahrrad ist man einerseits schnell in der Innenstadt, aber andererseits auch auf der Donauinsel, wo man im Sommer baden kann.

In 2013, when I returned from Colombia and was looking for a new flat, I came across the Housing Project Vienna and was immediately impressed by the community idea. Unfortunately, there were no 1- or 2-room flats available for me and my son, who's now two years old. So I applied, together with a couple who are friends, for a larger 3-room dwelling, and now we share the flat. In the long term, that is not a satisfying solution, and I hope other accommodation will become available within the development in September. To me, as a single mother, the community approach is important. Almost every day at lunchtime, my son and I use the dining table organised in the communal kitchen, and we're often in the playroom, especially in winter or during bad weather. I also use the library regularly for

work and to meet friends. The communal spaces are of great advantage, because our dwelling is not very large for four people. The North Station district took a little getting used to at first, but now the situation is very attractive. With a cycle, you're quickly in the centre or on the Danube island where you can bathe.

Christine Amon-Feldmann
Meine Erwartungen an das Projekt wurden nicht nur erfüllt, sondern sogar übertroffen. Wenn ich reden will oder irgendetwas brauche, muss ich nur aus der Tür treten: Ich treffe immer jemanden. Es kann sein, dass ich gefragt werde, auf Kinder aufzupassen, jemandem etwas zu borgen oder gemeinsam walken zu gehen. Diese Beziehungskultur macht die Räume sehr lebendig. Man hat zwar seine eigenen vier Wände, in denen man für sich sein kann und die man selbst gestalten kann, aber man kann jederzeit die Gemeinschaftsräume nutzen, ohne das Gefühl zu haben, ein Fremdkörper zu sein. In dieser Art des Zusammenlebens fühle ich mich gut aufgehoben. Dass wir kommunikative Räume schaffen und Individualität in Gemeinschaft leben, steht auch in unserer Vision. Und das haben wir ganz gut verwirklichen können. Die innere und die äußere Architektur ist einfach stimmig. Abgesehen davon bin ich sehr zufrieden, weil ich gewisse Dinge in der Wohnung nicht mehr brauche. Zum Beispiel die Bibliothek: Man kann Bücher auslagern und muss auch nicht immer gleich alles selbst kaufen. Außerdem habe ich kein eigenes Auto mehr, weil es den Mobilitätspool gibt. Und weil wir den Waschkeller haben, brauche ich keine eigene Waschmaschine in der Wohnung. Diese Synergieeffekte kann ich gut nutzen, und ich weiß auch, dass alle Bewohner mit dem Gemeinschaftseigentum verantwortungsvoll umgehen.

My expectations of this project were actually exceeded. If I want to talk to someone or if I need something, I simply have to go out of the door to meet people. I may be asked to look after children or lend a person something or go for a walk with someone. You have your own four walls, but the community spaces are always there if you need them. I'm very much at home here. Creating spaces of communication, living individually yet in fellowship is part of our vision, and this is supported by the inner and outer architecture. I'm also content because there are things I no longer need in my own flat. With the library, for example, I don't need to buy all my books myself. I don't have a car of my own any more either: there's a mobility pool. And with a laundry facility in the basement, I don't need my own washing machine. I'm well able to use these synergetic effects, and I know that all residents treat the communal property responsibly.

Eva Fleck
Da ich mit meiner Wohnsituation vorher sehr unzufrieden war, war es wirklich ein Geschenk für mich eine der beiden Solidaritätswohnungen zu bekommen. Hier habe ich ein ganz anderes Leben – durch die Nachbarschaft und das soziale Gefüge und durch das, was das Haus bietet. Zwar konnte ich meine Wohnung nicht selbst mitplanen – trotzdem finde ich, sie ist fein und angenehm. Es macht mir nichts aus, in einer kleinen Wohnung zu wohnen, weil das Haus insgesamt so großzügig ist und wir so viele Gemeinschaftsräume haben. Die meisten davon nutze ich regelmäßig. Die Umgebung hat mir zuerst nicht so gut gefallen. Ich war es gewohnt, in einem gewachsenen Stadtteil zu leben – hier dagegen ist alles neu und rechteckig. Ich glaube, das ist vielen so gegangen. Aber im Laufe der Zeit stellt man fest, dass das Viertel auch viele Vorteile hat: Trotz der relativ zentralen Lage in Wien gibt es sehr viel Grün: Vorne haben wir den Park und hinten einen Spielplatz, und es gibt rundherum keine Autos – das ist gerade für Familien mit Kindern ein ideales Wohnumfeld. Manchmal fühlt man sich hier wie auf dem Land; nachts hört man bei offenem Fenster die Frösche quaken. Nur die Grünflächen und Spielplätze hätte man meiner Ansicht nach ein bisschen bunter gestalten können – so, dass die Phantasie mehr mitspielen kann.

I was so dissatisfied with my previous accommodation that it was a real gift to be allocated one of the two solidarity dwellings. Life is quite different for me here – because of the neighbours, the social fabric and what the house has to offer. I wasn't able to participate in the planning of my flat, but it's fine, even if small, because the house as a whole is very generous, and there are many communal spaces. Most of them I use regularly. I wasn't so happy with the environment at first. Everything was new and rectilinear. But in the course of time, one realises that the district has many advantages. Despite the relatively central location in Vienna, there are a lot of planted areas. At the front, there's a park and at the back a play space, and there are no cars around. It's ideal for families with children. Sometimes you feel as if you're in the country. Only the planted areas and play spaces could have been designed a little more colourfully.

projektbeispiele
case studies

116 Wohnhaus in Santiago de Chile • *Housing Development in Santiago*
120 Wohnhaus in Berlin • *Housing Block in Berlin*
124 Wohnhaus in Paris • *Housing Block in Paris*
128 Wohnungsumbau in Madrid • *Apartment Conversion in Madrid*
132 Wohnungsbau in München • *Apartment Building in Munich*
137 Wohnhaus in Tokio • *House in Tokyo*
141 Wohnungsbau in New York • *Residential Building in New York*
146 Mikro-Apartment-Haus in Seoul • *Micro-Apartment Block in Seoul*
150 Umbau eines barocken Häuserblocks in Ljubljana • *Renovation of a Baroque Ensemble in Ljubljana*
154 Wohnungsbau in Paris • *Apartment Building in Paris*
158 Seniorenwohnhaus in Frankfurt am Main • *Retirement Home in Frankfurt am Main*
162 Wohnheim in Paris • *Residence in Paris*
166 Wohn- und Geschäftshaus mit Seniorenresidenz in Basel
     Housing and Business Development with Senior Residence in Basel
171 Sozialer Wohnungsbau in Ceuta • *Public Housing in Ceuta*
176 Wohnungsbau in Bègles • *Residential Complex in Bègles*
180 Studentenwohnheim in Ulm • *Student Hostel in Ulm*
185 Löwenbräu-Areal in Zürich • *Löwenbräu Complex in Zurich*
191 Altenwohnheim in Paris • *Retirement Home in Paris*

Wohnhaus in Santiago de Chile
Housing Development in Santiago

Architekten /*Architects*:
MAPAA, Santiago de Chile
Cristián Larraín, Matías Madsen
Tragwerksplaner /*Structural engineers*:
Popp Structural Engineering,
Santiago de Chile

Die warmrote, strukturierte Ziegelfassade des Wohnhauses in Santiago de Chile setzt einen farbigen Akzent zwischen die grauen Putzfassaden der angrenzenden Gebäude aus den 1940er-Jahren. Im Zuge der Sanierung des 30 Jahre alten Gebäudes verliehen die Architekten dem Altbau eine neue Hülle mit vorgefertigten Fensterelementen. Für die lebhafte Struktur sorgen konventionelle Ziegelsteine, die diagonal in vier trapezförmige Teile geschnitten und versetzt angeordnet wurden. Vergrößerte Fensteröffnungen bringen auf Wunsch des Bauherrn mehr Licht in die Innenräume. In den Fensterelementen wiederholt sich das Spiel der Vor- und Rücksprünge der Steine: Bündig gesetzte Festverglasungen wechseln sich ab mit zurückgesetzten Öffnungsflügeln. Tiefe, schwarze Stahlzargen rahmen die Einheiten, verstärken die vorgehängte Fassade statisch und bilden in ihrer Präzision und Scharfkantigkeit einen Kontrast zur Unregelmäßigkeit der Ziegel. Das Gebäude gliedert sich in Vor- und Hinterhaus, verbunden durch das Treppenhaus im Hof, um den alle Wohneinheiten gruppiert sind. So werden sie jeweils zweiseitig, von Straße und Hof, belichtet. Im kleineren »Studio-Typ« mit 35 m² trennt der Sanitärkern den Wohn- vom Schlafbereich, im größeren Typ mit 80 m² schafft der offene Wohn- und Essraum einen großzügigen Raumeindruck. DETAIL 6/2016

As part of the refurbishment of this 30-year-old housing development, a new, red-brick, textured outer skin with prefabricated window elements was set in front of the existing facade, forming a contrast to the adjoining plain rendered buildings. The bricks were cut in trapezoidal form and laid offset to each other. Enlarged openings allow more daylight into the interior, and the fenestration – in deep, black steel surrounds – is partly set back. This also serves to brace the new skin. The two parts of the house are linked by a staircase in the courtyard. In the 35 m² studio dwellings, a sanitary core separates living and sleeping areas. In the 80 m² type, the open living-dining room creates an ample sense of space.

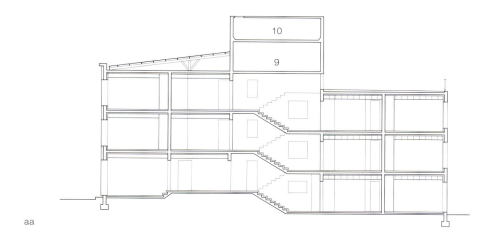

aa

| Lageplan | Site plan |
| Maßstab 1:4000 | scale 1:4,000 |

| Schnitt · Grundrisse | Section · Floor plans |
| Maßstab 1:250 | scale 1:250 |

1 Hof — 1 Courtyard
2 Wohn-/Esszimmer — 2 Living-dining room
3 Küche — 3 Kitchen
4 Schlafzimmer — 4 Bedroom
5 Waschküche — 5 Utility room
6 Badezimmer — 6 Bathroom
7 Luftraum Hof — 7 Courtyard void
8 Dachterrasse — 8 Roof terrace
9 Technikraum — 9 Building services
10 Wasserdepot — 10 Water tank

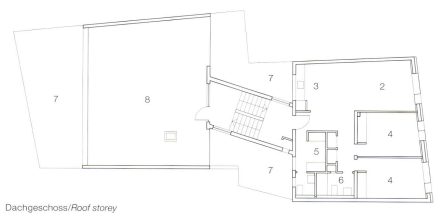

Dachgeschoss/Roof storey

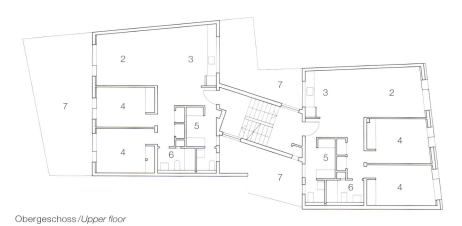

Obergeschoss/Upper floor

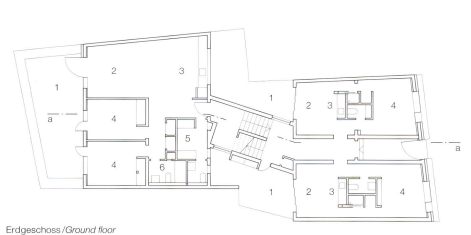

Erdgeschoss/Ground floor

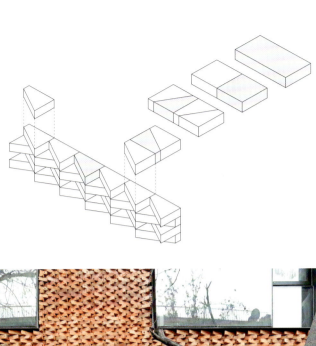

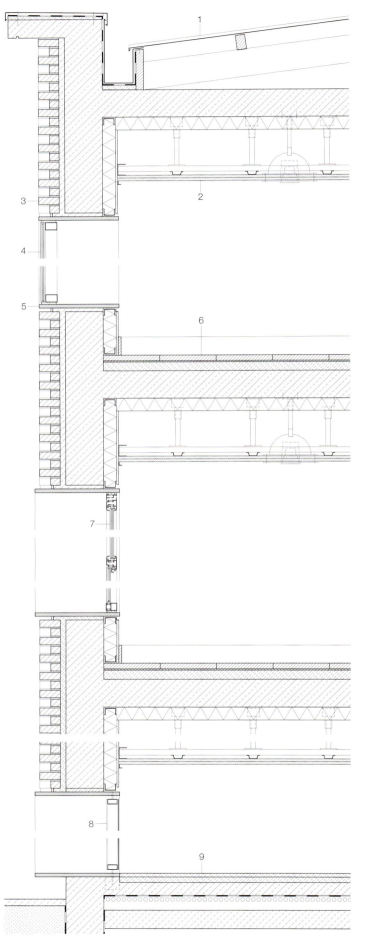

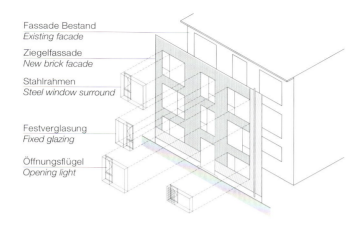

Fassade Bestand
Existing facade

Ziegelfassade
New brick facade

Stahlrahmen
Steel window surround

Festverglasung
Fixed glazing

Öffnungsflügel
Opening light

Axonometrie Ziegelzuschnitt
Axonometrie Altbau mit Ergänzung
Vertikalschnitt
Maßstab 1:20

*Axonometric of cut bricks
Axonometric of existing building with additions
Vertical section
scale 1:20*

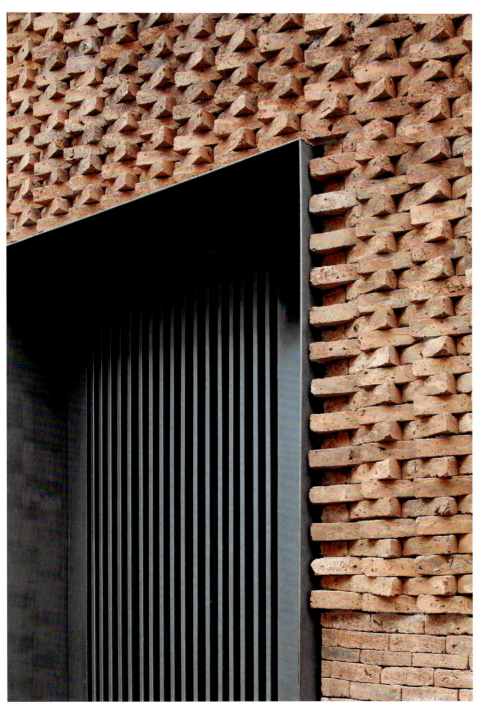

1   Wellblech Aluminium-Zink 18 mm
    Kantholz Pinie 50/75 mm
    Sparren 150/50 mm (Bestand)
    Stahlbetonplatte 150 mm (Bestand)
    Wärmedämmung Polyurethan 70 mm
2   Decke abgehängt mit Einbauleuchte
    Gipskartonplatte 2× 15 mm
3   Mauerwerk Tonziegel 280/140/45 mm
    in vier trapezförmige Teile geschnitten
    Mörtel bewehrt 30 mm
    Stahlbeton 200 mm (Bestand)
    Wärmedämmung Polyurethan 70 mm
    Gipskartonplatte 15 mm
4   Isolierverglasung
    ESG 6 mm + SZR 10 mm + ESG 4 mm geklebt
    auf Rahmen Aluminiumrohr ⌑ 60/30/5 mm
5   Zarge Flachstahl lackiert 450/20 mm
6   Parkett Buchenholz 30 mm
    Trittschalltrennlage Kork
    Estrich 50 mm
    Stahlbetondecke 150 mm (Bestand)
7   Isolierverglasung
    ESG 6 mm + SZR 10 mm + ESG 4 mm
    in Aluminiumrahmen lackiert 50/40/5 mm
8   Eingangstür hydraulisch
    Stahlrohr lackiert ⌑ 50/20/3 mm in Rahmen
    Stahlprofil lackiert L 50/50/3 mm
9   Estrich geschliffen 20 mm
    Estrich Ausgleichsschicht 30 mm
    Stahlbetonplatte 70 mm (Bestand)
    Dichtungsbahn
    Kiesschüttung gebunden 75 mm
    Sauberkeitsschicht 100 mm

*1   18 mm corrugated aluminium/zinc sheeting
    50/75 mm pine bearers
    50/150 mm existing rafters
    150 mm existing reinforced concrete roof slab
    70 mm polyurethane thermal insulation
2   suspended soffit with recessed light fittings:
    2× 15 mm gypsum plasterboard
3   external skin: 280/140/45 mm clay bricks
    cut into four trapezoidal sections
    30 mm reinforced mortar layer
    200 mm existing reinforced concrete wall
    70 mm polyurethane thermal insulation
    15 mm gypsum plasterboard
4   double glazing: 6 + 4 mm toughened glass with
    10 mm cavity adhesive fixed to
    60/30/5 mm aluminium RHS frame
5   20/450 mm steel flat surround, painted
6   30 mm beech parquet
    cork impact-sound separating layer; 50 mm screed
    150 mm existing reinforced concrete floor
7   double glazing: 6 + 4 mm toughened glass with
    10 mm cavity in 50/40/5 mm painted
    aluminium frame
8   hydraulically operated entrance door:
    50/20/3 mm painted steel RHSs in
    50/50/3 mm painted steel angle frame
9   20 mm screed finished smooth
    30 mm screed as levelling layer
    70 mm existing reinforced concrete floor
    sealing layer
    75 mm bonded bed of gravel
    100 mm blinding layer*

Wohnhaus in Berlin

Housing Block in Berlin

Architekten /*Architects*:
zanderroth architekten, Berlin
Christian Roth, Sascha Zander
Tragwerksplaner /*Structural engineers*:
Andreas Leipold, Berlin

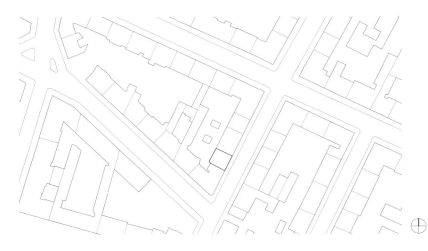

Als bewohnbarer Monolith fügt sich das aus Leichtbeton gegossene Haus in die gründerzeitliche Nachbarbebauung. Die reduzierte Farbigkeit und geschossweise Gliederung des Baukörpers nimmt Elemente der Umgebung auf und verleiht dem Haus zugleich einen besonderen Ausdruck, der die Masse des eingesetzten Baumaterials betont. Mit seinen großflächigen Verglasungen setzt sich das Wohnhaus selbstbewusst von den gereihten Lochfenstern des Umfelds ab. Jedes Geschoss öffnet sich mit einem einzigen großen Fenster zur Straße, das massive Holzrahmen in ein mittleres festverglastes Feld und Schiebefenster zu beiden Seiten unterteilen. Hinter den breiten Fensterbändern erstrecken sich weite Räume mit loftartiger Wirkung – tragende Bauteile sind im Inneren weitgehend reduziert. Der unregelmäßige Zuschnitt des Grundstücks bleibt in den äußerst zurückhaltend gestalteten Innenräumen spürbar.

Die gesamte Detaillierung des Gebäudes ist minimalistisch: Massive, transparent beschichtete Lärchenholzfenster sind in präzise Aussparungen im Beton eingefügt. Der verwendete Leichtbeton übernimmt tragende und wärmedämmende Aufgaben zugleich – eine Lösung, die nur durch einen eigenständigen Umgang mit den Vorgaben der Energieeinsparverordnung möglich ist. Auch wenn die Außenwände mit 55 cm Wandstärke lediglich den geforderten Mindestwärmeschutz erreichen, bleiben Primärenergiebedarf und Transmissionswärmeverluste aufgrund der kompakten Gebäudeform, Dreischeibenverglasungen und eigenem Blockheizkraftwerk im Keller innerhalb der vorgeschriebenen Werte.

Grundlage für das gewählte Schalbild der Sichtbetonoberflächen waren die Abmessungen einer Systemschalung. Diese ermöglichte sehr hochwertigen Sichtbeton zu vertretbaren Kosten. Der geschossweise leichte Versatz der Schalung erlaubte, neben der feinen plastischen Akzentuierung des Baukörpers, die Arbeitsfugen der Betonierabschnitte unauffällig zu integrieren. DETAIL 6/2014

Für die Außenwände und Brandwände des siebengeschossigen Wohnhauses kam Dämmbeton mit einer Rohdichte von 1,4 kg/m³ zum Einsatz, dem Flugasche, leichter Vulkansand und Blähton beigemischt sind. Probewürfel der gewählten Rezeptur ergaben eine Wärmeleitfähigkeit von 0,38 W/mK. Damit erreichen die Außenwände bei einer Mindestwandstärke von 55 cm einen U-Wert von 0,618 W/m²K.

For the external walls and fire walls of this seven-storey housing block, insulating concrete with a relative density of 1.4 kg/m³ was used, to which pulveriaed fuel ash, lightweight volcanic sand and expanded clay were added. Sample cubes of the specified mix showed a thermal conductivity of 0.38 W/mK. As a result, the external walls, with a minimum thickness of 55 cm, achieve a U-value of 0.618 W/m²K.

Constructed with lightweight concrete, the present building accommodates itself to its late-19th-century environment as a monolithic housing structure. The restrained coloration and the articulation of the individual storeys reflect features of the surroundings, while at the same time lending the development an expression of its own that stresses the volume of the construction material. With its large areas of glazing, the structure forms a bold contrast to the neighbouring buildings with their facades punctuated by rows of rectangular windows. Each floor opens on to the street in the form of a single, broad window. This is divided by solid wood frames into a central bay of fixed glazing flanked on both sides by sliding elements. Behind these strips of fenestration are spacious rooms with a studio-like character. Internally, load-bearing elements have been kept to a minimum. The irregular shape of the site is reflected in the interior spaces with their restrained design. The entire detailing of the building is also minimal: the windows, with transparently coated larch frames, are set in precisely formed openings in the concrete structure. The lightweight concrete that was used assumes both load-bearing and thermally insulating functions – a solution that was possible only with an independent application of energy-saving regulations. Even if the outer walls, with a thickness of 55 cm, achieve just the minimum thermal insulation level required, primary-energy needs and heat losses resulting from thermal transmission remain within the prescribed limits as a result of the compact building form, the use of triple glazing and the co-generation plant in the basement.

The layout of the shuttering selected for the exposed concrete surfaces was based on the dimensions of system formwork. This helped to achieve a high visual quality at reasonable costs. The slightly offset layout of the shuttering to each floor facilitated not only a fine three-dimensional accentuation of the building volume, but also an unobtrusive integration of the working joints between the various concreting stages.

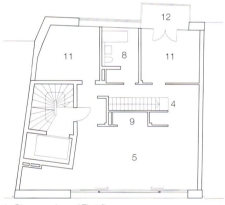

1. Obergeschoss / *First floor*

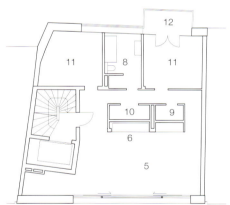

2.–4. Obergeschoss / *Second to fourth floors*

5. Obergeschoss / *Fifth floor*

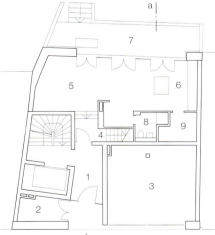

Erdgeschoss / *Ground floor*

Lageplan
Maßstab 1:2500
Grundrisse
Maßstab 1:250

Site plan
scale 1:2,500
Floor plans
scale 1:250

1	Eingang / Briefkästen	*Entrance / Letter boxes*
2	Müllraum	*Refuse space*
3	Garage	*Garage*
4	Maisonettetreppe	*Maisonette staircase*
5	Wohnzimmer	*Living room*
6	Küche	*Kitchen*
7	Terrasse	*Terrace*
8	Bad	*Bathroom / WC*
9	Abstellraum	*Store*
10	Garderobe	*Clothes cupboard*
11	Zimmer	*Room*
12	Balkon	*Balcony*
13	Schlafzimmer	*Bedroom*
14	Kamin	*Chimney*

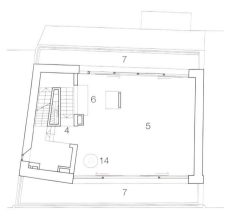

6. Obergeschoss / *Sixth floor*

1 Extensivbegrünung 80 mm
  Schutzvlies 5 mm, Abdichtung 5 mm
  Gefälledämmung EPS 130–270 mm
  Dampfsperre, Decke Stahlbeton 270 mm
2 Plattenbelag 2 % Gefälle 11 mm
  Fixiermasse 13 mm, kapillarpassive Drainage
  Kunststoffdichtungsbahn,
  Gefälledämmung 80–100 mm, Dampfsperre
3 Dämmbeton als Sichtbeton min. 550 mm
4 Parkett Eiche Hochkantlamelle 16 mm
  Zementestrich als Heizestrich 69 mm
  PE-Folie, Trittschalldämmung 20 mm
  Zusatzdämmung zur Medienverlegung 35 mm
  Decke Stahlbeton 180 mm
5 Holzfenster Lärche dreifachverglast
6 Stahlblech beschichtet 3 mm
7 Flachstahl verzinkt farbbeschichtet 40/10 mm
8 WDVS Feinputz mineralisch Mineralwolle 80 mm
9 Flachstahl verzinkt farbbeschichtet 50/10 mm
10 Balkon Betonfertigteil thermisch getrennt

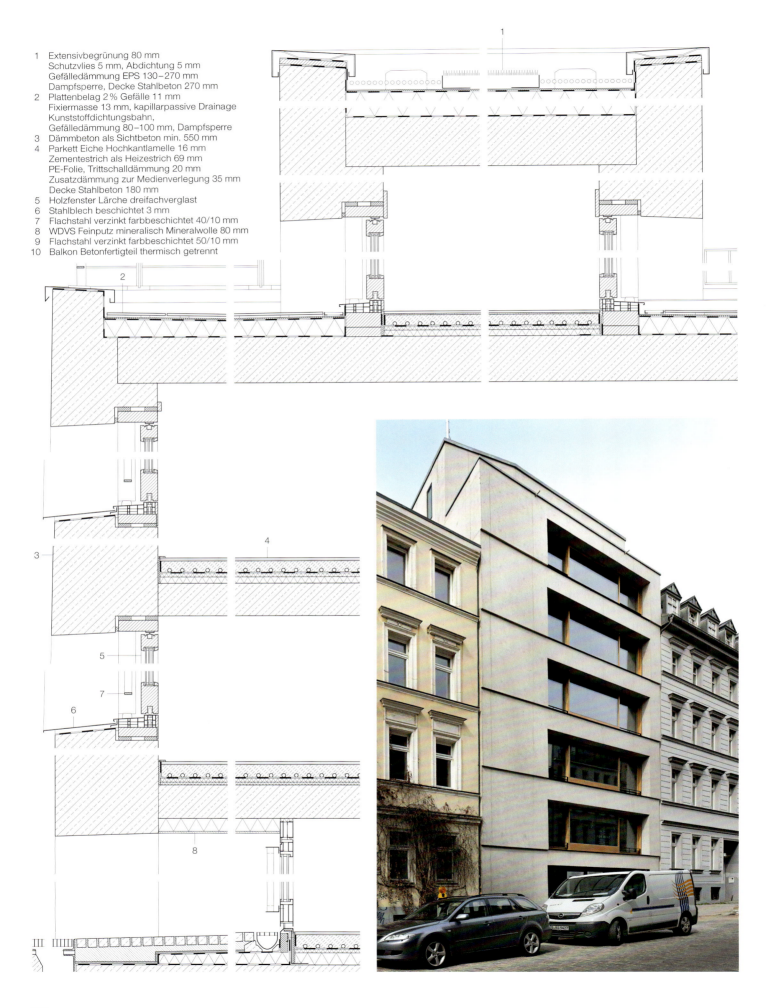

1   80 mm extensive planting layer
    5 mm protective mat; 5 mm sealing layer
    130–270 mm exp. polystyrene insulation to falls
    vapour barrier; 270 mm reinf. concrete roof
2   11 mm paving slabs to 2% falls
    13 mm fixing layer; passive capillary drainage
    plastic sealing layer
    80–100 mm insulation to falls; vapour barrier
3   550 mm (min.) exposed insulating-concrete wall
4   16 mm oak strip parquet laid on edge
    69 mm screed with underfloor heating
    polythene layer; 20 mm impact-sound insulation
    35 mm additional insulation for media services
    180 mm reinforced concrete floor
5   larch window frame with triple glazing
6   3 mm coated sheet steel
7   40/10 mm galv. steel flat with coloured coating
8   composite thermal insulation:
    80 mm mineral wool; plaster
9   50/10 mm galv. steel flat with coloured coating
10 precast concrete balcony, thermally separated

Vertikalschnitt   Vertical section
Maßstab 1:20   scale 1:20
Schnitt   Section
Maßstab 1:250   scale 1:250

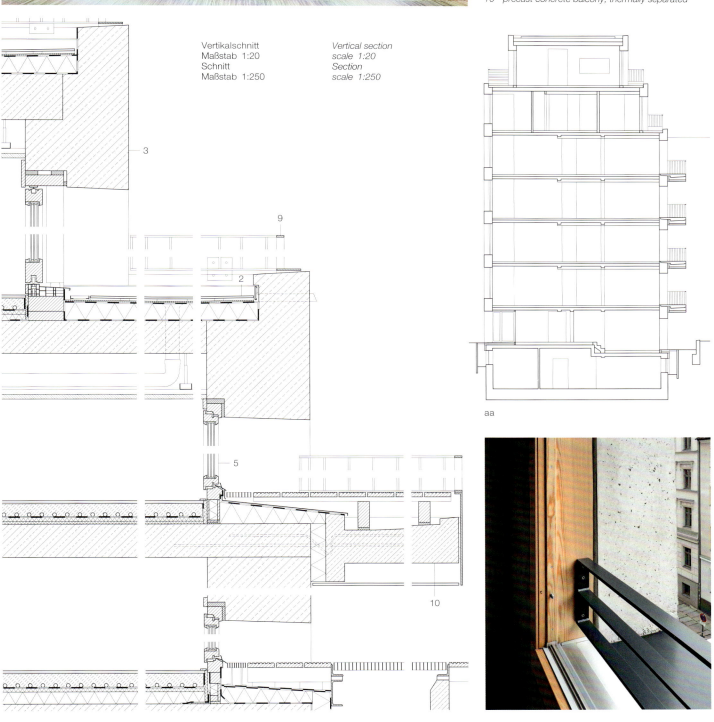

aa

Wohnhaus in Paris

Housing Block in Paris

Architekten /*Architects*:
Babin + Renaud Architectes, Paris
Eric Babin, Jean-François Renaud
Tragwerksplaner /*Structural engineers*:
EVP Ingénierie, Paris

An der Spitze eines dreieckigen Häuserblocks schließt der Neubau eine Bebauungslücke zwischen Pariser Jahrhundertwende-Häusern. Symmetrisch platzierte, hohe und schmale Fenster unterbrechen Klappläden, die teils geschlossen oder offen ein ständig neues Bild ergeben. Verstärkt wird das Bild durch wechselnde Reflexionen des natürlichen Lichts auf den Paneelen aus perforiertem Aluminiumblech. Die Schiebeläden schützen die Privatsphäre der Bewohner, die Entwerfer konnten so, trotz der dichten Nachbarschaft, großzügig Fensterflächen einplanen. Die Holzrahmen der Fenster kontrastieren in ihrer natürlichen Materialität mit dem kühlen Metall der Außenfassade, halbhohe Glasgeländer dienen als unsichtbare Absturzsicherung.

Die Geschossdecken sind wie die tragenden Außenwände aus Stahlbeton. Die klare horizontale Gliederung der Fassade in Höhe der Geschossdecken dient den vertikalen Elementen als Rahmen für das variable Bild, das die Straßenfassade charakterisiert. Trotz der ungünstigen Geometrie des kleinen und schmalen Grundstücks werden alle Räume der insgesamt 18 Wohnungen natürlich belichtet. Hierzu trennen die Architekten den Kern von dem eigentlichen Wohnhaus und ermöglichen die Nutzung der straßen- sowie der hofseitigen Fassade auf der ganzen Länge. Erschließung und Technik finden sich in dem schmalen Turm, der direkt an das Nachbarhaus anschließt und durch offene Stege mit dem Neubau verbunden ist. Zwischen den beiden Baukörpern entsteht eine halböffentliche Fläche die als Pufferzone zwischen dem urbanen Straßenraum und dem begrünten Innenhof dient. Auf jeder Etage sind drei Wohneinheiten untergebracht, deren Wohn- und Schlafräume sich nach Westen zur ruhigen Nebenstraße hin orientieren, Küche und Bäder liegen entlang der Laubengänge. Der kaskadenartige Versprung der oberen Etagen, der an die typische Dachform der Mansarden angelehnt ist, ermöglicht schmale Balkone im obersten Geschoss, dynamisch wird die Gebäudefront zur Straßenecke hin an der Spitze auf eine scharfe Linie reduziert.

DETAIL 6/2016

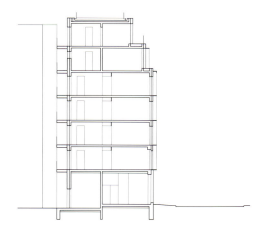
aa

Located at the corner of a triangular street block, this new development closes a gap between Parisian housing dating from the end of the 19th century. Laid out symmetrically, the tall, narrow windows are flanked by folding shutters that – sometimes opened, sometimes closed – present a constantly changing facade image. This is complemented by the shifting light reflections on the panels of perforated aluminium sheeting. Sliding shutters can be drawn to screen the private realm of residents. As a result, it was possible to create generous areas of glazing here, despite the high urban density.

The natural qualities of the wooden window frames are contrasted with other materials like the cool metal of the external facade. Half-height glazed balustrades serve as a transparent means of preventing falls. The floors, like the load-bearing outer walls, are in reinforced concrete. The clear, horizontal articulation of the facade at the floor levels provides a framework for the vertical alignment of windows and panels and accentuates the variable appearance of the street faces.

In spite of the awkward geometry of the small, narrow site, all internal spaces in the 18 dwellings are naturally lighted. To achieve this, the architects separated the core from the actual living quarters, thus exploiting the street and courtyard faces over their full lengths. A slender tower next to the adjoining building accommodates circulation areas and services and is linked with the new structure by means of open walkways. Separating these two volumes is a half-open area that forms an intermediate zone between the urban street space and the planted courtyard to the rear.

There are three dwelling units on each floor, the living rooms and bedrooms of which are west-facing, oriented to the quieter street. Kitchens and bathrooms are situated next to the access galleries. The cascading setbacks of the upper storeys – a reference to the typical form of the mansard roofs in Paris – allowed the creation of narrow balconies on the uppermost floor. In addition, the face of the building has a dynamic appearance at the corner of the block, where it is reduced to an angular configuration.

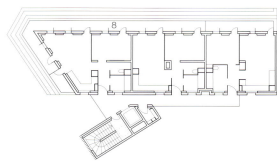
6. Obergeschoss / Sixth floor

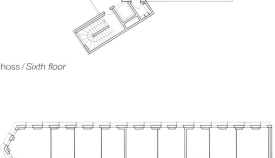
1. Obergeschoss / First floor

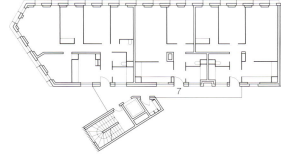

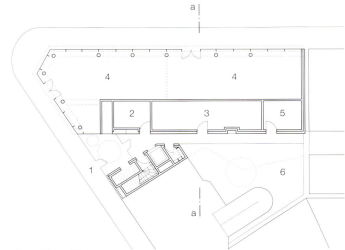
Erdgeschoss / Ground floor

Lageplan
Maßstab 1:2000
Schnitt · Grundrisse
Maßstab 1:400

1 Haupteingang
2 Müllraum
3 Fahrradraum
4 Laden
5 Heizungsraum
6 Innenhof
7 Laubengang
8 Dachterrasse

Site plan
scale 1:2,000
Section · Floor plans
scale 1:400

1 Main entrance
2 Refuse room
3 Bicycle store
4 Shop
5 Heating plant
6 Courtyard
7 Access balcony
8 Roof terrace

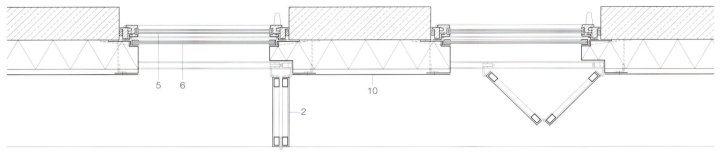

bb

1 Dachaufbau:
  Kies 50 mm
  Dachdichtung Bitumenbahn zweilagig
  Dämmung PUR-Hartschaum 160 mm
  Dampfsperre
  Stahlbetonplatte 200 mm
2 Klappfensterläden zweiteilig, schienengeführt,
  Aluminium eloxiert auf Rohrrahmen
3 Terrasse:
  Betonplatte 20 mm,
  auf Stelzlager 140 mm
  Dachdichtung Bitumenbahn zweilagig
  Dämmung PUR-Hartschaum 160 mm
  Dampfsperre
  Stahlbetonplatte 200 mm
4 Brüstung aus VSG 13 mm + 10 mm
5 Isolierverglasung U = 1,4 W/m²k
  ESG 4 mm + SZR 16 mm Argon + ESG 6 mm
  in Aluminium-/Holzrahmen
6 Absturzsicherung VSG 2× 6 mm
  mit Stahlprofil seitlich befestigt
7 Fassadenriegel Aluminium eloxiert,
  auf Stahlunterkonstruktion
8 Fußbodenaufbau:
  Linoleum 2,5 mm
  Stahlbetonplatte 200 mm
  Dämmung Mineralwolle 160 mm
  Putz 15 mm
9 Vorhangfassade auf Stahlrahmenkonstruktion mit
  Verbundglas einbruchhemmend 10,3 mm
10 Aluminiumblech eloxiert 3 mm
  Dämmung Mineralwolle 160 mm
  Stahlbeton 180 mm

1 roof construction:
  50 mm layer of gravel
  two-layer bituminous roof seal
  160 mm polyurethane rigid-foam insulation
  vapour barrier
  200 mm reinforced concrete roof
2 two-leaf track-run anodised-aluminium
  folding shutter with tubular frame
3 terrace construction:
  20 mm concrete paving slabs on
  140 mm raised supports
  two-layer bituminous seal
  160 mm polyurethane rigid-foam insulation
  vapour barrier
  200 mm reinforced concrete terrace
4 balustrade: 13 + 10 mm lam. safety glass
5 double glazing in aluminium/wood frame:
  4 + 6 mm safety glass +
  16 mm argon-filled cavity (U = 1.4 W/m²K)
6 safety balustrade: 2× 6 mm lam. safety
  glass fixed at sides with steel sections
7 anodised-aluminium facade strip on
  steel supporting structure
8 floor construction:
  2.5 mm linoleum
  200 mm reinforced concrete floor
  160 mm mineral-wool insulation
  15 mm plaster
9 curtain-wall facade with 10.3 mm burglar-
  resistant safety glass in steel frame construction
10 3 mm anodised-aluminium sheeting
  160 mm mineral-wool insulation
  180 mm reinforced concrete wall

Horizontalschnitt • Vertikalschnitt
Maßstab 1:20

*Horizontal and vertical sections
scale 1:20*

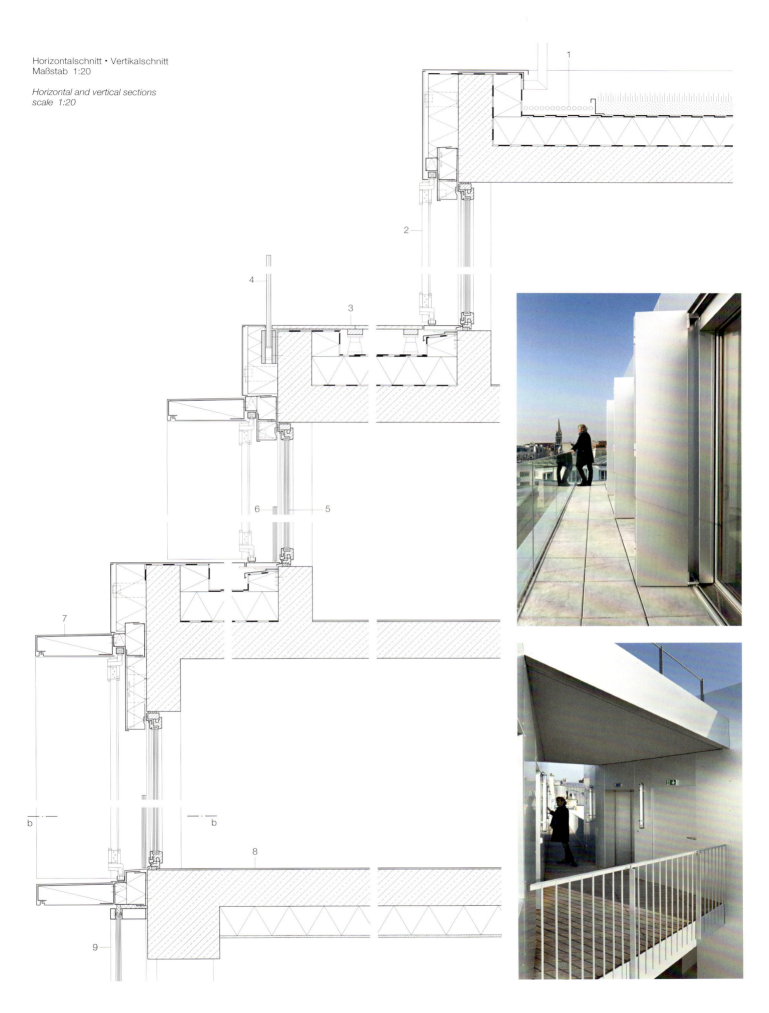

Wohnungsumbau in Madrid

Apartment Conversion in Madrid

Architekten/*Architects*:
TallerDE2, Madrid

Wenn Singles und Pärchen dort einziehen, wo früher drei- bis vierköpfige Familien auf engem Raum zusammenlebten, eröffnen sich Chancen für die Gestaltung ganz neuer Wohnkonzepte. Nicht immer werden diese so konsequent genutzt wie bei diesem Umbau in der Madrider Avenida de Valladolid, bei dem die Architekten TallerDE2 eine zuvor kleinteilig verbaute Vierzimmerwohnung aus den 1950er-Jahren erst komplett leer räumten und dann mithilfe leichter Einbauten neu organisierten. Die Wohnung befindet sich in einem Mehrfamilienhaus in privilegierter Lage – innerstädtisch und doch mit Blick ins Grüne –, doch ihr energetischer Standard und die technischen Installationen waren völlig veraltet. Nach dem Entfernen der Innenwände ließen die Architekten die Fenster austauschen und kleideten die Raumoberflächen mit einem Futteral aus 40 Millimeter Mineralwolledämmung aus. Auch eine neue Fußbodenheizung wurde installiert. Indirekt strahlende LED-Lichtbänder entlang der Deckenränder sowie Downlights in der Gipskartondecke sorgen für die Grundbeleuchtung der neu gestalteten Wohnräume.

In diesem Großraum errichteten die Architekten ein dreidimensionales Puzzle aus 54 einzelnen Stauraum-, Küchen- und Nasszellenmodulen, deren Funktionen sich zumeist erst nach dem Öffnen von Türen, Klappen und Schubladen offenbaren. Die größtenteils mit OSB verkleideten Kuben erfüllen die drei wesentlichen Wünsche des Bauherren: Sie sorgen für größtmögliche visuelle Ordnung, bilden einen Bestandteil der Architektur, statt als loses Mobiliar im Raum zu stehen, und ermöglichen eine flexible, überaus effiziente Flächenausnutzung. Vor dem Umbau stand den Bewohnern nach Abzug aller Möbelstellflächen nur rund die Hälfte der Wohnfläche als Bewegungsraum zur Verfügung, jetzt sind es 77 Prozent.

Auf einem Diagramm haben die Architekten die Genese ihres Entwurfs illustriert.

 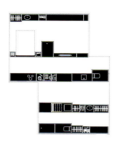   

Über immer neue Konfigurationen der Einbauten gelangten sie zu einer L-förmigen Anordnung, in deren Zwischenräumen sich Nischen und Rückzugsbereiche ganz unterschiedlichen Charakters bilden. Obwohl die Wohnung keine Zimmer im traditionellen Sinn mehr enthält, lassen sich einzelne Zonen mithilfe raumhoher Türelemente voneinander abtrennen. Im offenen Zustand sind die Türen in die OSB-Kuben integriert und lediglich an ihren signalrot gestrichenen Stirnseiten erkennbar.

Hinter der einheitlichen OSB-Verkleidung verbirgt sich eine Vielfalt an Beplankungsmaterialien: schwarz gefärbte Holz-Hartfaserplatten im Inneren der Stauraummodule, dazu wasserfeste MDF-Platten sowie Keramikfliesen in den Nassbereichen. Nur an der Ecke zum Innenhof schließen die Einbauten an die Raumumgrenzung an, da hier einer der Installationsschächte des Hauses verläuft. Im Inneren der Einbauten ist die Leitungsführung konsequent getrennt: Die Wasserzuleitungen und Lüftungskanäle verlaufen hinter abgehängten Decken, die Abwasserleitungen werden entlang der Rückwände sowie im unteren Bereich der Module geführt. Auch alle Steckdosen und Lichtschalter sind in die OSB-Verkleidungen integriert, sodass die ursprünglichen Wohnungstrennwände frei von Installationen bleiben.

Die Architekten vergleichen ihre Einbauten mit dem Reisemobiliar aus der Ära vor der Trolley-Zeit, als die Schrankkoffer, Schmink- und Schmuckschatullen der wohlhabenden Bevölkerung oft über eine erstaunliche Vielfalt ineinander verschachtelter Innenfächer verfügten. Auch die Möbelgriffe aus schwarzen Lederschlaufen sind diesem Vorbild entlehnt. Die beiden Wandleuchten, die über ziehharmonikaartige Aluminium-Kragarme an den Einbauten befestigt sind, haben die Architekten ebenfalls selbst entworfen.
DETAIL inside 1/2015

verschiedene Grundrissvarianten   Maßstab 1:300
Various floor plan designs   scale 1:300

Querschnitt Dusche
Maßstab 1:20
1 Gipskartonplatte 12,5 mm
   Wärmedämmung Mineralwolle 40 mm
   Mauerwerk Ziegel (Bestand) 160 mm
2 LED-Lichtband in Schattenfuge
3 OSB-Platte 18 mm
   Unterkonstruktion Kiefernholz 20/35 mm
   Beplankung MDF wasserabweisend 19 mm
   Keramikfliesen 20/20/5 mm
4 Vinylbelag 5 mm
   Trockenestrich mit Fußbodenheizung
   Geschossdecke Stahlbeton (Bestand)
5 Fliesenbelag 20/20/5 mm
   MDF-Platte wasserabweisend 19 mm
   Unterkonstruktion Kiefernholz 35/20 mm

Cross-section of shower
scale 1:20
1 12.5 mm gypsum plasterboard
   40 mm mineral-wool thermal insulation
   160 mm brick masonry (existing)
2 LED strip lighting in shadow gap
3 18 mm OSB, 20/35 mm pine supports
   19 mm water-repellent MDF lining
   20/20/5 mm ceramic tiles
4 5 mm vinyl covering
   Board subfloor with underfloor heating
   Reinforced-concrete floor slab (existing)
5 20/20/5 mm tile covering
   19 mm water-repellent MDF
   35/20 mm pine supports

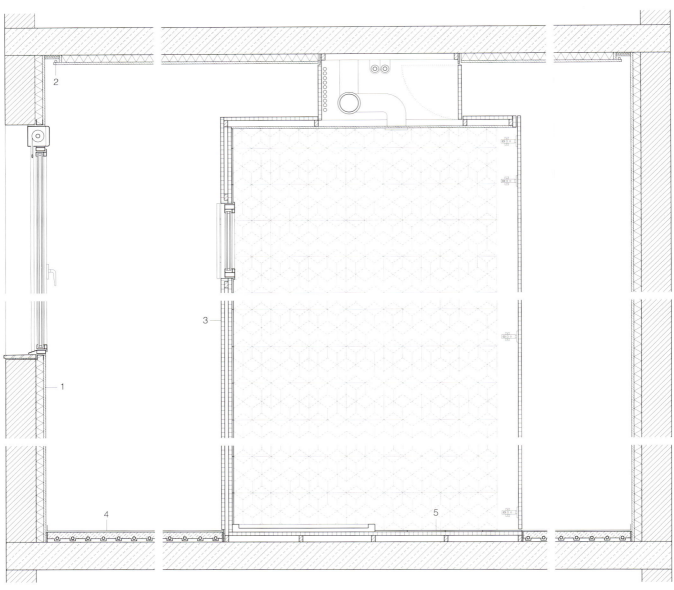

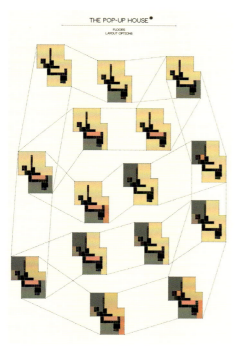

THE POP-UP HOUSE
FLOORS
LAYOUT OPTIONS

The adaptation of one-time family flats to the needs of singles and couples calls for entirely new living concepts. The solution adopted by TallerDE2 for the conversion of a four-room 1950s flat involved a full strip-out and reconfiguration with lightweight fittings.

Despite its prime, central location in Madrid's Avenida de Valladolid, overlooking a park, the apartment was completely outdated in terms of energy standard and services installations. The architects removed the internal partitions, replaced the windows, lined the interior with mineral-wool insulation and installed a new underfloor heating system. Indirect, ceiling-edge LED strips and recessed downlights provided background lighting.

TallerDE2 used the open plan to piece together a 3D jigsaw of 54 modules (storage, kitchen and bathroom) that are "activated" by doors, flaps and drawers. The mostly OSB-lined cubes meet the client's three main demands: visual order, integration into the architecture, and flexible, efficient space use. Prior to conversion, only around half the floor area was free for circulation. This ratio is now 77%.

After much experimentation, the design team came up with an L-shaped arrangement of fittings creating variously fashioned niches and private spaces. Despite the lack of traditional rooms, specific zones can be closed off by full-height door units. When open, the doors are parked in the OSB cubes and visible only by their red-painted edges.

The OSB facings hide a diversity of materials, including black hardboard inside the storage modules, waterproof MDF, and ceramic tiles in the wet spaces. The service runs inside the flat are clearly separated, with water supply pipes and ventilation ducts running behind the suspended ceilings and waste pipes housed in the rear walls and base areas of the modules. With sockets and light switches similarly integrated in the OSB linings, the enclosing walls are kept free of services.

The architects liken their pop-up house to the compartmentalised trunks once used by well-to-do travellers – an era evoked by the leather furniture handles.

Wohnungsbau in München

Apartment Building in Munich

Architekten /*Architects*:
bogevischs buero, München /*Munich*
Tragwerksplaner /*Structural engineers*:
Sailer Stepan Ingenieure, München /*Munich*

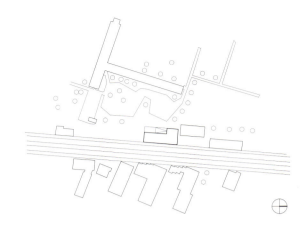

Lageplan
Maßstab 1:5000

*Site plan
scale 1:5,000*

Schwabing ist eines der beliebtesten Stadtviertel Münchens, aber auch dort gibt es schwierige Lagen, etwa an der stark befahrenen Belgradstraße mit ihrer heterogenen Bebauung. Auch wegen des benachbarten Trafobauwerks und des U-Bahn-Tunnels lag das Grundstück viele Jahre brach, bevor die Stadt München als Eigentümerin entschied, dort einen Stützpunkt für Straßenreinigungsmaschinen und geförderten Wohnungsbau umzusetzen.

Die Besonderheit des Gebäudes ist der erweiterte Laubengang hinter einer grau verputzten Lochfassade. Er dient nicht nur der Erschließung, sondern schafft Raum zwischen der lauten Stadt und der individuellen Privatsphäre. Wie aus einer Theaterloge können die Bewohner das Treiben auf der Straße von dort beobachten, während sie sich nachts, sobald die gelbe Hauswand erstrahlt, vom Zuschauer zum Darsteller verwandeln. Dann wird der Leuchtkörper zur Kulisse. In die Decken geschnittene Öffnungen ermöglichen Blickbezüge über die Geschosse hinweg. Die Bewohner können so auf die Eingangstüren sehen, was die nachbarschaftlichen Beziehungen fördert.

Die 28 Wohneinheiten, barrierefrei und teilweise zu größeren Einheiten zusammenschaltbar, orientieren sich nach Westen zur Lärm abgewandten Seite. Dort sorgen in der nach KfW 70 dimensionierten Hülle aus WDVS integrierte Öffnungen für eine permanente Wohnraumlüftung. Der Standard ist für einen Low-Budget-Bau beachtlich. Geschafft haben dies die Architekten durch das erfinderische Einsetzen günstiger Baumaterialien oder die offen verlegten Leitungen in der zweigeschossigen Tiefgarage, in der die Reinigungsfahrzeuge geparkt, gewaschen und gewartet werden. Für die 50 Mitarbeiter stehen im Erdgeschoss Sozialräume und ein Pausenplatz im Freien zur Verfügung. Die Verwaltungsräume liegen an der Straße hinter einer robusten Metallfassade, die wegen städtebaulicher Vorgaben zurückspringt. Die Fundamente des Gebäudes ruhen auf Elastomerlagern, um die Schwingungen der U- und Trambahn abzufedern.

DETAIL 7–8/2015

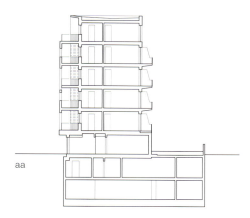

aa

Schwabing is one of Munich's most popular neighbourhoods, but it too has its difficult locations, such as Belgradstraße, a busy street with heterogeneous urban fabric. Partly on account of the neighbouring transformer station and the subway tunnel, the site had been vacant for a number of years. The owner, the City of Munich, decided to erect a building combining subsidised housing and a hub for street-cleaning equipment. The special feature is a generously scaled veranda-like circulation cloaked in a grey stucco facade. It not only plays a role in the circulation, but also creates a buffer between the loud city and the individual sphere of privacy. As if in a theatre box, residents may survey the activity on the street below, while at night, as soon as the yellow wall is illuminated, they change from members of the audience to performers. Then the "luminaire" becomes a stage set. Openings cut out of the floors furnish vertical views. The entrances to units are paired, a situation that fosters neighbourly relations. All 28 apartment units are wheelchair-accessible; some have the option to annex a neighbouring unit. The architects achieved a high standard by inventively employing inexpensive building materials such as the simple basement lights in the street-cleaners' break room, or by exposing ductwork in the two-storey subterranean parking garage. On the ground floor a variety of amenities – including an outdoor break space – are available to the fifty employees.

1	Zugang Bewohner	1	Residents' entrance
2	Müllraum	2	Rubbish
3	Abstellraum für Kinderwagen	3	Storage for prams
4	Gemeinschaftsraum	4	Common room
5	Abstellraum	5	Storage
6	Kinderspielplatz	6	Play area
7	Zugang Mitarbeiter Straßenreinigung	7	Street cleaners' entrance
8	Verwaltung	8	Administration
9	Sozialraum	9	Break room
10	Freibereich	10	Free space
11	Umkleide	11	Changing
12	Dusche	12	Shower
13	Werkstatt	13	Workshop
14	Trockenraum	14	Drying room
15	Zufahrt Tiefgarage	15	Access to parking garage
16	Küche	16	Kitchen
17	Wohnen/Essen	17	Living/Dining
18	Schlafzimmer	18	Bedroom
19	Kinderzimmer	19	Children

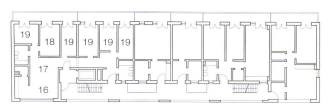

3. Obergeschoss
Third floor

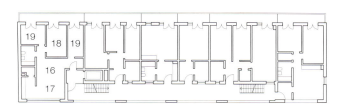

1. und 2. Obergeschoss
First and second floor

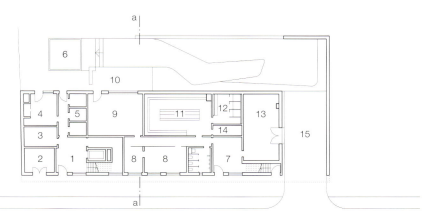

Erdgeschoss
Ground floor

Schnitt · Grundrisse
Maßstab 1:500

Section · Floor plans
scale 1:500

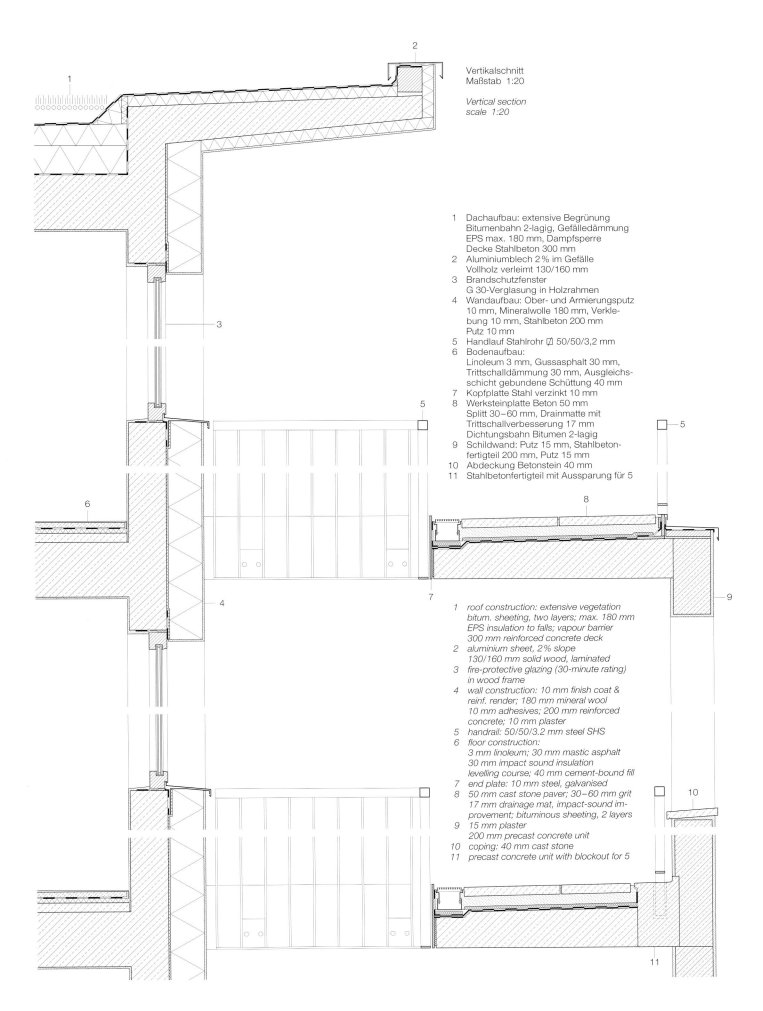

Vertikalschnitt
Maßstab 1:20

Vertical section
scale 1:20

1 Dachaufbau: extensive Begrünung
   Bitumenbahn 2-lagig, Gefälledämmung
   EPS max. 180 mm, Dampfsperre
   Decke Stahlbeton 300 mm
2 Aluminiumblech 2 % im Gefälle
   Vollholz verleimt 130/160 mm
3 Brandschutzfenster
   G 30-Verglasung in Holzrahmen
4 Wandaufbau: Ober- und Armierungsputz
   10 mm, Mineralwolle 180 mm, Verklebung 10 mm, Stahlbeton 200 mm
   Putz 10 mm
5 Handlauf Stahlrohr ❏ 50/50/3,2 mm
6 Bodenaufbau:
   Linoleum 3 mm, Gussasphalt 30 mm,
   Trittschalldämmung 30 mm, Ausgleichsschicht gebundene Schüttung 40 mm
7 Kopfplatte Stahl verzinkt 10 mm
8 Werksteinplatte Beton 50 mm
   Splitt 30–60 mm, Drainmatte mit
   Trittschallverbesserung 17 mm
   Dichtungsbahn Bitumen 2-lagig
9 Schildwand: Putz 15 mm, Stahlbetonfertigteil 200 mm, Putz 15 mm
10 Abdeckung Betonstein 40 mm
11 Stahlbetonfertigteil mit Aussparung für 5

1 roof construction: extensive vegetation
   bitum. sheeting, two layers; max. 180 mm
   EPS insulation to falls; vapour barrier
   300 mm reinforced concrete deck
2 aluminium sheet, 2% slope
   130/160 mm solid wood, laminated
3 fire-protective glazing (30-minute rating)
   in wood frame
4 wall construction: 10 mm finish coat &
   reinf. render; 180 mm mineral wool
   10 mm adhesives; 200 mm reinforced
   concrete; 10 mm plaster
5 handrail: 50/50/3.2 mm steel SHS
6 floor construction:
   3 mm linoleum; 30 mm mastic asphalt
   30 mm impact sound insulation
   levelling course; 40 mm cement-bound fill
7 end plate: 10 mm steel, galvanised
8 50 mm cast stone paver; 30–60 mm grit
   17 mm drainage mat, impact-sound improvement; bituminous sheeting, 2 layers
9 15 mm plaster
   200 mm precast concrete unit
10 coping: 40 mm cast stone
11 precast concrete unit with blockout for 5

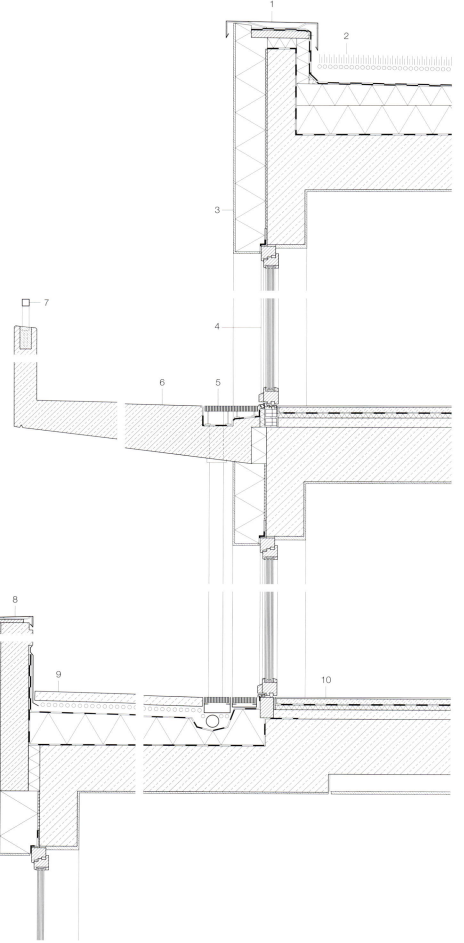

Vertikalschnitt
Maßstab 1:20

1 Attikaabdeckung
   Aluminiumblech 2% im Gefälle
   Holzbohle gefast 40 mm
2 Dachaufbau:
   extensive Begrünung
   Bitumenbahn 2-lagig
   Gefälledämmung EPS max. 280 mm
   Dampfsperre, Decke Stahlbeton 300 mm
3 Wandaufbau:
   Ober- und Armierungsputz 10 mm
   Mineralwolle 180 mm, Verklebung 10 mm
   Stahlbeton 200 mm, Putz 10 mm
4 Holzfenster dreifachverglast
5 Schwelle barrierefrei Aluminium
6 Balkon Stahlbetonfertigteil
   WU-Beton schalungsglatt
7 Stahlrohr ⌧ 50/50/3,2 mm
8 Abdeckung Aluminiumblech
9 Betonsteinplatte 50 mm
   Schüttung max. 30 mm
   Bitumenbahn
   Gefälledämmung PUR max. 180 mm
   Bitumenbahn
10 Bodenaufbau:
   Linoleum 5 mm
   Gussasphalt 30 mm, Trennlage
   Trittschalldämmung 30 mm
   gebundene Schüttung 40 mm
   Stahlbetondecke 300 mm
   Akustikdecke

Vertical section
scale 1:20

1 coping
   aluminium sheet, 2% slope
   40 mm wood plank, chamfered corner
2 roof construction:
   extensive vegetation
   bituminous sheeting, 2 layers
   vapour barrier
   300 mm reinf. concrete deck
3 wall construction:
   10 mm finish coat and reinf. render
   180 mm mineral wool, 10 mm adhesive
   200 mm reinforced concrete; 10 mm plaster
4 wood window, triple glazing
5 accessible threshold, aluminium
6 balcony: precast concrete unit
   watertight concrete, no treatment
   following removal of formwork
7 50/50/3.2 mm steel SHS
8 aluminium sheet coping
9 50 mm cast stone panel
   max. 30 mm fill; bituminous sheeting
   max. 18 mm PUR insulation to falls
   bituminous sheeting
10 floor construction:
   5 mm linoleum
   30 mm mastic asphalt; separating layer
   30 mm impact sound insulation
   40 mm cement-bound fill
   300 mm reinforced concrete deck
   acoustic ceiling

Wohnhaus in Tokio

House in Tokyo

Architekten /*Architects*:
Ryue Nishizawa, Tokio/*Tokyo*
Tragwerksplaner /*Structural engineers*:
Structured Environment, Tokio/*Tokyo*

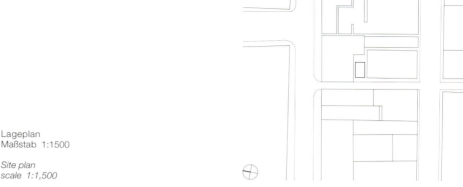

Lageplan
Maßstab 1:1500

*Site plan
scale 1:1,500*

Eingekeilt zwischen Hochhäusern erscheint das viergeschossige Wohnhaus in Tokio einerseits wie ein Fremdkörper, andererseits fügt sich der unkonventionelle Entwurf in der hoch verdichteten, durch Vielfalt geprägten Stadt in das Gesamtbild ein. Das Gebäude ermöglicht Wohnen und Arbeiten in einem offenen und lichtdurchfluteten Umfeld. In seiner Gänze öffnet sich das transparente Haus nach außen und trotzt der beengten Lage in seiner Nachbarschaft.
Auf dem kleinen Grundstück von lediglich vier auf acht Metern stapeln sich massive Deckenplatten aus Beton, die übereinander zu schweben scheinen. Erst auf den zweiten Blick fallen die wuchtigen, unterschiedlich dimensionierten Betonpfeiler auf, die die Platten tragen, in Kombination mit einer fili-granen Eckstütze, deren Leichtigkeit die Schwere des Materials konterkariert. Eine minimierte Treppe aus Stahl durchbricht die Platten und verbindet die Ebenen miteinander. Raumhohe Glaswände öffnen die kleinen Zimmer großzügig zu den vorgelagerten Terrassen- und Pflanzflächen.
Der Garten ist nahezu ganzjährig als erweiterter Wohn- und Arbeitsraum nutzbar – ein vertikaler Schrebergarten neu interpretiert, in dem Pflanztröge und aus Beton gegossene Möbel als Brüstung fungieren und Pflanzen als Sichtschutz und Gestaltungsmerkmal zum Fassadenelement werden.
DETAIL 6/2014

Wedged in between high-rise blocks, this four-storey house is set on a site only four by eight metres in size, yet it provides a transparent environment for two journalists to live and work. The solid concrete floor slabs seem to float in the air. Only at second glance is one aware of the massive load-bearing concrete pillars – and a slender corner column. The floors are linked by a minimal steel staircase. Room-height glazed walls visually enlarge the small internal spaces, opening them to the outdoor realm. The garden can be used almost all year round as an extension of the living areas – a vertical green space where plant containers and concrete furniture function as balustrades and vegetation as a visual screen.

Grundrisse
Maßstab 1:100

*Floor plans
scale 1:100*

1 Eingang
2 Wohnen
3 Essen
4 Küche
5 Pfeiler Stahlbeton
6 Zimmer
7 Besprechung
8 Vorhang
9 Sitzbank Beton
10 Bad
11 Dachterrasse

*1 Entrance
2 Living area
3 Dining area
4 Kitchen
5 Reinf. concrete pillar
6 Room
7 Discussion area
8 Curtain
9 Concrete bench
10 Bathroom
11 Roof terrace*

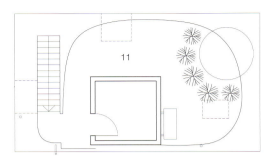
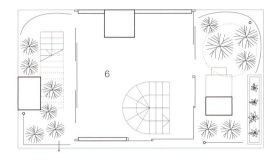
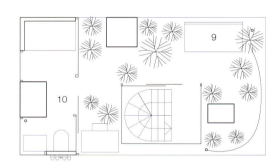

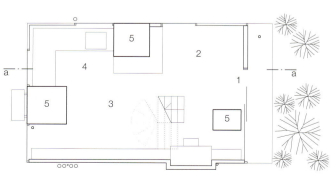

Vertikalschnitt   Maßstab 1:50

1 Abdichtung PU-Beschichtung
   Stahlbeton im Gefälle 200–230 mm
2 Handlauf Stahlrohr Ø 25/3 mm
3 Putz 15 mm
   Wärmedämmung 45 mm
4 Brüstung Acrylglas 18 mm
5 Schiebetür: Isolierverglasung
   in Aluminiumrahmen
6 Estrich geschliffen,
   beschichtet 40 mm
   Paneel Fußbodenheizung 42 mm
   Wärmedämmung 50 mm
   Stahlbeton 200 mm
7 Trittstufe Flachstahl 9 mm
8 Substrat 20–50 mm
   Abdichtung
   Stahlbeton im Gefälle 200–230 mm
9 Pflanztrog Beton
10 Garderobe Stahlrohr Ø 25/3 mm

Vertical section   scale 1:50

1 polyurethane seal
   200–230 mm reinf. concrete to falls
2 Ø 25/3 mm tubular steel handrail
3 15 mm plaster
   45 mm thermal insulation
4 18 mm acrylic plastic balustrade
5 sliding door: double glazing
   in aluminium frame
6 40 mm screed, ground smooth
   and with coated finish
   42 mm underfloor heating panel
   50 mm thermal insulation
   200 mm reinforced concrete floor
7 9 mm steel staircase tread
8 20–50 mm substrate layer
   sealing layer
   200–230 mm reinf. concrete to falls
9 concrete planting box
10 Ø 25/3 mm steel hanging rail

Wohnungsbau in New York

Residential Building in New York

Architekten /*Architects*:
nArchitects, New York
Eric Bunge, Mimi Hoang
Tragwerksplaner /*Structural engineers*:
De Nardis Engineering, New York

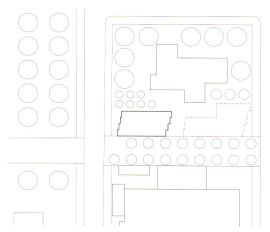

Lageplan
Maßstab 1:2000

*Site plan
scale 1:2,000*

Das Wohnhochhaus »Carmel Place« in Manhattan ist das erste New Yorker Gebäude mit »Mikro-Apartments« – errichtet mit dem Ziel, Singles in einem extrem angespannten Mietmarkt ein erschwingliches Zuhause zu bieten. Grundlage für den von der Stadt im Jahr 2013 initiierten Wettbewerb war die Idee, in einem Pilotprojekt Kleinstwohnungen zu errichten, die die ansonsten übliche Größe von ca. 37 m^2 wesentlich unterschreiten. Die teilnehmenden Teams mussten im Sinne einer wirtschaftlichen Lösung aus einem Zusammenschluss von Projektentwickler, Architekt und Makler bestehen.
Das Siegerteam entwarf ein neungeschossiges Hochhaus mit 55 Wohneinheiten, die zwischen ca. 24 und 33 m^2 groß sind. Für vorgefertigte Module in Stahlrahmenbauweise sprachen mehrere Argumente. Zum einen verfügt der Projektentwickler nicht nur über viel Erfahrung im Bauen mit vorgefertigten Elementen, sondern auch über ein Bauunternehmen mit entsprechenden Produktionsmöglichkeiten. Zum anderen ergaben sich dadurch sowohl relativ geringe Kosten durch die Wiederholung von Standarddetails als auch Zeitvorteile: Das Anliefern, Stapeln und Verschweißen der nahezu bezugsfertig angelieferten Module dauerte lediglich vier Wochen, sodass Lärm- und Schmutzbelästigungen für die Nachbarschaft gering blieben. Die Errichtung der vorgehängten Backsteinfassade erfolgte im Anschluss zeitgleich mit dem Innenausbau. Die Brandschutzanstriche und -bekleidungen der Stahlrahmen wurden dagegen größtenteils im Werk aufgebracht.
Insgesamt 22 der mit wandelbaren Möbeln ausgestatteten Wohnungen stehen dank subventionierter Mieten sozial Bedürftigen zur Verfügung, der Rest wird zu marktüblichen Preisen vermietet. Die Standards sind in allen Wohnungen gleich und auch die Gemeinschaftseinrichtungen (z. B. ein Fitnessraum und ein Gemeinschaftsraum mit Dachterrasse) stehen allen Bewohnern offen. Für den Bau eines weiteren Hochhauses auf einem Nachbargrundstück liegen bereits erste Überlegungen vor.
DETAIL 7–8/2016

Grundrisse · Schnitt
Maßstab 1:400

Floor plan · Section
scale 1:400

Übersicht der 75 eingesetzten Module

Overview of 75 assembled modules

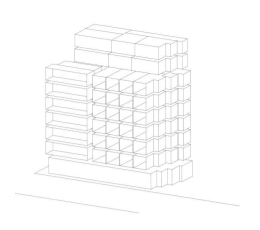

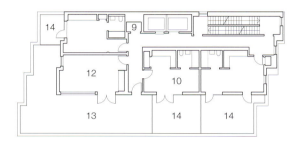

7. Obergeschoss / *Seventh floor*

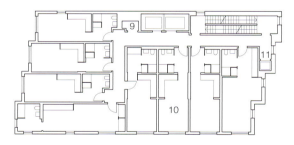

1. Obergeschoss / *First floor*

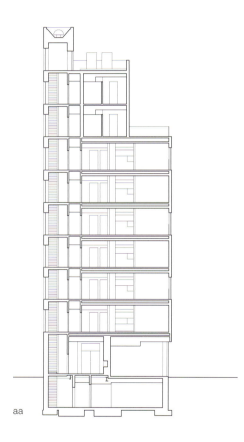

aa

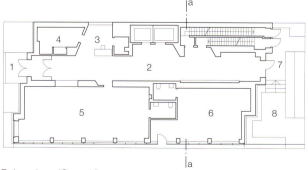

Erdgeschoss / *Ground floor*

1	Haupteingang	1	Main entrance
2	Foyer	2	Lobby
3	Lounge / Arbeitsbereich	3	Lounge / Work area
4	Paketlager	4	Package room
5	Fitnessraum (für Bewohner)	5	Residents' fitness room
6	Ladenfläche	6	Retail area
7	Nebeneingang	7	Side entrance
8	privater Freibereich	8	Private open space
9	Müllschlucker	9	Waste disposal room
10	Mikro-Apartment	10	Micro-apartment
11	Abstellraum	11	Storage room
12	Gemeinschaftsraum	12	Common room
13	Gemeinschaftsdachterrasse	13	Common roof terrace
14	private Dachterrasse	14	Private roof terrace

"Carmel Place" is a residential high-rise building in Manhattan and New York's first to feature "micro-apartments". It was built with the goal of offering affordable homes to singles who have difficulty in finding apartments in the city due to the extremely high demand for housing.

In 2013 the city held a competition based on the idea of creating a pilot project for micro-homes. Their floor area was intended to be significantly smaller than the typical 400 square feet (roughly 37 square metres).

The participating teams were required to submit an economic solution based on the cooperation between project developers, architects and brokers. The winning team developed a nine-storey high-rise building with 55 dwelling units ranging from 255 to 360 square feet in size (roughly equalling 24–33 square metres).

For this project, prefabricated steel-frame modules were chosen – for a number of reasons. For one, the project developer has significant experience in construction with prefabricated elements and also runs a firm that can produce them. In addition, the repetitive use of standard details enabled saving both costs and time. The delivery, assembly and welding of the modules, almost ready for occupancy upon arrival on site, only lasted four weeks. As a result, negative influences on the neighbourhood due to noise and pollution were kept to a minimum.

The assembly of the brick curtain wall facade and the completion of the interior finishes occurred at the same time. Fire-protective coating and sealing of steel frames mostly took place in the workshop. Altogether 22 apartments with customisable furniture are available for socially vulnerable renters based on related payment plans. The remaining units are offered at market prices.

All apartments feature identical standards. Community areas (such as a fitness room and a common room with roof terrace) can be accessed by all residents. A further high-rise building on a neighbouring site is currently under consideration.

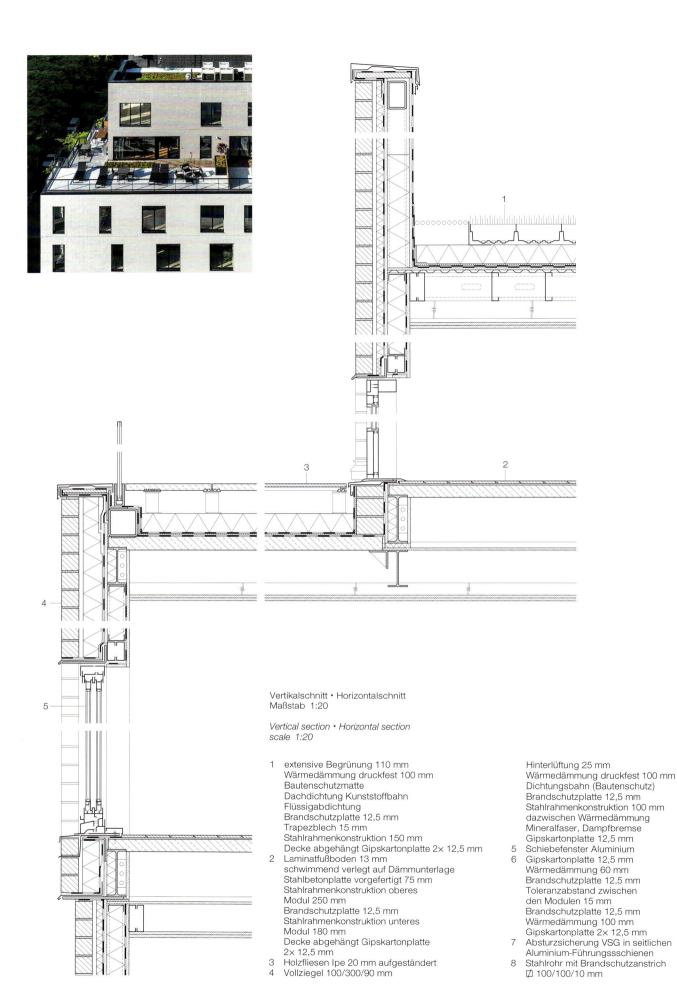

Vertikalschnitt · Horizontalschnitt
Maßstab 1:20

*Vertical section · Horizontal section
scale 1:20*

1 extensive Begrünung 110 mm
  Wärmedämmung druckfest 100 mm
  Bautenschutzmatte
  Dachdichtung Kunststoffbahn
  Flüssigabdichtung
  Brandschutzplatte 12,5 mm
  Trapezblech 15 mm
  Stahlrahmenkonstruktion 150 mm
  Decke abgehängt Gipskartonplatte 2× 12,5 mm
2 Laminatfußboden 13 mm
  schwimmend verlegt auf Dämmunterlage
  Stahlbetonplatte vorgefertigt 75 mm
  Stahlrahmenkonstruktion oberes
  Modul 250 mm
  Brandschutzplatte 12,5 mm
  Stahlrahmenkonstruktion unteres
  Modul 180 mm
  Decke abgehängt Gipskartonplatte
  2× 12,5 mm
3 Holzfliesen Ipe 20 mm aufgeständert
4 Vollziegel 100/300/90 mm
  Hinterlüftung 25 mm
  Wärmedämmung druckfest 100 mm
  Dichtungsbahn (Bautenschutz)
  Brandschutzplatte 12,5 mm
  Stahlrahmenkonstruktion 100 mm
  dazwischen Wärmedämmung
  Mineralfaser, Dampfbremse
  Gipskartonplatte 12,5 mm
5 Schiebefenster Aluminium
6 Gipskartonplatte 12,5 mm
  Wärmedämmung 60 mm
  Brandschutzplatte 12,5 mm
  Toleranzabstand zwischen
  den Modulen 15 mm
  Brandschutzplatte 12,5 mm
  Wärmedämmung 100 mm
  Gipskartonplatte 2× 12,5 mm
7 Absturzsicherung VSG in seitlichen
  Aluminium-Führungsssschienen
8 Stahlrohr mit Brandschutzanstrich
  ⌷ 100/100/10 mm

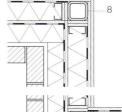
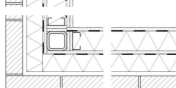
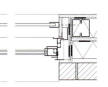

1 110 mm extensive green roof
  100 mm thermal insulation,
  impact-resistant protective mat
  liquid waterproofing
  12.5 mm fireproof board
  15 cm metal decking
  150 mm steel frame
  hung ceiling:
  2× 12.5 mm gypsum board
2 13 mm wood flooring
  floating screed on insulation layer
  75 mm reinforced concrete slab
  upper module:
  250 mm steel frame
  12.5 mm fireproof board
  lower module:
  180 mm steel frame
  hung ceiling:
  2× 12.5 mm gypsum board
3 20 mm Ipe wood tile
  underfloor construction
4 100/300/90 mm solid brick
  25 mm rear ventilation

100 mm thermal insulation,
impact-resistant
protective sealant layer
12,5 mm fireproof board
100 mm steel frame,
inlaid thermal insulation,
mineral fibre
vapour barrier
12.5 mm gypsum board
5 aluminium sliding window
6 12.5 mm gypsum board
  60 mm thermal insulation
  12.5 mm fireproof board
  15 mm tolerance between modules
  12.5 mm fireproof board
  100 mm thermal insulation
  2× 12.5 mm gyspum board
7 fall protection, lam. safety glass
  aluminium linear guide system
8 100/100/10 mm SHS,
  fireproof coating

Mikro-Apartment-Haus in Seoul

Micro-Apartment Block in Seoul

Architekten/*Architects*:
SsD, New York
Jinhee Park, John Hong
Tragwerksplaner/*Structural engineers*:
Mirae Structural Design Group,
Rochester MN

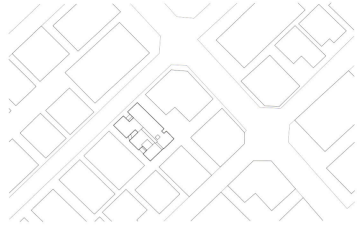

Lageplan
Maßstab 1:1000

*Site plan
scale 1:1,000*

In Südkorea wohnen viele junge Erwachsene bis zur Hochzeit bei ihren Eltern. In den Städten ziehen die neu gegründeten Familien dann meist in Mehr-Zimmer-Apartments. Doch die Gesellschaft wandelt sich und vor allem in Seoul wird auch die Nachfrage nach Mikro-Wohnungen größer. Den Architekten Jinhee Park und John Hong gelang es, ihren Bauherrn von einem besonders flexiblen Konzept für eine kunstaffine Zielgruppe zu überzeugen. Sie schoben Kuben von nur elf Quadratmetern auf fünf Geschossen in ein Stahlskelett mit stark variierenden Querschnitten. Die Wohneinheiten liegen scheinbar willkürlich versetzt im stählernen Regal. Durch die Verschiebungen ergeben sich vielfältige Zwischenräume, die zusammen mit breiten Fluren Raum für gesellige Treffen bieten. Eine Hülle aus gedrehten Edelstahlbändern kleidet den Baukörper homogen ein und schafft die nötige Privatsphäre. In den Apartments erweitern Oberlichtbänder die räumliche Enge und die Industriedesignerin Jinhee Park entwarf maßgeschneiderte klapp- und schiebbare Einbaumöbel. Im zweiten Stock lockt eine Kunstgalerie Passanten an, die das Gebäude über die »Plaza« betreten. Von dort führt auch eine breite Treppe hinab in Café und Auditorium. Der begeisterte Bauherr reservierte kurzfristig ein ganzes Geschoss für seine Tochter: So musste das Gebäude seine Flexibilität bereits vor Eröffnung unter Beweis stellen. DETAIL 10/2015

With changes in South Korean society, the demand for micro-apartments is growing, especially in Seoul. The architects of the present scheme were able to convince their client with a particularly flexible concept. Housing cubes only 11 m² in area were stacked on top of each other up to five storeys high. The units were slid like boxes into a skeleton structure of steel girders of various cross-sections. The cubes consist of lightweight concrete, insulation and grey cement cladding, with a homogeneous outer skin of twisted stainless-steel strips. Passers-by are attracted by an art gallery that the enthusiastic client has installed on an upper floor, and a broad staircase leads down from the plaza to a cafe and auditorium.

Schnitte • Grundrisse	Apartments	Sections • Floor plans	and apartments
Maßstab 1:400	6 Galerie	scale 1:400	6 Gallery
1 Parkdeck/	7 Luftraum	1 Parking deck /	7 Void
Veranstaltungen	8 Apartment	Events	8 Apartment
2 Tribüne/Treppe zum	9 Gemeinschafts-	2 Seating tiers/Stairs to	9 Communal area /
Café/Auditorium	bereich/Flur	cafe and auditorium	Corridor
3 Fahrradständer	10 Balkon	3 Bicycle stands	10 Balcony
4 Oberlicht Café	11 Brücke	4 Roof light over cafe	11 Bridge
5 Eingang Galerie/	12 Terrasse	5 Access to gallery	12 Terrace

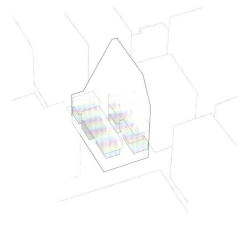

aa

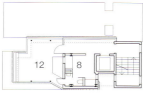

5. Obergeschoss/*Fifth floor*

4. Obergeschoss/*Fourth floor*

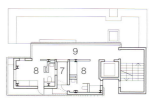

3. Obergeschoss/*Third floor*

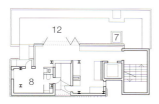

2. Obergeschoss/*Second floor*

bb

1. Obergeschoss/*First floor*

cc

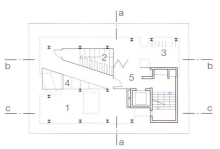

Erdgeschoss/*Ground floor*

147

Horizontalschnitte
Vertikalschnitt
Maßstab 1:20

Horizontal sections
Vertical section
scale 1:20

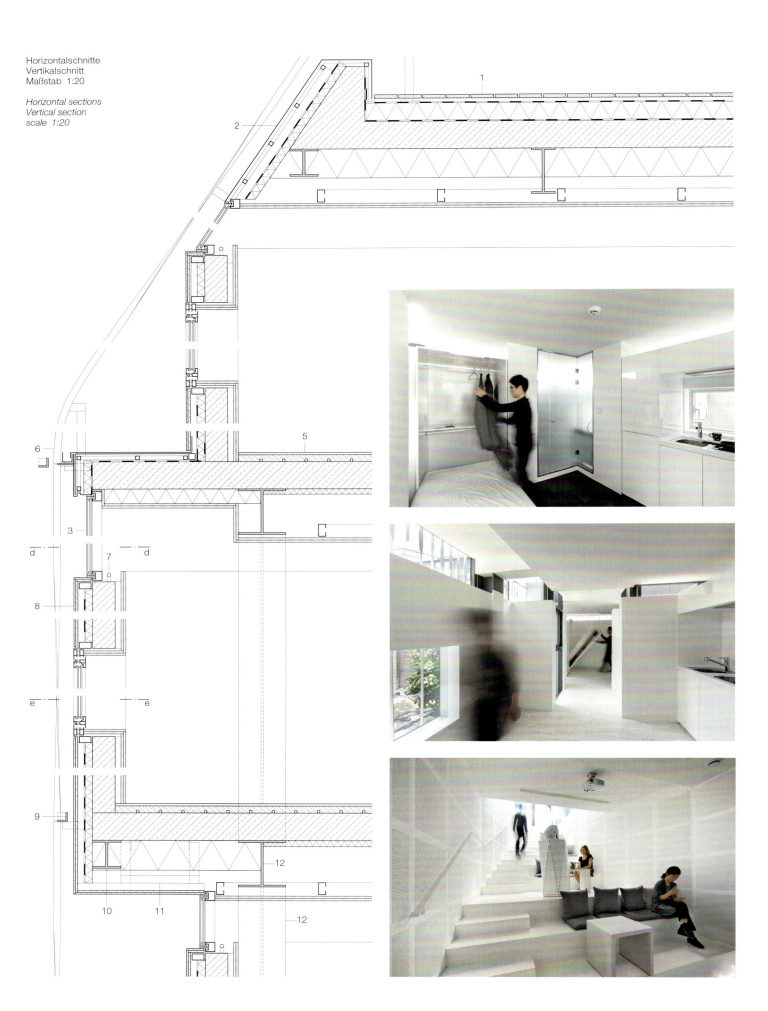

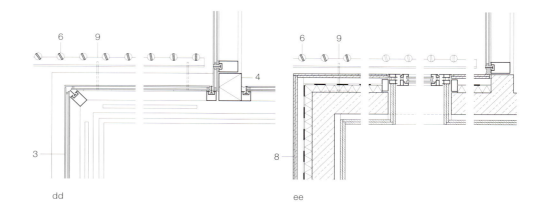

dd ee

1 Dielen Mahagoni 20 mm, Lattung 20 mm
  Dichtungsbahn geklebt
  Wärmedämmung 100 mm, Flüssigmembran
  Stahlbeton 150 mm
  Wärmedämmung offenporig 160 mm
  zwischen Stahlprofilen I 120/250 mm
  U-Profil Aluminium 80 mm
  Gipskarton 2× 12,5 mm
2 Aluminiumblech 3 mm
  Aluminiumrohr ⌀ 2× 20/20 + ⌀ 50/50 mm
  Dichtungsbahn aufkaschiert
  Wärmedämmung 40 mm
3 Isolierverglasung Low-E-beschichtet
  ESG 6 + SZR 12 + ESG 6 mm
  auf Rahmen Aluminium 50/50 mm
4 Dämmpaneel Aluminium 120/140 mm
5 Parkettboden Hartholz 12 mm
  Fußbodenheizungssystem 35 mm
  Stahlbetondecke 150 mm
  Schalldämmung 30 mm
6 Lamelle Edelstahlblech gedreht 38/5 mm
7 LED Leuchtmittel
8 Faserzementplatte 9 +12 mm
  Luftschicht/Lattung 40 mm
  Dichtungsbahn aufkaschiert
  Dämmung Hartschaumplatte 40 mm
  zwischen Stahlrohren ⌂ 40/60 mm
  Porenbeton 110 mm
  Lattung 20 mm, Gipskarton 2× 12,5 mm
9 Unterkonstruktion demontierbar Edelstahl
10 Stahlprofil I 150/150 mm
11 Unterkonstruktion Stahlrohr ⌂ 50/50 mm
12 Stahlprofil I 250/250 mm

1 20 mm mahogany boarding; 20 mm battens
  waterproof membrane, adhesive-fixed
  100 mm thermal insulation; liquid membrane
  150 mm reinforced concrete roof
  160 mm permeable thermal insulation
  120/250 mm steel I-beams
  80 mm aluminium channel sections
  2× 12.5 mm gypsum plasterboard
2 3 mm sheet aluminium
  2× 20/20 and 50/50 mm aluminium SHSs
  sealing layer, adhesive fixed
  40 mm thermal insulation
3 low-E double glazing:
  2× 6 mm toughened glass + 12 mm cavity in
  50/50 mm aluminium frame
4 120/140 mm aluminium insulating panel
5 12 mm hardwood parquet
  35 mm underfloor heating system
  150 mm reinforced concrete floor
  30 mm impact-sound insulation
6 38/5 mm sheet stainless-steel twisted strips
7 light fitting: LED
8 9 + 12 mm fibre-cement sheeting
  40 mm cavity/battens
  sealing layer, adhesive-fixed
  40 mm rigid-foam insulation between
  60/40 mm steel RHSs
  110 mm aerated concrete; 20 mm battens
  2× 12.5 mm gypsum plasterboard
9 removable stainless-steel supports
10 150/150 mm steel I-beam
11 supporting structure: 50/50 mm steel SHSs
12 250/250 mm steel I-beam

Umbau eines barocken Häuserblocks in Ljubljana

Renovation of a Baroque Ensemble in Ljubljana

Architekten /*Architects*:
Ofis Arhitekti, Ljubljana
Rok Oman, Spela Videcnik
Tragwerksplaner /*Structural engineers*:
Elea IC, Ljubljana

Am Fuß von Ljubljanas Burghügel sollten drei um einen Innenhof gruppierte Häuser innerhalb eines barocken Blocks umgestaltet und saniert werden. Mit einer neuen filigranen Ganzglasfassade, die den Hof auf drei Seiten umschließt, schufen die Architekten eine ungewöhnliche, das Ensemble zusammenbindende Lösung, die den Räumen eine lichterfüllte und zeitgemäße Atmosphäre verleiht und zugleich die besonderen Qualitäten des Bestands neu zur Geltung bringt.
Alle drei Gebäude gehören einem Verlag, dem die über einer Buchhandlung im Erdgeschoss gelegenen Räume teils als Büroräume gedient hatten. Der ursprüngliche Lichthof wurde nach einem Umbau während der 1980er-Jahre vor allem als Serviceschacht genutzt, unter anderem für eine Klimaanlage. Nun sollten die Gebäude im Zuge einer erneuten Sanierung zusammengefasst und zwölf Wohnungen um den Lichthof in den Obergeschossen angeordnet werden. Die denkmalgeschützten barocken Straßenfassaden wurden dem ursprünglichen Zustand entsprechend wiederhergestellt, einer der alten Eingänge und ein vorhandener Treppenaufgang dienen als Erschließung. Der historische Dachstuhl wurde aus statischen Gründen durch eine Stahlkonstruktion ersetzt. Der Eingriff stärkt die Rolle des zentralen Hofs als neuer Kommunikationsraum mit Sichtbeziehungen über alle Etagen. Als interner Garten sorgt er für eine großzügige Belichtung der Apartments und erlaubt ihre natürliche Belüftung und Kühlung.
Die durchgehend verglaste Pfosten-Riegel-Fassade mit innenliegenden Profilen legt die historischen Elemente dahinter offen. Steinbögen und Stützen, die während der Sanierung zutage traten, wurden zu prägenden Bestandteilen der Innenräume und spiegeln sich vielschichtig in der neuen gläsernen Hülle. Auf die Verglasung gedruckte silberfarbene Raster unterschiedlicher Dichte sorgen für ein fein abgestimmtes Verhältnis von Transparenz und Reflexion.
DETAIL 1–2/2015

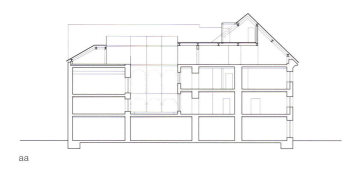
aa

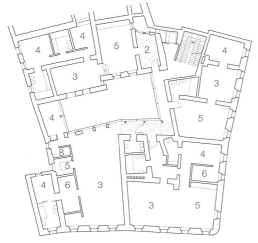

2. Obergeschoss / *Second floor*

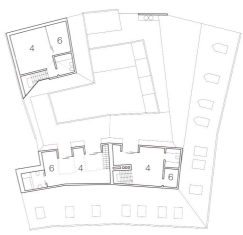

4. Obergeschoss / *Fourth floor*

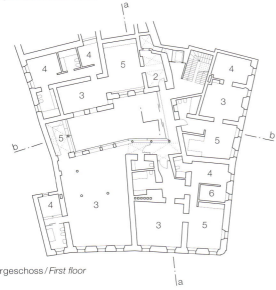

1. Obergeschoss / *First floor*

3. Obergeschoss / *Third floor*

Erdgeschoss / *Ground floor*

Lageplan	Site plan
Maßstab 1:4000	scale 1:4,000
Schnitt · Grundrisse	Section · Layout plans
Maßstab 1:500	scale 1:500

1	Eingang	1	Entrance
2	Abstellraum	2	Storage
3	Wohnzimmer	3	Living room
4	Schlafzimmer	4	Bedroom
5	Küche	5	Kitchen
6	Ankleide	6	Dressing room
7	Arbeitszimmer	7	Study
8	Hauswirtschaftsraum	8	Utility room

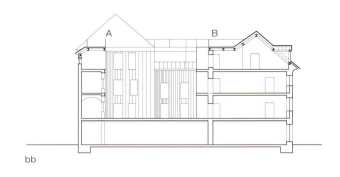
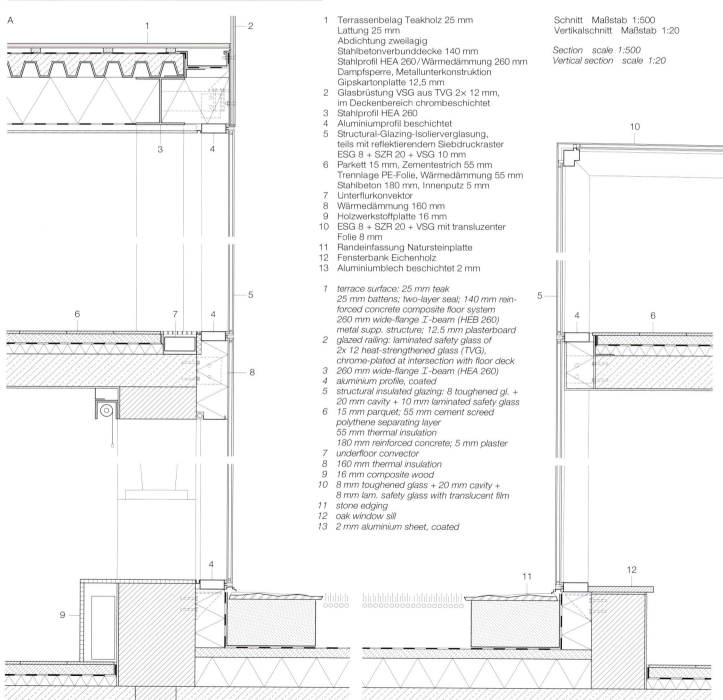

1 Terrassenbelag Teakholz 25 mm
   Lattung 25 mm
   Abdichtung zweilagig
   Stahlbetonverbunddecke 140 mm
   Stahlprofil HEA 260 / Wärmedämmung 260 mm
   Dampfsperre, Metallunterkonstruktion
   Gipskartonplatte 12,5 mm
2 Glasbrüstung VSG aus TVG 2× 12 mm,
   im Deckenbereich chrombeschichtet
3 Stahlprofil HEA 260
4 Aluminiumprofil beschichtet
5 Structural-Glazing-Isolierverglasung,
   teils mit reflektierendem Siebdruckraster
   ESG 8 + SZR 20 + VSG 10 mm
6 Parkett 15 mm, Zementestrich 55 mm
   Trennlage PE-Folie, Wärmedämmung 55 mm
   Stahlbeton 180 mm, Innenputz 5 mm
7 Unterflurkonvektor
8 Wärmedämmung 160 mm
9 Holzwerkstoffplatte 16 mm
10 ESG 8 + SZR 20 + VSG mit transluzenter
   Folie 8 mm
11 Randeinfassung Natursteinplatte
12 Fensterbank Eichenholz
13 Aluminiumblech beschichtet 2 mm

Schnitt   Maßstab 1:500
Vertikalschnitt   Maßstab 1:20

Section   scale 1:500
Vertical section   scale 1:20

1 *terrace surface: 25 mm teak*
   25 mm battens; two-layer seal; 140 mm reinforced concrete composite floor system
   260 mm wide-flange I-beam (HEB 260)
   metal supp. structure; 12.5 mm plasterboard
2 *glazed railing: laminated safety glass of*
   2× 12 heat-strengthened glass (TVG),
   chrome-plated at intersection with floor deck
3 *260 mm wide-flange I-beam (HEA 260)*
4 *aluminium profile, coated*
5 *structural insulated glazing: 8 toughened gl. +*
   20 mm cavity + 10 mm laminated safety glass
6 *15 mm parquet; 55 mm cement screed*
   polythene separating layer
   55 mm thermal insulation
   180 mm reinforced concrete; 5 mm plaster
7 *underfloor convector*
8 *160 mm thermal insulation*
9 *16 mm composite wood*
10 *8 mm toughened glass + 20 mm cavity +*
   8 mm lam. safety glass with translucent film
11 *stone edging*
12 *oak window sill*
13 *2 mm aluminium sheet, coated*

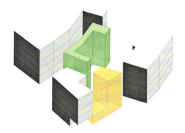

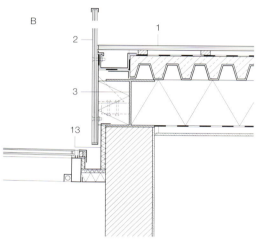

The brief called for the refurbishment of three buildings making up a baroque ensemble at the foot of Ljubljana's Castle Hill. The architects inserted a new all-glass facade that sheathes three sides of the courtyard and ties the ensemble together. All three buildings belong to a publishing house that had used some of the spaces above a ground-floor bookshop as its offices. Following a 1980s renovation the courtyard housed, among other things, building-services installations. This most recent intervention connects the three buildings: the upper levels contain twelve apartments surrounding the courtyard. The baroque facades along the street – which are on the historic registry – were restored to their original state; one of the old entrances and an existing stair were incorporated in the circulation concept. The existing roof structure has been replaced by one that employs steel beams. The project enhances the role of the central courtyard as new communication space; this internal garden ensures that the apartments receive ample fresh air and light. The glazed post-and-rail facade – its profiles are positioned on the side facing the interiors – reveals the period elements within. Stone arches and columns that came to light during the refurbishment became key components of the interiors. The varying density of the silver-toned fritting on the glass calibrates the relationship between transparency and reflection.

Wohnungsbau in Paris

Apartment Building in Paris

Architekten/*Architects*:
Babled Nouvet Reynaud architectes, Paris
Armand Nouvet, Thibault Babled,
Marc Reynaud
Tragwerksplaner/*Structural engineers*:
SNC Lavalin, Ivry sur Seine

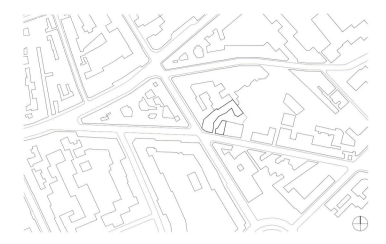

Seit einigen Jahren versucht Paris den ambitionierten Klimaplan umzusetzen, der vorsieht, die Treibhausgase der Region stark zu reduzieren und den Energieverbrauch auf 50 kWh/m² pro Jahr zu senken. Die Metropole startete bereits mehrere Pilotprojekte, die sich durch hohe Energiestandards auszeichnen. Eines von diesen ist das »L'îlot Fréquel-Fontarabie« im 20. Arrondissement. Auf einem Teil des Areals entstand ein Neubau mit 20 Sozialwohnungen.
Durch die Staffelung der Gebäudehöhe ist die Grundstücksfläche trotz der städtischen Enge optimal genutzt. Der großzügige Innenhof dient als Gemeinschaftsgarten sowie zur Erschließung der Erdgeschosswohnungen. Die Wohneinheiten haben eine Nord-Süd-Orientierung, die Küchen und Bäder sind konsequent an der rückwärtigen Brandwand platziert und werden direkt über zwei kleine Innenhöfe be- und entlüftet. Die Wohnräume öffnen sich dagegen nach Süden. Die Orientierung der Fassaden ist hinsichtlich der energetischen Nutzbarkeit optimiert. Großzügige Holzrahmenfenster, teils festverglast, teils mit Schiebetüren als Doppelfassade ausgelegt, bilden Wintergärten, die als Klimapuffer dienen. In regelmäßigen Abständen wird ein inneres Glaselement durch eine Faserbetonscheibe ersetzt. Diese Speicherwand, dunkelgrau und wellenförmig, absorbiert die durch die vorgelagerte äußere Scheibe verstärkte Strahlungswärme und gibt sie zeitversetzt in die Wohnräume ab. Die Elemente nehmen somit nicht nur gestalterisch, sondern auch funktional eine zentrale Stellung im Raum ein. Im Sommer reflektieren die hinter der äußeren Scheibe montierten aluminiumbeschichteten Rollos Sonnenlicht und Wärme. Durch die Öffnungen an der Nordfassade kann Frischluft in die Wohnungen gelangen. Tragende Stützen und Flachdecken ermöglichen es, auf Unterzüge zu verzichten, die Luft kann dadurch ungehindert zirkulieren. Damit das energetische Konzept aufgeht, müssen jedoch die Bewohner eine Überhitzung durch den konsequenten Einsatz der Rollos oder das Öffnen der Fenster verhindern.
DETAIL 7–8/2014

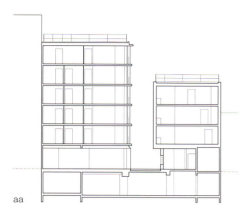
aa

A number of years ago Paris implemented an ambitious climate-protection plan for a major reduction of the region's greenhouse gas emissions and seeking to limit energy consumption to 50 kWh/m² per annum. The metropolis has initiated a number of pilot projects to improve the energy standard. One such project is the "L´îlot Fréquel-Fontarabie" in the 20th arrondissement. On one part of the site a new building with 20 subsidised apartments has been completed. Thanks to the staggered building heights, despite the high density of the neighbourhood, it was possible to optimally exploit the property's surface area. The generously dimensioned interior courtyard serves, on the one hand, as communal garden, and on the other, as access to the ground-floor apartments. The apartment units are oriented north-south; the kitchens and bathrooms are all situated along the rear firewall. Ventilation occurs via two small courtyards. The living spaces, in contrast, face south. The orientation of the facades was devised in a manner that optimises energy efficiency. Winter gardens are integrated in the double skin facade. The latter consists of windows with large wood frames – in part as fixed glazing, in part as sliding doors: these serve as climate control buffers. At regular intervals a concrete slab is employed in the place of the inner glass element. These thermal storage walls, which are dark grey with fluted surfaces, absorb the radiant heat that passes through the outer layer of glass; they later release it into the living spaces. Thus, the thermal storage elements play a central role not only in the tectonics, but also in the climatology. In summer, aluminium-coated curtains situated behind the outer layer of glass reflect the sunlight, and with it, the heat. Fresh air enters the flats through openings in the north facade. Load-bearing columns, some of which are integrated in the facade, combined with flat ceiling decks, make it possible to forgo downstand beams. Therefore, air can circulate freely. However, the residents also play an active part in ensuring the success of the energy concept: through their daily interaction with the outer skin they must guarantee that the interiors not become overheated.

Lageplan
Maßstab 1:5000
Grundrisse · Schnitt
Maßstab 1:500

1 Haupteingang
2 Laden
3 Technikraum
4 Privatgarten
5 Fahrradraum
6 Nebeneingang
7 Zufahrt Tiefgarage
8 Luftraum

Site plan
scale 1:5000
Layout plans · Section
scale 1:500

1 Main entrance
2 Shop
3 Building services
4 Private garden
5 Bicycle room
6 Side entrance
7 Access to parking garage
8 Void

1. Obergeschoss / First floor

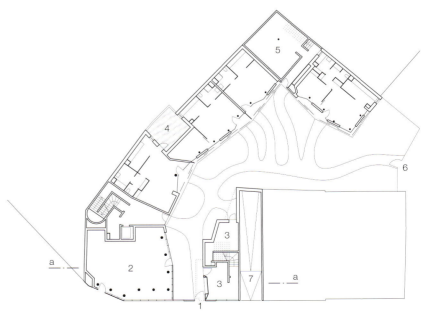

Erdgeschoss / Ground floor

Vertikalschnitte
Maßstab 1:20

Vertical sections
scale 1:20

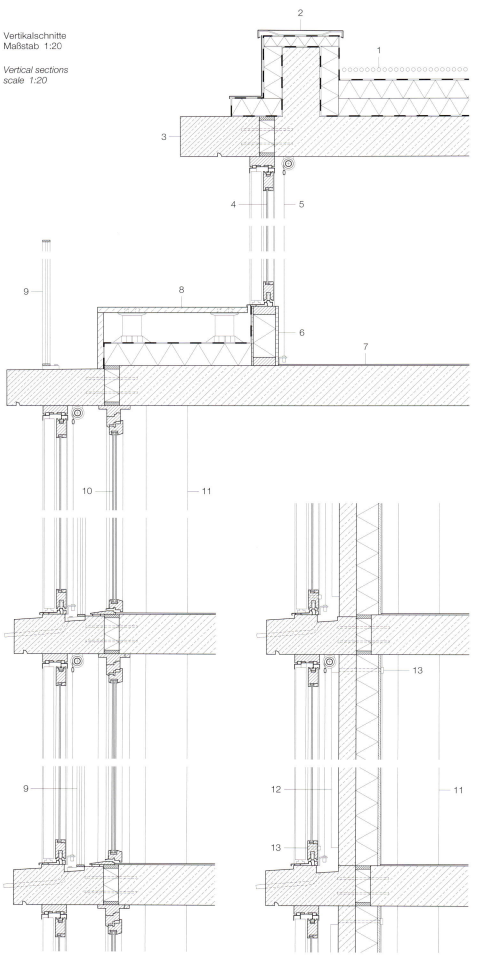

1   Kies 50 mm, Dachdichtung Bitumenbahn
    Wärmedämmung Mineralwolle 2× 100 mm
    Dampfsperre, Stahlbeton 220 mm
2   Abdeckblech Aluminium 2 mm
3   Kragplatte Stahlbetonfertigteil
4   Einfachverglasung in Holzrahmen
5   Sonnenschutzrollo: 63 % Polyolefine
    37 % Aluminium, 170 g/m²
6   OSB-Platte 9 mm
    Holzunterkonstruktion 120/45 mm, dazwischen
    Wärmedämmung, Furniersperrholz 15 mm
    Abdichtung Kunststoffbahn
7   Kautschuk 2 mm, Stahlbeton 220 mm
8   Sitzbank Gehwegplatte 30 mm auf Stelzlager
9   Geländer: Flachstahl ▭ 40/10 mm
    Stahlstab ⌀ 10 mm
10 Isolierverglasung
    VSG 4 + SZR 16 Argon + VSG 4 mm
11 Stütze Stahlbeton 220 mm
12 Speicherwand Faserbetonfertigteil
    nichttragend, 90–130 mm
    Wärmedämmung Mineralwolle 130 mm
    Gipskartonplatte 13 mm
13 Außenluftdurchlass
14 Zementfaserplatte 22 mm
    Wärmedämmung Mineralwolle 2× 80 mm
    Zementfaserplatte 22 mm

1   50 mm gravel; bituminous sheeting
    2× 100 mm mineral wool thermal insulation
    vapour barrier; 220 mm reinforced concrete
2   2 mm aluminium coping
3   precast concrete cantilever plate
4   single-pane glazing in wood frame
5   solar protection blind: 63 % polyolefins
    37 % aluminium, 170 g/m²
6   9 mm oriented strand board
    thermal insulation between
    120/45 mm wood supporting structure
    15 mm veneer plywood; synthetic membrane
7   2 mm natural rubber; 220 mm reinforced concrete
8   bench: 30 mm paving stones on pedestals
9   handrail: 40/10 mm steel flat
    ⌀ 10 mm steel rod
10 double glazing:
    4 mm laminated safety glass + 16 mm argon-filled
    cavity + 4 mm laminated safety glass
11 column: 220 mm reinforced concrete
12 90–130 mm precast fibrated concrete thermal
    storage wall, non-load-bearing; 130 mm mineral
    wool thermal insulation; 13 mm plasterboard
13 air vent
14 22 mm fibre-cement board
    2× 80 mm mineral wool thermal insulation
    22 m fibre-cement board

Horizontalschnitt
Maßstab 1:20

Horizontal section
scale 1:20

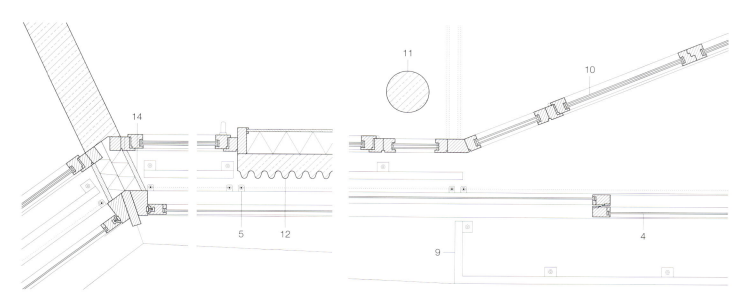

Seniorenwohnhaus in Frankfurt am Main

Retirement Home in Frankfurt am Main

Architekten/*Architects*:
Waechter + Waechter Architekten,
Darmstadt
Felix und Sibylle Waechter
Tragwerksplaner/*Structural engineers*:
DBT Ingenieursozietät, Frankfurt am Main

In Ergänzung zu dem benachbarten Altenpflegeheim St. Josef im Stadtteil Niederrad errichtete der Caritasverband ein Seniorenwohnhaus mit 35 Wohnungen. Das selbstständige Wohnen im Alter steht hier im Vordergrund – jedoch können die Bewohner die Einrichtungen und Veranstaltungen des Pflegeheims mitnutzen. Beide Gebäude bilden den südlichen Abschluss eines städtischen Blocks, der weitere Solitärgebäude wie Kirche, Pfarrhaus, Kindertagesstätte und Gemeindezentrum mit Stadtteilbibliothek umfasst und somit ein vielfältiges soziales Umfeld bietet. In der Mitte liegt ein parkähnlicher, von halböffentlichen Wegen durchzogener Grünbereich. An der Stelle des Neubaus standen vorher ein Schwesternwohnhaus und das alte Pfarrhaus. Da ein Umbau der vorhandenen Altbausubstanz für die gewünschte Nutzung massive konstruktive Eingriffe bedingt und Kompromisse bei der angestrebten Wohnqualität bedeutet hätte, entschied man sich schließlich für den Abbruch.

Der Neubau gliedert sich in drei gut ablesbare, verschieden hohe Gebäuderiegel, die durch einen Laubengang miteinander verbunden sind und zum Altenpflegeheim einen kleinen Hof bilden. Dieser ist als Treffpunkt für die Bewohner und für gemeinschaftliche Aktivitäten gedacht. Durch die gestaffelte Höhe und die Vor- und Rücksprünge der Gebäudekanten vermittelt das Seniorenwohnhaus zwischen der heterogenen Nachbarbebauung und fügt sich harmonisch in die Umgebung ein.

In dem Neubau werden zwei unterschiedliche Wohnungstypen angeboten: 24 barrierefreie und zehn rollstuhlgerechte Wohnungen. Während die barrierefreien Wohneinheiten in den beiden ost-west-ausgerichteten Riegeln angeordnet sind, umfasst der südliche Gebäudeteil die rollstuhlgerechten Wohnungen sowie eine Wohngemeinschaft im Erdgeschoss. Auf dem Dach des nordöstlichen Gebäudeteils ist ein gemeinschaftlicher Dachgarten angedacht, der aus Kostengründen noch nicht realisiert wurde.

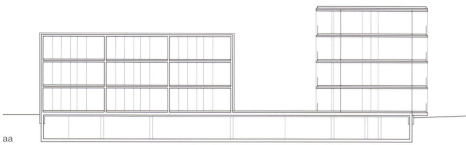

aa

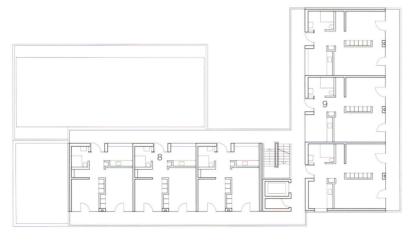

3. Obergeschoss / Third floor

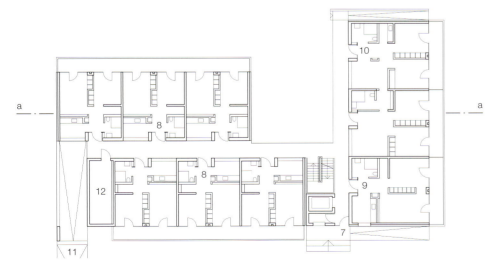

Erdgeschoss / Ground floor

Seniorenwohnhaus mit 35 Wohnungen
24 barrierefreie 2-Zimmer-Wohnungen (47,2 m²)
10 rollstuhlgerechte 2-Zimmer-Wohnungen (59,5 m²)
1 Wohngemeinschaft für 4 Personen (120,7 m²)
Nutzung von Cafeteria und Serviceeinrichtungen des benachbarten Altenpflegeheims
Bauherr / Träger: Caritasverband Frankfurt
Nutzfläche (NF): 2001 m²
Bauwerkskosten brutto: 4,25 Mio. €
Fertigstellung: 11/2015

Retirement home with 35 dwellings
24 two-room dwellings, barrier-free (47.2 m²)
10 two-room dwellings with wheelchair access (59.5 m²)
1 four-person shared dwelling (120.7 m²)
Use of cafeteria and service facilities in the neighbouring care home for the elderly
Client / Developer: German Caritas organisation, Frankfurt
Effective floor area: 2,001 m²
Gross construction costs: € 4.25 m
Completion date: 11/2015

Lageplan
Maßstab 1:3000
Schnitt • Grundrisse
Maßstab 1:400

1 Gemeindezentrum / Stadtteilbibliothek
2 Kindertagesstätte
3 Altenpflegeheim
4 Kirche
5 Pfarrhaus
6 Seniorenwohnhaus
7 Hauseingang
8 Wohnung barrierefrei
9 Wohnung rollstuhlgerecht
10 Wohngemeinschaft
11 Zufahrt Tiefgarage
12 Haustechnik

Site plan
scale 1:3,000
Section • Floor plans
scale 1:400

1 *Civic centre / Municipal library*
2 *Children's day-care centre*
3 *Care home for the elderly*
4 *Church*
5 *Rectory*
6 *Senior citizens' dwellings*
7 *Entrance*
8 *Dwelling barrier-free*
9 *Dwelling wheelchair-accessible*
10 *Shared dwelling*
11 *Basement garage access*
12 *Mechanical services*

Grundrisse
Maßstab 1:200

1 Eingang
2 Küche
3 Diele
4 Bad
5 Abstellraum
6 Wohnzimmer
7 Schlafzimmer
8 Balkon

Floor plans
scale 1:200

1 Entrance
2 Kitchen
3 Hall
4 Bathroom
5 Store
6 Living room
7 Bedroom
8 Balcony

Wohnung barrierefrei 47,2 m²
Dwelling – barrier-free (47.2 m²)

Wohnung rollstuhlgerecht 59,5 m²
Dwelling – wheelchair-accessible (59.5 m²)

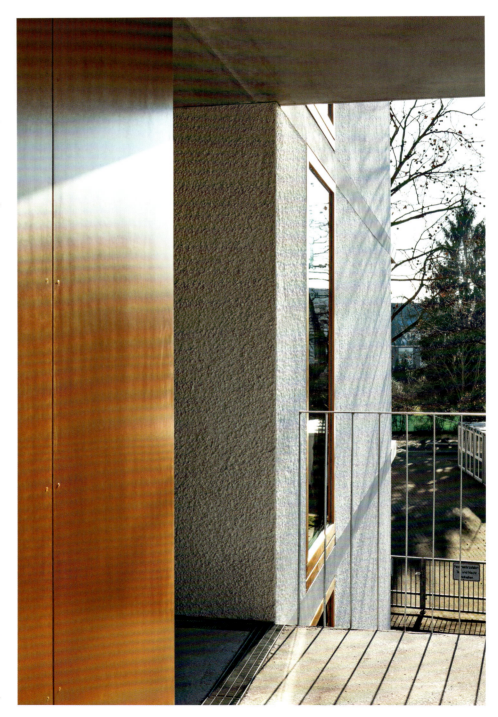

Die Wohnungen
Die Erschließung der Wohnungen erfolgt über ein zentrales offenes Treppenhaus mit Aufzug und zwei T-förmig aneinanderstoßende Laubengänge. Vor- und Rücksprünge gliedern die Fassade: Die Eingangsbereiche der Wohnungen sind etwas zurückgesetzt, sodass kleine private Vorzonen entstehen. Beide Wohnungstypen – barrierefrei und rollstuhlgerecht – sind als 2-Zimmer-Wohnungen konzipiert. Um die Kommunikation unter den Bewohnern zu fördern, orientieren sich die Küchen jeweils mit einem großen Fenster zum Laubengang. Die Architekten haben unterschiedliche Möblierungsvarianten und Musterküchen entwickelt, aus denen die Bewohner wählen konnten. Das Bad ist überall mit einer bodengleichen Dusche und rutschhemmenden Mosaikfliesen ausgestattet. Auf der stabilen Wandkonstruktion wurden Haltegriffe je nach Bedarf angebracht. Eine Abstellkammer bietet viel Stauraum; hier kann auch ein Rollstuhl geparkt werden.

Wohn- und Schlafzimmer liegen an der Außenseite – geschützt vor Einblicken aus den Gemeinschaftsflächen. Sie werden unabhängig von der Diele erschlossen und haben beide einen Zugang zum Balkon, der über die gesamte Gebäudelänge durchläuft. Die Zimmer lassen sich gut individuell möblieren; 60 cm tiefe Nischen bieten Platz für Schränke oder Regale. Auf Wunsch erhielten die Bewohner von den Architekten geplante Einbaumöbel. In dem größeren, rollstuhlgerechten Wohnungstyp verbindet eine zusätzliche Tür das Wohn- und Schlafzimmer – so entsteht ein großzügiger Raumeindruck.

Maßgeblich bei der Planung war die barrierefreie bzw. rollstuhlgerechte Ausgestaltung der Wohnungen. Nach DIN 18040-2 wurde bei der barrierefreien Wohnung ein Wenderadius von 1,20 m (z. B. eines Rollators) berücksichtigt, bei der rollstuhlgerechten Wohnung von 1,50 m. Entsprechend fallen die Räume hier etwas größer aus: Gegenüber der barrierefreien Wohnung von 47,2 m² hat die rollstuhlgerechte Wohnung eine Größe von 59,5 m². DETAIL 3/2017

The present housing development for the elderly, containing 35 dwellings, was erected by the German Caritas organisation as an addition to the neighbouring St Joseph's care home for senior citizens. In the new block, emphasis is placed on a concept of allowing elderly people to lead an independent life. At the same time, residents can use the facilities of the care home and take part in the events organised there.

The two buildings are situated on the southern edge of an urban street block on which other independent structures stand; for example, a church, the rectory, a day-care centre for children and a civic centre with a municipal library. In other words, the neighbourhood provides a diverse social environment.

In the middle of the street block is a park-like planted area intersected by semi-public paths. The site of the new structure was previously occupied by a nurses' home and the former rectory. A conversion of the existing buildings to comply with the proposed new functions would have led to extensive constructional measures and compromises in terms of the specified housing quality. A decision was made, therefore, to demolish the old fabric. The new development is divided into three clearly legible building tracts of different height. These are linked with each other by a pergola and form a small courtyard next to the care home for old people. The courtyard was conceived as a meeting place for residents and as a location for community activities.

As a result of the stepped height of the building and the projections and setback areas of the facades, the residence mediates between the heterogeneous neighbouring functions and is well integrated in its surroundings.

In the new structure, two different dwelling types are available: 24 that are free of barriers and 10 that are suitable for wheelchair users. The former are located in the two northern tracts, while the latter are housed in the southern section together with a four-person shared flat on the ground floor. A communal garden is envisaged on the roof of the northeastern part of the complex, although so far it has not been possible to implement this for cost reasons.

The dwellings

The dwellings are reached via a central open staircase with a lift and two access balconies that abut each other in a T-shaped form. The facade is articulated by various projections and setback areas. For example, the entrances to the individual dwellings are recessed to create small private approach zones. Both dwelling types – those free of barriers and those suitable for wheelchair users – were designed as 2-room flats.

To promote contact between residents, the kitchens have a large window overlooking the access balconies. The architects also drew up different layout options and developed model kitchen forms from which residents could choose. All bathrooms have floor-level showers and non-slip mosaic tiling. Handgrips were fixed to the solid wall construction according to needs. The storage space in the dwellings can also be used to park a wheelchair.

The living rooms and bedrooms – which are separately accessible from the hall – are situated along the outer facade of the building to prevent overlooking from the communal areas. Each of these rooms has a door connecting it with the balcony zone, which extends along the entire length of the building. The rooms can be individually furnished. Recesses 60 cm deep afford space for cupboards or shelving. On request, residents could have inbuilt furnishings designed by the architects. In the larger dwelling type for wheelchair users, the bedroom is linked with the living room by an additional door, thus enhancing the impression of a generous spatial environment.

The decisive factor of the planning was to create layouts that are free of barriers or alternatively that are accessible for wheelchair users. In accordance with German norms, a turning radius of 1.20 m (for a walking frame, for example) was planned for in the barrier-free dwellings. In those for wheelchair use, the radius was 1.50 m, so that the rooms are somewhat more ample in the latter case. The barrier-free type has an area of 47.2 m² and that for wheelchair use an area of 59.5 m².

Wohnheim in Paris

Residence in Paris

Architekten /*Architects*:
aasb_agence d'architecture
suzelbrout, Paris
Suzel Brout, Leslie Mandalka
Tragwerksplaner / *Structural engineers*:
SIBAT, Paris

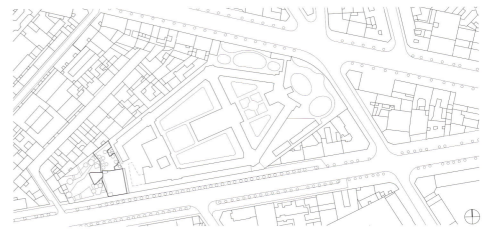

Auf dem Gelände des historischen Ensembles der »Fondation Eugène Napoléon« wurde in den 1960er-Jahren ein zehnstöckiger, unscheinbar gestalteter Stahlbetonbau als Wohnheim errichtet. Heute wäre ein Gebäude dieser Höhe baurechtlich nicht mehr möglich. Um die Wohnfläche im dicht bebauten zwölften Arrondissement nicht nur zu erhalten, sondern zu vergrößern, entschied sich der Eigentümer für eine Sanierung und bauliche Ergänzung.
Im frischen Metallgewand mit hier und da durchschimmernden farbigen Akzenten strahlt das Wohnheim nun eine heitere, moderne Urbanität aus. Der neue trichterförmige Mehrzwecksaal setzt die Achse des klassizistischen Komplexes fort, gliedert die Freiflächen und verbindet den dreigeschossigen Neubau mit dem Bestand. Für dessen Erweiterung an der Westseite entstand eine klare Lösung – eine vorgesetzte Stahlkonstruktion, die mehrfach geknickt dem rechteckigem Baukörper die Strenge nimmt.
Alt wie Neu umhüllt eine perforierte Aluminiumhaut, die je nach Lichteinfall grau und durchlässig bis silbrig und geschlossen wirkt. Um diesen Effekt zu erzielen, wurde mithilfe zahlreicher Tests der passende Lochanteil ermittelt. Die Öffnungen der Hülle orientieren sich an der inneren Fassade, jedoch mit subtilen Variationen in Größe und Anordung, sodass die rasterartige Bestandsfassade überspielt wird und ein aufgelockertes Erscheinungsbild entsteht. Die plastische Wirkung durch den unterschiedlichen Abstand der Fassadenschichten belebt den Baukörper zusätzlich.
Detaillierte Planung kennzeichnet auch die 141 Apartments. Trotz der geringen Fläche – das kleinste misst knapp zwölf Quadratmeter – erscheinen sie großzügig durch leichte, helle Möbel, die Unterteilung in zwei Bereiche und die direkte Blickbeziehung nach außen. Der Nachhaltigkeit verpflichtet sind die flexibel nutzbaren Grundrisse mit leichten Trennwänden, die thermische Sanierung mit zusätzlicher Dämmung der Fassaden und des Dachs, neuen Fenstern sowie Photovoltaikelementen auf dem Gebäudedach.   DETAIL 4/2013

1 Eingang Wohnheim	1 Entrance to residence
2 Medienraum	2 Media room
3 Anmeldung	3 Registration office
4 Empfang	4 Reception
5 Verwaltung	5 Administration
6 Waschmaschinen	6 Washing machines
7 Mehrzwecksaal	7 Multipurpose hall
8 Einzelapartment	8 Single-occupancy apartment
9 barrierefreies Apartment	9 Accessible flat
10 Zweipersonen-Apartment	10 Double-occupancy apartment
11 TV-Raum	11 TV room
12 Gemeinschaftsbalkon	12 Shared balcony

3. Obergeschoss / *Third floor*

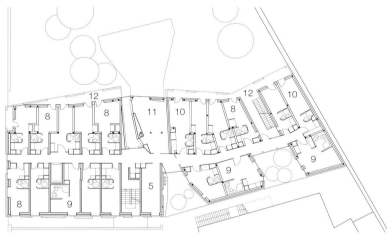

1. Obergeschoss / *First floor*

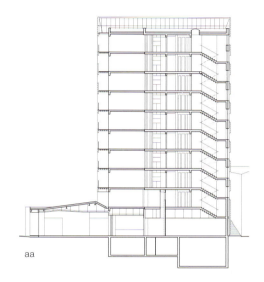

aa

Lageplan Maßstab 1:3000	*Site plan scale 1:3,000*
Grundrisse Schnitt Maßstab 1:500	*Layout plans Section scale 1:500*

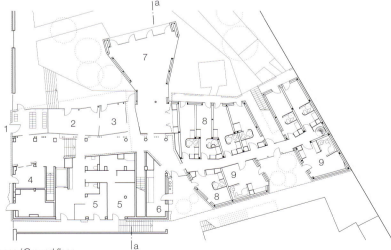

Erdgeschoss / *Ground floor*

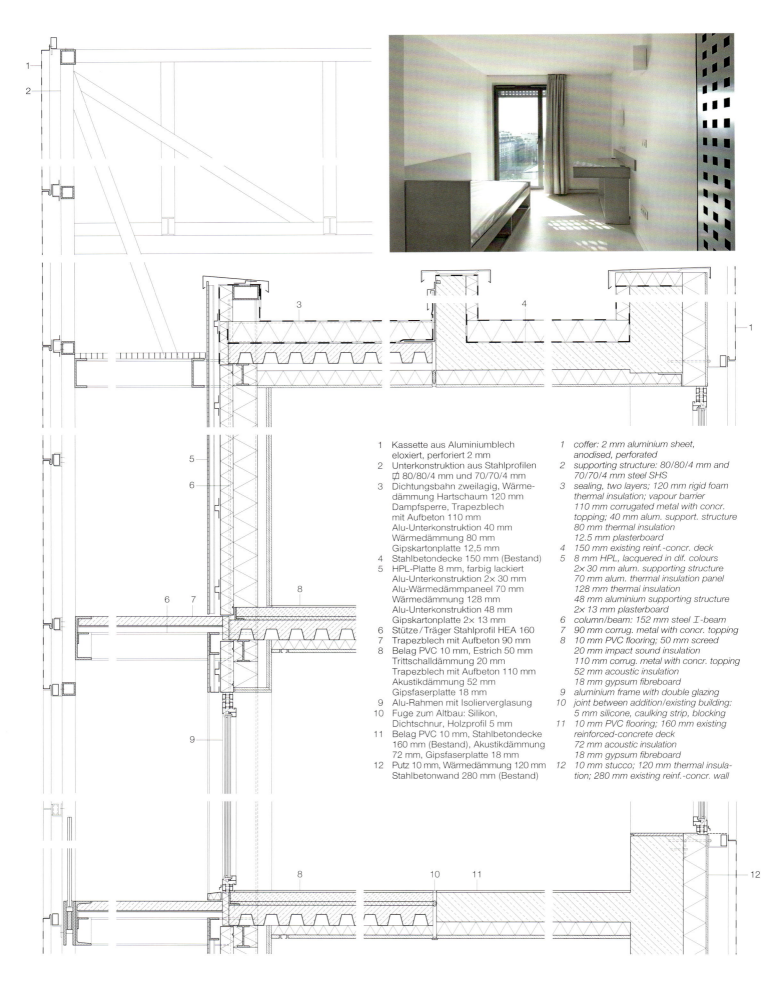

1 Kassette aus Aluminiumblech eloxiert, perforiert 2 mm	1 coffer: 2 mm aluminium sheet, anodised, perforated
2 Unterkonstruktion aus Stahlprofilen ⌷ 80/80/4 mm und 70/70/4 mm	2 supporting structure: 80/80/4 mm and 70/70/4 mm steel SHS
3 Dichtungsbahn zweilagig, Wärmedämmung Hartschaum 120 mm Dampfsperre, Trapezblech mit Aufbeton 110 mm Alu-Unterkonstruktion 40 mm Wärmedämmung 80 mm Gipskartonplatte 12,5 mm	3 sealing, two layers; 120 mm rigid foam thermal insulation; vapour barrier 110 mm corrugated metal with concr. topping; 40 mm alum. support. structure 80 mm thermal insulation 12.5 mm plasterboard
4 Stahlbetondecke 150 mm (Bestand)	4 150 mm existing reinf.-concr. deck
5 HPL-Platte 8 mm, farbig lackiert Alu-Unterkonstruktion 2× 30 mm Alu-Wärmedämmpaneel 70 mm Wärmedämmung 128 mm Alu-Unterkonstruktion 48 mm Gipskartonplatte 2× 13 mm	5 8 mm HPL, lacquered in dif. colours 2× 30 mm alum. supporting structure 70 mm alum. thermal insulation panel 128 mm thermal insulation 48 mm aluminium supporting structure 2× 13 mm plasterboard
6 Stütze / Träger Stahlprofil HEA 160	6 column/beam: 152 mm steel I-beam
7 Trapezblech mit Aufbeton 90 mm	7 90 mm corrug. metal with concr. topping
8 Belag PVC 10 mm, Estrich 50 mm Trittschalldämmung 20 mm Trapezblech mit Aufbeton 110 mm Akustikdämmung 52 mm Gipsfaserplatte 18 mm	8 10 mm PVC flooring; 50 mm screed 20 mm impact sound insulation 110 mm corrug. metal with concr. topping 52 mm acoustic insulation 18 mm gypsum fibreboard
9 Alu-Rahmen mit Isolierverglasung	9 aluminium frame with double glazing
10 Fuge zum Altbau: Silikon, Dichtschnur, Holzprofil 5 mm	10 joint between addition/existing building: 5 mm silicone, caulking strip, blocking
11 Belag PVC 10 mm, Stahlbetondecke 160 mm (Bestand), Akustikdämmung 72 mm, Gipsfaserplatte 18 mm	11 10 mm PVC flooring; 160 mm existing reinforced-concrete deck 72 mm acoustic insulation 18 mm gypsum fibreboard
12 Putz 10 mm, Wärmedämmung 120 mm Stahlbetonwand 280 mm (Bestand)	12 10 mm stucco; 120 mm thermal insulation; 280 mm existing reinf.-concr. wall

Vertikalschnitt   Maßstab 1:20
Axonometrie Stahlkonstruktion
9. Obergeschoss

Vertical section   scale 1:20
Axonometric of steel structure
Ninth floor

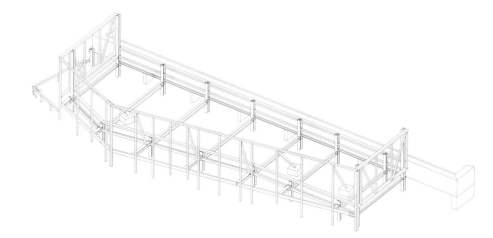

In the 1960s a reinforced-concrete high-rise was erected on the grounds of the historic Fondation Eugène Napoléon ensemble. Under the current building regulations, on this site in the densely populated 12th arrondissement, a new building of this height would not be allowed. Because the aim was not merely to maintain the status quo but to gain additional net surface area, the owner opted for a refurbishment and an addition to the building. In its new metallic skin, with scattered colourful accents shimmering through, the residence is now upbeat and urbane. Approaching the building from the lively Boulevard Diderot, one experiences the walled-off site as a green oasis – it is a painstakingly designed outdoor space with a surface area of nearly 1,000 m² featuring a mature stand of trees. The new funnel-shaped multipurpose hall is aligned with the axis of the classicist complex; this hall also structures the outdoor space and connects the three-storey addition to the existing building. For the extension, which is situated on the west side, the architect positioned a steel structure in front of the original building; its many folds cast off the rigidity of the orthogonal building massing. A perforated aluminium skin envelopes both the old and the new: depending on the incidence of light, its appearance ranges from grey and porous to silvery and solid. To achieve this effect, a number of mock-ups testing different open area ratios were made. The cutouts in the outer skin are oriented to the inner facade, but with subtle variations in size and arrangement so that the grid of the existing facade is obscured, producing a more relaxed look. The sculpted effect achieved with the different depths of this layer further animates the building massing. The 141 apartments were designed with attention to detail. Despite their small size, thanks to their arrangement in two zones, the light-toned furniture, and the direct sightlines to the city beyond, they seem spacious. The design's commitment to sustainability is in evidence in the versatile floor plans with lightweight partition walls and the energetic refurbishment concept, which stipulated additional insulation on facades and roof, new windows and photovoltaic elements.

Wohn- und Geschäftshaus mit Seniorenresidenz in Basel

Housing and Business Development with Senior Residence in Basel

Architekten /*Architects*:
Herzog & de Meuron, Basel
Jacques Herzog, Pierre de Meuron,
Robert Hösl, Harry Gugger
Tragwerksplaner /*Structural engineers*:
ZPF Ingenieure AG, Basel

Mit dem Bau der Einkaufspassage, die den Basler Bahnhof mit dem südlich der Gleise gelegenen Stadtviertel verbindet, begann 2003 die dynamische Entwicklung des Gundeldinger Quartiers. Der Gebäudekomplex »Südpark« von Herzog & de Meuron bildet einen weiteren wichtigen Baustein für das Areal, bestehend aus einem zehngeschossigen Hochhaus mit Laden- und Büroflächen sowie einer Seniorenresidenz. Scheinbar frei angeordnet wirken die rechtwinklig mäandernden Fensteröffnungen der silbrig-matten Fassade. Differenziert reagiert der Baukörper zu Straße und Gleisbett mit unterschiedlichen Höhen. Zudem sind an den zurückgesetzten Nord- und Westseiten des Blocks platzartige Orte mit Aufenthaltsqualitäten entstanden. Das komplett verglaste Erdgeschoss sowie die Büroräume auf der Süd- und Westseite bieten mit einem weiten Stützenraster beliebig einteilbare, flexibel nutzbare Flächen. Auf den Etagen 1 bis 9 befindet sich die »Seniorenresidenz Südpark« mit 103 altengerechten Wohnungen sowie einer Pflegeabteilung, die eine umfassende Betreuung in 26 Pflegezimmern ermöglicht. Die Erschließung erfolgt über den Haupteingang an der östlichen Ecke des Gebäudes. Über eine Treppe gelangt man in das erste Obergeschoss mit Empfang, Foyer, Restaurant und Cafeteria. Diese Räume gruppieren sich um den mit Bäumen bepflanzten Innenhof, der als Begegnungszone und auch als Rückzugsort konzipiert ist. Die vorgehängten Fassadenfertigteile wurden in Stahl-Leichtbauweise realisiert. Während die straßenseitigen Fronten mit einer hohen Dichte an kleinen Öffnungen ausgestattet wurden, gestalteten die Architekten die dem öffentlichen Raum abgewandten Seiten mit Fensterbändern und darin integrierten Loggien. Die Vielfältigkeit der Fensterformen soll die Fassaden umliegender Gründerzeitbauten widerspiegeln. In den Innenräumen erinnert diese Varietät und Quantität an Gemälde in Petersburger Hängung. Gleichzeitig ergeben sich neue Blickperspektiven nach außen. In ausgewählten Räumen wurde eine Vorbauwand eingezogen, die so entstandenen Laibungen können als Ablage- oder Sitzfläche genutzt werden.   DETAIL 4/2015

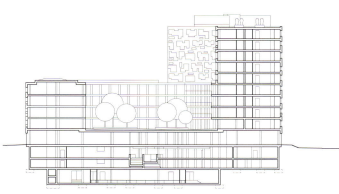
aa

In 2003, with the construction of a shopping mall that links Basel station with the urban district to the south of the railway line, the dynamic expansion of the Gundeldingen quarter began. The "Südpark" building complex by Herzog & de Meuron, which forms a further important element in the development of this area, comprises a ten-storey high-rise block with shops and offices plus a retirement home for senior citizens. The rectangular window openings seem to be scattered irregularly over the matt silvery facade, and the building volumes interact in various ways with the different levels of the road and the railway line. What's more, along the set-back north and west faces of the ensemble, open spaces have been created with recreational uses.

The wholly glazed ground floor as well as the office spaces along the south and west sides with their broad column grid offer freely divisible areas that can be flexibly used.
Situated on the first to ninth floors is the Südpark residence for senior citizens, which contains 103 retirement dwellings for the elderly as well as a nursing unit that allows comprehensive care in 26 rooms. Access is via the main entrance at the eastern corner of the complex, from where a staircase rises to first-floor level. Located here are the reception, a foyer, restaurant and cafeteria. These spaces are laid out about a courtyard planted with trees which was conceived as a place where people can meet, but also as a zone to which one can retreat.

The prefabricated facade elements hung on the outside are in a lightweight form of steel construction. Whereas the street fronts were conceived by the architects with a high density of small openings, the faces not overlooking the public realm were designed with strips of fenestration and integrated loggias. The great diversity of window forms was also meant to reflect the facades of surrounding 19th-century Gründerzeit buildings. Internally, this quantity of openings and their varied sizes is reminiscent of the salon style of hanging paintings. At the same time, new visual perspectives of the outside world are created. In certain rooms, a projecting curtain wall was inserted, the top edge of which can be used as a shelf or as a bench on which to sit.

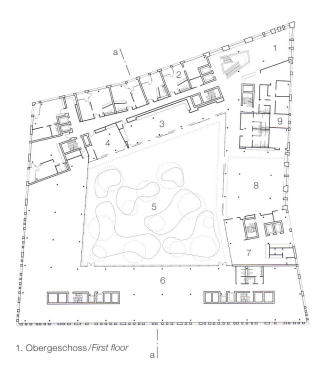

1. Obergeschoss/First floor

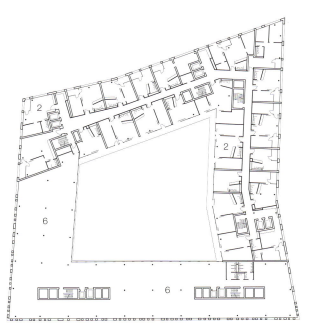

3. Obergeschoss/Third floor

Lageplan						
Maßstab 1:4000	1	Foyer	4	Gymnastik	7	Küche
Schnitt · Grundrisse	2	Apartment	5	Innenhof	8	Restaurant
Maßstab 1:1000	3	Café	6	Büro	9	Verwaltung

Site plan						
scale 1:4,000	1	Foyer	4	Gymnastics	7	Kitchen
Section · Layout plans	2	Dwellings	5	Courtyard	8	Restaurant
scale 1:1,000	3	Cafe	6	Offices	9	Administration

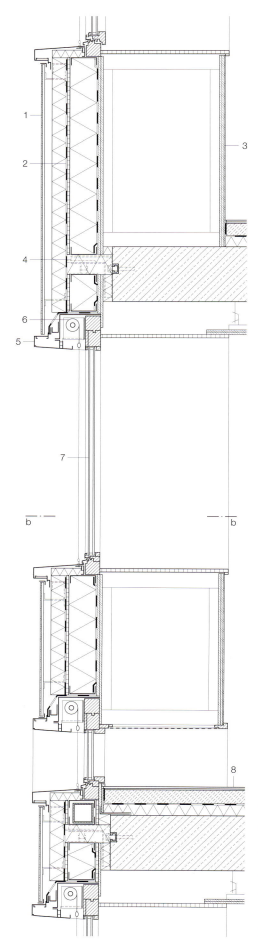

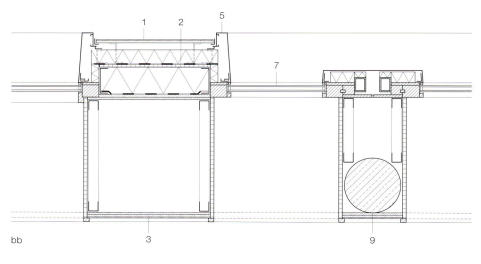

Vertikalschnitte · Horizontalschnitt
Maßstab 1:20
Vertikalschnitt, Horizontalschnitt Nord-Ost-Fassade mit variierenden Fenstergrößen und innenseitiger Vorsatzschale
Vertikalschnitt, Süd-Ost-Fassade mit Loggien mit verglaster und massiver Brüstung

Vertical sections · Horizontal section
scale 1:20
Vertical section, horizontal section through north-east facade with varying dimensions of windows and internal wall lining
Vertical section through south-east facade and loggias with glazed and solid balustrades

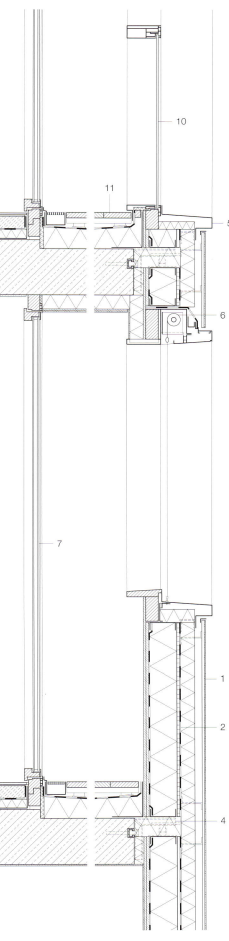

1 Farbanstrich PUR-Acrylbasis, Feinputz Kunststoff 3 mm, mit Besenstrich abgezogen, organische Armierungsspachtel mit Glasfasergewebe, Trägerplatte Blähglasgranulat 12 mm, Hinterlüftung, Unterkonstruktion Aluminium, Dämmung 80 mm
2 Fassadenelement: Dichtungsbahn, Holzzementplatte 15 mm, Rahmen/Ständer Stahlprofil verzinkt ⊔ 160/80 mm, dazwischen Dämmung Mineralwolle 150 mm, Dampfsperre, Gipsfaserplatte 15 mm, Gipskarton 12,5 mm
3 Spachtelung Q3, Gipskarton 2× 12,5 mm, Unterkonstruktion Aluminiumprofil, ⌐ 50/50 mm, 50/75 mm
4 Konsole Formteil Stahl verzinkt 60 mm
5 Zargenprofil gepresstes Formteil, Aluminium eloxiert EV1/E6
6 Stoffrollo, Seilführung Edelstahl
7 Wärmeschutzverglasung 6 + SZR 16 + VSG 2× 6 mm in Holz-Aluminiumrahmen
8 Parkett Eiche verklebt 10 mm, Zementestrich 80 mm, Trennlage, Trittschalldämmung 60 mm, Stahlbetondecke 300 mm, Gipskartondecke abgehängt 2× 12,5 mm
9 Stütze Stahlbeton Ø 300 mm
10 Brüstung VSG 2× 4 mm
11 Bodenaufbau Loggia: Diele Lärche 30 mm, Unterkonstruktion Trägerrost/Distanzhalter, Abdichtung, Gefälledämmung 70–110 mm, Stahlbetondecke 240 mm, Dämmung 60 mm, Putzträgerplatte witterungsbeständig, organische Armierungsspachtel mit Glasfasergewebe, Feinputz Kunststoff 3 mm, glatt abgezogen

1 polyurethane-acrylic-based paint finish
3 mm plastic skim coat with brush finish organic stopping coat with glass-fibre fabric 12 mm foamed-glass sheeting; rear cavity alum. supporting construction; 80 mm insulation
2 facade element: sealing layer; 15 mm cement-wood fibre particle board; 160/80 mm galv. steel channel frame / vertical sections with 150 mm mineral-wool insulation between; vapour barrier 15 mm gypsum fibreboard; 12.5 mm plasterboard
3 stopping coat (Q3); 2× 12.5 mm plasterboard; 50/50 mm + 50/75 mm alum. channel-section supporting structure
4 60 mm galvanised steel bracket
5 natural anodised aluminium pressed section window casing
6 textile roller-blind with stainless-steel cable guide
7 6 mm low-E glazing + 16 mm cavity + 2× 6 mm lam. safety glass in wood and alum. frame
8 10 mm oak parquet, adhesive fixed; 80 mm screed; separating layer; 60 mm impact-sound insulation; 300 mm reinf. conc. floor; 2× 12.5 mm gypsum plasterboard suspended soffit
9 ⌀ 300 mm reinforced concrete column
10 2× 4 mm lam. safety glass balustrade
11 loggia floor construction: 30 mm larch boarding battens/distance pieces
sealing layer; 70–110 mm insulation to falls 240 mm reinf. conc. floor; 60 mm insulation weatherproof plaster baseboard; organic stopping coat with glass-fibre fabric reinforcement 3 mm plastic-finish skim coat with smooth finish

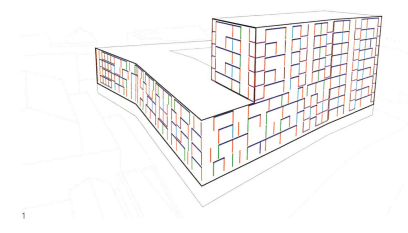

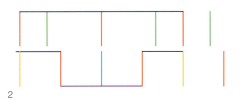
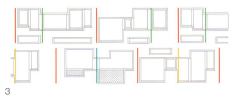
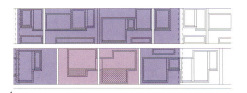
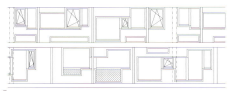

1–5 Schemata der parametrischen Programmierung der Fassade, farblich codiert:
Rot: Elementstoß; Cyan: Wohnungstrennwand; Grün: Raumtrennwand; Gelb: Stütze; Magenta: Loggia; Blau: öffenbares Fenster
6 Vorfertigung der Wandelemente im Werk
7 Anlieferung eines Fertigteils am Rohbau
8 Justierung eines Fassadenmoduls
9 Anbringen der Putzträgerplatten auf der Außenfassade

1–5 Diagrams of parametric programming of facade by means of colour coding:
red: junction between elements; cyan: party wall; green: space-dividing wall; yellow: column; magenta: loggia; blue: openable window
6 Prefabrication of wall elements at works
7 Delivery of prefabricated element for carcass structure
8 Adjusting a facade element
9 Fixing baseboard for rendering on outer facade

Die Vielzahl und Diversität der Fassadenelemente prägt das Erscheinungsbild des Gebäudes. Die scheinbar freie Anordnung von zwölf unterschiedlichen Fensterformaten ist das Ergebnis der parametrischen Programmierung der Fassade, die in Zusammenarbeit von Herzog & de Meuron und dem CAAD-Lehrstuhl der ETH Zürich entwickelt wurde. Um der Komplexität der insgesamt 308 unterschiedlichen Fassadenelemente gerecht zu werden und die technischen Vorgaben wie Erdbebensicherheit, geringes Konstruktionsgewicht und Brandschutz zu erfüllen, wurden die 3,13 Meter hohen und maximal 8,37 Meter langen Elemente in Stahl-Leichtbauweise vorgefertigt, inklusive Dämmung, Verglasung und Sonnenschutz. Die Elemente bestehen aus einer Rahmenkonstruktion aus Stahl-Leichtbauprofilen, die außenseitig mit Holzzementplatten und innenseitig mit Gipsfaser- und Gipskartonplatten beplankt ist. Vor Ort wurden die Elemente auf Konsolen – verstellbare Stahlblechformteile – montiert. Stahlwinkel am Fußpunkt und Bolzen am oberen Rahmen jedes Elements verhindern horizontale Verschiebungen. Die Bolzenverbindung nimmt auch vertikale Verformungen auf. Nach der Montage wurde eine zusätzliche Dämmschicht aufgebracht. Davor wurde eine Putzträgerplatte gesetzt und diese anschließend verputzt.

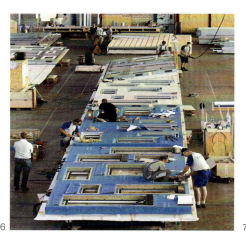

A distinguishing feature of the building is the diversity of facade elements and the seemingly free arrangement of 12 different window sizes – the outcome of parametric programming. To cope with the complexity of 308 different facade elements – 3.13 m high and with a maximum length of 8.37 m – they were prefabricated in a lightweight steel-frame form of construction, together with insulation, glazing and sunshading. The units are lined externally with cement particle board and internally with gypsum fibreboard and plasterboard. Fixed on site to adjustable steel brackets, the elements are secured against horizontal movement, while vertical deformation is absorbed by bolts. Further insulation was applied after assembly plus a final layer of rendering.

Sozialer Wohnungsbau in Ceuta

Public Housing in Ceuta

Architekten/*Architects*:
SV60 Cordón & Liñán Arquitectos, Sevilla
Tragwerksplaner/*Structural engineers*:
Edartec Consultores, Sevilla
Next force engineering, Sevilla

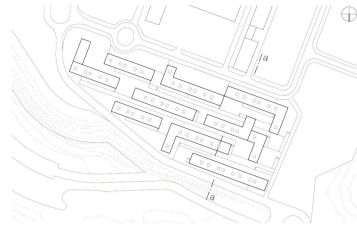

Lageplan
Maßstab 1:4000

*Site plan
scale 1:4,000*

Auf einer Anhöhe südwestlich des Zentrums von Ceuta, einer spanischen Stadt an der nordafrikanischen Küste, entstanden im Zuge eines teilweise umgesetzten Masterplans von SV60 Arquitectos über 300 Wohneinheiten. Die Zeilen und L-förmigen Bauten der Wohnanlage folgen dem nach Norden hin knapp 40 m abfallenden Hang und offerieren Blicke über die Stadt und das Meer. Durch die Topographie, die präzise Setzung der Baukörper und die L-förmigen Knicke entstehen Zugänge, lineare Erschließungsachsen sowie urbane Zwischenräume und Aussichtspunkte, die teilweise durch Geschäfte in der Fußgängerebene belebt werden. Aus den Volumen geschnittene Sonderbausteine – Lichthöfe, offene Erdgeschosse und teilweise mehrgeschossige Loggien – sind in sattes Grün getaucht und heben sich deutlich von der äußeren Fassade ab. Diese Farbakzente auf glatten Putzflächen, Wellblechelementen, Geländern und Rollläden betonen die städtebauliche Einheit im Sinne einer klassischen Siedlungsbebauung, die ein selbstbewusstes Gegenstück zu der heterogen gewachsenen Umgebung darstellt. Die übergeordnete farbliche Gestaltung der ausgedehnten Anlage sieht eine farbliche Differenzierung des Klinkermauerwerks in Anthrazit, Grau und Weiß vor. Sie gliedert die Baukörper und gibt Orientierung. Unter dem gleißenden Licht der afrikanischen Sonne wirken diese Farbabstufungen fast wie ein Schattenspiel.

Die Gebäude gehen auf die lokalen klimatischen Bedingungen ein: Jede Wohnung orientiert sich mit einem durchgesteckten Wohn-/Essbereich sowohl nach Norden als auch nach Süden. Die tiefen Fensterlaibungen der Südfassade spenden im Sommer Schatten und lassen im Winter die tiefstehende Sonne in die Räume. Mit zwei bis vier Schlafzimmern mäandern die Wohnungen um offene Lichthöfe mit vorgelagerten Loggien. Zusammen mit den aufgeständerten Eingangszonen unterstützen sie die Querlüftung der zwölf Meter tiefen Baukörper.
DETAIL 12/2016

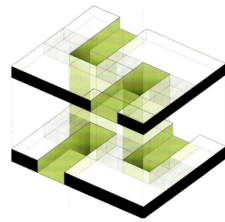

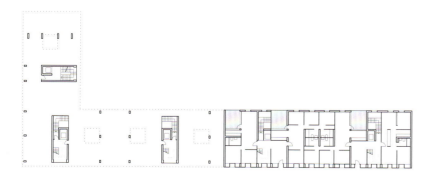

aa

Obergeschoss / *Upper floor*

Erdgeschoss / *Ground floor*

Located on a hill site south-west of the centre of Ceuta, a Spanish enclave on the North African coast, more than 300 dwellings have been created by SV60 Arquitectos in the context of a master plan. The surrounding area is still undergoing development. The strip-like and L-shaped building blocks of the housing estate are laid out along the slope of the north-facing hillside, which falls away by almost 40 metres.

The topography, the precise placing of the building volumes and the angular plan forms resulted in linear access routes as well as urbane intermediate spaces and vantage points that are enlivened in part by shops at the pedestrian level.

Special voids incised in the building volumes – loggias, atria, entrance zones and multistorey lookouts with balconies or windows – open up views over the city and the sea. These spaces are bathed in a replete green tone and form a strong contrast to the external facades. This colour note on smooth rendered surfaces, as well as on corrugated metal elements, balustrades and blinds, highlights the unified urban planning concept, wholly in the sense of classical housing developments that confidently assert themselves and form a contrast to the heterogeneous surroundings.

The overriding colour design of this huge estate incorporates engineering brickwork with shades of anthracite, grey and white. This serves to articulate the building volumes and provides points of orientation. In the brilliant African sunlight, the effect of these colour gradations is almost like a play of light and shade. The structures exploit the local climatic conditions: with living-dining areas that extend across the full width of the blocks, each dwelling has both a northern and a southern aspect. The deep window recesses in the south face afford shade in summer, while allowing the entry of sunlight in winter when the sun is low in the sky.

The dwellings, each containing between two and four bedrooms, meander about the open atria with their own loggias set in front. Together with the elevated entrance zones, this supports cross-ventilation in the 12-metre-deep buildings.

Schnitt • Grundrisse
Maßstab 1:750

Grundriss Wohnungen
Maßstab 1:200

1 Diele
2 Küche
3 Wohnzimmer
4 Essbereich
5 Schlafzimmer
6 Bad
7 Loggia
8 Luftraum

Section • Floor plans
scale 1:750

Layout of dwellings
scale 1:200

1 Hall
2 Kitchen
3 Living room
4 Dining area
5 Bedroom
6 Bathroom
7 Loggia
8 Void

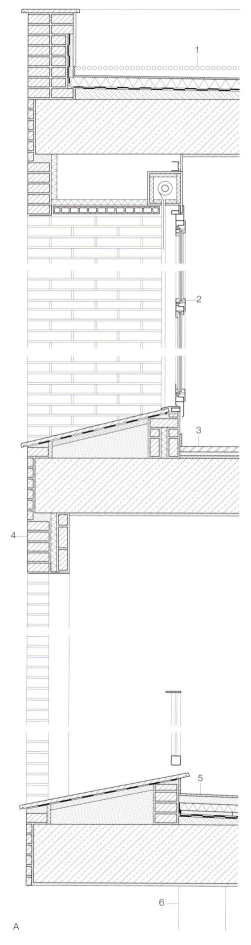

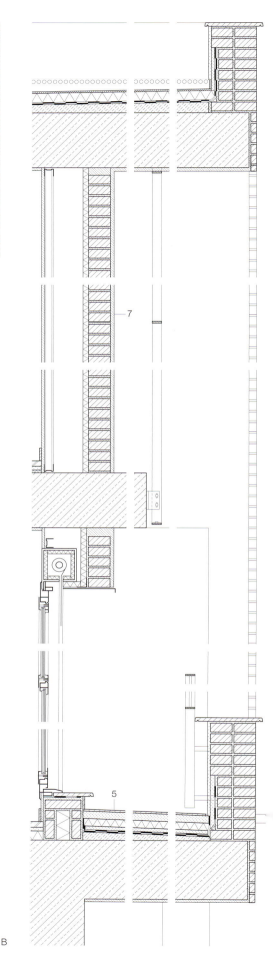

Vertikalschnitte
Maßstab 1:20

1 Kies 50 mm, Filtermatte
 Wärmedämmung EPS 50 mm, Abdichtung
 Dampfsperre, Estrich im Gefälle 50 mm
 Stahlbetondecke 300 mm
 Putz 15 mm
2 Isolierverglasung in Rahmen Aluminium
3 Terrazzoboden 30 mm, Kies 20 mm
 Trittschalldämmung 15 mm
 Stahlbetondecke 300 mm
 Putz grün gestrichen (RAL 6018) 15 mm
4 Klinker-Mauerwerkssturz anthrazitfarben,
 grau oder weiß 115 mm
 Abhängung von Stahlbetondecke dazwischen
 Dämmung 30 mm
 Mauerwerk 52 mm
 Putz grün gestrichen 15 mm
5 Fliesen grau 10 mm, Mörtelbett 40 mm
 Wärmedämmung EPS 40 mm
 Mörtelbett 20 mm, Abdichtung
 Dampfsperre, Estrich im Gefälle 50 mm
 Stahlbetondecke 320 mm
 Putz grün gestrichen 15 mm
6 Stahlbetonstütze grün gestrichen
 250/500 mm
7 Putz grün gestrichen 15 mm
 Klinker-Mauerwerk 115 mm
 Wärmedämmung PUR 30 mm
 Installationsschicht, Gipskarton 12,5 mm

Vertical sections
scale 1:20

1 50 mm bed of gravel; filter mat
 50 mm expanded polystyrene thermal insulation
 sealing layer; vapour barrier
 50 mm screed to falls
 300 mm reinforced concrete roof
 15 mm plaster
2 double glazing in aluminium frame
3 30 mm terrazzo; 20 mm bed of gravel
 15 mm impact-sound insulation
 300 mm reinforced concrete floor
 15 mm plaster, painted green (RAL 6018)
4 115 mm engineering brick lintel, anthracite,
 grey or white, suspended from concrete slab with
 30 mm thermal insulation between
 52 mm brickwork
 15 mm plaster, painted green
5 10 mm grey tiling
 40 mm bed of mortar
 40 mm expanded polystyrene thermal insulation
 20 mm bed of mortar; sealing layer
 vapour barrier; 50 mm screed to falls
 320 mm reinforced concrete floor
 15 mm plaster, painted green
6 250/500 mm reinforced concrete column,
 painted green
7 15 mm plaster, painted green
 115 mm engineering brickwork
 30 mm polyurethane thermal insulation
 services space; 12.5 mm plasterboard

Wohnungsbau in Bègles

Residential Complex in Bègles

Architekten /*Architects*:
LAN Architecture, Paris
Umberto Napolitano, Benoit Jallon
Tragwerksplaner / *Structural engineers*:
Batiserf Ingénierie, Fontaine

Auf dem Areal einer abgebrochenen Hochhaussiedlung aus den 1960er-Jahren entsteht im Vorort Bègles derzeit das Quartier »Terres Neuves«. Das Umfeld ist durchaus urban; der Bahnhof von Bordeaux liegt kaum zwei Kilometer entfernt. Den Vorgaben des Bebauungsplans folgend entwickelten die Architekten auf dem polygonalen Grundstück zwei Baukörper mit geschlossener Blockrandbebauung und nur sieben Metern Gebäudetiefe. Um Distanz zur westlich angrenzenden Hauptstraße zu schaffen, ist das Erdgeschossniveau angehoben; die Erschließung der 79 Wohnungen erfolgt von dem erhöhten Vorplatz zwischen den Gebäuden über die beiden nur durch Portale zugänglichen Innenhöfe. Das Konzept basiert auf der Idee, eine Mischung aus kollektivem und individuellem Wohnen zu schaffen, d. h. die Qualitäten eines Einfamilienhauses in den Geschosswohnungsbau zu übertragen. Zentrales Entwurfselement sind dabei die mit 20 bis 40 m² sehr großzügigen Loggien; sie nehmen die ganze Gebäudetiefe ein und bilden einen Puffer zwischen den einzelnen Wohnungen. Außerdem bieten sie nicht nur einen attraktiven, nach zwei Seiten orientierten Außenraum, sondern sind auch wesentlicher Bestandteil des Klimakonzepts. Durch geschosshohe Schiebeelemente aus perforiertem Wellblech können die Loggien je nach Temperatur – oder auch gewünschtem Maß an Privatheit – geöffnet oder geschlossen werden. Im Sommer tragen sie nachts zur Belüftung und Kühlung des Gebäudes bei, im Winter entsteht eine kompakte Kubatur.

Die Gebäudestruktur gleicht der eines Regals – die Wohnungen sind wie Boxen zwischen die Geschossdecken eingeschoben, im Bereich der Loggien bleibt das Regal leer. So lässt der Wechsel aus offenen und geschlossenen Flächen ein lebendiges Fassadenspiel entstehen, das bei Dunkelheit durch die erleuchteten Fenster noch verstärkt wird. Dann entfaltet die kostengünstige Metallhülle durch ihre transluzente Wirkung einen besonderen Charme. DETAIL 7–8/2016

Lageplan	Site plan
Maßstab 1:6000	scale 1:6,000
Schnitt · Grundrisse	Section · Floor plans
Maßstab 1:750	scale 1:750

"Terres Neuves" is a new urban quarter in Bègles on the site of a demolished 1960s-era residential high-rise development. Bordeaux's main railway station is less than two kilometres away. The architects designed two building volumes that follow the block border of the polygonal site and feature a width of only 7 metres. The ground level is elevated in order to maintain a distance from the main street bordering the western perimeter. By entering a raised antespace located between the two volumes and by passing two portals, the two interior courtyards can be reached that provide access to the 79 apartments. The concept of the building is based on creating a mix between collective and individual dwelling by infusing multistorey residential housing with the qualities of a single-family home. Generous loggias measuring 20 to 40 square metres in size are the central element of the design. They occupy the entire width of the building and serve as a buffer space between the individual apartments. The also offer exterior spaces oriented towards two sides and serve as an important component of the building's climate control concept. Full-height sliding panels clad in perforated corrugated sheet metal allow opening and closing the loggias, depending on temperature or desired degree of privacy. In summer they support ventilation and cooling of the building. In winter, they enclose the compact volume. The building structure is similar to a storage rack – the apartments seem as if they were inserted between the floor slabs, while the loggias remain empty. The variation between open and closed areas produces a vivid play along the facade. When windows are lit at night, this impression is emphasised further and the cost efficient metal skin with its translucent appearance unfolds its particular flair.

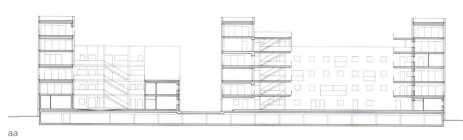

aa

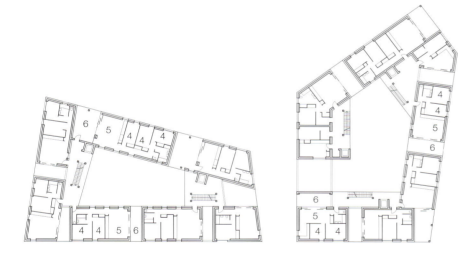

3. Obergeschoss / Third floor

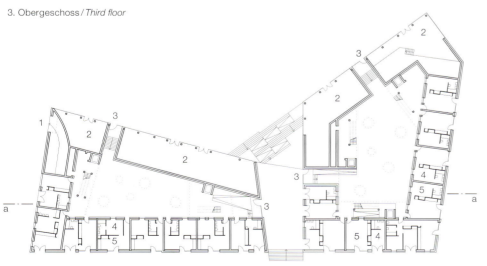

Erdgeschoss / Ground floor

1 Zufahrt Tiefgarage
2 Gewerbe / Laden
3 Zugang Wohnungen
4 Zimmer
5 Wohnen / Kochen
6 Loggia

1 Entrance, parking garage
2 Retail / store
3 Access apartments
4 Room
5 Living and kitchen area
6 Loggia

Vertikalschnitt Maßstab 1:20

1 Attikaabdeckung Stahlblech lackiert 2 mm
2 Verkleidung HPL-Schichtstoffplatte 10 mm
3 Splitt 40 mm
 Dichtungsbahn EPDM zweilagig, kunstfaserverstärkt
 Wärmedämmung EPS 2× 80 mm
 Dampfsperre
 Stahlbetondecke gestrichen 240 mm
4 Schiebeklappladen Wellblech perforiert, weiß lackiert 2 mm
5 Isolierverglasung 4 + SZR 16 + 4 mm in Kunststoffrahmen
6 Wellblech perforiert, weiß lackiert 2 mm auf Unterkonstruktion
 Unterspannbahn UV-beständig
 Gipsfaserplatte 13 mm
 Dämmung Steinwolle 120 mm
 Dampfsperre
 Holzständer 45/120 mm
 Dämmung Steinwolle 80 mm
 Gipsfaserplatte gestrichen 13 mm
7 Bodenbelag PVC 3 mm
 Stahlbetondecke 240 mm
 Dämmung Steinwolle 2× 80 mm
 Putz 13 mm
8 Schiebeladen Wellblech perforiert, weiß lackiert 2 mm
9 Geländerstab Stahl 30/8 mm
10 Betonplatten 400/400/40 mm
 Unterkonstruktion justierbar
 Abdichtung
 Wärmedämmung XPS 120 mm
 Dampfsperre
 Stahlbetondecke gestrichen 240 mm
11 Vorhangfassade 33 + SZR 16 + 33 mm in Aluminiumprofilen
12 Estrich poliert gewachst 60 mm
 Bodenplatte Stahlbeton 290 mm

Vertical section scale 1:20

1 2 mm sheet metal parapet flashing, paint finish
2 10 mm HPL panel cladding
3 40 mm crushed gravel
 two-ply EPDM sealant layer, fibre reinforced
 2× 80 mm EPS thermal insulation
 vapour barrier
 240 mm reinforced concrete ceiling
4 2 mm corrugated sheet metal sliding panel, white paint finish
5 4 mm thermal glazing + 16 mm cavity + 4 mm thermal glazing in plastic frame
6 2 mm corrugated sheet metal, white paint finish
 framing
 sarking membrane, UV-resistant
 13 mm gypsum fibre board
 120 mm thermal insulation
 vapour barrier
 45/120 mm wood stud
 80 mm thermal insulation
 13 mm gypsum board, paint finish
7 3 mm PVC flooring
 240 mm reinforced concrete ceiling
 2× 80 mm thermal insulation
 13 mm render
8 2 mm corrugated sheet metal sliding panel, white paint finish
9 30/8 mm steel guard rail
10 400/400/40 mm concrete pavers
 adjustable raised floor construction
 sealant layer
 120 mm XPS thermal insulation
 vapour barrier
 240 mm reinforced concrete slab, paint finish
11 33 mm curtain wall facade + 16 mm cavity + 33 mm aluminium profiles
12 60 mm screed, polished, wax finish
 290 mm reinforced concrete slab

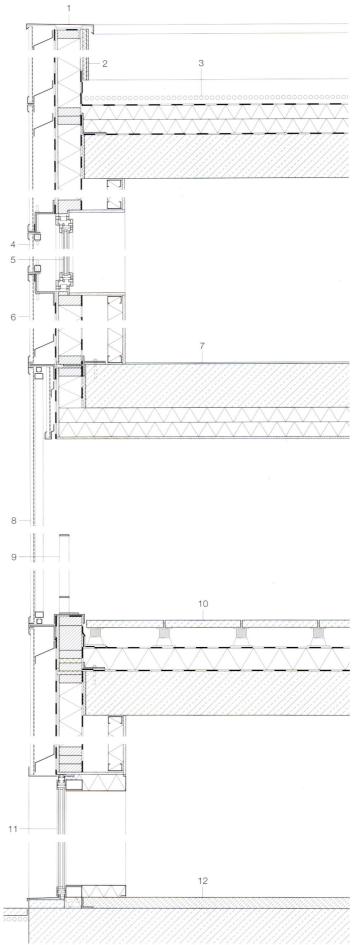

Winter / *Winter*

Sommer / *Summer*

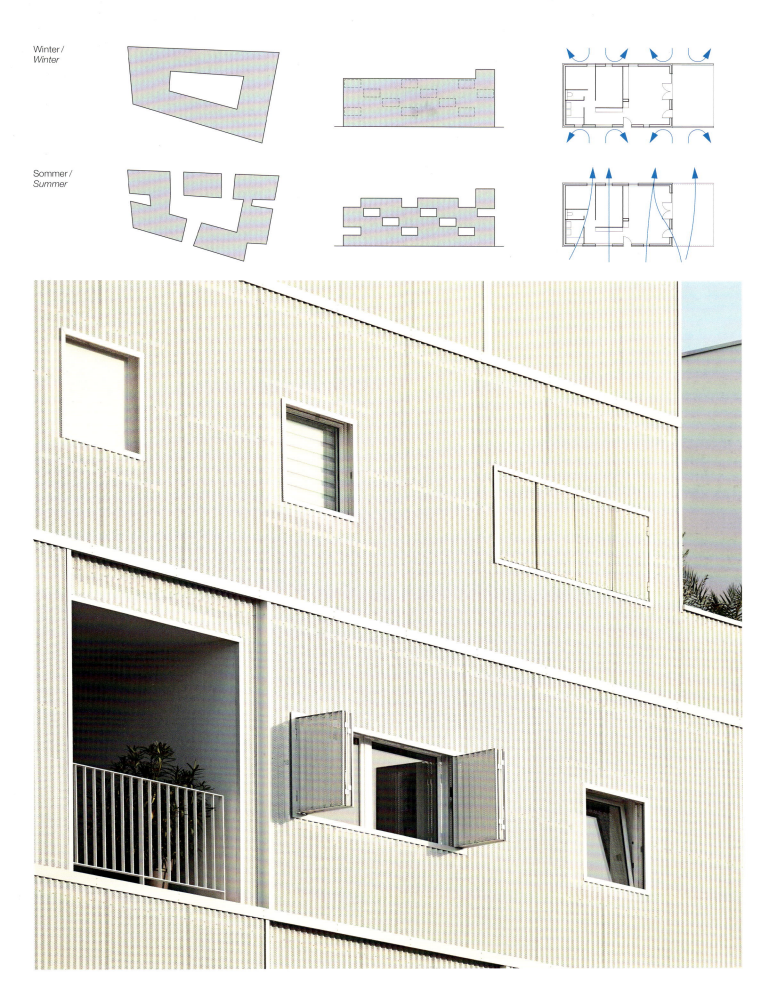

Studentenwohnheim in Ulm

Student Hostel in Ulm

Architekten /*Architects*:
bogevischs buero, München /*Munich*
Rainer Hofmann, Ritz Ritzer
Tragwerksplaner /*Structural engineers*:
Mayr Ludescher Partner, München /*Munich*

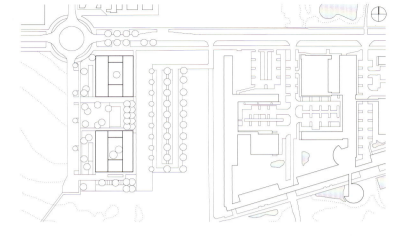

Als scharfgeschnittene liegende Betonkuben schon von Weitem sichtbar, ergänzen zwei fast gleiche Wohnblöcke den Campus »Universität West« auf dem Eselsberg im Norden von Ulm. Unter dem Namen »Upper West Side« entstanden hier insgesamt fast 400 studentische Wohnplätze, das dritte Haus wurde gerade fertiggestellt. Unterschiedliche Wohnformen gruppieren sich in jedem der beiden Häuser um einen halböffentlichen Innenhof, der als gemeinsame Mitte unterschiedlich bespielt werden kann. In den beiden Westflügeln reihen sich Einzelzimmer zu beiden Seiten eines Mittelgangs. Die gegenüberliegenden schmaleren Gebäuderiegel bieten pro Geschoss Platz für vier Wohngemeinschaften mit jeweils vier Zimmern. In den vom Innenhof betrachtet eingeschossigen Querriegeln sind Appartements mit eigenem Bad untergebracht. Diese sind im nördlichen Haus behindertengerecht, benötigen dadurch mehr Platz und bedingen so die asymmetrische Lage des Hofs. In beiden Häusern sind bei den Treppenhäusern Loggien angeordnet, die seitlich oder zum Himmel offen sind.
Vorfertigung und ein strikt durchgängiges Raster sind notwendige Folgen des knappen Kostenrahmens von ca. 17 Mio. Euro für beide Häuser. Im Gegensatz zur Ortbetonstruktur im Inneren der Gebäude bilden vorgefertigte Betonsandwichelemente die tragende Außenhülle. Die glattgeschalte, hydrophobierte Vorsatzschicht zeigt eine changierende, wolkige Oberfläche. Schalungsstöße innerhalb der kammartigen Fassadenelemente sind durch eine Spachtelung der Schalung nicht erkennbar. Die Innenkanten der Schalung wurden mit Silikon ausgespritzt, wodurch sich präzise, nur leicht gerundete Betonkanten ergeben. Die anthrazitfarbenen Faltschiebeläden der Fenster wurden rahmenlos, nur aus gekantetem Blech ausgeführt und konnten in dieser schlanken Bauart vollständig in die Fensterlaibungen integriert werden. Deren gelbgrün eloxierte Verkleidungen beleben die Strenge der repetitiven Lochfassade und werden so zum farbenfrohen Signet studentischen Lebens.
DETAIL 6/2014

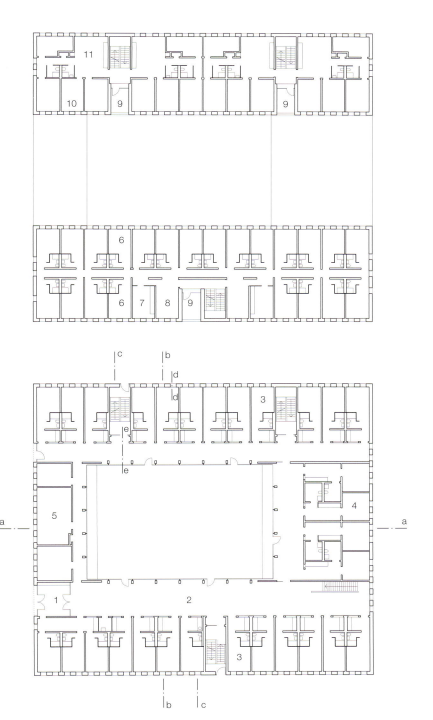

Lageplan	Site plan
Maßstab 1:4000	scale 1:4,000
Schnitt · Grundrisse	Section · Floor plans
Maßstab 1:500	scale 1:500

1	Eingang	1	Entrance
2	Halle	2	Hall
3	Apartment	3	Dwelling
4	Apartment behindertengerecht	4	Dwelling for disabled
5	Billardraum	5	Billiard room
6	Einzelzimmer	6	One-room flat
7	Gemeinschaftsküche	7	Communal kitchen
8	Gemeinschaftsraum	8	Communal space
9	Loggia	9	Loggia
10	WG-Zimmer	10	Room in shared flat
11	WG-Wohnküche	11	Kitchen-cum-living room in shared flat

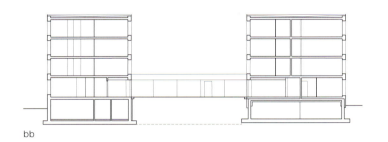
bb

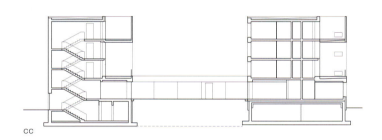
cc

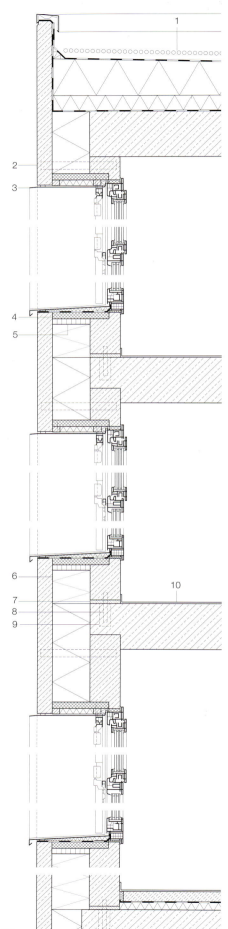
dd

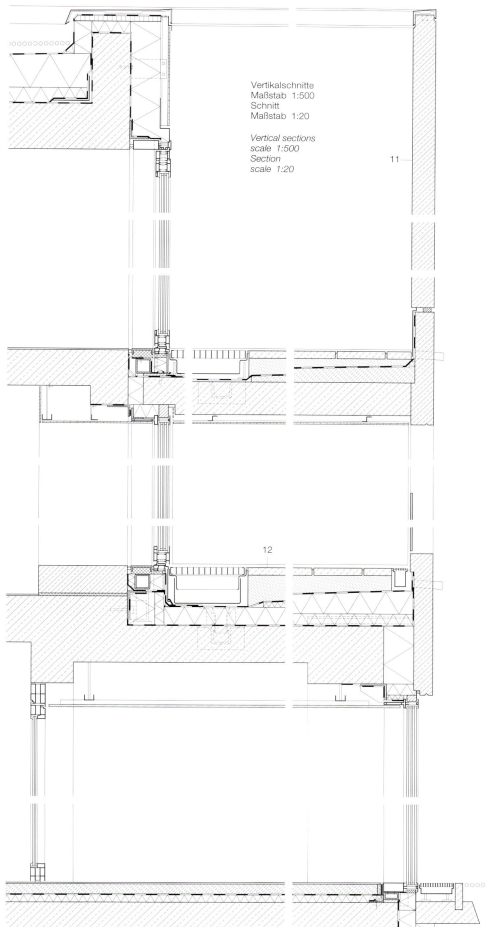

Vertikalschnitte
Maßstab 1:500
Schnitt
Maßstab 1:20

Vertical sections
scale 1:500
Section
scale 1:20

1 Kies 50 mm, Schutzvlies
  Dachdichtung Bitumenbahn zweilagig,
  obere Lage beschiefert 10 mm
  Wärmedämmung PUR-Hartschaum im Gefälle
  270–180 mm, Dampfsperre Bitumenbahn
  Stahlbetondecke 250 mm, Anstrich
2 Betonsandwichelement vorgefertigt:
  Vorsatzschicht Stahlbeton (Schalung gespachtelt),
  anthrazit durchgefärbt 80 mm,
  Verbundanker Edelstahl in Wärmedämmung
  EPS 200 mm, Tragschicht Stahlbeton 160 mm
  Spachtelung, Anstrich
3 Laibung Aluminiumblech gekantet eloxiert 3 mm
4 Schraubgrund: EPS verdichtet 35 mm
5 Weichfaserplatte (nur im Fensterbereich) 20 mm
6 Brandriegel Wärmedämmung Steinwolle 200 mm
7 Mörtelbett 20 mm
8 Einschlaghülse in Fertigteil mit Stahlstab ⌀ 20 mm
9 Hüllwellrohr in Stahlbetondecke ⌀ 60 mm mit
  Mörtelfüllung zur Fixierung Stahlstab/Fertigteil
10 Nadelfilzteppich, Spachtelung, Abdichtung
   Epoxidharz, Stahlbetondecke 250 mm, Anstrich
11 Stahlbetonfertigteil (Schalung gespachtelt),
   anthrazit durchgefärbt 120 mm
12 Betonwerksteinplatten 50 mm
   Splittbett 140–60 mm
   Bautenschutzmatte Gummigranulat 3 mm
   Dachdichtung Bitumenbahn zweilagig,
   obere Lage beschiefert 10 mm
   Wärmedämmung PUR-Hartschaum im Gefälle
   100–180 mm, Dampfsperre Bitumenbahn
   Stahlbetondecke 200 mm
   abgehängte Decke Gipskartonplatte 12,5 mm

1 50 mm layer of gravel; protective mat
  two-layer bituminous roof seal,
  upper layer with 10 mm stone chippings
  180–270 mm polyurethane rigid-foam thermal
  insulation to falls; bituminous vapour barrier
  250 mm reinforced concrete roof, painted
2 precast concrete sandwich element:
  80 mm anthracite-coloured reinforced concrete
  facing slab; stopping coat to formwork; stainless-
  steel anchor through 200 mm exp. polystyrene
  thermal insulation; 160 mm reinf. concrete bearing
  layer, stopped and painted
3 3 mm anodised alum. surround, bent to shape
4 35 mm compacted exp. polystyrene fixing layer
5 20 mm soft-fibre sheet (only next to window)
6 firebreak: 200 mm rock-wool thermal insulation
7 20 mm bed of mortar
8 sleeve with ⌀ 20 mm steel fixing rod
9 ⌀ 60 mm corrugated sheath in reinf. conc. floor;
  mortar filling to fix steel rod/precast element
10 needle-felt carpet; smoothing layer; epoxy-resin seal;
   250 mm reinf. conc. floor, painted
11 120 mm anthracite-coloured prec. conc. element;
   stopping coat to formwork
12 50 mm reconstructed stone paving slabs
   60–140 mm bed of stone chippings to falls
   3 mm rubber granulate protective mat
   two-layer bituminous seal, upper layer with
   10 mm stone chippings
   100–180 mm polyurethane rigid-foam thermal
   insulation to falls; bituminous vapour barrier
   200 mm reinforced concrete floor
   12.5 mm gypsum plasterboard suspended soffit

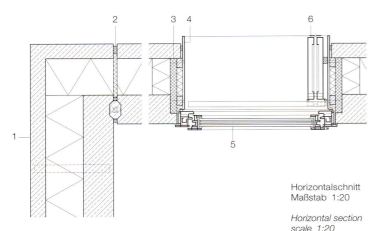

1 Betonsandwichelement vorgefertigt: Vorsatzschicht Stahlbeton (Schalung gespachtelt) anthrazit durchgefärbt 80 mm Verbundanker Edelstahl in Wärmedämmung EPS 200 mm Tragschicht Stahlbeton 160 mm Spachtelung Anstrich 2 Abdichtung Kompriband 3 Schraubgrund: EPS verdichtet 35 mm 4 Laibung Aluminiumblech gekantet eloxiert 3 mm 5 Dreifachverglasung ESG 8 + SZR 12 + Float 4 + SZR 12 + ESG 6 mm in Kunststoffrahmen 6 Faltschiebeladen Aluminiumblech gekantet eloxiert 2 mm	1 precast concrete sandwich element: 80 mm anthracite-coloured reinf. conc. facing slab; stopping coat to formwork stainless-steel anchor through 200 mm exp. polystyrene thermal insulation 160 mm reinf. conc. bearing layer, stopped and painted 2 elastic sealing joint 3 35 mm compacted exp. polystyrene fixing layer 4 3 mm anodised aluminium surround, bent to shape 5 triple glazing 8 mm toughened glass + 12 mm cavity + 4 mm float glass + 12 mm cavity + 6 mm toughened glass in plastic frame 6 sliding, folding shutter: 2 mm anodised sheet alum. bent to shape

Horizontalschnitt Maßstab 1:20

Horizontal section scale 1:20

Visible from afar as an ensemble of clear-cut concrete cubes in the north of Ulm, these two almost identical dwelling blocks complement the other buildings on the University West campus. Bearing the name "Upper West Side" and with a third block just having been added, accommodation has been created here for some 400 students now. The two original blocks contain various dwelling forms. These are laid out about semi-public courtyards which can be used in different ways as common central areas. In the two western tracts, single rooms are lined up on both sides of a central corridor. In the narrower strips opposite these, accommodation is provided on every floor for four flat-sharing groups in four-room units. The cross-strips overlooking the courtyards contain one-room apartments with their own bathrooms. In the northern block, these dwellings are designed for disabled persons, which means that they require more space and therefore result in an asymmetrical layout of the courtyard. Incorporated in both blocks near the staircases are loggias that are open either on one side or to the sky.

Prefabrication and a strict grid were the outcome of the tight cost programme, amounting to roughly €17 million for both blocks. In contrast to the in-situ concrete structure internally, the load-bearing outer walls consist of precast concrete sandwich elements. The smooth, water-repellent facing layer has a cloudy, mottled surface. Smoothing of the formwork meant that abutments within the comb-like facade units are not evident. The narrow joints were sealed with compressed strips. The inner edges of the shuttering were simply sprayed with silicone, thus allowing the creation of precise, slightly rounded concrete arrises. The anthracite-coloured folding-sliding shutters to the windows consist of bent sheet metal and are without frames. It was possible to house this slender form of construction entirely in the window recesses. The greenish-yellow anodised cladding to these elements enlivens a facade that is punctuated with repetitive openings, thereby turning it into a colourful emblem of student life.

Löwenbräu-Areal in Zürich

Löwenbräu Complex in Zurich

Architekten/*Architects*:
Annette Gigon/Mike Guyer Architekten, Zürich, und
Atelier WW Architekten, Zürich
Tragwerksplaner/*Structural engineers*:
Dr. Lüchinger + Meyer Bauingenieure, Zürich
Henauer Gugler AG, Zürich

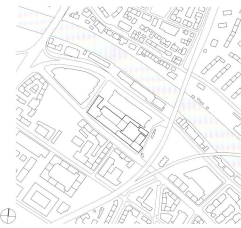

Lageplan
Maßstab 1:10 000

*Site plan
scale 1:10,000*

Ein schwarzer, ein roter und ein weißer Neubau ergänzen das nahe der Limmat gelegene Löwenbräu-Areal in Zürich West. Das ehemalige Brauereigelände – seit den 1990er-Jahren zum Kunst- und Galeriekomplex umgenutzt – wird mit dem nun abgeschlossenen Umbau durch neue Wohnungen, Büroflächen und zusätzliche Ausstellungsräume zu einem vielfältig bespielten, urbanen Ort.
Zwischen den beiden Höfen im Blockinneren erhebt sich ein schwarzes Wohnhochhaus. Der 21-geschossige Turm wird durch eine Auskragung in Richtung Straße zur skulpturalen Figur und zum Signet des Areals. Der dafür notwendige konstruktive Aufwand ist von außen nur an den massiven Wandscheiben über dem Dachgeschoss ablesbar, an denen der auskragende Gebäudeteil abgehängt ist.
Der langgestreckte Altbau der Brauerei erhält zwei Kopfbauten als städtebauliche Fassung: An der Südostseite schließt ein rotes Bürogebäude an, hier mit einer bescheideneren, in Richtung Innenstadt weisenden Auskragung der sieben Obergeschosse. An der Nordwestecke des Blocks ist der weiße Baukörper der Kunstraum-Erweiterung teils auf, teils neben den Altbau gesetzt. Volumetrisch und organisatorisch eng mit dem Bestand verzahnt, setzt er sich mit seiner glatten Fassade aus Weißbeton klar von den Ziegeln des Brauereigebäudes ab.
Die streng gerasterten Fassaden von Wohnhochhaus und Bürogebäude sind mit glänzend glasierten Keramikelementen unterschiedlicher Profilierung bekleidet. Beim Bürogebäude erzeugen breite, flache Hohlkehlen eine prägnante vertikale Textur. Das keramische Material verweist hier nicht nur auf die Ziegelfassade des angrenzenden Bestandes, sondern übernimmt auch deren rote Farbe, jedoch in einer deutlich stärkeren Sättigung. Die schwarzen Keramiktafeln des Wohnturms weisen dagegen ein engeres Wellenmuster auf, das nur aus der Nähe erkennbar wird, je nach Witterung und Tageszeit stark glänzt oder leicht schimmert und der dunklen Figur eine noble, kraftvolle Anmutung verleiht. DETAIL 12/2016

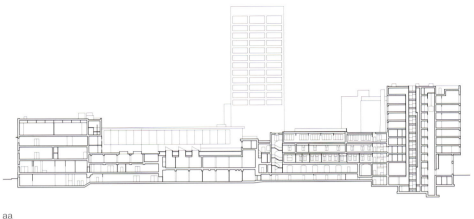

aa

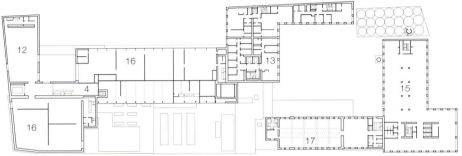

3. Obergeschoss / *Third floor*

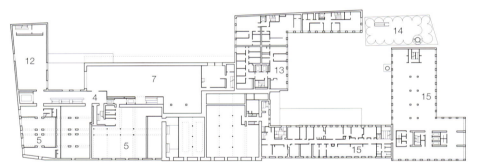

1. Obergeschoss / *First floor*

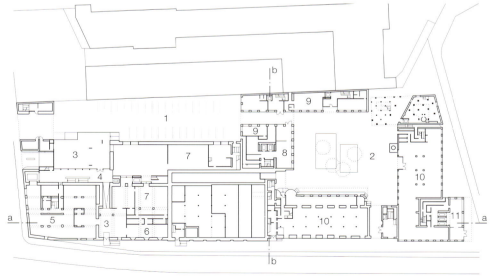

Erdgeschoss / *Ground floor*

The Löwenbräu site close to the Limmat River in the west of Zurich has now been complemented by three new developments, one black, one red and one white. Since the 1990s, the former brewery area has been transformed into a complex for the arts, and with the completion of the present conversion scheme – providing new housing, offices and further exhibition spaces – the site has become a location for a wide range of uses. Between the two courtyards within the street block stands a black, high-rise housing development. Cantilevered out towards the street, the 21-storey tower has a sculptural form that has made it a symbol of the complex. Externally, the structural measures this involved are evident solely in the massive wall slabs over the roof storey, from which the cantilevered section of the building is suspended.

Two head structures added to the existing elongated brewery development enhance the urban setting: a red office building at the south-east end, the seven upper storeys of which are cantilevered out more modestly towards the city centre; and a white volume at the north-west corner of the block that forms an extension to the arts tract and is set partly on top of and partly next to the existing structure. Although closely linked with the latter, both volumetrically and in terms of its organisation, the smooth white concrete facade of the arts extension clearly distinguishes it from the brick brewery building.

The facades of the high-rise housing block and the office development are laid out to strict grids and are clad with shiny, glazed ceramic elements with different cross sections. In the case of the office tract, wide, shallow profiles create a bold vertical texture. Here, the ceramic material not only makes reference to the brick facade of the older, adjoining structure; it also adopts its reddish coloration, though in a more intense form. The black ceramic panels to the high-rise housing block are distinguished by more closely spaced corrugations that are evident only from close to. Depending on weather conditions, the facade may have a strongly shining or lightly shimmering appearance, which lends this dark sculptural volume a noble, vibrant presence.

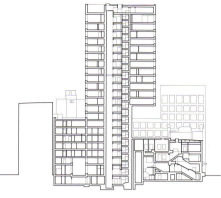

Schnitte · Grundrisse
Maßstab 1:1500

1 Kunsthof
2 Brauereihof
3 Eingangsbereich Kunst
4 Erschließung Kunst
5 Galerie
6 Buchhandlung
7 Migros Museum für Gegenwartskunst
8 Lobby Wohnen
9 Gewerbe
10 Laden
11 Lobby Büro
12 Luma Westbau / Pool etc. Ausstellungsräume
13 Wohnen
14 Silo (Bestand)
15 Büro
16 Kunsthalle Zürich
17 »Blauer Saal« Radiostudio

Sections · Layout plans
scale 1:1,500

1 Courtyard: art area
2 Brewery courtyard
3 Entrance area: art
4 Access to art area
5 Gallery
6 Bookshop
7 Migros Museum for Contemporary Art
8 Housing lobby
9 Commercial area
10 Shop
11 Office lobby
12 LUMA west structure/pool etc. exhibition spaces
13 Housing
14 Existing silo
15 Office space
16 Zurich Hall of Art
17 "Blauer Saal" radio studio

bb

Vertikalschnitt · Horizontalschnitte
Maßstab 1:20

Vertical section · Horizontal sections
scale 1:20

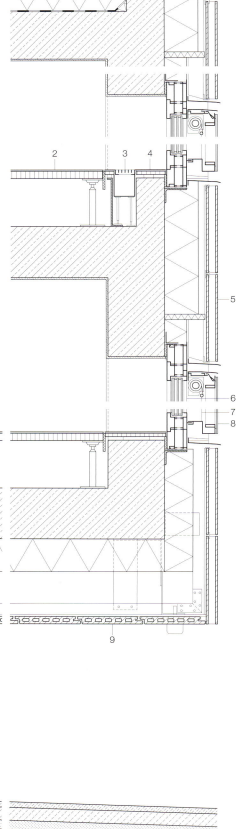

1 Dachaufbau Sonderbereich Technik:
  Druckverteilungsplatte Stahlbeton 120 mm
  Drainagebahn 20 mm, Wärmedämmung XPS
  120 mm, Dachdichtung Bitumenbahn zweilagig
  Stahlbetondecke im Gefälle 260 mm
2 Teppich nach Mieterausbau 7–20 mm
  Trägerplatte Doppelboden 600/600/40 mm
  Unterkonstruktion/Installationsraum 263–250 mm
  Stahlbetondecke 280 mm, Putz weiß 10 mm
3 Abdeckgitter Unterflurkonvektor Aluminium
4 Abdeckung Aluminiumblech natur eloxiert RAL
  9006 geklebt auf Furniersperrholzplatte 18 mm
5 profilierte Fassadenplatte Keramik glänzend rot
  glasiert 665/482/60 mm an Einhängeklammern
  mit Elastomerlagern, Unterkonstruktion Aluminium, Hinterlüftung 42 mm
  Wärmedämmung Mineralwolle 180 mm
  Stahlbetonwand 300 mm
  Grundputz 10 mm, Putz weiß 5 mm
6 Fenster mit Festverglasung in Aluminiumrahmen
  2195 × 2422 mm
  Sonnen-Wärmeschutzverglasung 6 + SZR 16 + 6
  + SZR 16 + VSG aus 2× 6 mm, U = 0,6 W/m²K
7 textiler Sonnenschutz
8 Prallscheibe öffenbar hinterlüftet ESG 8 mm
9 glatte Fassadenplatte Keramik glänzend rot
  glasiert 650/322/40 mm auf Unterkonstruktion
  Aluminium
10 Lüftungsflügel gedämmt
11 profilierte Fassadenplatte Eckprofil Keramik
   glänzend rot glasiert
12 profilierte Fassadenplatte Keramik glänzend
   schwarz glasiert 750/428/60 mm an Einhängeklammern mit Elastomerlagern, Unterkonstruktion Aluminium, Hinterlüftung 60 mm
   Wärmedämmung Mineralwolle 180 mm
   Stahlbetonwand 300 mm, Ausgleichsmörtel
   Gipskartonplatte 13 mm, Putz weiß 5 mm
13 Fenster mit Festverglasung und Lüftungsflügel in
   Aluminiumrahmen 2300 × 2160 mm
   Sonnen-Wärmeschutzverglasung 6 + SZR 16 + 6
   + SZR 16 + VSG aus 2× 6 mm, U = 0,6 W/m²K
14 profilierte Fassadenplatte Eckprofil Keramik glänzend schwarz glasiert

1 roof over special technology area: 120 mm
  reinforced concrete pressure-distribution slab
  20 mm drainage layer; 120 mm XPS thermal
  insulation; two-layer bituminous roof seal
  260 mm reinforced concrete roof to falls
2 7–20 mm carpeting after tenant fit-out
  600/600/40 mm sheeting for double floor
  263–250 mm supporting structure/services space
  280 mm reinf. concrete floor; 10 mm white plaster
3 aluminium grating over subfloor convector
4 natural anodised sheet-aluminium covering,
  adhesive-fixed on 18 mm lam. boarding
5 665/482/60 mm profiled ceramic facade slabs with
  shiny red glazed finish fixed with clips on elastomer
  bearers; aluminium supporting structure
  42 mm rear-ventilated cavity
  180 mm mineral-wool thermal insulation
  300 mm reinforced concrete wall
  10 mm plaster undercoat; 5 mm white plaster
6 window with fixed glazing in 2,195 × 2,422 mm aluminium frame; low-E glazing: 6 mm + 16 mm cavity
  + 6 mm + 16 mm cavity + 2× 6 mm lam. safety
  glass (U = 0.6 W/m²K)
7 fabric sunblind
8 8 mm toughened glass baffle pane,
  openable, rear-ventilated
9 650/322/40 mm smooth ceramic facade slabs with
  shiny red glazed finish on aluminium supporting
  structure
10 insulated ventilation flap
11 profiled shiny red glazed ceramic quoin section
12 750/428/60 mm profiled ceramic facade slabs
   with shiny black glazed finish fixed with clips on
   elastomer bearers; aluminium supporting structure
   60 mm rear-ventilated cavity
   180 mm mineral-wool thermal insulation
   300 mm reinforced concrete wall; levelling mortar
   13 mm gypsum plasterboard; 5 mm white plaster
13 window with fixed glazing and ventilation flap in
   2,300 × 2,160 mm aluminium frame; low-E glazing:
   6 mm + 16 mm cavity + 6 mm + 16 mm cavity +
   2× 6 mm lam. safety glass (U = 0.6 W/m²K)
14 profiled shiny black glazed ceramic quoin section

Bürogebäude / *Office building*

Wohnturm / *Housing block*

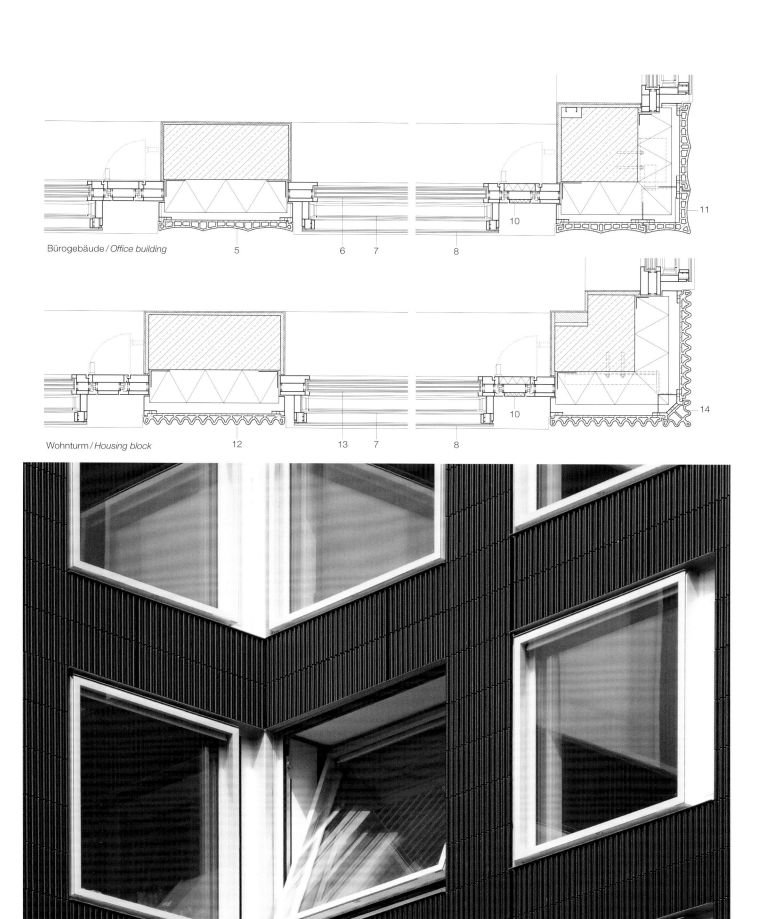

Vertikal- und Horizontalschnitt
Maßstab 1:20

Vertical and horizontal section
scale 1:20

1. extensive Begrünung Substrat 100 mm Wurzelschutzbahn, Trennlage, Drainageschicht 30 mm, Dachdichtung Bitumenbahn zweilagig, Wärmedämmung PUR-Hartschaum im Gefälle 230–340 mm, Dampfsperre
Stahlbetondecke auf Trapezblech Stahl 100 mm, Stahlprofil I 320 mm
Installationsraum 650 mm, abgehängte Decke Gipskarton 13 mm, Putz 5 mm
2. Fenster mit Festverglasung in Aluminiumrahmen 3000 × 5006 mm Sonnen-Wärmeschutzverglasung 6 + SZR 16 + 6 + SZR 16 + VSG aus 2× 6 mm, U = 0,6 W/m²K
3. textiler Sonnenschutz
4. Prallscheibe öffenbar hinterlüftet ESG 8 mm
5. Lüftungsflügel gedämmt
6. Sichtbetonwand 320 mm eingefärbt mit 5 % Titanoxyd als Weißpigment Wärmedämmung XPS dampfdicht vollflächig verklebt 180 mm
Mauerwerk Porenbeton 200 mm Grundputz 15 mm, Putz weiß 5 mm

1. extensive planting: 100 mm substrate root resistant layer; separating layer 30 mm drainage layer; two-layer bituminous roof seal; 230–340 mm polyurethane rigid-foam thermal insulation to falls vapour barrier; 100 mm reinf. concrete roof on steel trapezoidal-section sheeting steel I-sections 320 mm deep 650 mm services space; 13 mm plasterboard suspended soffit; 5 mm plaster
2. window with fixed glazing in 3,000 × 5,006 mm aluminium frame low-E glazing: 6 mm + 16 mm cavity + 6 mm + 16 mm cavity + 2× 6 mm lam. safety glass (U = 0.6 W/m²K)
3. fabric sunblind
4. 8 mm toughened glass baffle pane, openable, rear-ventilated
5. insulated ventilation panel
6. 320 mm exposed concrete wall coloured with 5 % titanium oxide as white pigment 180 mm XPS thermal insulation fixed with vapourproof adhesive over full area 200 mm aerated concrete wall plaster: 15 mm undercoat + 5 mm white

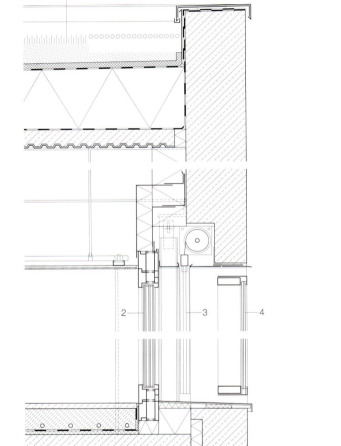

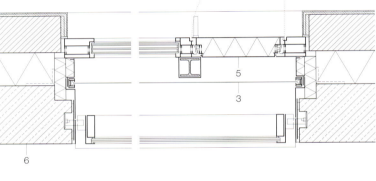

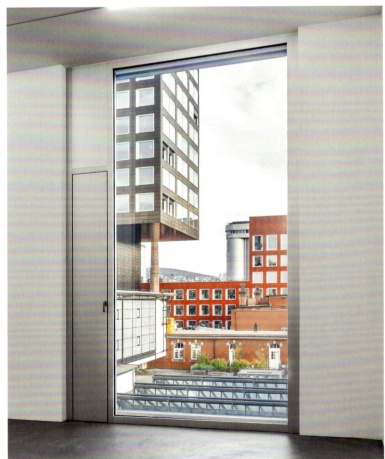

Altenwohnheim in Paris

Retirement Home in Paris

Architekten /*Architects*:
Atelier du Pont Architectes, Paris
Tragwerksplaner / *Structural engineers*:
Khephren Ingénierie, Arcueil

Lageplan
Maßstab 1:4000

Site plan
scale 1:4,000

Auf dem Gelände eines ehemaligen Industriebahnhofs im Nordwesten von Paris entsteht derzeit das nach ökologischen Kriterien geplante Viertel Clichy-Batignolles. Das gemischte urbane Quartier mit einem weitläufigen Park in der Mitte soll die umliegenden Stadtviertel im 17. Arrondissement miteinander verknüpfen. Unweit des Parks befindet sich ein trapezförmiger Block mit einem Nutzungsmix aus Altenwohnheim, Einzelhandel, Sozial- und Eigentumswohnungen sowie Räumen für Veranstaltungen und Gottesdiensten.
Andockend an den sozialen Wohnungsbau im Osten nimmt das Altenwohnheim die Mitte des Blocks ein; die anderen Nutzungen sind durch einen halböffentlichen Freibereich abgerückt. Hierhin orientiert sich das Restaurant im Erdgeschoss, der zentrale Gemeinschaftsraum für Bewohner und Besucher. Im Anschluss an das Nachbargebäude belichtet ein Innenhof die umliegenden Räume und bildet das Zentrum der nach oben gestaffelten Terrassenlandschaft. In den Obergeschossen reihen sich die Bewohnerzimmer winkelförmig aneinander; in der Mitte liegt der Erschließungskern mit einem weiteren Lichthof. Während die Doppelzimmer im obersten Geschoss Zugang zu einer umlaufenden Dachterrasse haben, ist den Einzelzimmern in den Ebenen darunter jeweils eine kleine Loggia zugeordnet.

Altersbedingt ist der Bewegungsradius von Senioren relativ klein. Umso wichtiger war es den Architekten, trotz der beengenden Nähe der Nachbargebäude Ausblicke zu schaffen, die eine visuelle Teilnahme am städtischen Leben ermöglichen. Durch die zimmerweise eingedrehten Außenwände erhalten die Bewohner bessere Ausblicke vom Bett aus. So entstehen auch die im Grundriss dreieckigen Balkone und als Pendant dazu die holzverkleideten Nischen im Innenraum. Die umlaufende gezackte Fassade verleiht dem Gebäude ein markantes Erscheinungsbild – nicht zuletzt durch die Verkleidung mit wechselnd silbernen und roten Aluminiumpaneelen. DETAIL 3/2017

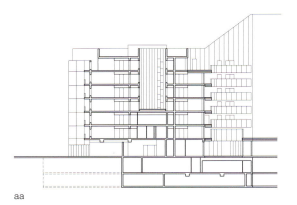

Altenwohnheim mit 139 Betten
119 Einzelzimmer (20 m²)
10 Doppelzimmer (30 m²)
Bauherr/Träger: Orpea
Nutzfläche (NF): 6117 m²
Bauwerkskosten brutto: 13,7 Mio. €
Fertigstellung: 09/2015

Retirement home with 139 beds:
119 single rooms (20 m²)
10 double rooms (30 m²)
Client/Developer: Orpea
Net floor area: 6,117 m²
Gross construction costs: € 13.7 m
Completion date: 9/2015

Schnitt • Grundrisse
Maßstab 1:800
Grundrissausschnitt
Maßstab 1:200

Section • Floor plans
scale 1:800
Plan details
scale 1:200

1 Foyer
2 Einzelzimmer
3 Computerraum/Spielzimmer
4 Behandlung
5 Innenhof
6 Restaurant
7 Küche
8 Gemeinschaftsraum
9 Wintergarten
10 Doppelzimmer
11 Terrasse
12 Heilgymnastik
13 Ergotherapie
14 Andachtsraum

1 Foyer
2 Single room
3 Computer/Playroom
4 Therapy
5 Courtyard
6 Restaurant
7 Kitchen
8 Communal space
9 Conservatory
10 Double room
11 Terrace
12 Remedial exercises
13 Occupational therapy
14 Oratory

aa

On the site of a former industrial railway station in the north-west of Paris, the new district of Clichy-Batignolles is currently undergoing development. The planning of this area, with mixed uses and an extensive park at its centre, is based on ecological priniciples. According to the proposals, this scheme will link the surrounding areas of the 17th arrondissement with each other.

Not far from the park is a street block that is trapezoidal on plan and incorporates a mixture of uses, including a home for the elderly, retail businesses, local government housing and owner-occupied dwellings. In addition, there are spaces for various activities, for church services etc.

Adjoining the council housing to the east, the present retirement home occupies a dominant position in the block. Other uses are separated from it by a semi-public area to which a ground-floor restaurant and the central community space for residents and visitors are oriented. Abutting the neighbouring building is a courtyard that allows daylight to enter the surrounding spaces and about which the various building volumes and terraces rise in stepped form. On the upper floors, rows of residents' rooms with angled facades are lined up next to each other. The rooms are served by a lift and staircase core with an adjoining atrium. The double rooms on the top floor have access to a peripheral roof terrace, whereas the outdoor spaces to the single rooms on the levels below are small loggias.

In view of the advanced age of the senior citizens, their radius of activity is relatively small. For the architects, therefore, it was all the more important to allow views out of the dwellings – despite the close proximity of neighbouring buildings – so that residents could participate at least visually in the urban life around them. The outer walls of each room are turned at an angle to each other, affording residents a better view from their beds. That was how the triangular balconies came about and conversely the internal wood-lined corner recesses. The zigzagging facade design lends the building a striking appearance, not least because it is clad with alternating silver and red aluminium panels.

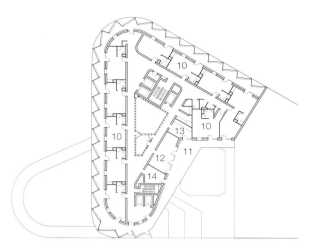

6. Obergeschoss / *Sixth floor*

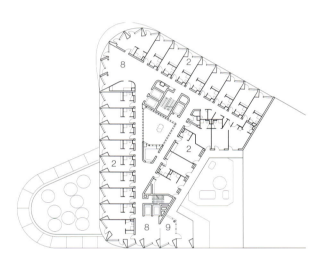

3. Obergeschoss / *Third floor*

Erdgeschoss / *Ground floor*

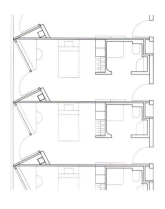
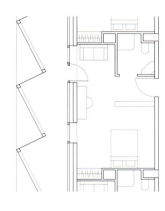

Einzelzimmer / *Single room* Doppelzimmer / *Double room*

Projektbeteiligte und Hersteller • *Design and Construction Teams*

Seite/*page* 88
Wohn- und Gewerbebau Kalkbreite in Zürich
Kalkbreite Housing and Commercial Development in Zurich

Kalkbreitestraße 6, 8003 Zürich (CH)

- Bauherr/*Clients*:
  Genossenschaft Kalkbreite (Wohn- und Gewerbebau/*Housing and commercial building*), Stadt Zürich (Tramhalle/*Tram hall*)
- Architekten/*Architects*:
  Müller Sigrist Architekten AG, Zürich
  www.muellersigrist.ch
- Mitarbeiter/*Team*:
  Grit Jugel, Lea Berger, Gisella Chacon, Sabine Scheler
- Projektleiter/*Project architect*:
  Johannes Maier
- Tragwerksplaner/*Structural engineers*:
  Dr. Lüchinger + Meyer Bauingenieure AG, Zürich
  www.luechingermeyer.ch
- Bauleitung/*Project management*:
  b+p baurealisation ag, Zürich
  www.bp-baurealisation.ch
- Bauphysik/*Building physics*:
  BWS Bauphysik AG, Winterthur
  www.bws-bauphysik.ch
- Landschaftsplanung/*Landscape architecture*:
  Freiraumarchitektur GmbH, Luzern
  www.freiraumarchitektur.ch
- Elektroplanung/*Electrical planning*:
  IBG B. Graf AG Engineering, Winterthur
  www.ibg.ch
- Sanitärplanung/*Sanitary engineering*:
  sertis engineering GmbH, Zürich
  www.sertis.ch
- HLK/*HVAC*:
  3-Plan Haustechnik AG, Winterthur
  www.3-plan.ch
- Holzbauplanung/*Timber construction planning*:
  Makiol + Wiederkehr Holzbauingenieure, Beinwil am See
  www.holzbauing.ch
- Farbgestaltung/*Colour design*:
  Jörg Niederberger, Büren
  www.joergniederberger.ch
- Signaletik/*Signage*:
  HinderSchlatterFeuz Grafik, Zürich
  www.hinderschlatterfeuz.ch

Seite/*page* 100
Wohnprojekt Wien
Housing Project in Vienna

Krakauerstraße 19, 1020 Wien (AT)

- Bauherr/*Client*:
  Schwarzatal Gemeinnützige Wohnungs- und Siedlungsanlagen-GmbH, Wien
- Architekten/*Architects*:
  einszueins architektur, Wien
  www.einszueins.at
- Projektleiter/*Project architecst*:
  Markus Zilker, Katharina Bayer, Markus Pendlmayr
- Projektsteuerung/*Project controlling*:
  Raum und Kommunikation, Wien
- Tragwerksplaner/*Structural engineers*:
  RWT PLUS ZT GmbH, Wien
  www.rwt.at
- Haustechnik/*Mechanical services*:
  Woschitz Engineering ZT GmbH, Eisenstadt
  www.rwe-zt.at
- Landschaftsplanung/*Landscape architecture*:
  D\D Landschaftsplanung, Wien
  www.dnd.at
- Generalunternehmer/
  General contractor:
  Swietelsky Baugesellschaft m.b.H., Wien
  www.swietelsky.de
- Hinterlüftete Fassaden/*Ventilated facades*:
  Fa. Steinbacher & Sohn, Hollenstein an der Ybbs
- Holz-Aluminium-Fenster/*Aluminium timber windows*:
  Hasslinger GmbH, Wiener Neustadt
  www.hasslinger.at
- Aluminiumportale und Pfosten-Riegel-Konstruktionen/*Aluminium portals and stick-system curtain-wall constructions*:
  Alutech Tschirk GmbH, Neudörfl
  www.alutech.at
- Elektroinstallationen/*Electrical services*:
  Elektro Kargl GmbH, Wiener Neudorf
- HLKS/*HVAC and plumbing*:
  Peter Bauer & Co., Lichtenwörth
  www.bauer-co.at
- Holzfußböden/*Wooden floors*:
  Puchegger & Jilg GmbH, Krumbach
  www.parkettboden.at
- Magnesiaestrich/*Magnesia screed*:
  DURAfloor Industrieboden GmbH, St. Marein im Mürztal
  www.durafloor.at
- Tischlerarbeiten/*Joinery*:
  Lindner – Tischlerei und Raumgestaltung, Fresing
  www.tischlerei-lindner.at

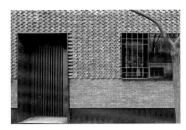

Seite/*page* 116
Wohnhaus in Santiago de Chile
Housing Development in Santiago

Rafael Cañas 127, Providencia, Santiago de Chile (RCH)

- Bauherr/*Client*:
  PROA Property Management, Santiago de Chile
- Architekten/*Architects*:
  MAPAA
  Cristián Larraín, Matías Madsen
  Santiago de Chile
  www.mapaa.cl
- Projektleiter/*Project architect*:
  Daniel Matte
- Mitarbeiter/*Team*:
  Luca Magagni, Germna Pardo
- Tragwerksplaner/*Structural engineers*:
  Popp Structural Engineering, Santiago de Chile
- Sanitär- und Elektroplaner/
  Sanitary electrical planning:
  Dinamo Engineering Services, Santiago de Chile
  www.dinamo.cl
- Generalunternehmer/*General contractor*:
  Constructora DML
  Santiago de Chile
- Sanitärprodukte/*Sanitary products*:
  CHC Group, Las Condes, Santiago de Chile
  www.grupochc.cl
- Glas/*Glass*:
  Glasstech, Renca, Santiago de Chile
  www.glasstech.cl
- Innentüren/*Interior doors*:
  Decormat, Santiago de Chile
  www.decormat.cl

- Mitarbeiter/*Team*:
  Jana Klingelhöffer
- Bauleitung/*Construction management*:
  Phase 8, Berlin
  www.phase8architekten.de
- Tragwerksplaner/*Structural engineer*:
  Ingenieurbüro Leipold, Berlin
  www.stabil-labil.de
  mit/*with*:
  Prof. Dr. sc. techn. Michael Schlaich, Berlin
  www.sbp.de
- Gebäudetechnik/*Building services*:
  Ingenieurbüro Lüttgens, Berlin
- Bauphysik/*Building physics*:
  Ingenieurbüro Axel C. Rahn GmbH, Berlin
  www.ib-rahn.de
- Betontechnologie/
  Concrete technology:
  Fläming Baustofflabor GmbH, Berlin
  www.flaeming-baustofflabor.de/
- Beton/*Concrete*:
  Betotech Berlin-Brandenburg, Niederlehme
  www.heidelbergcement.com
- Rohbau/*Shell construction*:
  Mark-A. Krüger Bauunternehmung Gmbh, Bernau bei Berlin
  www.ma-krueger-bau.de
- Fenster/*Windows*:
  Tischlerei & Fensterbau Jähnke, Templin
  www.tischlerei-jaehnke.de
- Glas/*Glazing*:
  Semcoglas GmbH, Eberswalde
  www.semcoglas.com
- Heizestrich/*Heated screed*:
  Athe-Therm Heizungstechnik GmbH, Emmerthal
  www.athe-therm.de
- Schlosser/*Metalwork*:
  Moltzower Service und Handels GmbH für Stahlbau, Moltzow
  www.msh-gmbh.eu
- Bodenbelagsarbeiten/*Floor finishings*:
  1. STi Innenausbau GmbH, Berlin
- Dach/*Roof*:
  Kaßburg Dach-Bau GmbH, Berlin
  www.kassburg-bau.de
- Heizung, Lüftung, Sanitär/
  Heating, Ventilation, Plumbing:
  Fa. Gustav Hartung, Berlin
  www.gustav-hartung.de

Seite/*page* 120
Wohnhaus in Berlin
Housing Block in Berlin

Christinenstraße 39,
10119 Berlin (DE)

- Bauherr/*Clients*:
  Stefan Karl und Angela Knewitz, Berlin
- Architekten/*Architects*:
  zanderroth architekten gmbh, Berlin
  www.zanderroth.de
- Projektleitung/*Project architects*:
  Nils Schülke, Annette Schmidt

Seite/*page* 124
Wohnhaus in Paris
Housing Block in Paris

37 Rue de l'Orillon, 75011 Paris (FR)

- Bauherr/*Client*:
  Siemp, Paris
- Architekten/*Architects*:
  Babin + Renaud Architectes
  Eric Babin, Jean-François Renaud
  Paris
  www.babin-renaud.com
- Mitarbeiter/*Team*:
  Vincent Hubert

- Tragwerksplaner / *Structural engineers:*
  EVP Ingénierie, Paris
  www.evp-ingenierie.com
- HLSK / *HVACP:*
  CFERM, Paris
  www.cferm.fr
- Kostenplaner / *Quantity survey:*
  MDETC, Paris
  www.mdetc-economie.fr
- Generalunternehmer / *General contractor:*
  Lainé Delau, Nanterre
  www.laine-delau.fr
- Fassaden / *Facades:*
  Lucas Reha, Laval
  www.lucas.fr
- Aluminium- und Holzarbeiten /
  Aluminium and wood works:
  MC France, Clisson
  www.mc-france.com
- Fensterläden / *Blinds:*
  Griesser AG, Aadorf (CH)
  www.griesser.ch
- Linoleum:
  Forbo Flooring Systems, Reims
  www.forbo.com
- Aufzug / *Elevator:*
  ThyssenKrupp
  www.thyssenkrupp.com
- Leuchten / *Lights:*
  S.F.E.L, Saulgé
  www.sfel.fr und / *and:*
  Thorn, Paris
  www.thornlighting.de
- Schlösser / *Locks:*
  Bricard, Saint-Thibault-des-Vignes
  www.bricard.fr
  und / *and:*
  Vachette, Clamart
  www.vachette.fr

Seite / *page 128*
Wohnungsumbau in Madrid
Apartment Conversion in Madrid

Avenida de Valladolid 11
28008 Madrid (ES)

- Bauherr / *Client:*
  Juan Domínguez, Madrid
- Architekten / *Architects:*
  TallerDE2, Madrid
  www.tallerde2.com
- Mitarbeiter / *Team:*
  Arantza Ozatea Cortázar, Alvaro Martín Fidalgo, Cruz Calleja
- Bauunternehmer / *Contractor:*
  Paco Ferrero / Fedeclima, Madrid,
  www.fedeclima.com
- Schreiner / *Joiner:*
  José Leal, Fernando González, Madrid

Seite / *page 132*
Wohnungsbau in München
Apartment Building in Munich

Belgradstraße 87 / 89,
80804 München (DE)

- Bauherr / *Client:*
  MGS Münchner Gesellschaft für Stadterneuerung mbH
- Architekten / *Architects:*
  bogevischs buero, München
  www.bogevisch.de
- Mitarbeiter / *Team:*
  Henry Rist, Erich Obermeier
- Projektleiter / *Project architect:*
  Michael Holzäpfel
- Tragwerksplaner / *Structural engineer:*
  Sailer Stepan und Partner, München
  www.ssp-muc.com
- Lichtplanung / *Lighting design:*
  Lumen3, München
  www.lumen3.de
- Dach / *Roof:*
  JNS Dachtechnik GmbH, Feldkirchen
  www.jns-dachtechnik.de
- Aufzug / *Elevator:*
  Kone GmbH, Germering
  www.kone.com
- Elektrik / *Electricity:*
  Müller Elektrotechnik GmbH, Aurach
  www.mueller-elektro-aurach.de
- Trockenbau / *Dry construction:*
  Baierl & Demmelhuber GmbH, Töging am Inn
  www.demmelhuber.de
- Holzfenster und -türen / *Wood windows and doors:*
  Bietsch Holzverarbeitung, Ofterschwang
  www.bietsch.de
- Metallfassade / *Metal facade:*
  Hackenbuchner GmbH & Co. KG, Dietersburg
  www.hackenbuchner.de
- Heizung / *Heating:*
  Gehringer + Weisang GmbH, Fahrenzhausen
  www.gw-doerfler.de
- Lüftung / *Ventilation:*
  Feistl Lüftungs- und Kältetechnik GmbH & Co. KG, Essenbach
  www.feistl-klima.de
- Schlosserarbeiten / *Metalwork:*
  Metallbau Tiepner GmbH Heinsdorfergrund
  mit / *with:*
  Torbau Krämer, Bad Blankenburg
  www.torbau-kraemer.de
- Innentüren / *Inner doors:*
  Planotec, Tüßling
  www.planotec.de
- Innenputz und Innendämmung /
  Interior plastering and internal insulation:
  Rossaro Gipsbau GmbH & Co. KG, Aallen
  www.rossaro.de
- WDVS / *ETICS:*
  Bergmann Bau, Ehekirchen
- Fliesenarbeiten / *Tiling:*
  Hedwig Fliesen, Kaulsdorf
  www.hedwig-fliesen.de
- Malerarbeiten / *Paintwork:*
  Stefan Herder, Eching
  www.herder-maler.de
- Bodenbelagsarbeiten / *Flooring:*
  Max Hofmann, Neutraubling
  www.fussboden-hofmann.de
- Tischlerarbeiten / *Joinery:*
  Schreinerei Schröger J. & A. GdbR, Salzweg
  www.schreinerei-schroeger.de

Seite / *page 137*
Wohnhaus in Tokio
House in Tokyo

Tokio (JP)

- Bauherr / *Client:*
  Privat / *Private*
- Architekten / *Architects:*
  Ryue Nishizawa, Tokio
  www.ryuenishizawa.com
- Projektleitung / *Project architect:*
  Taeko Nakatsubo
- Tragwerksplaner / *Structural engineers:*
  Structured Environment, consulting structural and civil engineers,
  Alan Burden, Hiroki Osanai, Tokio
  www.structured-environment.com
- Bauleitung / *Construction management:*
  Heisei Construction Co. Ltd.,
  Hachiro Horigome, Kim Daehwan

Seite / *page 141*
Wohnungsbau in New York
Residential Building in New York

335 E 27th Street, 10016 New York, NY (USA)

- Bauherr / *Client:*
  NYC HPD and Monadnock Development New York, NY
- Architekten / *Architects:*
  nARCHITECTS, Brooklyn, NY
  Eric Bunge, Mimi Hoang
  www.narchitects.com
- Projektleiter / *Project architect:*
  Ammr Vandal (Associate)
- Mitarbeiter Wettbewerb /
  Team competition:
  Daniel-Katebini Stengel, Christopher Grabow, Alex Tseng, Nancy Putnam
- Mitarbeiter Ausführung / *Team planning:*
  Tony-Saba Shiber, Daniel Katebini-Stengel, Cheryl Baxter, Albert Figueras, Prathyusha Viddam, Gabrielle Marcoux, Amanda Morgan, Zach Cohen, Matthew Scarlett, Matthew Wilson, Alexis Payen
- Tragwerksplaner / *Structural engineers:*
  De Nardis Engineering, White Plains, NY
  www.denardis.com
- Projektentwicklung /
  Development team:
  Monadnock Development
- Beratender Architekt Wettbewerb /
  Consulting architect competition:
  DeLaCour & Ferrara Architects
- Nachhaltigkeit / *Sustainability:*
  Liro Engineers, Philip Habib & Associates, New York, NY
  www.phaeng.com
- Generalunternehmer / *General contractor:*
  Monadnock Construction, Brooklyn, NY
  www.moncon.com
- Haustechnik / *Building services:*
  Abraham Joselow P.C., P.E., New York, NY
  www.ajoselowpc.com
  LEED:
  Taitem Engineering, PC, Ithaca, NY
  www.taitem.com
- Modulbau / *Module construction:*
  Capsys, Brooklyn, NY
  www.capsyscorp.com
- Hoch-, Tief- und Landschaftsbau /
  Civil engineering and landscaping:
  Langan Engineering, New York, NY
  www.langan.com/web/
- Baurechtliche Beratung /
  Code consulting:
  JM Zoning, New York, NY
  jmzoning.com
- Grafikdesign / *Graphic design:*
  Project Projects, New York, NY
  www.projectprojects.com

Seite/page 146
Mikro-Apartment-Haus in Seoul
Micro-Apartment Block in Seoul

9–17 Songpa-dong, Songpa-gu,
Seoul (ROK)

- Bauherr/*Client*:
 Chanill Lee, Seoul
- Architekten/*Architects*:
 SsD, New York, NY (USA)
 Jinhee Park, John Hong
 www.ssdarchitecture.com
 Dyne Architecture (associate architect)
- Projektleiter/*Project architect*:
 Seung-hoon Hyun
- Mitarbeiter/*Team*:
 Taylor Harper, Allison Austin, Evan Cerilli, Mark Pomarico, Yufeng Zheng, Victor Michel, Virginia Fernandez Alonso
- Tragwerksplaner/*Structural engineer*:
 Mirae Structural Design Group,
 Rochester, MN
- Lichtplanung/*Lighting design*:
 Newlite, Seoul
 www.newlite.co.kr
- Akustik, Decken und Trennwände/
 Acoustics, ceilings and partition walls:
 RPG Korea, Seoul
 www.rpgkorea.com
- Innenausbau Holz/*Fit-out wood*:
 Madein
- Planer Metallschirm/*Planner metal screen*:
 Mohse, Seoul
 www.mohse.co.kr
- Generalunternehmer/*General contractor*:
 Kiro Construction
- Fassade Zementpaneele/
 Facade cement panels:
 Sinkwang Group, Zhangjiagang City
 www.sinkwand.co.kr
- Metallfenster und Vorhangfassade/
 Metal windows and curtain wall:
 Parker E&C
- Metallschirm Edelstahl gebogen/
 Metal screen bent stainless steel:
 Mohse, Seoul
 www.mohse.co.kr
- Brandschutztüren und Sicherheitsgitter/
 Fire-control doors and security grilles:
 Dongbang Novoferm, Seoul
 www.steeldoor.en.ec21.com
- Spezialbeschichtung Brücke/
 Special surfacing bridge:
 Pos eco housing, Gyeongbuk
 www.posecohousing.com
- Kunststoffböden/*Resilient flooring*:
 Dongwha, Seoul
 www.dongwha.co.kr
- Perforierte Acrylpaneele Auditorium/
 Acrylic perforated panel auditorium:
 Deamp, Seoul
 www.deamp.com
- Fliesen Lobby/*Tiles lobby*:
 Serim Industrial Co. Ltd., Hongseong
 www.serimind.co.kr
- Tische und Stühle/*Tables and chairs*:
 Bentek furniture
 www.bentek.co.kr
- Sanitär/*Plumbing*:
 Daelim Ceramic Co. Ltd., Changwon
 www.daelimbath.com

Seite/page 150
Umbau eines barocken Häuserblocks in Ljubljana
Renovation of a Baroque Ensemble in Ljubljana

Stritarjeva ulica/Mestni trg,
Ljubljana (SLO)

- Bauherr/*Client*:
 DZS Verlags- und Handelsunternehmen, Ljubljana
 www.dzs.si
- Architekten/*Architects*:
 Ofis Arhitekti, Ljubljana
 www.ofis-a.si
- Projektleiter/*Project architects*:
 Rok Oman, Špela Videcnik
- Mitarbeiter/*Team*:
 Andrej Gregoric, Janez Martincic, Janja Del Linz, Laura Carroll, Erin Durno, Leonor Coutinho, Maria Trnovska, Jolien Maes, Sergio Silva Santos, Grzegorz Ostrowski, Javier Carrera, Magdalena Lacka, Estefania Lopez Tornay, Nika Zufic
- Tragwerksplaner/*Structural engineers*:
 Elea IC, Ljubljana
 www.elea.si
- Haustechnik/*Mechanical Engineering*:
 ISP d.o.o., Ljubljana
 www.isp.si
- Elektroplanung/*Electrical engineering*:
 Eurolux d.o.o., Ljubljana
 www.eurolux.si
- Lichtplanung/*Lighting design*:
 Arcadia, Ljubljana
 www.arcadia-lightwear.co
- Metallpaneele/*Metal panels*:
 Alufinal, Leskovec pri Krškem
 www.alufinal.si
- Vorhangfassade und Metallfenster/
 Curtain facade and metal windows:
 Alufinal, mit/*with*:
 Schüco, Bielefeld
 www.schueco.com
- Generalunternehmer/*Main contractor*:
 Timi Krško, Leskovec pri Krškem
 www.timi-krsko.si
- Maurerarbeiten und Ziegeldach/
 Masonry and brick roof:
 Goriške Opekarne, Renče
 www.go-opekarne.si
- Glas/*glass*:
 Reflex, Gornja Radgona
 www.reflex.si
- Eingangstüren/*Entrance doors*:
 VON, Ljubljana
 www.von.si
- Schiebetüren und Schreinerarbeiten/
 Sliding doors and cabinetry:
 Mizarstvo Kampo, Ljubljana
 www.kampo.si
- Trennwände/*Partition walls*:
 Knauf, Iphofen
 www.knauf.com
- Beleuchtung/*Lighting*:
 Arcadia, Ljubljana
 www.arcadialightwear.com
 mit/*with*:
 Sijaj Hrastnik, Hrastnik
 www.sijaj.si

Seite/page 154
Wohnungsbau in Paris
Apartment Building in Paris

17–19 Rue des Orteaux
Paris (FR)

- Bauherr/*Client*:
 SIEMP, Paris
 www.siemp.fr
- Architekten/*Architects*:
 Babled Nouvet Reynaud architectes,
 Armand Nouvet, Thibault Babled,
 Marc Reynaud, Paris
- Tragwerksplaner/*Structural engineers*:
 SNC Lavalin, Ivry-sur-Seine
 www.snclavalin.com
- Projektleiter/*Project manager*:
 Julien Boidot, Paris
- Energiekonzept/*Energy concept*:
 RFR Eléments, Paris
 www.rfr-elements.com
- Bauunternehmer/*Construction contractor*:
 Francilia – Entreprise générale,
 Villiers-le-Bel

Seite/page 158
Seniorenwohnhaus in Frankfurt am Main
Retirement Home in Frankfurt am Main

Kniebisstraße, 60528 Frankfurt
am Main (DE)

- Bauherr/*Client*:
 Caritasverband Frankfurt e.V.
 Frankfurt am Main
- Architekten/*Architects*:
 Waechter + Waechter Architekten
 Darmstadt
 www.waechter-architekten.de
- Projektleiter/*Project architects*:
 Felix und Sibylle Waechter
- Mitarbeiter/*Team*:
 Nils Meyer, Michael Kohaus, Stephan Erkel, Anna-Lena Möller
- Tragwerksplanung, Bauphysik und Brandschutz/*Structural engineering, building physics and fire engineering*:
 DBT Ingenieursozietät
 Frankfurt am Main
 www.ingdbt.de
- Bauleitung/*Construction management*:
 Kehrel + Krämer Architekten BDA
 Neu-Isenburg
- HLS-Planung/*HVP planning*:
 Planungsbüro für Haustechnik Alois Bonleitner, Alsbach
- Elektroplanung/*Electrical planning*:
 Ingenieur-Planungsgesellschaft Dries + Liebold mbh, Rüdesheim am Rhein
 www.ipdl.de
- Rohbauarbeiten/*Shell construction*:
 Krieger + Schramm, Dingelstädt
 www.krieger-schramm.de
- Flachdach/*Flat roof*:
 Schindler Haus- und Dachpflege GmbH & Co. KG
 Sondershausen
 www.schindler-dach.de
- HLS/*HVP*:
 Nohl Eisenach GmbH, Eisenach
 www.nohl-eisenach.com
- Holzfenster/*Wooden windows*:
 Tischlerei Rittmeier
 Duderstadt/Nesselröden
 www.tischlerei-rittmeier.de
- Sonnenschutz/*Sun shading*:
 Alfred Eurich, Schlitz/Pfordt
- Außenputzarbeiten und WDVS/
 Exterior rendering and EIFS:
 Adil Özen GmbH, Limburg-Offheim
 www.adil-oezen-gmbh.de
- Innentüren/*Interior doors*:
 Tischlerei Frank Pfaff, Rosa
- Außenanlagen/*Exterior works*:
 Garten- und Landschaftsbau Säger GmbH, Darmstadt
 www.saeger-galabau.de

Seite/page 162
Wohnheim in Paris
Residence in Paris

105 boulevard Diderot,
75012 Paris (FR)

- Bauherr/*Client*:
 RIVP – Régie Immobilière de la ville de Paris
- Architekten/*Architects*:
 aasb_agence d'architecture
 suzelbrout, Paris
 Suzel Brout, Leslie Mandalka
 www.suzelbrout.com
- Projektleiter/*Project architects*:
 Suzel Brout, Cécile Carrus, Son Le,
 Leslie Mandalka
- Tragwerks-, Haustechnik-, Elektroplaner/*Structural engineering, mechanical services, electrical planning*:
 SIBAT – Société d'ingénierie du bâtiment et des travaux publics, Paris
 www.sibat.fr
- Landschaftsplaner/*Landscape planning*:
 Agence Neveux Rouyer, Paris
 Tel.: +33 1 40533330
- Generalunternehmer/*Main contractor*:
 Paris Ouest, Paris
 www.paris-ouest.fr

- Subunternehmer Stahl /
  Contractor steel structure:
  Baudin Châteauneuf,
  Châteauneuf-sur-Loire
  www.baudinchateauneuf.com
- Subunternehmer Fassade /
  Contractor facade:
  Batex – Bâtiment Travaux Exportation,
  Le Plessis Trévise
  Tel.: +33 1 45760208
- Elektroinstallation /*Electrical installation*:
  Télécoise, Beauvais
  www.telecoise.fr
- Sanitär /*Sanitary installation*:
  Andreu, Nanteuil les Meaux
  www.andreu.net
- Stahlfenster, -türen /*Steel windows, doors*:
  Ateliers David, Guérande
  www.ateliers-david.fr
- Aluminiumfenster /*Aluminium windows*:
  Gam Protection, Romainville
  www.gamprotection.fr
- Stahlmöbel, Treppen, Glasbrüstung /
  Steel furniture, staircases, glass rail:
  Tichit Sas, Malintrat
  www.tichit-serrurerie.fr
- Vorgefertigtes Bad /*Prefabricated bathroom*:
  Altor Industrie, Clisson
  www.altor-industrie.com
- Aufzug /*Lift*:
  Kone, Espoo
  www.kone.com
- Aluminium Fassadenpaneele /
  Aluminium facade panels:
  Arcelor Mittal, Luxemburg
  www.arcelormittal.com
- Bunte Fassadenelemente /*Coloured facades extension*:
  Trespa, Weert
  www.trespa.com
- Dämmung /*Insulation*:
  Sto, Stühlingen
  www.sto.de
  Saint-Gobain Isover G+H AG,
  Ludwigshafen
  www.isover.de
- Stahlfenster, -türen /*Steel windows, doors*:
  Jansen AG, Oberriet
  www.jansen.com
- Glasbrüstung /*Glass rail*:
  Agc, Brussels
  www.agc-glass.eu
- Photovoltaikpaneele /
  photovoltaic panels:
  Axitec GmbH, Böblingen
  www.axitecsolar.com
- Lampen /*Lamps*:
  Troll – Luxiona, Barcelona
  www.troll.es
  Iguzzini, Paris
  www.iguzzini.fr
  Wever & Ducré, Roeselare
  www.wever-ducre.com
- Bodenbelag /*Flooring*:
  Gerflor, Villeurbanne
  www.gerflor.fr
  Forbo, Baar
  www.forbo.com
- Steinboden /*Stone floor*:
  Marazzi, Modena
  www.marazzi.it
- Vorhänge /*Curtains*:
  Kvadrat, Kopenhagen
  www.kvadrat.dk

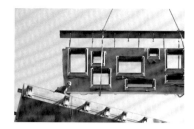

Seite /*page* 166
Wohn- und Geschäftshaus mit Seniorenresidenz in Basel
Housing and Business Development with Senior Residence in Basel

Meret Oppenheim-Straße 62,
4052 Basel (CH)

- Bauherr /*Client*:
  SBB Schweizerische Bundesbahnen Immobilien, Olten
- Architekten /*Architects*:
  Herzog & de Meuron, Jacques Herzog, Pierre de Meuron,
  Harry Gugger, Robert Hösl,
  Basel
  www.herzogdemeuron.com
- Project Team /*Project team*:
  Martin Fröhlich (Associate, Project Director), Philippe Fürstenberger (Associate), Patrick Holl (Project Manager), Gabriella Bertozzi Werner (Project Architect),
- Tragwerksplaner /*Structural engineers*:
  ZPF Ingenieure AG, Basel
- Generalplanung /*Master planning*:
  ARGE GP SüdPark, Herzog & de Meuron und Proplaning Architekten AG, Basel,
- Fassadenplanung Konzeptphase /
  Facade planning concept phase:
  Emmer Pfenninger Partner AG,
  Münchenstein
- Fassadenplanung Ausführung /
  Facade planning realisation:
  Neuschwander + Morf AG, Basel
- Parametrisches Entwerfen Konzept /
  Parametric design concept:
  ETH Zürich, Institut für Technologie in der Architektur, Lehrstuhl für Computer-Aided Architectural Design Prof. Dr. Ludger Hovestadt, Zürich
- Parametrisches Entwerfen Ausführung /
  Parametric design realisation:
  Herzog & de Meuron, Digital Technology Group, Basel
- Innenausbau Seniorenresidenz /
  Fit-out senior residence:
  Atlas Stiftung, Zürich
  www.atlas-stiftung.ch
- Totalunternehmer /*Overall contractor*:
  Priora Generalunternehmung AG,
  Basel
  www.priora.ch
- Elementfassade /*Element facade*:
  Erne AG Holzbau, Laufenburg
  www.erne.ch

Seite /*page* 171
Sozialer Wohnungsbau in Ceuta
Public Housing in Ceuta

Loma Colmenar, 51003 Ceuta (ES)

- Bauherr /*Client*:
  Sepes Ministerio de Fomento,
  Madrid
- Architekten /*Architects*:
  SV60 Cordón & Liñán Arquitectos
  Antonio G. Liñán, Antonio González Cordón, Sevilla
  www.agcordon.com
- Mitarbeiter /*Team*:
  Luís E. Villar, Víctor Silveira, María Luz Villar, Esteban Valencia, Daniel Montes, José G. Mora, Sara Speranza, Manuel López
- Projektleiter /*Project architect*:
  Antonio G. Liñán
- Tragwerksplaner /*Structural engineers*:
  Edartec Consultores, Sevilla
  www.edartec.com
  und /*and*:
  Next force engineering, Sevilla
  www.nextforce.es
- Bauleitung /*Project management*:
  Vías y Construcciones, Madrid
  www.vias.es
- Haustechnikplaner /*Mechanical engineering*:
  Grupo JG, Barcelona
  www.jgingenieros.es
- Dehnungsfugen /*Expansion joints*:
  Eding Aps S.L, Valenzia
  www.edingaps.com
- Betonbodenfertigteile /*Concrete blocks in floor slabs*:
  Vipren S.L., Cádiz
  www.vipren.com
- Klinkerblendmauerwerk /*Clinker brick face facades*:
  Malpesa, Bailén
  www.malpesa.es
  und /*and*:
  Cerámicas Mora, Illescas
  www.ceramicasmora.com
- Aluminiumbau /*Aluminium carpentry*:
  Cortizo, Manzanares
  www.cortizo.com
- Verglasung /*Glazing*:
  Astiglass S.L., Sevilla
  www.astiglass.com
- Aluminiumjalousien /*Aluminium louvres*:
  Expalum S.L., Badajoz
  www.expalum.com
- Keramiktrennwand /*Ceramic partition system*:
  La Paloma Cerámicas, Otero de Herreros
  www.ceramica-lapaloma.es
- Keramikfliesen /*Ceramic tiles*:
  Cerámicas Vilar Álbaro, L' Alcora
  www.ceramicacva.com
- Terrazzoböden /*Terrazzo floors*:
  Terrazos Andalucia SL, Atarfe
  www.terrazosandalucia.com
- Fassadenkompositplatten /*Facade composite panels*:
  Strugal, Alcalá de Guadaíra
  www.strugal.com
- Aluminiumwellblech /*Ondulated aluminium panels*:
  Amari, Barcelona
  www.amari.es

Seite /*page* 176
Wohnungsbau in Bègles
Residential Complex in Bègles

Quartier Terre Neuve, Bègles (FR)

- Bauherr /*Client*:
  Ataraxia
- Architekten /*Architects*:
  LAN Architecture, Paris
  www.lan-paris.com
- Tragwerksplaner /*Structural engineers*:
  Batiserf Ingénierie, Fontaine
  www.batiserf.com
- Grünes Bauen /*Green building*:
  Franck Boutté, Paris
  www.franck-boutte.com
- Kostenplaner /*Quantity survey*:
  Michel Forgue, Apprieu
  www.bmf-economie.fr
- HLS /*HVP*:
  LBE, Joué-lès-Tours
  www.lbe-fluides-tours.fr
- Tragwerk /*Structure*:
  Harribey Construction, Mérignac
  www.harribeyconstructions.fr
- Fassadenabdichtung /*Sealing cladding*:
  Smac, Bordeaux
  www.smac-sa.com
- Metallbau /*Metalworks*:
  Spac, Saint-Médard-d'Eyrans
  www.spac.fr
- Holzrahmenbau /*Timber frame walls*:
  Satob Construction Bois, Péguilhan
- Beschichtungen /*Coatings*:
  Dsa, Eysines
  www.groupedsa.fr
- Trennwandsystem /*Partitioning system*:
  Mainvieille
- Schreinerarbeiten /*Joinery*:
  Ema, Gradignan
  www.ema33.fr
- Böden /*Flooring*:
  Pla Mur Sol, Canéjan
- Sanitär /*Sanitary*:
  Guy Sanit, Mérignac
- Elektrik /*Electricity*:
  Sere, Bègles
  www.sere.soflux.fr
- Aufzug /*Elevator*:
  Schindler, Canéjan
  www.schindler.com
- Malerarbeiten /*Paintwork*:
  Atelier Ocean, Le Haillan

Seite/*page 180*
Studentenwohnheim in Ulm
Student Hostel in Ulm

Manfred Börner Weg,
89081 Ulm (DE)

- Bauherr/*Client*:
  Studentenwerk Ulm, Ulm
- Architekten/*Architects*:
  bogevischs buero, München
  www.bogevisch.de
- Projektleitung/*Project architects*:
  Martin Wißmann
- Mitarbeiter Wettbewerb/*Team competition*:
  Mathilde Hug, Carlos Cabrera
- Mitarbeiter Ausführung/*Team construction planning*:
  Sebastian Zametzer, Peter Hellauer, Janka Tóth
- Tragwerksplaner/*Structural engineers*:
  Mayr Ludescher Partner, München
  www.mayr-ludescher.com
- Bauleitung/*Construction management*:
  Michael Büttner/Walk Architekten, Reutlingen
- Bauphysik/*Building physics*:
  Ingenieurbüro für Bauphysik
  Ferdinand Ziegler, Ulm
  www.bauphysik-ziegler.de
- Energiekonzept, HLS/*Energy concept, Heating, Ventilation, Plumbing*:
  Zieher Technic Ingenieurbüro, Ulm
  www.ziehertechnic.de
- Bauhauptarbeiten/*Main construction*:
  Moser GmbH & Co. KG, Stuttgart
  www.moser-bau.de
- Betonfertigteile/*Precast concrete units*:
  Hämmerlein Ingenieurbau GmbH, Bodenwöhr
  www.hemmerlein-sichtbeton.de
- Fassadenbau/*Facade construction*:
  Alustar GmbH, Grabfeld
  www.alustar-gmbh.eu
- Dachdeckerarbeiten/*Roofing*:
  Fischer Flachdach GmbH, Weißenberg
  www.fischerflachdach.de
- Heizung Lüftung Sanitär/*Heating, Ventilation, Plumbing*:
  KMH Kunzl & May Hautechnik GmbH, Dinkelsbühl
- Sonnenschutz/*Sunshading*:
  Faco Metallbautechnik GmbH, Plößberg
  www.faco-metallbau.de
- Fenster/*Windows*:
  Sebnitzer Fensterbau GmbH, Sebnitz
  www.sebnitzer-fensterbau.de

Seite/*page 185*
Löwenbräu-Areal in Zürich
Löwenbräu Complex in Zurich

Limmatstraße 264–270,
8005 Zürich (CH)

- Bauherr/*Client*:
  PSP Properties AG
  www.psp.info
- Architekten/*Architects:*
  Arge Löwenbräu-Areal:
  Annette Gigon/Mike Guyer Architekten, Zürich
  www.gigon-guyer.ch
- Mitarbeiter/*Team*:
  Volker Mencke (Planungs- und Teamleitung/*Project architect*), Bettina Gerhold, Daniel Friedmann, Reto Killer, Kathrin Sindelar, Damien, Andenmatten, Yvonne Grunwald, Alex Zeller, Pieter Rabijns
  und /*and:*
  Atelier WW Architekten, Zürich
  www.atelier-ww.ch
- Mitarbeiter/*Team*:
  Peter Epprecht (Projektleitung /
  Project architect), Martin Danz, Tatjana Abenseth, Özgül Kale, Eric Hoffmann, Claudia Keichel, Martin Pellkofer, Thomas Huber, Roman Züst, Daniel Bünzli, Christian Verasani, Mario Ercolani, Boris Deister
- Tragwerksplaner/*Structural engineers:*
  Arbeitsgemeinschaft:
  Dr. Lüchinger + Meyer Bauingenieure AG, Zürich
  www.luechingermeyer.ch
  Henauer Gugler AG, Zürich
  www.hegu.ch
- Landschaftsplanung/*Landscape architecture:*
  Schweingruber Zulauf Landschaftsarchitekten, Zürich
  www.schweingruberzulauf.ch
- Elektroplanung/*Electrical planning:*
  Schneider Engineering + Partner
  Zürich AG, Zürich
  www.schneider-engineering.ch
- Haustechnik/*Mechanical engineering:*
  Gruenberg + Partner AG, Zürich
  www.gruenberg-partner.ch
- Bauphysik/*Building physics:*
  braune roth ag, Binz
  www.brauneroth.ch
- Brandschutz/*Fire safety:*
  Makiol + Wiederkehr Dipl. Holzbau-Ingenieure HTL/SISH, Beinwil am See
  www.holzbauing.ch
  Gruner AG, Basel
  www.gruner.ch
- Fassadenplanung/*Facade planning:*
  gkp fassadentechnik ag, Aadorf
  www.gkpf.ch
- Verkehr/*Traffic:*
  Enz & Partner GmbH
  Ingenieurbüro für Verkehrswesen, Zürich
- Signaletik/*Signage:*
  Integral Ruedi Baur, Zürich
  irb-zurich.eu

- Farbgestaltung/*Colour design:*
  Harald F. Müller, Öhningen
  www.haraldfmueller.de
- Totalunternehmer/*Total contractor:*
  Steiner AG, Zürich
  www.steiner.ch
- Fassade/*Facade:*
  Josef Gartner GmbH, Gundelfingen
  www.josef-gartner.permasteelisa-group.com
  NBK Keramik GmbH, Emmerich am Rhein
  www.nbkterracotta.com

Seite/*page 191*
Altenwohnheim in Paris
Retirement Home in Paris

Rue René Blum, 75017 Paris (FR)

- Bauherr/*Client*:
  Orpea, Paris
- Architekten/*Architects:*
  Atelier du Pont
  Anne-Cécile Comar, Philippe Croisier
  Paris
  www.atelierdupont.fr
- Mitarbeiter/*Team:*
  Luc Pinsard, Ariane Rouveyrol
- Innenarchitektur/*Interior design*:
  Aline Defer
- Tragwerksplaner/*Structural engineers:*
  Kephren, Arcueil
  www.khephren.fr
- HLS/*HVP*:
  Alto Ingénierie, Bussy-Saint-Martin
  www.alto-ingenierie.fr
- Kostenplanung/*Quantity surveyor:*
  Mazet & Associés, Paris
  mazet-associes.com
- Nachhaltigkeitsplaner/
  Sustainability planners:
  Plan02, Paris
  www.plan01.fr/en/plan-02/
- Landschaftsplanung/
  Landscape architecture:
  Atelier Jours, Paris
  www.atelierjours.com
- Fenster/*Windows:*
  Schüco
  www.schueco.com
- Vorgefertigte Badezimmer/
  Prefabricated bathrooms:
  Baudet, Mouchamps
  www.baudet-sa.com
- Teppichböden Korridore/
  Corridor carpet floor:
  Balsan
  www.balsan.com

Die Nennung der Projektbeteiligten und Hersteller erfolgt nach Angabe der jeweiligen Architekten.

Details of Design and Construction Teams are based on information provided by the respective architects.

Bildnachweis • *Picture Credits*

Fotos, zu denen kein Fotograf genannt ist, sind Architektenaufnahmen, Werkfotos oder stammen aus dem Archiv DETAIL.
Trotz intensiven Bemühens konnten wir einige Urheber der Abbildungen nicht ermitteln, die Urheberrechte sind jedoch gewahrt. Wir bitten in diesen Fällen um entsprechende Nachricht.
Sämtliche Zeichnungen in diesem Werk stammen aus der Zeitschrift DETAIL.

Photographs not specifically credited were taken by the architects or are works photographs or were supplied from the DETAIL archives.
Despite intensive endeavours we were unable to establish copyright ownership in just a few cases; however, copyright is assured. Please notify us accordingly in such instances.
All drawings were originally published in DETAIL.

Cover • *Cover*:
Wohnprojekt Wien / *Housing Project in Vienna*
Architekten / *Architects*: einszueins architektur, Wien / *Vienna*
Fotograf / *Photographer*: Kurt Hoerbst, Wien / *Vienna*

Rubrikeinführende Aufnahmen • *Full-page plates*:

Seite / *page* 5: Wohnhaus in Tokio / *House in Tokyo*
Architekten / *Architects*: Ryue Nishizawa, Tokio / *Tokyo*
Fotograf / *Photographer*: Iwan Baan, Amsterdam

Seite / *page* 7: Wohnbau Sonnwendviertel in Wien / *Housing Complex Sonnwendviertel in Vienna*
Architekten / *Architects*: Delugan Meissl Associates Architects, Wien / *Vienna*
Fotograf / *Photographer*: Christian Schittich, München / *Munich*

Seite / *page* 87: Wohnprojekt Wien / *Housing Project in Vienna*
Architekten / *Architects*: einszueins architektur, Wien / *Vienna*
Fotograf / *Photographer*: Kurt Hoerbst, Wien / *Vienna*

Seite / *page* 115: Altenwohnheim in Paris / *Retirement Home in Paris*
Architekten / *Architects*: Atelier du Pont Architectes, Paris
Fotograf / *Photographer*: Takuji Shimmura, Paris

Seite / *page* 8:
Tobias Hein, Berlin

Seite / *page* 9 oben / *top*:
GRAFT GmbH

Seite / *page* 9 unten / *bottom*:
Kuster Freyn

Seite / *page* 10 links / *left*:
Martin Hachmeister

Seite / *page* 10 rechts / *right*:
OPTERRA / Sven-Erik Tornow

Seite / *page* 11:
Markus Guhl, Stuttgart

Seite / *page* 12, 14, 18, 19, 20, 133, 134, 136:
Michael Heinrich, München / *Munich*

Seite / *page* 13 oben / *top*:
Andreas Friedel, München / *Munich*

Seite / *page* 13 unten / *bottom*, 34, 65 unten / *bottom*:
Stefan Müller, Berlin

Seite / *page* 15–17, 36, 38, 39, 43, 50, 51, 53, 55, 57, 78–85:
Jakob Schoof, München / *Munich*

Seite / *page* 21:
Ingrid Scheffler, München / *Munich*

Seite / *page* 22 oben / *top*, 23, 180, 182 unten / *bottom*, 183, 184:
Jens Weber, München / *Munich*

Seite / *page* 22 unten / *bottom*, 181, 182 oben / *top*:
Conné Van d'Grachten

Seite / *page* 24:
Ruedi Walti, Basel

Seite / *page* 25, 27:
Roger Frei, Zürich / *Zurich*

Seite / *page* 26 oben / *top*, 52:
Walter Mair, Basel

Seite / *page* 26 unten / *bottom*, 47:
Hannes Henz, Zürich / *Zurich*

Seite / *page* 28 oben / *top*:
Margherita Spiluttini, Wien / *Vienna*

Seite / *page* 28 unten / *bottom*:
Heinrich Helfenstein, Zürich / *Zurich*

Seite / *page* 29:
Roland Halbe, Stuttgart

Seite / *page* 30–31, 46 unten / *bottom*, 104–111, 112 oben / *top*:
Hertha Hurnaus, Wien / *Vienna*

Seite / *page* 32, 33:
Wolfgang Thaler, Wien / *Vienna*

Seite / *page* 35 links / *left*:
ÖBB / Stadt Wien / *Vienna*

Seite / *page* 35 rechts / *right*:
Gerhard Hagen, Bamberg

Seite / *page* 37:
Michael Egloff, Zürich / *Zurich*

Seite / *page* 40:
Rogers Stirk Harbour + Partners, London

Seite / *page* 41:
Ioana Marinescu, London

Seite / *page* 42:
Nick Kane, London

Seite / *page* 44:
Miran Kambič, Radovljica

Seite / *page* 45, 46 oben / *top*:
Doris Zoller, München / *Munich*

Seite / *page* 48, 75 unten / *bottom*, 76 rechts / *right*:
Andrea Kroth, Berlin

Seite / *page* 49:
Stadt Kopenhagen / *City of Copenhagen*

Seite / *page* 54:
Andrea Helbling, Zürich / *Zurich*

Seite / *page* 56:
Johannes Marburg, Genf / *Geneva*

Seite / *page* 58:
Peter Tillessen, Zürich / *Zurich*

Seite / *page* 59, 62, 69:
Andrea Helbling, Arazebra, Zürich / *Zurich*

Seite / *page* 60:
Ana Hernández Pérez

Seite / *page* 62 links / *left*:
Giuseppe Micciché, Zürich / *Zurich*

Seite / *page* 63, 66 unten / *bottom*:
Bernd Borchardt, Berlin

Seite / *page* 64:
Bruno Klomfar, Wien / *Vienna*

Seite / *page* 65 oben / *top*:
Pietro Savorelli

Seite / *page* 66 oben / *top*:
Roland Krauss, Wien / *Vienna*

Seite / *page* 67 oben / *top*:
Stefan Müller-Naumann, München / *Munich*

Seite / *page* 68:
Christian Richters, Berlin

Seite / *page* 70:
A&W Studios / Urs Welter

Seite / *page* 72:
Alexander Gempeler, Bern

Seite / *page* 73:
FG+SG Fotografia de Architectura, Lissabon / *Lisboa*

Seite / *page* 74 oben / *top*:
Jürgen Eheim, Brixen

Seite / *page* 74 unten / *bottom*:
Ronald Grunert-Held, Veitshöchheim

Seite / *page* 75 oben / *top*:
Ute Zscharnt, Berlin

Seite / *page* 76 links / *left*:
Andrew Alberts, Berlin

Seite / *page* 89:
Claudia Fuchs, München / *Munich*

Seite / *page* 90 oben / *top*:
Christian Brunner

Seite / *page* 90 unten / *bottom*, 91:
Genossenschaft Kalkbreite, Zürich / *Zurich*

Seite / *page* 92:
Joël Tettamanti, Lausanne

Seite / *page* 94, 97:
Martin Stollenwerk, Zürich / *Zurich*

Seite / *page* 95, 98, 99:
Volker Schopp

Seite / *page* 101, 113 oben / *top*:
Kurt Hoerbst, Wien / *Vienna*

Seite / *page* 112 mitte, 112 unten / *bottom*, 113 unten / *bottom*:
Julia Liese, München / *Munich*

Seite / *page* 116–119:
Nicolás Saieh, Santiago de Chile

Seite / *page* 120, 122, 123 oben / *top*:
Simon Menges, Berlin

Seite / *page* 121:
Christian Schittich, München / *Munich*

Seite / *page* 123 unten / *bottom*:
Anette Schmidt, Berlin

Seite / *page* 124, 126, 127:
Cécile Septet, Paris

Seite / *page* 125:
Pierre L'Excellent, Paris

Seite / *page* 128–131:
Miguel de Guzmán, Madrid

Seite / *page* 132, 189:
Frank Kaltenbach, München / *Munich*

Seite / *page* 137–140, 143:
Iwan Baan, Amsterdam

Seite / *page* 141, 142, 144:
Field Condition, New York

Seite / *page* 145 oben / *top*, 145 unten rechts / *bottom right*:
Pablo Enriquez, New York

Seite / *page* 150–153:
Tomaž Gregorič, Ljubljana

Seite / *page* 154, 157, 162, 163 unten / *bottom*:
Frédéric Delangle, Rueil-Malmaison

Seite / *page* 155, 156:
Clément Guillaume, Paris

Seite / *page* 158–161:
Thomas Ott

Seite / *page* 164, 165:
Hervé Abbadie, Paris

Seite / *page* 166, 168 oben links / *top left*, 168 unten / *bottom*, 169 oben / *top*:
Duccio Malagamba, Barcelona

Seite / *page* 167, 170:
Herzog & de Meuron, Basel

Seite / *page* 168 oben rechts / *top right*:
Ariano A. Biondo, Basel

Seite / *page* 169 unten / *bottom*:
Daniel Erne Photography, Horgen

Seite / *page* 171–175:
Jesús Granada, Baeza

Seite / *page* 176–179:
photo: julien lanoo

Seite / *page* 185:
Shinkenchiku-sha, Tokio / *Tokyo*

Seite / *page* 186, 187:
Thies Wachter, Zürich / *Zurich*

Seite / *page* 188:
René Dürr, Zürich / *Zurich*

Seite / *page* 191–193:
Takuji Shimmura